الآثار الاقتصادية الكلية
لسياسة الإنفاق الحكومي

مكتبة حسن العصرية
للطباعة والنشر والتوزيع
بيروت - لبنان

الطبعة الأولى	:	1431هـ/ 2010 م
عنوان الكتاب	:	**الآثار الاقتصادية الكلية لسياسة الإنفاق الحكومي**
تأليف	:	وليد عبد الحميد عايب
عدد الصفحات	:	400 صفحة
قياس	:	17 × 24
صف وإخراج	:	غنى الريّس الشحيمي
تصميم الغلاف	:	فؤاد وهبي
الناشر	:	مكتبة حسن العصرية
هاتف	:	009613790520
تلفاكس	:	009617920452
ص.ب.	:	14-6501 بيروت- لبنان

E-mail: Library.hasansaad@hotmail.com

طبع في لبنان Printed in Lebanon 2010

وليد عبد الحميد عايب

الآثار الاقتصادية الكلية لسياسة الإنفاق الحكومي

دراسة تطبيقية قياسية لنماذج التنمية الاقتصادية

مكتبة حسن العصرية
للطباعة والنشر والتوزيع
بيروت - لبنان

بسم الـلـه الرحمن الرحيم

﴿يَرْفَعِ اللَّـهُ الَّذِينَ آمَنُوا مِنْكُمْ وَالَّذِينَ أُوتُوا الْعِلْمَ دَرَجَاتٍ وَاللَّـهُ بِمَا تَعْمَلُونَ خَبِيرٌ﴾

سورة المجادلة من الآية 11

بسم الـلـه الرحمن الرحيم

﴿وَقُلْ رَبِّ زِدْنِي عِلْماً﴾

سورة طه من الآية 114

صدق الـلـه العظيم

الإهداء

لعل أول من يستحق إهدائي هما من قال في حقهما رسول الـلـه ﷺ:

«أمك ...ثم أمك...ثم أمك... ثم أبوك».

إلى أمي التي هي ينبوع الحنان والرأي والقوة والصلابة إلى أمي التي هي كالشمس التي تنير نهاري وكالقمر الذي يؤنس ليلي

إلى أمي التي لطالما أحسست بها أنها معي حتى وإن كانت بعيدة عني

إلى أبي الذي اكتنفني برعايته ...حفزني بكلماته...أعانني بعزيمته فأطال الـلـه في عمريكما ...و أبقاكما ذخراً لي ولإخوتي

إلى من ترعرعت معهم...و كبرت إلى جانبهم...و قاسمت معهم كل كبيرة وصغيرة إلى إخوتي وأخواتي

إلى من كانوا عائلتي الثانية...و شاركوني حياة الغربة

إلى من تقاسمنا معا صعاب الابتعاد عن الأهل والأحباب... لأنهم وببساطة كانوا هم الأهل والأحباب

إلى من قيمتها تعادل قيمة دماء مليون ونصف المليون من الشهداء.إلى الجزائر الحبيبة

إلى من احتضنتنا وكانت بلدنا الثاني

إلى دمشق الفيحاء...و سوريا الصمود

وليد عبد الحميد عايب

التشكر

يقول اللـه تعالى: ﴿وَإِذْ تَأَذَّنَ رَبُّكُمْ لَئِنْ شَكَرْتُمْ لأَزِيدَنَّكُمْ ﴾(إبراهيم: الآية 7).

﴿رَبِّ أَوْزِعْنِي أَنْ أَشْكُرَ نِعْمَتَكَ الَّتِي أَنْعَمْتَ عَلَيَّ وَعَلَى وَالِدَيَّ وَأَنْ أَعْمَلَ صَالِحاً تَرْضَاهُ وَأَدْخِلْنِي بِرَحْمَتِكَ فِي عِبَادِكَ الصَّالِحِينَ﴾ (النمل: الآية 19).

لا يسعني في هذه العجالة إلا أن أتقدّم بالشكر الجزيل إلى الأستاذ الدكتور: **علي كنعان** الذي لم يبخل علي بنصائحه القيمة وإرشاداته المفيدة وتوجيهاته الصائبة وتشجيعه المحفز.

كما أتوجه بعظيم الشكر ووافر الامتنان إلى أعضاء لجنة الحكم الموقرة الذين خصصوا جـزءاً مـن وقتهم الثمين لقراءة هذه الرسالة المتواضعة وإعطائهم لنصائح وملاحظات ستكون بلا شك سراجـاً لي في مشواري العلمي.

كما لا أنسى عمادة كلية الاقتصاد بجامعة دمشق وأعضاء الهيئة التدريسية فيها.

وكل من ساهم في إنجاز هذا البحث.

كما أتقدم بأسمى آيات الـشكر والعرفـان إلى سـعادة الـسفير الـسابق للجزائـر في دمـشق السيد **لحسن بوفارس**

وإلى سعادة السفير الحالي السيد **الصالح بوشا**

دون أن أنسى أعضاء السلك الدبلوماسي في سفارة الجزائر بدمشق.

فلكم جميعاً جزيل الشكر وعظيم الامتنان

قائمة المحتويات

الفصل الثاني

سياسة الإنفاق الحكومي وأثرها على الاستقرار الاقتصادي الكلي

الفصل الثالث

الاستقرار الاقتصادي الكلي والسياسة الاقتصادية في الاقتصاد الجزائري

الفصل الرابع

سياسة الإنفاق الحكومي وأثرها على الاستقرار الاقتصادي الكلي في الاقتصاد الجزائري

قائمة الأشكال

قائمة الجداول

قائمة الملاحق

قائمة المصطلحات الأساسية

المصطلح باللغة الانجليزية	المصطلح باللغة الفرنسية	المصطلح باللغة العربية
macro economic stabilization	stabilisation macro économique	الاستقرار الاقتصادي الكلي
economy policy	politique économique	السياسة الاقتصادية
fiscal policy	politique budgétaire	السياسة المالية
government spending policy,	politique de dépense publique	سياسة الإنفاق الحكومي
Low of increasing state activity	la loi de l'activité croissante d'état	قانون تزايد نشاط الدولة
economic growth	croissance économique	النمو الاقتصادي
employment	Emploi	التشغيل
general price level	niveau générale des prix	المستوى العام للأسعار
balance of payments	balance des paiements	ميزان المدفوعات
exchange rate	taux de change	سعر الصرف
Kaldor magic square	Carré magique de Kaldor	المربع السحري لكالدور
global demand management	gestion de la demande globale	إدارة الطلب الكلي
oil revenues	revenus pétrolière	لإيرادات النفطية
stabilization programs	programmes de stabilisation	برامج التثبيت
structural adjustment	programmes d'ajustements structurelles	برامج التكيف الهيكلي
financing the imbalance	financement du déséquilibre	تمويل الاختلال
recardian equivalence theory	théorie d'équivalence récardienne	نظرية التعادل الريكاردي
crowding out effect	effet d'éviction	أثر الإزاحة
Multiplier expenditure	le multiplicateur de dépense public	المضاعف الإنفاق الحكومي
Monetary policy	Politique monétaire	السياسة النقدية
structural policy	Politique structurelles	السياسة الهيكلية
Conjectural policy	Politique conjoncturelle	السياسة الظرفية

Stabilization policy	politique de stabilisation	سياسة الاستقرار
starts again economic policy	politique de relance économique	سياسة الإنعاش
Deflation policy	politique de déflation	سياسة الانكماش
External balance	L'équilibre extérieur	التوازن الخارجي
recognition time lag	délai d'identification	بفترة الإدراك
action time leg	Délai d'action	بفترة التطبيق
Effect time lag	Délai d'effet	فترة التأثير
Externalities	Externalités	التأثيرات الثانوية
Market failure	Echec de marche	إخفاق السوق
Current expenditure	Dépense courant	الإنفاق الجاري
Investment expenditure	Dépense d'investissement	الإنفاق الاستثماري
economic circuit	Circuit économique	الدورة الاقتصادية
Economic equilibrium	Equilibre économique	التوازن الاقتصادي
Asked effective	Demanda effective	الطلب الفعال
Accelerator	Accélérateur	المسارع
Labor market	Marche de travail	سوق العمل
total investment	L'investissement globale	الاستثمار الكلي
Total consumption	Consommation globale	الاستهلاك الكلي
Ask currency	Demande de la monnaie	الطلب على النقود
Monetary policy accommandante	Politique monétaire accommandante	السياسة النقدية المصاحبة
Philips curves	La courbe de Philips	منحنى فيلبس
mundell-fleming model	Modèle de mundell-fleming	نموذج مندل فلمنج
Fixed exchange system	Système de change fixe	نظام الصرف الثابت
Flexible exchange system	Système de change flottant	نظام الصرف العائم
Capital mobility	Flexibilité des capitaux	حركة رؤوس الأموال
International crowding-out	Eviction internationale	المزاحمة الدولية
Current account	Compte courant	الحساب الجاري
Balance of payments' approach	L'approche de la balance des paiement	منهج ميزان المدفوعات
Twin deficits	Déficit jumeaux	العجز التوأم

Absorption	L'absorption	الاستيعاب
Reform economic	Reformes économiques	الإصلاحات الاقتصادية
Supported growth economic program	Programme de soutien a la croissance	برنامج دعم النمو الاقتصادي
Melts of regulation of the receipts	Fond de régulation des recettes	صندوق ضبط الإيرادات
Conditionality	Conditionnalités	المشروطية
Deflator	Deflateur	المكمش
Program facilitates widened	Programme de facilite élargie	برنامج تسهيل التمويل الموسع
Vulnerability of the economy	Vulnérabilité de l'économie	هشاشة الاقتصاد
Car employment	Auto emploi	التشغيل الذاتي
Against the shock oil one	La contre choc pétrolière	الصدمة النفطية المعاكسة
Standardized coefficients	Coefficients standard	المعلمات المعيارية
Unstandardized coefficients	Coefficients unstandard	المعلمات غير المعيارية
Stand by accord	Stand by accord	اتفاقات الاستعداد الائتماني
compensatory spending	dépense compensatoire	الإنفاق التعويضي
The paradox of thirft	Le paradoxe de l'épargne	لغز الادخار
Administrative expenditures	Dépenses de fonctionnement	نفقات التسيير
Functional finance	Finance fonctionnelle	المالية الوظيفية
non rival consumption	consommation non rivale	الاستهلاك اللاتنافسي
Pump priming	Amoricage de pompe	تشفيط المضخة
Total factor productivity	Productivité totale de facteur	محمل إنتاجية عوامل الانتاج
Automatic stabilizers	Stabilisateurs automatiques	عوامل الاستقرار الذاتية

قائمة الرموز والاختصارات

الرمز	التعريف	الرمز	التعريف
GDP	للناتج المحلي الإجمالي(الاختصار الانجليزي)	N	مستوى التشغيل
C	الاستهلاك الوطني	Dx	فائض الطلب المحلي الإجمالي
I	الاستثمار الوطني	Cg	الاستهلاك الحكومي
X	صادرات	Cp	الاستهلاك الخاص
Mr	واردات	Ig	الاستثمار الحكومي
GDI	إجمالي الدخل المحلي	Ip	الاستثمار الخاص
Yf	صافي دخل عوامل الإنتاج	CA	رصيد الحساب الجاري
Trf	صافي التحويلات من الخارج	BS	رصيد الموازنة العامة
GNDI	إجمالي الدخل القومي المتاح	INVM	الواردات من التجهيزات الزراعية والصناعية
A	استيعاب للموارد	DZD	دينار جزائري
Y	الناتج	USD	دولار أمريكي
Cad	الاستهلاك الحكومي	Y	الناتج المحلي الإجمالي بالأسعار الثابتة
D	فائض الطلب الكلي	Gc	الإنفاق الحكومي الاستهلاكي
Cp	الاستهلاك الخاص	Yd	الدخل المتاح
ΔS	الاستثمار في المخزون السلعي	Sig.	قيمة p,value الدلالة الإحصائية
CG	: الاستهلاك الحكومي	T	الإيرادات الضريبية
PIB	الناتج المحلي الإجمالي(الاختصار الفرنسي)	R	سعر الفائدة
PCSC	البرنامج التكميلي لدعم النمو الاقتصادي	Ex	سعر الصرف
PSRE	برنامج الإنعاش الاقتصادي	Md	الطلب على النقود
PEI	نصيب الفرد من الإنفاق الحكومي	Ms	عرض النقود
GDPI	نصيب الفرد من الناتج المحلي الإجمالي	OT	الإيرادات النفطية
R	معامل الارتباط/معامل الارتباط المتعدد	IPC	الرقم القياسي لأسعار المستهلك
R^2	معامل التحديد/معامل الجودة المطابقة	f(N)	معدل الإنتاجية الحدية
R^2 adj	معامل التحديد المعدل	Na	متوسط الإنتاجية لعنصر العمل
F	معامل فيشر	$\frac{1}{w}$	مقلوب معدل الأجر
D – W	معامل دربن-واطسن	Gd	الإنفاق الحكومي على السلع المحلية
OLS	طريقة المربعات الصغرى الاعتيادية	Gi	الإنفاق الحكومي على السلع الخارجية
T	اختبار ستيودنت	E	حصيلة الإيرادات العامة
Beta	معامل بيتا	LRAS	العرض الكلي عند مستوى التشغيل الكامل
CAB	الحساب الجاري لميزان المدفوعات	SRAS	العرض الكلي الحقيقي
BD	ميزانية الحكومة	Bp	الاقتراض من القطاع الخاص
Bf	الاقتراض من القطاع الخارجي	MB	الاقتراض من المصرف المركزي

مستخلص الدراسة

سياسة الإنفاق الحكومي كأداة لتحقيق الاستقرار الاقتصادي الكلي
-الاقتصاد الجزائري نموذجاً-

وليد عبد الحميد عايب

إشراف الأستاذ الدكتور: علي كنعان

تندرج هذه الدراسة في إطار الاقتصاد الكلي المالي-macro économie financière- وتهدف إلى توضيح دور الإنفاق الحكومي في تحقيق الاستقرار الاقتصادي الكلي بمؤشراته الأربعة والمتمثلة في معدل النمو، معدل التضخم، معدل البطالة والتوازن الخارجي، وتطرقت الدراسة قبل ذلك إلى تحليل وتتبع مسار السياسة الاقتصادية في الجزائر وانعكاسها على مؤشرات الاستقرار الاقتصادي خلال الفترة 1990-2007، بالإضافة إلى تحليل تطور الإنفاق الحكومي كجزء من السياسة الاقتصادية، ودراسة أسباب تزايده وتطبيق أهم النظريات المفسرة لهذا التزايد على الاقتصاد الجزائري، ممثلةً في قانون فاجنر ونماذج التنمية لروستو وموسوجريف.

ومن أجل تحقيق الأهداف المذكورة سابقاً، فقد تم تقسيم هذه الدراسة إلى أربعة فصول متوازنة، حيث أن الفصل الأول والثاني كانا عبارة عن القسم النظري لهذه الرسالة وخُصصا لدراسة محوري الدراسة، والمتمثلين في الاستقرار الاقتصادي الكلي والإنفاق الحكومي، حيث تم التطرق في الفصل الأول إلى مفهوم الاستقرار الاقتصادي الكلي ودور الدولة الاقتصادي والسياسة الاقتصادية كمسئول وأداة مستعملة لتحقيق الاستقرار الاقتصادي الكلي، وتماشياً مع طبيعة الموضوع فقد تم التركيز على سياسة الإنفاق الحكومي كجزء من السياسة الاقتصادية، أما الفصل الثاني فقد خُصص لدراسة أثر سياسة الإنفاق الحكومي على مؤشرات الاستقرار الاقتصادي، ولقد أخذت الدراسة بعين الاعتبار عدة عوامل تساهم في تحديد الأثر الذي تتركه سياسة الإنفاق الحكومي، والتي نذكر منها طريقة تمويل هذا الإنفاق والمقدرة الإنتاجية للاقتصاد والآثار السلبية التي يمكن أن تتركها هذه السياسة ودرجة الانفتاح الاقتصادي، أما الفصل الثالث والرابع فكانا عبارة عن القسم العملي لهذه الرسالة، وهما بمثابة انعكاس للقسم النظري على الاقتصاد الجزائري، حيث جاء الفصل الثالث لتوضيح مسار السياسة الاقتصادية في الجزائر منذ الاستقلال ولغاية 2007، وكيفية انعكاس هذه السياسة على مؤشرات الاستقرار الاقتصادي انطلاقاً من سنة 1990، كما سعى هذا الفصل إلى توضيح تطور الإنفاق الحكومي في الاقتصاد الجزائري وتحليل تزايده وإبراز مدى انطباق النظريات المفسرة لتزايد الإنفاق

الحكومي في الجزائر، وجاء الفصل الرابع لتوضيح أثر سياسة الإنفاق الحكومي على كل مؤشر من مؤشرات الاستقرار الاقتصادي في الاقتصاد الجزائري،و لقد استعملت الدراسة في سبيل تقدير هذا الأثر طريقة المربعات الصغرى الاعتيادية، محاولين إعطاء التفسير الاقتصادي المناسب لكل حالة.

وقد خلصت الدراسة إلى مجموعة من النتائج لعل أبرزها أن سياسة الإنفاق الحكومي تساهم في تحقيق الاستقرار الاقتصادي من خلال تأثيرها على النمو الاقتصادي والتشغيل، إلا أن مضاعف الإنفاق الحكومي الذي تم احتسابه في هذه الدراسة والذي قُدر ب 0.370 يؤكد محدودية هذه السياسة في التأثير على الناتج في الأجل القصير وأوضحت الدراسة أن انخفاض قيمة مضاعف الإنفاق الحكومي راجعة بالدرجة الأولى إلى عدم مرونة الجهاز الإنتاجي وضعف الطاقة الاستيعابية للاقتصاد ووجود طاقات عاطلة كبيرة، كما أن تسرب مقدار كبير من الإنفاق الحكومي على شكل واردات يساهم في تخفيض قيمة المضاعف من خلال زيادة فاتورة الواردات خاصة على التجهيزات الصناعية والزراعية، وإن كانت تترك آثاراً ايجابية على الناتج الوطني في الأجل الطويل وهو ما توصلت إليه الدراسة حيث أبرزت من خلال تطبيق نموذج بارو على الاقتصاد الجزائري أن الإنفاق الحكومي بشقية الجاري والاستثماري يترك آثاراً ايجابية على الناتج الوطني في الأجل الطويل، وخلصت الدراسة أيضا إلى أن قانون فاجنر لا ينطبق على الاقتصاد الجزائري خلال فترة الدراسة وهذا راجع بالدرجة الأولى إلى تأثير مرحلة الإصلاحات التي كانت تمر بها الجزائر خلال الفترة 1995-1999 والتي تميزت بسياسة مالية صارمة خفضت من الإنفاق الحكومي خاصة في جانبه الاستثماري، كما أوضحت هذه الدراسة المتواضعة أن الأثر السلبي الذي تتركه سياسة الإنفاق الحكومي على كل من التضخم والتوازن الخارجي يحد من فعاليتها في تحقيق الاستقرار الاقتصادي الكلي، حيث تبينَ بالدراسة والتحليل أن الإنفاق الحكومي يساهم في إحداث فائض الطلب المحلي بنسبة وسطية قدرها 35% ومن ثم فإنه يساهم في رفع معدلات التضخم في الجزائر، وذلك في ظل عدم مرونة الجهاز الإنتاجي كما توصلت الدراسة إلى العلاقة السلبية الموجودة بين الإنفاق الحكومي ورصيد الحساب الجاري من خلال تطبيق فرضية العجز التوأم على الاقتصاد الجزائري.

وترى الدراسة في ظل النتائج المتوصل إليها أن تحقيق التنسيق والتكامل بين مختلف أدوات السياسة الاقتصادية في إطار البرمجة المالية يعد شيئا أكثر من ضروري في سبيل توسيع مساحة مربع السياسة الاقتصادي بالإضافة إلى وضع إجراءات وضوابط ورؤيا مستقبلية لترشيد الإنفاق الحكومي وتوجيهه إلى المشاريع الإنتاجية بحيث يتم التركيز على عدم التوسع في الإنفاق الجاري إلا بالقدر الذي يحافظ على عدم تدني الخدمات الحكومية والتركيز على الإنفاق الاستثماري الذي يؤدي إلى الحفاظ على البنية التحتية وصيانتها إضافة إلى تحفيز الاستثمار الخاص.

المقدمة العامة

General introduction

تمهيد

يتميز النشاط الاقتصادي بحتمية تعرضه للتقلبات بين حالات الانتعاش والرواج من جهة، وحالات الانكماش والركود من جهة ثانية، ومن شأن هذه التقلبات أن تجلب معها أزمات من التضخم وما لها من تأثير سلبي على ذوي الدخول الثابتة، وأزمات من البطالة والتي تؤدي إلى إحداث المزيد من الكساد وظهور الطاقات الإنتاجية المعطلة،و بالتالي فقد أصبح تحقيق الاستقرار الاقتصادي الكلي من بين الأهداف الأساسية للنظم الاقتصادية وواضعي السياسة الاقتصادية، ولقد ثار جدل كبير بين الاقتصاديين حول مفهوم الاستقرار الاقتصادي الكلي، إلا أن الكثير منهم أجمعوا على أن الاستقرار الاقتصادي يتحقق بالوصول إلى مستوى التشغيل الكامل مع الحفاظ على قدر مناسب من الاستقرار في المستوى العام للأسعار ولقد أضاف الفكر الاقتصادي في الآونة الأخيرة بُعداً آخر للاستقرار الاقتصادي والمتمثل في التوازن في ميزان المدفوعات وبإضافة هذا البعد يكتمل المربع الذي يعطينا صورة عن وضعية الاستقرار الاقتصادي والذي يسمى أيضا بمربع أهداف السياسة الاقتصادية، ويُطلق عليه اصطلاحاً المربع السحري لكالدور، ونتيجة لذلك أصبحت الحكومات على وعي تام بمسؤوليتها في تحقيق الاستقرار الاقتصادي الكلي ومستعدة للتدخل الاقتصادي بشتى أدوات السياسة الاقتصادية لمكافحة اختلاله.

ولعل الدور الاقتصادي الذي اكتسبته الدولة في الآونة الأخيرة نتيجة التقلبات الاقتصادية التي أصبحت تميز الاقتصاد العالمي فرض عليها اكتساب مجموعة من أدوات السياسة الاقتصادية

والتي تعد السياسة المالية جزء منها، فهي الوسيلة المباشرة التي تؤثر من خلالها الدولة على النشاط الاقتصادي، حيث أنها تمارس ثلاث وظائف رئيسية متمثلة في؛ الوظيفة التخصيصية، الوظيفة التوزيعية، والوظيفة الثالثة والتي هي موضع الدراسة والمتمثلة في تحقيق الاستقرار الاقتصادي، حيث أن تحليل السياسة المالية يبين لنا إلى حد كبير حجم وطبيعة الدور الاقتصادي للدولة، ويُعد الإنفاق الحكومي بصفة خاصة في الوقت الراهن أداة رئيسية من أدوات السياسة المالية التي تستخدمها الدول في التأثير على مؤشرات الاستقرار الاقتصادي الكلي، كما يُعد مؤشراً رئيسياً يُستدل بواسطته على طبيعة السياسة الاقتصادية، هذا بالإضافة إلى أن نمو الاتفاق الحكومي أصبح ظاهرة من الظواهر المألوفة في مالية غالبية الدول مهما اختلفت أنظمتها الاقتصادية والاجتماعية، لذلك فإن المعرفة التفصيلية والشاملة لأسباب تزايد الإنفاق الحكومي وآثاره الاقتصادية بصورة مسبَقة سوف تساهم بلا شك في توجيه سياسة الإنفاق الحكومي الوجهة التي يترتب عليها بلوغ أهداف السياسة الاقتصادية الممثَلة في المربع السحري لكالدور، وقد أكد كينز في نظريته العامة على أهمية الإنفاق الحكومي كأداة قادرة في كثير من الأحيان على إنعاش الاقتصاد وتصحيح الاختلال في الطلب الكلي، ورغم هذا الاتجاه فإن هناك فريقٌ آخر من الاقتصاديين يشكك في قدرة السياسة المالية لوحدها على تحقيق أهداف السياسة الاقتصادية خاصة فيما يتعلق بالسرعة الكافية والآثار السلبية لهذه السياسة.

وتعتبر الجزائر من بين الدول المصدرة للنفط والتي ارتبطت سياستها الاقتصادية بشكل كبير بوضعية سوق النفط العالمي حيث اعتمدت الجزائر خلال فترة السبعينات والثمانينات على مداخيل المحروقات واتبعت سياسة انفاقية توسعية لكن سرعان ما انحسرت هذه السياسة بعد الأزمة النفطية المعاكسة سنة 1986، تلا ذلك دخول الجزائر في اتفاقيات مع المؤسسات المالية الدولية وذلك لتصحيح الاختلالات الهيكلية التي تعمقت آثارها على الاقتصاد الجزائري عقب 1989، وقد استهدف هذا البرنامج تنشيط التكوين الرأسمالي الثابت وتنميته من خلال تخفيض نسبة الاستهلاك العام والذي يُعد عنصراً أساسياً من عناصر إدارة الطلب الكلي بغية تحقيق الاستقرار الاقتصادي الكلي، وانطلاقاً من سنة 1999 عرفت أسعار النفط الجزائري- صحاري بلاند- انتعاشاً متزايداً حيث أن السياسة الاقتصادية بصفة عامة وسياسة الإنفاق الحكومي بصفة خاصة، تميزت بالحذر خلال الفترة 1999-2001 وبعد أن اتضحت الرؤية الايجابية لسوق النفط العالمي قامت الجزائر بتسطير المخطط الثلاثي للإنعاش الاقتصادي للفترة

2001-2004 وبرنامج دعم النمو الاقتصادي للفترة 2005-2009 التي تميزت بزيادة الإنفاق الحكومي خاصة في شقه الاستثماري، وبالتالي فإن الاقتصاد الجزائري عرف عدة تقلبات ساهمت في ظهور أوضاع تتراوح بين الضغوط التضخمية وحالات البطالة والتي تتعارض بدورها مع شروط الاستقرار الاقتصادي الكلي كمناخ ملائم للتنمية، وفي هذا الإطار جاءت هذه الدراسة لإظهار موقع سياسة الإنفاق الحكومي من الاستقرار الاقتصادي الكلي وقد تم التركيز على الفترة 1990-2007 والتي تمثل فترة انعكاس للسياسة الاقتصادية للسنوات السابقة والتي شهدت أيضا مجموعة من الإصلاحات الاقتصادية.

أهمية الدراسة

تأتي أهمية هذه الدراسة كونها تعالج موضوعاً يحتل مكانة وأهمية متميزة بين ظروف التنمية الاقتصادية والاجتماعية الشاملة لذلك فإن المعرفة المسبَقة بالعوامل التي تؤثر على الإنفاق الحكومي سوف تساهم بلا شك في توجيه سياسة الإنفاق الحكومي للدولة الوجهة الصحيحة التي يترتب عليها تحقيق الاستقرار الاقتصادي الكلي، كما أن الإنفاق الحكومي يمثل أهم متغير تحكمي يمكن أن تتحكم الدولة من خلاله في النشاط الاقتصادي، وتظهر أهمية سياسة الإنفاق الحكومي كأهم متغير تحكمي بالنسبة للاقتصاد في ظل غياب أو ضعف الأدوات الأخرى، وما يُكسب هذه الدراسة أهمية خاصة ي الجزائر أنها أتت منسجمة مع الاهتمام الواسع من قبل الأوساط المالية والاقتصادية بموضوع الإنفاق الحكومي، حيث أنه في ظل برنامج التصحيح الهيكلي الذي بدأت الحكومة في تطبيقه سنة 1995 كان من أهم أهدافه تخفيض الإنفاق الحكومي، كما أن الحكومة انطلاقاً من سنة 2001 استخدمت سياسة الإنفاق الحكومي كأداة للإنعاش ودعم النمو الاقتصاديين من خلال البرامج الاستثمارية، ومما يُكسب هذه الدراسة أهمية خاصة أيضاً هو أنها حاولت إظهار أثر سياسة الإنفاق الحكومي على مؤشرات الاستقرار الاقتصادي الكلي الأربعة المشكلة لمربع كالدور وهو ما يسمح بالوقوف على الآثار الايجابية والسلبية لهذه السياسة، ضف إلى ذلك ندرة الدراسات الحديثة في هذا المجال .

الدراسات السابقة

لقد تناولت دراسات كثيرة العوامل المؤثرة على الإنفاق الحكومي أو أثر الإنفاق الحكومي على بعض المتغيرات، إلا أنه لا توجد دراسة تتحدث على أثر سياسة الإنفاق الحكومي على الاستقرار الاقتصادي ككل في الجزائر، وأنا لا أقول أنني توصلت إلى نتائج نهائية وإنما اعتبرها

نقطة البدء لمن أراد أن يتابع في هذا الموضوع وبالتالي التمس العذر عما أكون قد قصرت فيه، ويمكن سرد الدراسات التي أمكن الوصول إليها كما يلي:

أ- على مستوى الرسائل العلمية

1- دراسة (الزيود 1989)[1] بعنوان: (الإنفاق العام وأثره على الاقتصاد الأردني)

ولقد اهتمت هذه الدراسة بتحليل أثر الإنفاق الحكومي على الاقتصاد الأردني، وهدفت إلى بيان تأثير سياسة الإنفاق الحكومي على أهم متغيرات الاقتصاد الكلي، بالإضافة إلى تحليل ظاهرة تزايد الإنفاق الحكومي وذلك باستخدام مجموعة من الأدوات الإحصائية والنماذج القياسية والتي من بينها مؤشر المرونة الدخلية ومؤشر الميل الحدي للإنفاق الحكومي نسبةً إلى الناتج، ومن بين النتائج التي تم التوصل إليها هو وجود ظاهرة تزايد الإنفاق الحكومي والتي تتركز في النفقات الجارية وأن هذه الزيادة في النفقات الجارية يمكن أن نؤدي إلى زيادة الطلب الكلي والناتج نظرياً، لكن قيمة مضاعف الإنفاق الحكومي المحسوبة أثبتت عدم تحقق هذه الفرضية، كما أنه من النتائج المحصل عليها هي عدم انطباق قانون فاجنر على الاقتصاد الأردني والسبب في ذلك أن نصيب الفرد من الناتج ليس هو المؤشر الأمثل لبيان حجم التطور الاقتصادي الذي يمكن ربطه بتطور نصيب الفرد من الإنفاق الحكومي، واهتمت هذه الدراسة بتحليل أثر الإنفاق الحكومي على الناتج واستعملت في ذبك طريقتين أساسيتين وهما نموذج سانت لويس القياسي ونموذج مضاعف الإنفاق الحكومي، والنتيجة التي توصلت إليها هذه الدراسة هي أن الأثر غير المباشر للإنفاق الحكومي منخفض نسبياً، كما أوضحت الدراسة أيضا أن أثر الإنفاق الحكومي على التشغيل مرتبط بمضاعف الإنفاق الحكومي من خلل مضاعف العمالة، إلا أن الشيء الذي يُؤخذ على هذه الدراسة هو إهمال أثر المزاحمة الذي يحدد بشكل كبير فعالية سياسة الإنفاق الحكومي، كما أن الشيء الملاحظ هو إهمال الباحث لطريقة التمويل وما لها من تأثير على تحقيق الإنفاق الحكومي لأهدافه،و أخيراً نلاحظ عد إدراج تأثير الإنفاق الحكومي على التوازن الخارجي، وبالتالي فإن الدراسة ستحاول التطرق إلى هذه العناصر.

2- دراسة (الزيادات 2000)[2] بعنوان : (الإنفاق الحكومي وأثره على الاستثمار الخاص في الأردن)

هدف الباحث من خلال هذه الرسالة إلى تحليل هيكل الإنفاق الحكومي بشقيه الجاري

(1)- سامي عبد الرحمان الزيود، **الإنفاق العام وأثره على الاقتصاد الأردني**، رسالة ماجستير في الاقتصاد، الجامعة الاردنية، 1989

(2)- جمعة احمد الزيادات، **الإنفاق الحكومي وأثره على الاستثمار الخاص في الأردن**، رسالة ماجستير، جامعة آل البيت، الأردن، 2000

والاستثماري في الأردن ودراسة تطوره وتوزيعه، كما سعت الدراسة إلى تحديد أهم العوامل المؤثرة في الإنفاق الحكومي وتحليل الأثر على الاستثمار الخاص، وقد خلُصت هذه الدراسة إلى مجمعة من النتائج من أبرزها، وجود ظاهرة نمو الإنفاق الحكومي في الاقتصاد الأردني وانطباق قانون فاجنر على سلوك الإنفاق الحكومي كما أن نماذج التنمية التي قدمها روستو ومسجريف قد انسجمت مع سلوك الإنفاق الحكومي الأردني، وتشير نتائج التحليل القياسي إلى وجود علاقة ايجابية بين الإنفاق الحكومي من جهة وبين كل من الناتج المحلي والإيرادات العامة والإنفاق الحكومي في السنة السابقة من جهة أخرى، وأظهرت الدراسة أن هناك أثراً ايجابياً للإنفاق الاستثماري الحكومي على الاستثمار الخاص وأثرا سلبيا للإنفاق الجاري على الاستثمار الخاص.

3- دراسة (بن عناية 2005)[1] بعنوان: (تأثير النفقات العامة على النمو الاقتصادي في الجزائر-دراسة قياسية-)

هدفت هذه الدراسة إلى تحديد الطرق المثلى لتوجيه آليات الإنفاق الحكومي في تحديد مسار النمو وكذا إبراز أثر الإنفاق الحكومي على النمو ولم تتطرق إلى بقية جوانب الاستقرار الاقتصادي الكلي. وخلصت الدراسة الى أن النفقات العمومية تلعب دورا أكثر أهمية في سياق النمو، ففي حالة الجزائر نرى أن مساهمة النفقات كلية لها أثر ايجابي على النمو إلا أن نفقات التجهيز كانت عكس ذلك، في حين نفقات التسيير كانت جد مثالية في تفسير الظاهرة حيث كان أثرها ايجابي وأحسن من نفقات التجهيز.

4- دراسة (قايدي 2008)[2] بعنوان: (دراسة قياسية للنفقات العمومية في الجزائر 1970-2006)

لقد قام الباحث من خلال هذه الدراسة بالتطرق إلى مختلف العوامل المؤثرة على الإنفاق الحكومي في الجزائر وذلك باستخدام الطرق الكمية، وخلُص الباحث إلى مجموعة من النتائج كان أهمها أن محددات الإنفاق الحكومي في الجزائر تتمثل في الجباية البترولية، رصيد الموازنة

---

(1)- جلول بن عناية، **أثر النفقات العامة على النمو الاقتصادي- دراسة قياسية حالة الجزائر**- رسالة ماجستير المعهد الوطني للتخطيط والإحصاء، الجزائر، 2005

(2)- لخميسي قايدي، **دراسة قياسية للنفقات العمومية في الجزائر- 1970-2006**-، رسالة ماجستير في الاقتصاد والإحصاء التطبيقي، المعهد الوطني للتخطيط والإحصاء، الجزائر، 2008

العامة، سعر الصرف، وإيرادات الجباية العادية، حيث أن هذه الأخيرة لا تؤثر في نفقات التجهيز، وإذا كانت هذه الرسالة قد تناولت محددات الإنفاق الحكومي فإنها أغفلت الآثار الاقتصادية للإنفاق الحكومي على الاستقرار الاقتصادي الكلي.

ب- على مستوى الدراسات العلمية المحَكمة

1- دراسة (المؤمن 1991)[1] بعنوان:(أثر النفقات العامة على الناتج القومي في الأردن)

لقد قام الباحث من خلال هذه الدراسة بتحليل أثر الإنفاق الحكومي على الناتج القومي في الأردن وذلك من خلال آلية المضاعف حيث تم احتسابه من خلال تحديد معلمات المعادلات السلوكية باستعمال طريقة المربعات الصغرى، وقام الباحث أيضا بمقارنة بين قيمة مضاعف الإنفاق الحكومي في حالة تمويله عن طريق الضرائب وبين قيمته في حالة تمويل الإنفاق الحكومي عن طريق الإصدار النقدي وخلُصت الدراسة إلى أن طريقة تمويل تلعب دوراً لا يُستهان به في تحديد فعالية سياسة الإنفاق الحكومي حيث أن الباحث وجد أن التمويل بالعجز قد يترك آثاراً ايجابية على الناتج أكثر من تلك التي تتركها النفقات المَمولة بالضرائب.

2- دراسة (المومني والبيطار 1992)[2] بعنوان :(النفقات العامة في الأردن وعلاقتها بالتطور الاقتصادي)

قام الباحثان من خلال هذه الدراسة باستقصاء العلاقة بين الإنفاق الحكومي والتطور الاقتصادي في الأردن وتتألف الدراسة من أربعة أجزاء، تناول في الجزء الأول تطور الإنفاق الحكومي في الأردن والعلاقة بين التطور الاقتصادي، والإنفاق الحكومي في الجزء الثاني، أما الجزء الثالث فتعرض للنماذج القياسية المطبَقة، وفي الجزء الرابع تم تقييم هذه النماذج، وخلُصت الدراسة إلى أن الزيادة في الإنفاق الحكومي كانت مرتبطة بالتحول الهيكلي الذي طرأ على تركيب الإنتاج في الاقتصاد الأردني خلال الفترة 1976-1987

(1)- رياض المؤمن، **أثر النفقات العامة على الناتج القومي في الأردن**، مجلة البحوث الاقتصادية، المجلد الثالث، العدد الثاني، ليبيا، 1991،

(2)- رياض المومني، محمد البيطار، **النفقات العامة في الأردن وعلاقتها بالتطور الاقتصادي 1967-1987**، مؤتة للبحوث والدراسات، المجلد السابع، العدد الرابع،الأردن، 1992

3- دراسة (الحموري والبيطار 1995)[1] بعنوان:(أثر زيادة النفقات العامة على بعض المتغيرات الاقتصادية في الأردن)

قامت هذه الدراسة بإبراز اثر الزيادة في الإنفاق الحكومي على زيادة العجز في الموازنة العامة، الاقتراض الحكومي، الأسعار والنمو خلال الفترة 1967-1993 حيث تم الاعتماد على الطريقة الوصفية لتحليل القراءات التاريخية المتعلقة بمختلف المتغيرات، أما الطريقة الثانية فهي الطريقة الكمية التي اعتمدت على التقدير الكمي لمعادلات خطية وقد أظهرت الدراسة أن زيادة الإنفاق الحكومي قد كان لها دور قوي في زيادة عجز الموازنة العامة وزيادة الاقتراض الداخلي وزيادة الأسعار في حين كان أثرها ضعيفا على النمو الاقتصادي.

4- دراسة (بن حمود 2001)[2] بعنوان: (أثر الإيرادات النفطية على اتجاه سياسات الإنفاق الحكومي في قطر)

سعت هذه الدراسة إلى تحليل أثر الإيرادات النفطية على اتجاهات سياسات الإنفاق الحكومي في قطر من خلال قياس علاقة الارتباط كما ناقشت أثر تلك التحولات على اتجاهات سياسات الإنفاق الحكومي، ولقد خلُصت الدراسة إلى وجود علاقة ارتباط قوية بين زيادة الإيرادات النفطية وزيادة الإنفاق الحكومي في الفترة 1970- 1983، وعلى العكس من ذلك ظهر هناك علاقة ارتباط ضعيفة بين انحسار الإيرادات النفطية وأشكال الإنفاق الحكومي خلال الفترة 1983-1996 ولقد انعكست تلك التطورات على اتجاهات سياسات الإنفاق الحكومي.

5- دراسة (آل الشيخ 2002)[3] بعنوان: (العلاقة بين الإنفاق الحكومي والنمو الاقتصادي في قانون فاجنر)

قام الباحث باختبار حقيقة وجود قانون فاجنر، حيث بينت نتائج الدراسة ضعف أدلة وجود

---

(1)- قاسم الحموري ومحمد البيطار، **أثر زيادة النفقات العامة على بعض المتغيرات الاقتصادية في الأردن**، مجلة أبحاث اليرموك، المجلد 11 العدد 4، 1995

(2)- عبد الكريم بن حمود، **أثر الإيرادات النفطية على اتجاهات سياسات الإنفاق الحكومي في قطر: دراسة في الاقتصاد السياسي**، مجلة جامعة الملك سعود المجلد 13، السعودية، 2001

(3)- حمد بن محمد آل الشيخ، **العلاقة بين الإنفاق الحكومي والنمو الاقتصادي في قانون فاجنر- شواهد دولية-**، مجلة جامعة املك سعود، المجلد 14، السعودية، 2002

علاقة سببية باتجاه واحد بينما توجد أدلة قوية على وجود علاقة سببية متبادلة، وتوضح نتائج البحث أن وجود العلاقة السببية الثنائية بين مستوى الإنفاق الحكومي وإجمالي الناتج المحلي يدعم التوجه الاقتصادي الكلي الكينزي.

ت- على مستوى الدراسات الأجنبية

1- دراسة (Neicheva 2007)[1] **بعنوان:** (**Non-Keynesian effects of Government Spending:**) هدفت هذه الدراسة إلى بحث الآثار غير الكينزية للسياسة المالية الممثلة بالإنفاق الحكومي في بلغاريا، حيث أن النتيجة التي تم التوصل إليها هي أن مقدار الإنفاق الحكومي هو المحدد الأساسي للآثار غير الكينزية، حيث أن الموازنة لمتوازنة لا يمكن أن تضمن النمو الاقتصادي.

2- دراسة (**Santiago Herrera2007**)[2] **بعنوان:** (**public expenditure and growth**)

توصلت هذه الدراسة إلى الأثر الايجابي لسياسة الإنفاق الحكومي على النمو والذي يتوقف على ما إذا كانت الفائدة الحدية للإنفاق الحكومي تتجاوز التكلفة الحدية لرأس المال العام، حيث قامت الدراسة بتحليل تكاليف ومنافع الإنفاق الحكومي، كما قامت الدراسة بتحليل العلاقة الموجودة بين حساسية الإنفاق الحكومي وحساسية الاستهلاك الكلي.

أما أهم ما يميز هذه الدراسة عن بقية الدراسات السابقة فيتمثل فيما يلي:

- توسيع فترة الدراسة التي إلى غاية 2007 حيث أن هذه الفترة عرفت عدة تحولات في الاقتصاد الجزائري؛
- تختلف هذه الدراسة عن الدراسات السابقة في منهجية البحث العلمي حيث ركزت على تقصي أسباب زيادة الإنفاق الحكومي في الجزائر ومدى تأثيرها على الاستقرار الاقتصادي الكلي كجزء من السياسة الاقتصادية؛
- ركزت الدراسة على تحليل أثر الإنفاق الحكومي بشقيه الجاري والاستثماري على

---

(1)- Neicheva, Maria, **Non-Keynesian effects of Government Spending: Some implications for the Stability and Growth Pact** Munich Personal RePEc Archive September 2007

(2)- Santiago herrera, **public expenditure and growth** ,policy research working paper, N 4372, world bank, 2007

الاستقرار الاقتصادي الكلي؛

- أخذت الدراسة بعين الاعتبار تأثير طريقة التمويل على أداء سياسة الإنفاق الحكومي؛
- تطرقت الدراسة إلى بعض الآثار السلبية لسياسة الإنفاق الحكومي كأثر المزاحمة؛
- حاولت الدراسة إبراز أثر الإنفاق الحكومي على الاستقرار الاقتصادي ككل.

إشكالية الدراسة

لقد تجلى لنا من خلال ما سبق الإشكالية الرئيسية التي ستقوم هذه الرسالة بالإجابة عنها، حيث أن هذه الدراسة تقوم على محورين أساسيين؛ الاستقرار الاقتصادي الكلي من جهة والإنفاق الحكومي من جهة أخرى، حيث أن الاستقرار الاقتصادي الكلي في الجزائر عرف تطورات مهمة كانت انعكاساً للسياسات الاقتصادية المتبَعة التي جاءت أحياناً استجابةً لمشروطية صندوق النقد الدولي، وأحياناً أخرى جاءت مستقلة دون تدخل المؤسسات المالية والنقدية الدولية: **فما مدى تأثير سياسة الإنفاق الحكومي كجزء من السياسة الاقتصادية على الاستقرار الاقتصادي الكلي في الجزائر خلال مختلف المراحل التي مر بها الاقتصاد الجزائري؟ إذا علمنا أن الإنفاق الحكومي كان المحور الأساسي في برنامج الإصلاح الاقتصادي المدعوم من قبل المؤسسات المالية الدولية، واستعملته الدولة أيضاً كمحرك مباشر للإنعاش ودعم النمو الاقتصاديين؟ بصيغة أخرى ما هي انعكاسات التغيرات الحاصلة في سياسة الإنفاق الحكومي على مؤشرات الاستقرار الاقتصادي الكلي في الجزائر والمتمثلة في: معدل النمو، معدل البطالة، المستوى العام للأسعار والتوازن الخارجي؟**

بالإضافة إلى الإشكالية الرئيسية لهذا البحث هناك مجموعة من التساؤلات الفرعية ستسعى الدراسة إلى الإجابة عنها والمتمثلة في:

- ما هو الاستقرار الاقتصادي الكلي ؟ ومن المسئول عن تحقيقه ؟ وما هي الأداة المستعملة في تحقيقه؟
- ما هي العلاقة بين الاستقرار الاقتصادي الداخلي والخارجي؟ وهل هناك اختلاف بين مفهوم الاستقرار الاقتصادي في الدول النامية والمتقدمة؟
- كيف انعكست برامج الإصلاح الاقتصادي المتبَعة في الجزائر على وضعية الاستقرار الاقتصادي الكلي ممثَلةً في مربع السياسة الاقتصادية لكالدور؟

- ماهي طبيعة العلاقة الموجودة ين معدلات النمو والبطالة في الجزائر؟
- كيف تطورت العلاقة بين معدلات التضخم والبطالة في الجزائر؟ وما مدى تأثير السياسة الاقتصادية المتبعَة؟
- ما مدى انطباق نظريات تزايد الإنفاق الحكومي ممثَلةً في قانون فاجنر ونماذج التنمية لروستو- مسجريف على الاقتصاد الجزائري؟
- ما مدى انطباق السياسة المالية الكينزية في شقها المتعلق بالإنفاق الحكومي على واقع الاقتصاد الجزائري؟
- ماهي مصادر التضخم في الجزائر؟ وماهو موقع الإنفاق الحكومي منها؟

فرضيات الدراسة

تقوم الدراسة باختبار الفرضيات التالية

- لا يختلف مفهوم الاستقرار الاقتصادي الكلي في الدول النامية عنه في الدول المتقدمة، كما أن اختلال الاستقرار الاقتصادي الداخلي يختلف عن اختلال الاستقرار الاقتصادي الخارجي؛
- يعطي مربع السياسة الاقتصادية لكالدور صورة واضحة عن وضعية الاستقرار الاقتصادي الكلي في أي بلد، وتتشكل زواياه من : معدل النمو، معدل البطالة، معدل التضخم، التوازن الخارجي؛
- تتوقف فعالية سياسة الإنفاق الحكومي على المقدرة المالية للدولة،طرق تمويل الإنفاق الحكومي ومدى التعارض بين مؤشرات الاستقرار الاقتصادي الكلي؛
- تؤدي زيادة الإنفاق الحكومي إلى زيادة مضاعفة في الناتج المحلي الإجمالي إذا ما توفرت مرونة الجهاز الإنتاجي؛
- يساهم الإنفاق الحكومي في زيادة الناتج المحلي الإجمالي في الأجل الطويل؛
- تؤدي السياسة النقدية المصاحبة لسياسة الإنفاق الحكومي إلى ارتفاعٍ في المستوى العام للأسعار،
- ترتبط فعالية سياسة الإنفاق الحكومي في ظل اقتصاد مفتوح بنظام الصرف المتبَع وحركة

رؤوس الأموال الدولية؛

- يؤثر حقن الريع البترولي في الاقتصاد الجزائري بشكل كبير على هيكلية الجهاز الإنتاجي؛
- انعكست السياسة الاقتصادية المتبعَة خلال الثمانينات في تدهور مؤشرات الاستقرار الاقتصادي الكلي عقب ستة 1986؛
- ساهمت الإصلاحات الاقتصادية المتبعَة في الجزائر بتخفيض معدلات التضخم دون تحقيق الأثر الايجابي في جانب العرض؛
- ساهمت برامج الإنعاش الاقتصادي في تخفيض معدلات البطالة مع ارتفاع في معدلات التضخم؛
- ترتبط معدلات النمو ارتباطاً وثيقاً بالإيرادات النفطية؛
- تنطبق النظريات المفسرة لظاهرة تزايد الإنفاق الحكومي على الاقتصاد الجزائري؛
- يتسم مضاعف الإنفاق الحكومي في الجزائر بالضعف نتيجة عدم مرونة الجهاز الإنتاجي، ووجود تسرب من الدورة الاقتصادية؛
- تساهم السياسة النقدية المصاحبة لسياسة الإنفاق الحكومي في زيادة الضغوط التضخمية؛
- هناك علاقة ايجابية بين عجز الموازنة العامة الناتج عن زيادة الإنفاق الحكومي وعجز الحساب الجاري؛
- هناك علاقة سلبية بين الإنفاق الحكومي ورصيد الحساب الجاري؛
- بتسرب جزءٌ كبيرٌ من الإنفاق الحكومي إلى الخارج من خلال الواردات؛

أهداف الدراسة

تستهدف هذه الدراسة بيان دور الإنفاق الحكومي في تحقيق الاستقرار الاقتصادي الكلي بمؤشراته المتعلقة بمستويات الأسعار والنمو والتشغيل والتوازن الخارجي، في الجزائر وكمقدمة لذلك كان من الضروري تحليل مؤشرات الاستقرار الاقتصادي الكلي في الجزائر وتطور الإنفاق الحكومي بمختلف تصنيفاته، وتسعى الدراسة إلى تحقيق مجموعة من الأهداف:

- إبراز الإطار النظري للاستقرار الاقتصادي وموقعه من السياسة الاقتصادية؛
- إظهار العلاقة بين الاستقرار الاقتصادي الداخلي والخارجي؛
- إنشاء مربع السياسة الاقتصادية في الجزائر خلال الفترة 1990-2007 وتوضيح

التطورات الحاصلة فيه؛

- تحديد ماهية الإنفاق الحكومي وتقسيماته وموقعه من السياسة الاقتصادية؛
- تحليل ظاهرة نمو الإنفاق الحكومي من خلال تطبيق قانون فاجنر ونماذج التنمية لروستو-مسجريف على الاقتصاد الجزائري؛
- تحليل هيكل الإنفاق الحكومي وتطوره في الجزائر خلال الفترة 1990-2007؛
- احتساب قيمة مضاعف الإنفاق الحكومي في الاقتصاد الجزائري خلال الفترة 1990-2007؛
- توضيح مدى تأثير طريقة التمويل على قيمة مضاعف الإنفاق الحكومي؛
- توضيح أثر طريقة التمويل على أداء سياسة الإنفاق الحكومي؛
- تحليل وتقدير أثر سياسة الإنفاق الحكومي على مؤشرات الاستقرار الاقتصادي الكلي في الجزائر خلال الفترة 1990-2007؛

منهجية الدراسة ومصادر البيانات

تقوم هذه الدراسة على تحليل تطور الإنفاق الحكومي والعوامل المفسرة له ومدى تأثيره على مؤشرات الاستقرار الاقتصادي الكلي، لذلك فإن البحث يعتمد على المنهج الوصفي للإلمام بالإطار النظري لمحوري الدراسة والمتمثلين في الإنفاق الحكومي والاستقرار الاقتصادي الكلي، بالإضافة إلى المنهج التحليلي الموظِف لأدوات القياس الكمي لتقدير مدى تأثير سياسة الإنفاق الحكومي على الاستقرار الاقتصادي الكلي، حيث تم الاعتماد على طريقة المربعات الصغرى الاعتيادية لاستخراج معادلات الانحدار الخطية وذلك لاختبار الفرضيات المطروحة سابقاً.

واعتمدت الدراسة على عدة مصادر للبيانات، وذلك للوصول إلى بيانات أكثر دقة حيث اعتمدت الدراسة على الديوان الوطني للإحصائيات في الجزائر من خلال موقعه على الانترنيت ومن خلال الدوريات التي يصدرها والتي لا تنشر على الانترنيت، والمتمثلة في عرض الحسابات الاقتصادية خلال الفترة 1963-2004 بالإضافة إلى تقارير بنك الجزائر حول التطورات الاقتصادية والنقدية كما اعتمدنا على التقارير التي تصدر من صندوق النقد الدولي باللغة الانجليزية (IMF Country Report) وعلى قاعدة بيانات البنك الدولي حول مؤشرات التنمية في العالم (World Development Indicators)

مخطط الدراسة

تشتمل هذه الدراسة على أربعة فصول كل فصل ينقسم إلى ثلاثة مباحث وكل مبحث ينقسم إلى ثلاثة مطالب، وذلك للإلمام بجميع جوانب البحث:

يتناول **الفصل الأول** من هذه الرسالة الاستقرار لاقتصادي الكلي من خلال التطرق إلى الدور الاقتصادي للدولة باعتبارها المسئولة عن تحقيقه، بالإضافة إلى الأداة المستعملة في تحقيقه وهي السياسة الاقتصادية، وموقع الإنفاق الحكومي من هذه السياسة.

ويحتوى **الفصل الثاني** على دراسة لأثر سياسة الإنفاق الحكومي على الاستقرار الاقتصادي الكلي حيث جاء المبحث الأول لدراسة أثر هذه السياسة على جانبي التوازن الاقتصادي، أما المبحث الثاني فتناولنا أثر سياسة الإنفاق الحكومي على التضخم وفي المبحث الثالث تطرقت الدارسة إلى أثر سياسة الإنفاق الحكومي على الاستقرار الاقتصادي الخارجي.

أما **الفصل الثالث** فكان عبارة عن دراسة تطبيقية على الاقتصاد الجزائري حيث قمنا بتتبع تطور السياسة الاقتصادية عبر مختلف المراحل في المبحث الأول، ومدى انعكاسها على مؤشرات الاستقرار الاقتصادي الكلي في المبحث الثاني، أما المبحث الثالث فتطرقنا لتطور الإنفاق الحكومي في الجزائر وتحليل تزايده وتطبيق مختلف النظريات المفسرة لهذا التزايد في الجزائر. وتناول **الفصل الرابع** تحليل أثر سياسة الإنفاق الحكومي على مؤشرات الاستقرار الاقتصادي الكلي المشكلة للزوايا الأربع لمربع كالدور ويلي ذلك ملخص النتائج التي توصلت إليها الدراسة متبوعاً ببعض التوصيات التي يراها الباحث ضرورية.

الفصل الأول
الاستقرار الاقتصادي الكلي والسياسة الاقتصادية
Chapter One
Macro Economic Stabilization and Economic Policy

المبحث الأول :دور الدولة في تحقيق الاستقرار الاقتصادي الكلي

المطلب الأول: الدور الاقتصادي للدولة في النظرية الاقتصادية

المطلب الثاني: الإطار النظري للاستقرار الاقتصادي الكلي

المبحث الثاني: السياسة الاقتصادية كأداة لتحقيق الاستقرار الاقتصادي الكلي

المطلب الأول: الإطار النظري السياسة الاقتصادية

المطلب الثاني: أنواع السياسة الاقتصادية

المطلب الثالث: الأهداف الكبرى للسياسة الاقتصادية...مؤشرات الاستقرار الاقتصادي

المبحث الثالث: موقع سياسة الإنفاق الحكومي من السياسة الاقتصادية.

المطلب الأول: السياسة المالية والاستقرار الاقتصادي الكلي

المطلب الثاني: موقع الإنفاق الحكومي من السياسة المالية

المطلب الثالث: الإنفاق الحكومي كسياسة اقتصادية

خلاصة الفصل الأول

تمهيد

لقد أثار موضوع تدخل الدولة في الحياة الاقتصادية جدلاً كبيراً في أوساط الاقتصاديين وأصحاب القرار الاقتصادي، وذلك لأن هناك إدراكاً واسعاً في كل دول العالم بأن السوق القائمة حالياً غير كفؤة،[1] مما يجعلها عاجزة عن إعطاء الإشارات السعرية وغيرها بشكل سليم، بالإضافة إلى بروز ما يُعرف بالآثار الخارجية للنشاط الاقتصادي- externalités - بشكلٍ أصبح معه تحديد تكاليف الإنتاج الفعلية أمراً غير ميسور إن لم يكن مستحيلاً، أمام هذه الاعتبارات كان لا بد من الإدراك بأن مستوى معين من تدخل الدولة في النشاط الاقتصادي هو شيء أكثر من ضروري، وهو ما يطرح إشكالية الأدوات الأكثر فعالية للتأثير على الاستقرار الاقتصادي الكلي والحديث هنا يتعلق عن السياسة الاقتصادية التي تشمل مجموعة من السياسات والتي تعمل كل منها على متغير أو أكثر من المتغيرات الاقتصادية الهامة، كالسياسة النقدية والمالية والائتمانية وسياسة سعر الصرف، ومن الملاحَظ أن الجدل الفكري فيما يتعلق بفعالية السياسات الاقتصادية ليس حديثاً، وإنما يعود إلى المساجلات بين أنصار هذه المدرسة أو تلك، خاصة بين أنصار المدرسة النقدية وأنصار المدرسة الكينزية.

وتحتل السياسة المالية مكانة هامة بين هذه السياسات لأنها تستطيع تحقيق الأهداف المتعددة للسياسة الاقتصادية والتي يُعبَر عنها بالمربع السحري والتي أشار إليها كالدور في نموذجه، والمتمثلة في تحقيق معدلات نمو عالية، تخفيض معدلات البطالة، تخفيض معدلات التضخم وتحقيق الاستقرار في ميزان المدفوعات، وتستطيع الدولة من خلال السياسة المالية أن تؤثر على هذه الأهداف باستعمال عدة أدوات أهمها سياسة الإنفاق الحكومي والسياسة الضريبية، ولقد شهدت السياسة المالية عدة تطورات ارتبطت بتطور دور الدولة في الحياة الاقتصادية خاصة عقب أزمة 1929 التي تعرض لها الاقتصاد الرأسمالي، حيث أصبحت السياسة

(1)- يمكن أن توصف نتائج السوق بأنها كفؤة إذا كان مستوى معين من إجمالي الفوائد التي تحققها لا يمكن الحصول عليها بتكلفة أقل، أو إذا كان من غير الممكن تحقيق فوائد أكبر بنفس المستوى من التكاليف

المالية الأداة الرئيسية التي تُستعمل في توجيه المسار الاقتصادي ومعالجة ما يتعرض له الاقتصاد من هزات خلال الدورة الاقتصادية.

وتشكل دراسة الإنفاق الحكومي ركناً أساسياً في الدراسات المتعلقة بالسياسة المالية، وتعود أهمية سياسة الإنفاق الحكومي باعتبارها الوسيلة التي تستخدمها الدولة في تحقيق الدور الاقتصادي الذي تقوم به في الميادين المختلفة، وهو الذي يقوم برسم حدود نشاط الدولة المالي والاقتصادي، وانطلاقاً مما سبق فإن الدراسة تهدف من خلال هذا الفصل إلى تحليل الإطار النظري للاستقرار الاقتصادي الكلي، وكيف تساهم الدولة في تحقيقه من خلال دورها الاقتصادي؟ بالإضافة إلى دراسة الأداة المستعمَلة في تحقيق الاستقرار الاقتصادي والمتمثلة في السياسة الاقتصادية مع إبراز مكانة السياسة المالية كجزء من السياسة الاقتصادية في تحقيق الاستقرار الاقتصادي الكلي، كما تقوم الدراسة بالتطرق إلى الجانب المالي للإنفاق الحكومي من خلال تناول مفهومه وأركانه وتقسيماته مع التركيز على التقسيمات الاقتصادية، ثم تناولت الدراسة في الفرع الثاني الإنفاق الحكومي كسياسة اقتصادية بالتطرق إلى مختلف العوامل التي تحد من فعالية هذه السياسة في تحقيق الاستقرار الاقتصادي الكلي، وبالتالي فإن الهدف من هذا الفصل هو توضيح موقع السياسة المالية بصفة عامة وسياسة الإنفاق الحكومي بصفة خاصة من السياسة الاقتصادية، ومعرفة مدى مساهمتها في تحقيق الاستقرار الاقتصادي الكلي.

المبحث الأول

دور الدولة في تحقيق الاستقرار الاقتصادي الكلي

الدولة كتنظيم اجتماعي هي ظاهرة تنتمي إلى مجموعة ظواهر تمثل موضوع فرع من فروع العلوم الاجتماعية، وهي تتعلق بدراسة العلاقة بين الأفراد والسلطة الحاكمة، وقبل أن نغوص في الأدوار الاقتصادية للدولة لا بد من التفرقة بين الدولة، المجتمع والحكومة فالمجتمع هو مجموعة إنسانية تمثل واقعاً متميزاً، أي مجموعة من الأفراد تعيش على إقليم معين تقوم بينها علاقات متبادلَة، أما الدولة فهي شكل تاريخي من أشكال تنظيم العلاقة بين الحاكمين والمحكومين وتمثل ظاهرة سياسية هي ظاهرة السلطة المنظِمة المؤسسية، أي المنظِمة لهذه العلاقة من خلال مؤسسات الدولة، أما الحكومة فهي المحسوس العضوي الذي يمارس وظائفه في مجتمع معين.[1]

انطلاقاً من تحديد الإطار المفاهيمي للدولة بمفهومها الواسع تقوم الدراسة بتحليل تطور الدور الاقتصادي للدولة من خلال إبراز مختلف النظريات الاقتصادية التي بينت تأثير الدولة على الاستقرار الاقتصادي الكلي، كما تقوم الدراسة من خلال هذا المبحث بتحديد الإطار النظري للاستقرار الاقتصادي الكلي مبينةً العلاقة الموجودة بين الاستقرار الاقتصادي الداخلي والخارجي، وإبراز الاختلافات الموجودة في مفهومه بين الدول النامية والمتقدمة.

المطلب الأول: الدور الاقتصادي للدولة في النظرية الاقتصادية

لقد كان هدف الاعتراف المبكر بدور الدولة في اقتصاد السوق هو تطبيق نموذج والراس للمنافسة الكاملة، حيث أنه مع ظهور أزمة الكساد الكبير لعام 1929، سقطت فرضية والراس للمنافسة الكاملة وأدى ذلك إلى ظهور أفكار كينز الداعية إلى تدخل الدولة في النشاط الاقتصادي وذلك في إطار لم يخرج عن النموذج الكلاسيكي.[2]

---

(1)- محمد دويدار، **مبادئ الاقتصاد السياسي*ج4* الاقتصاد المالي** (لبنان: منشورات الحلبي، 2001)، ص ص 34-46

(2)- بييتر دوتي، **دور الحكومة في اقتصاد السوق**(دمشق: سلسة بحوث ومناقشات حول دور الحكومات الإنمائي في ظل الانفتاح الاقتصادي، معهد السياسات الاقتصادية، صندوق النقد العربي، 2000)، ص65

ولقد أصبح تدخل الدولة في الحياة الاقتصادية أمراً ضرورياً مع مرور الوقت، وذلك من أجل حماية النشاط الاقتصادي، حيث أن غياب الدولة سيُعرض الاقتصادات الوطنية إلى مشاكل اختلال الاستقرار الاقتصادي[1]، ولقد ثار جدلٌ كبيرٌ حول تدخل الدولة في الحياة الاقتصادية، وما إذا كانت الحكومات أم الأسواق هي الأكثر قدرة على التخصيص الأمثل للموارد وتحقيق الاستقرار الاقتصادي الكلي ولقد انقسم الاقتصاديون بين مؤيدين ومعارضين لتدخل الدولة، ولكل فريق منهما حججه التي تؤيد رأيه، كما أن هناك عدة عوامل ساهمت في ترسيخ أفكار كلٍ من الطرفين، وتقوم الدراسة من خلال هذا المطلب بإدراج حجج كل من الطرفين والخروج بنتيجة تتناسب وحالة اقتصادات الدول النامية، كما تتطرق الدراسة إلى تفسير وقياس حجم تدخل الدولة في النشاط الاقتصادي.

1- حجج أنصار التدخل الحكومي

يقدم أنصار تدخل الدولة مجموعة من الحجج أهمها أن السوق عاجز عن إعطاء إشارات سعرية ملائمة خاصة عندما تكون هناك آثار خارجية للنشاط الاقتصادي[2]، حيث لا تعكس الأسعار في هذه الحالة التكلفة الحقيقية التي يتحملها المجتمع نتيجة استخدام الموارد كما أن السوق عاجز عن تحريك الموارد من استخدام إلى آخر بسبب عدم قدرته الدائمة على تزويد المتعاملين بالمعلومات الكافية عن التوزيع الحالي للموارد من جهة، ولعدم قدرتهم أحيانا على استغلال هذه المعلومات سواء لاعتبارات تقنية أو لاعتبارات لها علاقة بالتكاليف من جهة أخرى، بالإضافة إلى أن الدول النامية لا تتوفر على أسواق واسعة وعميقة بشكل كافٍ مما يُضعف العلاقة القائمة بين مختلف هذه الأسواق، كما أن الدولة التي تعتمد في صادراتها على المواد الأولية تواجه تقلبات كبيرة في وضعها التجاري بالمقارنة مع الدول التي لها قاعدة صناعية كبيرة ومتنوعة[3]، ولهذه التقلبات انعكاسات على الدخل الوطني وطالما أن عوائد الصادرات في معظمها تعود إلى الدولة فإن السياسة المالية تكون أداة مهمة للتأثير على سلوك باقي الأعوان الاقتصاديين، وتركز نظرية

---

(1)- حازم الببلاوي، **دور الدولة في الاقتصاد** (القاهرة: دار الشروق، 1998)، ص 98

(2)- تنشأ عندما لا يتم إدراج بعض الآثار الجانبية للإنتاج أو الاستهلاك ضمن أسعار السوق، أنظر المبحث الثالث من هذا الفصل صفحة رقم 38

(3)- وهو ما يُعرف ب -**Dutch disease**- وستقوم الدراسة بتطبيق هذا النموذج على حالة الجزائر، انظر الفصل الثالث صفحة،110

المرض الهولندي على إعادة تخصيص عوامل الإنتاج والذي يحدث - أي المرض الهولندي- استجابة لصدمة ايجابية بسبب اكتشاف مورد ما أو نتيجة ارتفاع سعره في الأسواق الدولية مثلما هو الحال في الدول النفطية[1]، كما أنه من الملاحَظ أن هناك عدة عوامل داعية إلى زيادة تدخل الدولة والتي نذكر منها تجربة الكساد الكبير للفترة 1929- 1931 وأطروحات كينز المرافقة لها والداعية إلى زيادة تدخل الدولة عن طريق السياسة الاقتصادية وعن طريق التدخل المباشر لزيادة الطلب الفعلي، كما أن الحرب العالمية الأولى والثانية وما نتج عنهما من دمار مس الدول المشاركة في الحرب مما دفع الحكومات إلى زيادة التدخل لإعادة إعمار ما دمرته الحرب بشكل جعل القوة الإنتاجية للدولة تتطور إلى درجة عجز الأسواق القومية عن استيعاب منتجاتها، ولقد تميزت الفترة بعد الحرب العالمية الثانية بظهور الفكر الماركسي وتأثر الدول المستقلة حديثا ومنها الجزائر بهذا الطرح وقامت بتأميمات كبيرة أدت إلى تكفل الدولة بإدارة العديد من المؤسسات العمومية.[2]

2- حجج معارضي التدخل الحكومي

يرى أنصار الدولة الحيادية أن زيادة دور الدولة الاقتصادي يؤدي إلى إلغاء أسعار السوق وإلغاء الدور الاقتصادي للسعر مما يجعله - أي السوق - عاجزا عن إعطاء صورة واضحة عن ندرة السلع وتكلفتها الحقيقية، وهذا ما يؤدي إلى الإنتاج دون مراعاة القدرات الفعلية للمجتمع وظروف الندرة النسبية، كما يكون نشاط المؤسسة غير مراعٍ لاحتياجات السوق وبقاء هذه المؤسسات لا يتحدد بنتائجها الاقتصادية وإنما يتحدد بقرارات إدارية بعيدة عن الرشد الاقتصادي، بالإضافة إلى ما سبق ذكره فإن هناك عدة عوامل تؤيد هذه الآراء الداعية لتقليص دور الدولة الاقتصادي والتي نذكر منها انفجار الثورة الالكترونية وتأثيرها على تطور وسائل الاتصال مما أدى إلى تراجع أهمية المكان والقضاء على الحدود الجغرافية في الكثير من القضايا الاقتصادية، وهذا ما جعل الدولة تفقد وسائل مراقبة الإقليم من الناحية الاقتصادية، كما أن زيادة نفوذ ووزن المنظمات الاقتصادية العالمية في وضع السياسات الاقتصادية للدول

---

(1)- عبد المجيد قدي، **المدخل إلى السياسات الاقتصادية الكلية- دراسة تحليلية وتقييمية**-،(الجزائر: ديوان المطبوعات الجامعية، 2006)، ص ص 13-14

(2)- تشارلز وولف، **الأسواق أم الحكومات، الاختيار بين البدائل غير المثالية**، ترجمة علي حسين حجاج، (عمان: دار البشير، 1996)، ص 95

النامية بشكل تجاوز منطق المشورة إلى درجة الإلزام،[1] من خلال تدابير التثبيت الاقتصادي وبرامج التكيف الهيكلي، أو فيما يتعلق بشروط الانضمام إلى المنظمة العالمية للتجارة، كل هذه الظروف جعلت الدولة تفقد الكثير من القدرة على اتخاذ القرار.

3- تفسير تدخل الدولة في النشاط الاقتصادي

لقد ظهرت عدة أطروحات حول تفسير حجم تدخل الدولة والمتمثلة أساساً في محاولة تفسير ظاهرة تزايد الإنفاق الحكومي على المدى الطويل، ولعل من أبرز هذه الأطروحات هو قانون فاجنر وتحليل وايزمان وبيكوك ونماذج التنمية لروستو- موسجريف، وتقوم الدراسة فيما يلي بشرح هذين التحليلين مع تأجيل إدراج أسباب تزايد الإنفاق الحكومي الحقيقية والظاهرية إلى المبحث الثالث من هذا الفصل عند دراستنا للإنفاق الحكومي.

3-1- قانون فاجنر

يُعد الاقتصادي الألماني أدولف فاجنر من أوائل الاقتصاديين الذين اهتموا بتفسير تدخل الدولة في النشاط الاقتصادي، حيث قدم عام 1883 ما سُمي آنذاك بقانون "تزايد نشاط الدولة" [2]، حيث حاول إيجاد العلاقة التي تربط مستوى التطور الاقتصادي بحجم الإنفاق الحكومي، ولقد انطلق في تحليله من مبدأ أن التصنيع يؤدي إلى ارتفاع تدخل الدولة وحصة الإنفاق الحكومي في الدخل القومي وبالتالي فإن التصنيع يقود إلى مضاعفة نفقات الإدارات العامة، الهياكل القاعدية، التربية، التدخل الاجتماعي، [3] وبالتالي استنتج العلاقة التبعية بين النمو الاقتصادي ونمو النشاط الحكومي حيث ينمو الإنفاق الحكومي بمعدل أكبر من معدل النمو الاقتصادي، أي أن معدل نمو نصيب الفرد من السلع والخدمات العامة يكون أكبر من معدل نمو نصيب الفرد من الناتج القومي،[4] وهذا ما يوضحه الشكل التالي:

---

(1)- وهو ما يعرف بمشروطية صندوق النقد الدولي

(2)- Low of increasing state activity

(3)- عبد المجيد قدي، **المرجع السابق**، ص 15

(4)- علي أحمد خليل، سليمان أحمد اللوزي، **المالية العامة والإصلاح المالي**، (عمان: دار زهران، 2002)، ص 122

الشكل(1-1-1) المنحنى الممثل لقانون فاجنر

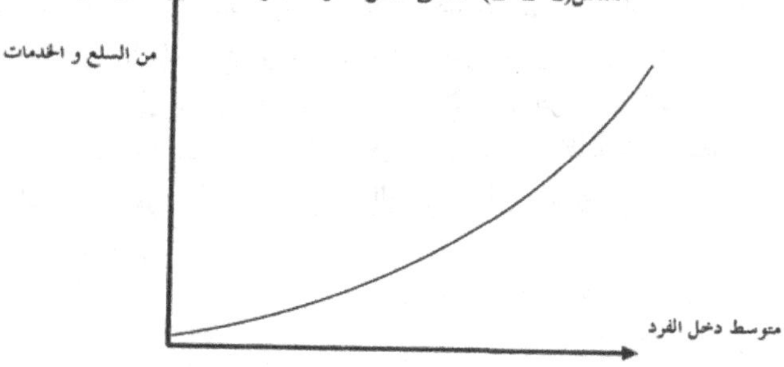

المصدر: علي أحمد خليل, سليمان اللوزي, المرجع نفسه, ص 123

وقد أرجع فاجنر النمو في الإنفاق الحكومي لأسباب تتعلق بتوسع وظائف الدولة التقليدية وزيادة طلب الأفراد على السلع والخدمات العامة، وقد أثبتت وقائع القرن العشرين صحة هذا القانون[1] . وحسب فاجنر فإن توسع الدور الاقتصادي للدول يعود إلى ثلاثة أسباب رئيسية وهي عامل التصنيع والتحديث الذي يؤدي إلى زيادة الحاجة إلى السلطات العمومية قصد التكفل بالحماية والتشريع والتنظيم، كما أن نمو الدخل القومي يؤدي إلى التوسع في الإنفاق على الرفاهة والتعليم بالإضافة إلى عامل التطور الاقتصادي والتكنولوجي حيث يعملان على السيطرة على إدارة الاحتكارات الطبيعية قصد زيادة كفاءة الأداء الاقتصادي وتوفير الاستثمارات الضرورية في القطاعات التي يحجم عنها الخواص. ويمكن صياغة قانون فاجنر على النحو التالي[2]:

$$G/Y = f(Y/N).$$

G : الإنفاق الحكومي Y : الدخل الوطني N : عدد السكان

3-2- تفسير بيكوك – وايزمان peacock-wisman

حاول الاقتصاديان تفسير ظاهرة تزايد دور الدولة في الحياة الاقتصادية، حيث أن هذا الدور يتأثر بالأحداث الاستثنائية خاصة الحربين العالميتين حيث قادتا إلى زيادة الإنفاق الحكومي، ويفترض الاقتصاديان أن القرارات التي تتخذها الحكومة بخصوص الإنفاق الحكومي تعتمد على عوامل كثيرة أهمها ردود أفعال الناخبين على معدلات وأنواع الضرائب اللازمة

---

(1)- رمزي زكي، **انفجار العجز**، (دمشق: دار المدى للثقافة، الطبعة الأولى، 2000)، ص ص 67- 68

(2)- عبد المجيد قدي، **المرجع السابق**، ص 116

لتمويل الإنفاق الحكومي، وبذلك يفترض التحليل بأن هناك مستوى معين من الضرائب يشكل قيداً على نمو الإنفاق الحكومي، وعلى هذا فإن حجم الإنفاق الحكومي يزداد بصورة متناسبة مع زيادة الإنفاق الحكومي في الأوقات العادية، إلا أن هذا النمو المتزن في الإنفاق الحكومي سوف يختل في الأوقات التي يتعرض لها المجتمع إلى أزمات طارئة نتيجة زيادة الإنفاق الحكومي اللازم لمواجهة مثل هذه الظروف، ويتقبل الناس رفع معدلات الضرائب أو فرض ضرائب جديدة لتمويل الإنفاق الاستثنائي، إلا أنه يصبح من الصعب على الحكومة أن تجري تقليصاً في الموازنة في الفترة التالية، وقد أُطلق على انتقال مستوى الإنفاق والإيراد الحكومي إلى مستوى أعلى " أثر الاستبدال"[1] و الشكل التالي يوضح ما سبق ذكره:

الشكل (2-1-1)

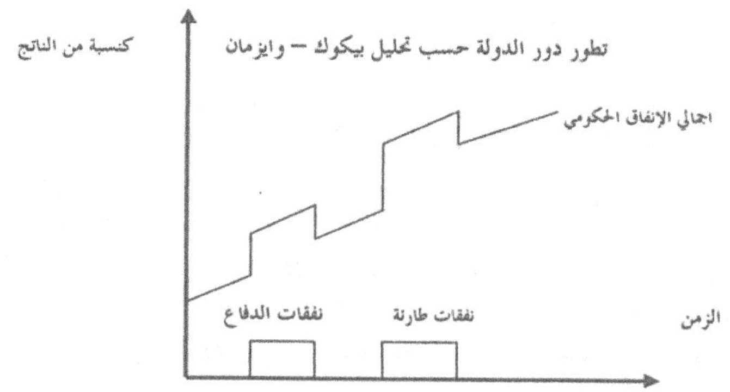

المصدر: عبد اللـه الشيخ، المرجع نفسه، ص 117

إن نقطة الضعف الأساسية في تحليل بيكوك وايزمان كانت في اتخاذه صفة التعميم وإهماله خصوصية وإمكانية الدولة التي تقوم بالإنفاق، على الرغم من أن هذا التحليل قام على أساس دراسات إحصائية دقيقة تناولت الإنفاق الحكومي في بريطانيا خلال الفترة 1891- 1955.

والنتيجة التي نخلص إليها من خلال دراستنا لأهم تفسيرات زيادة حجم الدولة الاقتصادي هي أن زيادة الإنفاق الحكومي لا تعني زيادة المنفعة العامة لأن هناك أسباب ظاهرة سنعود إليها بالتفصيل في المبحث الثالث من هذا الفصل، ولعله من الملاحظ ارتباط تفسير

(1)- عبد اللـه الشيخ، **مقدمة في اقتصاديات المالية العامة** (الرياض: جامعة الملك سعود، 1992)، ص 116

حجم الدولة في الاقتصاد بمقدار الإنفاق الحكومي التي تقوم به هذه الدولة في الحياة الاقتصادية، لذلك فإنه عادة ما يتم استعماله لقياس حجم الدور الاقتصادي للدولة، وبالتالي فإن الدراسة من خلال ما يأتي ستتعرض لمختلف المقاييس المستعمَلة لقياس حجم الدولة في الاقتصاد بالإعتماد على حجم الإنفاق الحكومي بمختلف أشكاله.

4- قياس حجم الدولة في الاقتصاد

تسعى برامج الإصلاح الاقتصادي المدعومة من قبل صندوق النقد الدولي إلى خفض الإنفاق الحكومي وتقليص حجم الدولة ولهذا فإنه من المهم إيجاد معايير لقياس حجم الدولة في الاقتصاد والتي تتمحور معظمها حول الإنفاق الحكومي سواء كان الإنفاق جاريا أو استثماريا.

4-1- نسبة الإنفاق الحكومي إلى الناتج المحلي الإجمالي

يضم الإنفاق الحكومي مجموع الإنفاق والتحويلات التي تقوم بها الحكومات المركزية والولايات أو الحكومات المحلية، ورغم أهمية هذا المؤشر إلا أنه يطرح مشاكل بخصوص توفر المعلومات الدقيقة المتعلقة بإنفاق الحكومات المحلية نظراً لحجمها الكبير من جهة ولعدم توفرها على الموارد البشرية في دول العالم الثالث المؤهلة لإعداد هذه البيانات والجدول التالي يوضح نسبة الإنفاق الحكومي إلى الناتج في بعض الدول العربية:

الجدول(1-1-1) نسبة الإنفاق الحكومي إلى الناتج المحلي الإجمالي في بعض الدول العربية %

	2001	2002	2003	2004	2005	2006
الأردن	33.65	32.60	31.56	30.00	28.80	28.16
الإمارات	35.13	34.19	38.26	38.62	38.83	38.27
تونس	32.47	32.53	32.75	32.07	32.03	31.48
الجزائر	31.57	35.22	29.26	29.23	28.98	29.43
السعودية	37.18	33.02	31.94	30.38	29.30	30.08
سورية	33.06	35.06	35،39	32.30	29.20	27.32
مصر	26.80	30.82	31.85	30.50	30.18	32.13
المغرب	32.28	26.04	26.27	26.10	30.76	27.26

المصدر: التقرير الاقتصادي العربي الموحد، صندوق النقد العربي، 2006، ص 326

2-4- نسبة الاستهلاك العام والاستثمار العام إلى الناتج

ويتعلق الاستهلاك العام بكل المجالات التي تندرج ضمن الإنفاق الجاري الحكومي بما فيه الإنفاق العسكري، وتعكس هذه النسبة مدى الاهتمام بتوفير الخدمات الواقعة على عاتق الحكومة لعامة المواطنين، أما الاستثمار العام فيغطي جميع الاستثمارات المالية وجميع أوجه الإنفاق الرأسمالي على الأصول الثابتة، وتعكس النسبة المخصصة من الناتج المحلي الإجمالي لإنفاقها من قبل الحكومة في المجال الاستثماري سعي الحكومة إلى زيادة النمو واستيعاب اليد العاملة وتوسيع الهياكل القاعدية[1]، وإذا أخذنا بعين الاعتبار حالة الدول العربية نلاحظ حدوث ارتفاع في الاستهلاك العام والاستثمار العام الذين ارتفعا بنحو 41% و74% بين عامي 2000-2005 وتوضح هذه التغيرات بشكل عام أن السياسة المالية أصبحت توسعية منذ مطلع الألفية في غالبية الدول العربية وهذه السياسة ارتبطت بالقفزات الكبيرة في قيمة إجمالي الإيرادات العامة والناتج المحلي الإجمالي، ويعكس الاتجاه السائد نحو زيادة الإنفاق الحكومي وتطوير دور الدولة في الحياة الاقتصادية، وبالتالي فإن تفعيل دور السياسة المالية في مواجهة اختلال الاستقرار الاقتصادي الكلي لا تزال ضرورة ملحة لغالبية الدول العربية، ويلاحَظ أن الأمر يزداد صعوبة بالنسبة للدول النفطية من جراء الارتفاع الملحوظ والمستمر في الموارد المالية الأمر الذي يُحدث ضغوطاً على الحكومات للمزيد من الإنفاق، إلا أن استخدام الفوائض المالية الكبيرة في الإنفاق على تنمية وتطوير البنية التحتية يكون أكثر فاعلية إذا ما تم تغذية صناديق تثبيت الإيرادات وصناديق الادخار لتعزيز ثقة القطاع الخاص في الاقتصادات الوطنية ولضمان استمرار الوضع المالي الحالي[2]، والجدول التالي يوضح لنا مصداقية التحليل السابق:

	تبويب الإنفاق العام			هيكل الإنفاق العام (%)		النسبة إلى الناتج المحلي الإجمالي (%)	
	القيمة (مليار دولار)		نسبة التغير (%)				
	2004	*2005		2004	*2005	2004	*2005
الإنفاق الجاري	202.63	225.53	11.3	78.8	74.7	23.7	21.8
الإنفاق الرأسمالي	55.12	66.65	20.9	21.4	22.1	6.5	6.4
صافي الإقراض **	0.58-	9.60	1753.2	0.2-	3.2	0.1-	0.9
الإجمالي	257.17	301.79	17.3	100.0	100.0	30.1	29.2

* ميزانيات وتقديرات أولية.

** يمثل الإقراض الحكومي ناقصاً السداد ويضم معاملات الحكومة في الاستحقاقات على المؤسسات العامة.

---

(1)- عبد المجيد قدي، **المرجع السابق**، ص 21

(2)- التقرير الاقتصادي العربي الموحد، صندوق النقد العربي 2006، ص 114

وتبقى ظروف الدول النامية هي وحدها الكفيلة بتحديد حجم الدولة في الاقتصاد وخاصة في ظل التحولات الاقتصادية والانتقال إلى اقتصاد السوق، كما أن العولمة أفرزت وضعاً جديداً في العلاقات الاقتصادية الدولية حيث ازداد الانفتاح الاقتصادي وانتقل القرار الاقتصادي إلى مراكز فوق قومية وزيادة الإنتاج على مستوى المؤسسات المتعددة الجنسية، وبالتالي فإن هذه الظروف تساهم في زيادة اختلال الاستقرار الاقتصادي وهذا في ظل اختلال الهيكل الإنتاجي للدول النامية وعدم مرونته لهذه التطورات لذلك يجب تدخل الدولة خاصة في الدول النامية من خلال تصميم مجموعة من الإجراءات في مجال السياسة الاقتصادية بصفة عامة والسياسة المالية بصفة خاصة وسياسة الإنفاق الحكومي بصفة أخص لتحقيق الاستقرار الاقتصادي الكلي والمساهمة في تدعيم الهيكل الإنتاجي، وقبل التطرق إلى كل هذه العناصر، لا بد من تحديد مفهوم الاستقرار الاقتصادي الكلي الذي تخصص له الدراسة الفقرات التالية.

المطلب الثاني: الإطار النظري للاستقرار الاقتصادي الكلي

تعاني الاقتصادات النامية بصفة عامة من اختلالات هيكلية يمكن حصرها في اختلالين رئيسيين : اختلال الاستقرار الاقتصادي الداخلي واختلال الاستقرار الاقتصادي الخارجي، ومن أهم مظاهر اختلال الاستقرار الاقتصادي الداخلي هو اختلال التوازن بين الإنتاج المحلي والاستهلاك الوطني، فالاستهلاك أكبر من الإنتاج وهو ما يعني وجود اختلال بين الادخار الوطني والاستثمار، حيث أن الادخار المحلي لا يجاري الاستثمار، وهو ما يقود إلى الاعتماد على مصادر التمويل الخارجية من مساعدات وقروض لتمويل الاستثمار، إن هذه الحالة تؤدي إلى بروز اختلال الاستقرار الاقتصادي الخارجي الذي ما هو إلا انعكاس لاختلال الاستقرار الداخلي- كما ستبينه الدراسة من خلال ما يأتي- أو ما يُعرف بحالة فائض الطلب حيث يعجز الإنتاج المحلي عن استيعاب الطلب الكلي وتتم تغطية هذا الفائض من خلال الاستيراد وهذا ما ينعكس في ميزان تجاري سالب.[1] وتقوم الدراسة من خلال هذا المطلب بتحديد الإطار النظري للاستقرار الاقتصادي الكلي وذلك بإظهار العلاقة بين الاستقرار الاقتصادي الداخلي والخارجي، كما أن الاختلاف الموجود بين الدول النامية والمتقدمة يُحتم علينا إبراز الاختلاف

---

(1)- عبد الله بلوناس:(**الاقتصاد الجزائري، الانتقال من الخطة إلى السوق ومدى تحقق أهداف السياسة الاقتصادية**)، أطروحة دكتوراه في العلوم الاقتصادية، جامعة الجزائر، الجزائر: 2004-2005، ص 132

الموجود بين مفهوم الاستقرار الاقتصادي الكلي في الدول النامية والمتقدمة.

1- مفهوم الاستقرار الاقتصادي الكلي

تعتبر البيئة الاقتصادية المستقرة شيئاً أساسياً في تحقيق التنمية في اقتصاد ما، وموضوع الاستقرار الاقتصادي يمكن تجزئته إلى ثلاثة أهداف رئيسية محددَة وهي: نمو الناتج الحقيقي، التشغيل الكامل واستقرار الأسعار، ويمكننا إضافة الاستقرار في سعر الصرف والتوازن الخارجي إذا أخذنا بعين الاعتبار درجة الانفتاح الاقتصادي، ولعله من الواضح أن هذه الأهداف متداخلة ومترابطة، فبدون العمالة الكاملة فإن الناتج المحتمَل في اقتصاد ما لن يتحقق بصفة كلية، كما تؤدي تقلبات الأسعار إلى سيطرة عدم التأكد وعرقلة النمو الاقتصادي.[1]

يبدو جلياً أن التشغيل الكامل للطاقة الاقتصادية يكون أمراً مرغوباً فيه، كما أن الاستعمال غير الكامل يتضمن تبديداً وسوء توزيع، ويشتمل الاستخدام الكامل على استخدام كل من مخزون رأس المال والقوة العاملة، ولقد حدد الاقتصاديون حالة التشغيل الكامل بأنها تلك الحالة التي يستطيع فيها كل من يرغب في العمل بالأجر الجاري في سوق العمل أن يحصل على عمل، ولقد جرت العادة خلال الخمسينات والستينات على تحديد هدف العمالة الكاملة بأنه ذلك الذي يسمح بنسبة بطالة قدرها 4 %، ولقد ارتفعت في المرحلة الراهنة لتصل إلى 6 %، وتوجه الاهتمام فيما بعد إلى العلاقة بين البطالة والتضخم وأُعتبر معدل البطالة المقبول بأنه ذلك الذي لا يولد معدل تضخم مرتفع[2]، كما أن الاستقرار لا يعني التشغيل الكامل كهدف وحيد حيث يجب الأخذ بعين الاعتبار الاستقرار في المستوى العام للأسعار.[3]

ويرتبط مفهوم الاستقرار الاقتصادي بمفهوم الدورة الاقتصادية،[4] حيث تشير التجربة التاريخية إلى أن فترات التوسع الاقتصادي وانخفاض معدلات البطالة يتبعها فترات بطء النمو الاقتصادي وانكماش النشاط الاقتصادي، ففي فترات بطء النمو الاقتصادي ترتفع معدلات

---

(1)- جيمس جوارتيني، **الاقتصاد الكلي، الاختيار العام والخاص**، ترجمة عبد الفتاح عبد الرحمان (السعودية: دار المريخ، 1999)، ص195

(2)- انظر الفصل الثاني الصفحة 86

(3)- ريتشارد موسجريف، **المالية العامة في النظرية والتطبيق**، ترجمة حمدي الصباخي،(السعودية: دار المريخ، 1992)، ص 356

(4) CIRCUIT ECONOMIQUE

البطالة وينخفض المستوى العام للأسعار، والدورة الاقتصادية المفترَضة تعكس حركة منتظمة من الازدهار والركود، إلا أنه في الواقع فإن الدورات الاقتصادية لا تأخذ شكلاً منتظماً، وبالتالي فإن تفاقم اختلال الاستقرار الاقتصادي الداخلي والخارجي يفرز بكل تأكيد عدداً من الأزمات الاقتصادية الخطيرة كتفاقم معدلات التضخم وتدهور معدلات النمو الحقيقية.

1-1- اختلال الاستقرار الاقتصادي الكلي الداخلي والخارجي

إن اختلال الاستقرار الاقتصادي الخارجي يعكس وجود فجوة في الموارد المحلية أو اختلالات في نسبة المدخرات إلى الاستثمارات الوطنية، وبعبارة أدق يحدث الاختلال الداخلي عندما يتحرك اقتصاد البلد المعني إما بصورة تتجاوز الناتج الممكن أو تقل عنه، والناتج الممكن هو المستوى الذي تكون عنده الموارد الحالية لاقتصاد ما مستغلة استغلالا كاملا دون إحداث ضغوط تضخمية، ويمكن أن ينشأ اختلال الاستقرار الاقتصادي الداخلي عندما يكون الطلب الكلي متجاوزاً الناتج الممكن، وهنا يكون الأرجح هو ظهور ضغوط تضخمية، وفي العديد من البلدان النامية يكون التمويل النقدي لعجوزات الحكومة هو السبب في حدوث الاختلال الداخلي للاستقرار الاقتصادي[1]،حيث أن ذلك يؤدي إلى تضخم، غير أن اختلال الاستقرار الاقتصادي الداخلي يمكن أن يحدث أيضاً عندما يشهد الطلب الكلي انخفاضاً ملحوظاً عن الناتج الممكن، وفي هذه الحالة عادة ما يشهد الاقتصاد معدلات مرتفعة من البطالة، وبالإضافة إلى الاختلالات الداخلية يمكن أن يمر الاقتصاد باختلالات خارجية والتي تتجلى لنا من خلال الاختلال في ميزان المدفوعات، فوجود عجز في هذا الأخير يعني أن إجمالي حساباته المشار إليها تمثل رصيداً سالباً الأمر الذي يتطلب تركيبة من تدفقات رأسمالية داخلة، أما وجود فائض في ميزان المدفوعات فإنه يُمكن البلد المعني من تحقيق تراكم في احتياطاته الدولية.[2] وكما سبق أن أشرنا فإن هناك علاقة وطيدة بين اختلال الاستقرار الاقتصادي الداخلي واختلال الاستقرار الاقتصادي الخارجي وتقوم الدراسة من خلال ما يلي بتوضيح العلاقة بينهما.

---

(1)- سنعود إلى هذه النقطة بالتفصيل عند دراستنا لمصادر تمويل الإنفاق الحكومي في الفصل الثاني، انظر الصفحة رقم 54

(2)- جوشوا غرين، **نظرة عامة عن تصحيح الاقتصاد الكلي**، دراسات صندوق النقد الدولي، 1998، ص 3

1-2- العلاقة بين اختلال الاستقرار الاقتصادي الداخلي والخارجي

تؤكد الخبرات التي مرت بها البلدان النامية وخاصة بلدان جنوب شرق أسيا أن اختلال الاستقرار الاقتصادي الخارجي يعكس في أغلب الأحيان وجود فجوة في الموارد المحلية، أي أن هناك اختلال بين الادخار القومي والاستثمار القومي، وهي اختلالات يمكن معالجتها عن طريق إحداث تغيرات في السياسة الاقتصادية، ويمكن توضيح ذلك من خلال المتطابقة الأساسية للناتج المحلي الإجمالي:

$$GDP = C + I + (X - M).$$

حيث يمثل- C - الاستهلاك الوطني بشقيه الخاص والعام، وتمثل - I - الاستثمار القومي بشقية الخاص والعام، وتمثل- X - صادرات السلع والخدمات، وتمثل- M - واردات السلع والخدمات، فإذا ما أضفنا صافي دخل عوامل الإنتاج- Yf -إلى جانبي المتطابقة نجد أن إجمالي الناتج المحلي الناتج المحلي يتحول إلى إجمالي الدخل المحلي- GDI -

$$GDI = C + I + (X - M) + Yf.$$

و أخيراً فإننا إذا ما أضفنا صافي التحويلات من الخارج- Trf - إلى جانبي المعادلة نجد أن إجمالي الدخل المحلي يتحول إلى إجمالي الدخل القومي المتاح- $GNDI$ -

$$GNDI = C + I + (X - M) + Yf + Trf.\ldots\ldots\ldots\ldots(1)$$

و من المعادلة (1) نستطيع أن نطرح الاستهلاك الكلي والاستثمار الكلي الذين يمثلان معا إنفاقاً أو استيعاباً للموارد- A - في الاقتصاد المعني[1] وتصبح المعادلة على الشكل التالي:

$$GNDI - A = (X - M) + Yf + Trf = CAB \ldots\ldots\ldots\ldots\ldots (2)$$

---

(1)- يعد الاقتصادي Alexander أول من أشار إلى منهج الاستيعاب عام 1952، والذي سنعود إليه بالتفصيل عند دراستنا لاثر سياسة الإنفاق الحكومي على التوازن الخارجي في الفصل الثاني من هذه الرسالة ص 95

ومن الملاحظ أن الجانب الأيمن للمعادلة لا يعدو أن يكون إلا الحساب الجاري لميزان المدفوعات، ومن ثم فإن وجود اختلال في إجمالي الدخل القومي المتاح - الذي يمثل الموارد المتاحة للإنفاق لدى الاقتصاد المعني- ومصروفات ذلك البلد- أي الاستيعاب Λ- نجده ينعكس بصورة تلقائية في رصيد الحساب الجاري لميزان المدفوعات، فعندما يكون الاستيعاب متجاوزاً لإجمالي الدخل القومي المتاح فعندئذ ينشأ عجز في الحساب الجاري، وبالتالي فإنه من أجل معالجة اختلال الاستقرار الاقتصادي الخارجي يمكن اتخاذ تدابير على صعيد السياسة الاقتصادية وعلى رأسها السياسة المالية .

ويمكن إجراء تعديلات في متطابقات الدخل الواردة أعلاه لتوضيح العلاقات بين الادخار والاستثمار القوميين من ناحية وبين رصيد الحساب الجاري من ناحية أخرى، وبالعودة إلى المعادلة (1) نقوم بطرح الاستهلاك من جانبي المعادلة فيتبقى لنا الجانب الأيسر والذي يمثل الادخار القومي:

$$GNDI - C = I + (X - M) + Yf + Trf.$$

$$S \quad = I + (X - M) + Yf + Trf \ .$$

و بطرح الاستثمار القومي من جانبي المعادلة ينتج ما يلي:

$$S - I = (X - M) + Yf + Tr \ldots\ldots\ldots\ldots\ldots\ldots\ldots\ldots\ldots\ldots (3)$$

من الملاحَظ أن الجانب الأيمن من المعادلة (3) يصبح رصيد الحساب الجاري ومن ثم نلاحظ أن الفرق بين المدخرات والاستثمارات القومية يساوي رصيد الحساب الجاري الخارجي، وبعبارة أخرى فإن العجز في الحساب الجاري ينشأ من زيادة الإنفاق على الاستثمار في بلد ما على القدر المتوفر من مدخرات ذلك البلد الأمر الذي يضطره إلى سحب أرصدة خارجية لتمويل النقص.[1] إن وضعية اختلال الاستقرار الاقتصادي سواء كان داخلياً أو خارجياً

(1)- جوشوا غرين، **المرجع السابق**، ص 6

باعتبار أننا وصلنا إلى نتيجة مفادها أنهما وجهان لعملة واحدة تقود إلى ضرورة اتخاذ إجراءات لمعالجة هذا الوضعية، وبالتالي فإن الدول النامية مخيرة بأن تتبع إجراءات لتصحيح اختلال الاستقرار الاقتصادي الداخلي والمتمثلة في عمليات التصحيح، أو أن تقوم بإجراءات لتصحيح اختلال الاستقرار الخارجي كنهج لتحقيق الاستقرار الاقتصادي الكلي من خلال عمليات التمويل الخارجي، فأي الإجرائين أجدى لهذه الدول؟، هذا ما ستقوم الدراسة بالإجابة عنه من خلال ما يلي.

1-3- معالجة اختلال الاستقرار الاقتصادي الكلي:

إن خيار التصحيح ينطوي في أغلب الأحيان على اعتماد خيارات مؤلمة بغية خفض الاستيعاب، لكن السؤال الذي يطرح نفسه هنا هو ما إذا كانت الإختلالات عابرة ويكون لدى البلد المعني إما موارد مالية كافية تكون في العادة إحتياطات أجنبية أو تكون لديه القدرة على الاقتراض من الخارج لتغطية أي نقص في حسابه الخارجي، لكن ما يميز الدول النامية أنها اضطرت للإقتراض من الخارج لأن حاجتها للاستثمار فاقت وبشكل هيكلي الإدخار القومي وهذا ما أدى إلى إضعاف دخل الأعوان الاقتصاديين، وبالتالي فإن هناك حلقة مفرغة تتمثل في أن انخفاض الدخل يؤدي إلى إضعاف الإدخار الذي يؤثر بدوره على حجم الاستثمار، ولم تجد الدول النامية من بد لزيادة الإدخار سوى الاقتراض من الخارج لزيادة معدلات النمو وتغطية العجز في الحساب الجاري، ففي حالة ما انخفضت أسعار المواد الأولية التي يعتمد عليها البلد ويكون من المتوقع عودة هذه الأسعار إلى الارتفاع في المستقبل، ففي هذه الحالة يستطيع البلد تغطية النقص في حصيلة صادراته عن طريق السحب من احتياطاته الرسمية،[1] وهو خيار يُطلق عليه تمويل الاختلال،[2] إلا أن من شروط هذا التمويل أن يكون الاختلال عارضاً وأن يكون لدى السلطات المعنية الموارد الكافية، فإذا كان انتعاش الأسعار العالمية للسلع الأولية أمرا بعيد المنال أو كان هذا التمويل يشكل خطورة على مستوى الاحتياطات الرسمية للبلاد، يصبح

---

(1)- وهو الخيار الذي لجأت إليه الجزائر عقب انهيار أسعار النفط سنة 1986 وفشل الإصلاحات الذاتية التي سطرتها الدولة حيث أبرمت الجزائر اتفاقات الاستعداد الائتماني STAND BY الثلاثة خلال الفترة 1989-1994، انظر الفصل الثالث صفحة 113

(2)- financing the imbalance

الإصلاح أمرا ضروريا، خاصة عندما يواجه البلد صعوبة في الوفاء بالتزامات خدمة الديون الواقعة على كاهله،[1] ففي هذه الحالة تكون الاحتياطات الرسمية وتدفقات العملة الأجنبية غير كافية للوفاء بالتزامات الخارجية، وعندئذ يتطلب علاج هذه الحالة إجراء تصحيح خارجي بالإضافة إلى ضرورة تسطير برنامج شامل بغية تخفيض أعباء الدين تجاه الدائنين الرسميين.[2]

إن النتيجة التي تخلص إليها الدراسة من خلال ما سبق هو أن الإصلاح يكون ضرورياً عندما يواجه البلد صعوبة في الوفاء بالتزامات خدمات الدين الخارجي، ففي هذه الحالة تكون الاحتياطات الرسمية وتدفقات العملات الأجنبية الواردة عن طريق السلطات النقدية غير كافية للوفاء بالالتزامات الخارجية، وبشكل عام لا يجب المبالغة في الافتراض بأن إختلالات الاستقرار الاقتصادي الخارجي هي ذات طابع عارض، لأنه وعلى سبيل المثال الإنخفاض العارض في الأسعار العالمية للسلع الأولية غالباً ما يستمر لعدة سنوات،[3] وبالمثل فإن الارتفاع الشديد العارض في حجم الإستثمارات الذي يسبب عجزاً في الحساب الجاري قد لا يكون من النوع الذي يصحح مساره من تلقاء نفسه- self-reversing- على الأمد القصير، ومن ثم يكون الإصلاح أمراً مرغوباً فيه في غالب الأحوال حتى عندما تتوافر لدى البلد المعني احتياطات كافية لتمويل الإختلالات الخارجية على المدى الطويل،[4] و لعل أهم تساؤل يطرح نفسه خلال هذه المرحلة من دراستنا للمحور الأول لهذه الرسالة هو: هل مفهوم أو خصائص الاستقرار الاقتصادي الكي هي نفسها في الدول النامية والدول المتقدمة؟ هذا ما تقوم الدراسة بالإجابة عنه فيما يلي

2- مفهوم الاستقرار الاقتصادي الكلي بين الدول النامية والدول المتقدمة

يمكننا من خلال تحليلنا السابق صياغة تعريف شامل لمفهوم الاستقرار الاقتصادي الذي

(1)- وهي الوضعية التي وصلت الجزائر إليها سنة 1994 حيث أعلنت عجزها عن تسديد الديون التي وصلت أجال استحقاقها الأمر الذي أدى إلى إبرام برامج التثبيت والتصحيح الهيكلي انطلاقا من سنة 1995، انظر الفصل الثالث صفحة 114

(2)- جوشوا غرين، **المرجع السابق**، ص 6

(3)- وهي الحالة التي وقعت فيها الجزائر عقب انهيار أسعار النفط سنة 1986 كما سنرى في الفصل الثالث من هذه الرسالة صفحة 111

(4)- جوشوا غرين، **المرجع السابق**، ص 7

يُعبر عن تحقيق التشغيل الكامل للموارد الاقتصادية المتاحة، وتفادي التغيرات الكبيرة في المستوى العام للأسعار مع الاحتفاظ بمعدل نمو حقيقي مناسب في الناتج الحقيقي، أي أن مفهوم الاستقرار الاقتصادي يتضمن هدفين أساسين:

- الحفاظ على مستوى التشغيل الكامل للموارد الاقتصادية المتاحة؛
- تحقيق درجة مناسبة من الاستقرار في المستوى العام للأسعار؛[1]

إن الاستقرار الاقتصادي الكلي ليس إلا أحد الظروف الأساسية لإحداث التنمية الاقتصادية والذي ينبغي أن يتدعم بغيره من الظروف المتطلبة لإنجاح السياسات الخاصة بالتنمية الاقتصادية، فمعروف أن تحقيق التشغيل الكامل يؤدي إلى الإستخدام الكامل للموارد الاقتصادية المتاحة، وبالتالي فإن تحقيق التنمية الاقتصادية يجب أن يسير جنباً إلى جنب مع تحقيق الاستقرار الاقتصادي، حيث يحصل الأفراد على ثمار ومكاسب التنمية، إذ أن غياب الاستقرار الاقتصادي يحول الكثير من الاستثمارات المنتجة إلى استثمارات غير منتجة، وإذا أخذنا بعين الاعتبار حالة الدول النامية فإن الأزمات الاقتصادية التي مرت بها دفعت بالمؤسسات النقدية الدولية إلى التدخل ضمن ما يعرف ببرامج الاستقرار الاقتصادي أو برامج التثبيت التي تهدف إلى تخفيض العجز في الموازنة العامة بواسطة ضغط الإنفاق الحكومي وتخفيض العجز في الحساب الجاري،[2] و الشكل التالي يعطي لنا فكرة مختصرة عن برامج الاستقرار الاقتصادي الكلي.

الشكل (1-1-3) الأهداف و السياسات و الأغراض الوسيطة في برامج الاستقرار الاقتصادي الكلي

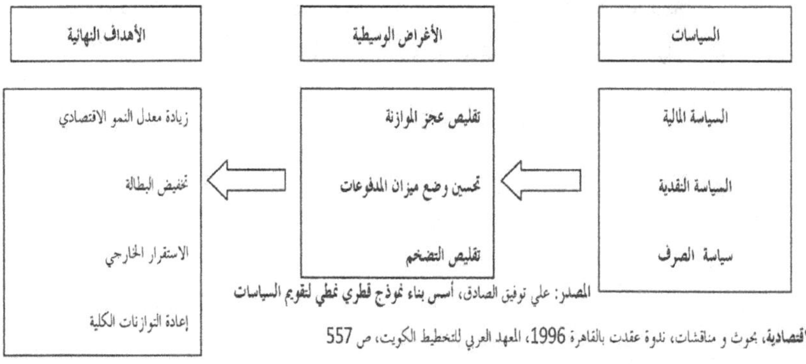

المصدر: علي توفيق الصادق، **أسس بناء نموذج قطري نمطي لتقويم السياسات الاقتصادية**، بحوث و مناقشات، ندوة عقدت بالقاهرة 1996، المعهد العربي للتخطيط الكويت، ص 557

(1)- عبد المجيد عبد المطلب، **السياسات الاقتصادية- تحليل جزئي وكلي**-،(القاهرة: زهراء الشرق، 2007)، ص213

(2)- انظر الفصل الثالث من هذه الرسالة صفحة 114

أما الوجه الثاني للتصحيح هو التكيف الهيكلي الذي يختص بمواجهة الإختلالات التي تعترض مواصلة النمو في الأجل الطويل، مثل الانحراف في حوافز الإنتاج، الرقابة والقيود السعرية، الرسوم الجمركية المرتفعة وتتولى سياسات جانب العرض القضاء على هذه الإختلالات.[9] الشكل التالي يوضح لنا برامج التكييف الهيكلي بشكل مختصر.

الشكل (1-1-4)

الأهداف و الأغراض الوسيطة و السياسات في برنامج التصحيح الهيكلي.

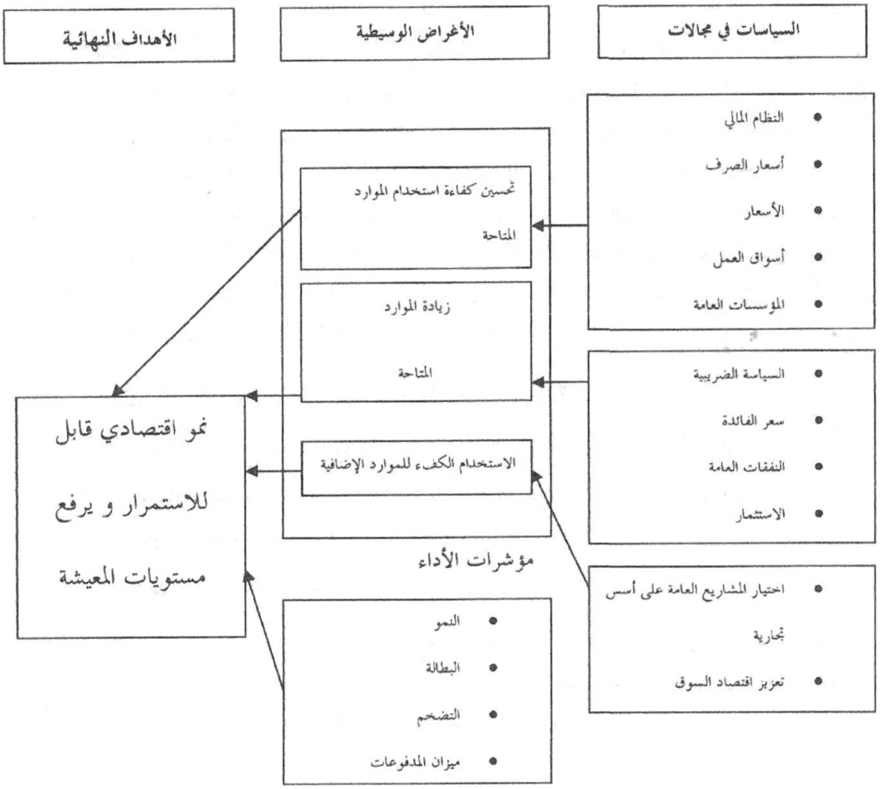

المصدر على الصادق، " أسس بناء نموذج قطري نمطي لتقويم السياسات الاقتصادية،المرجع السابق، ص.558

والسؤال الذي يُطرح في هذا المجال بعد أن قمنا بالتمييز بين برامج الاستقرار الاقتصادي وبين برامج التكييف الهيكلي يتمثل فيما يلي: هل يوجد اختلاف بين مفهوم الاستقرار الاقتصادي لدى الدول المتقدمة ومفهومه لدى الدول النامية ؟ هذا ما تقوم الدراسة بالإجابة عنه من خلال ما يلي

2-1- مفهوم الاستقرار الاقتصادي الكلي في الدول المتقدمة

كما سبق وأن أشرنا فإن السمة المميزة للنشاط الاقتصادي في النظم الرأسمالية هي حتمية تعرضها للتقلبات الاقتصادية ضمن ما يُعرف بالدورة الاقتصادية، وإذا كانت أزمات التضخم والبطالة لها آثار اقتصادية واجتماعية وخيمة على فئات عريضة من المجتمع لا سيما ذوي الدخول الثابتة، فقد ظهرت الحاجة إلى سعي الدولة للتحكم في مدى حدة الدورات الاقتصادية وتخفيف آثارها السلبية وذلك من خلال إجراءات السياسة الاقتصادية، وبالتالي فإن الاستقرار الاقتصادي في الدول المتقدمة يتمثل في الوصول إلى التشغيل الكامل مع الحفاظ على قدر مناسب من الاستقرار في المستوى العام للأسعار، غير أن المقصود بالتشغيل الكامل ليس الوصول إلى معدلات بطالة معدومة وإنما ضغطها إلى ذلك الحيز الذي لا يسمح إلا بما يسمى البطالة الاحتكاكية،[1] كما أن المقصود بالاستقرار في المستوى العام للأسعار ليس الثبات مطلقاً وإنما تثبيت معدل الزيادة بما يمكن السيطرة عليه، ولقد أضاف الفكر الاقتصادي في الآونة الأخيرة بُعداً آخر للاستقرار الاقتصادي والمتمثل في استقرار ميزان المدفوعات، وبالتالي فإن برنامج الاستقرار الاقتصادي يهدف إلى تحقيق أربعة أهداف رئيسية[2]:

- التشغيل الكامل وذلك إذا لم يتجاوز معدل البطالة 4%؛
- النمو السريع، حيث أن معدل النمو المقبول في حالة التشغيل الكامل هو 4%؛
- استقرار الأسعار من خلال زيادة سنوية لا تزيد عن 1% في أسعار الجملة و2% زيادة سنوية في أسعار المستهلك؛
- توازن ميزان المدفوعات؛

و بالتالي فإن المحاور الأساسية للاستقرار الاقتصادي في الدول المتقدمة هي: أولا:تحقيق مستوى مرتفع من تشغيل الموارد الاقتصادية؛ ثانيا: تحقيق قدر مناسب من الاستقرار في المستوى العام للأسعار؛ثالثا :تحقيق نوع من الاستقرار الاقتصادي الخارجي.[3]

---

(1)- انظر المبحث الثاني من هذا الفصل صفحة 26

(2)- سنعود إليها بالتفصيل عند دراستنا للسياسة الاقتصادية في المبحث الثاني صفحة 22

(3)- أحمد علي البشاري، **السياسة الاقتصادية اليمنية- سياسة الإنفاق العام**- (اليمن: دار الطرقجي، 1990)، ص ص54-61

2-2- الاستقرار الاقتصادي في الدول النامية

يرتبط مفهوم الاستقرار الاقتصادي في الدول النامية ارتباطاً شديداً بالتجارة الخارجية، وذلك بسبب ما تعانيه من إختلالات هيكلية في بنيانها الاقتصادي ولضعف سيطرتها على مستوى النشاط الاقتصادي، حيث تعتمد الدول النامية على إنتاج وتصدير سلعة واحدة من السلع الأولية، وتختلف أهداف الاستقرار الاقتصادي بالبلاد النامية عنها بالبلاد المتقدمة، فمن الخطأ القول أن مضمون الاستقرار الاقتصادي في الدول النامية هو استهداف المحافظة على التشغيل الكامل لأن الجانب الأعظم من هياكل الإنتاج غير موجود في الدول النامية، ومن أجل توضيح الفكرة تقوم الدراسة بمقارنة بسيطة بين الدول النامية والدول المتقدمة:

أ- مشكلة البطالة: يلاحَظ أنه في حين تستهدف سياسات الاستقرار الاقتصادي بالبلاد المتقدمة علاج مشكلة البطالة الدورية في أزمات الكساد، فإن هدف علاج البطالة في الدول النامية يستهدف البحث عن حلول للبطالة الهيكلية المرتبطة بتخلف هياكل الإنتاج كما سبق وأن ذكرنا؛

ب- مشكلة التضخم: يلاحَظ أنه في حين تهدف سياسات الاستقرار الاقتصادي بالبلاد الرأسمالية إلى تلافي الموجات التضخمية التي تنتج عن الدورة الاقتصادية، فإن مشكلة التضخم في البلدان النامية تعود إلى الإختلالات الهيكلية والاعتماد الكبير على العالم الخارجي فيما يتعلق بالمواد الغذائية ورأس المال الأجنبي؛

ت- ميزان المدفوعات: من ناحية أخرى يلاحَظ أن مشكلة الإختلالات التي تتعرض لها موازين المدفوعات في الدول الرأسمالية ليست انعكاساً لإختلالات اقتصادية هيكلية، وإنما هي محصلة نهائية لقوى الصراع والمنافسة القائمة بين التكتلات الاقتصادية الكبرى في السوق العالمي، أما بالنسبة للبلدان النامية فإن اختلال ميزان المدفوعات هو في جوهره اختلال هيكلي داخلي بين حجم هيكل الإنتاج القومي وحجم هيكل الطلب الكلي، بين قوى الاستهلاك وقوى الادخار، بين حجم الاستثمار ومصادر التمويل المحلية.[1]

(1)- أحمد علي البشاري، **المرجع السابق**، ص ص 62- 65

لقد قامت الدراسة من خلال هذا المبحث الأول إعطاء صورة واضحة عن دور الدولة في الحياة الاقتصادية وموقع الاستقرار الاقتصادي الكلي من هذا الدور، حيث توصلَت إلى نتيجة مهمة في هذا المجال مفادها أن حجم الدولة في الحياة الاقتصادية مرتبط أساساً بالظروف التي يمر بها الاقتصاد الوطني خاصة بالنسبة للدول النامية التي شهدت اقتصاداتها عدة اضطرابات مما زاد من أهمية دور الدولة لتحقيق الاستقرار الاقتصادي الكلي الذي أصبح أمراً ضرورياً في ظل المتغيرات الاقتصادية العالمية، حيث لاحظنا من خلال هذا المبحث أن مفهوم الاستقرار الاقتصادي في الدول النامية يختلف عنه في الدول المتقدمة، فاختلال الاستقرار الاقتصادي الكلي في الدول النامية هو انعكاس لاختلال الهيكل الإنتاجي لهذه الدول وعدم مرونته وعدم تحكمها في النشاط الاقتصادي واعتماد غالبية هذه الدول على إنتاج وتصدير سلعة واحدة، وهذا على عكس اختلال الاستقرار الاقتصادي الكلي في الدول المتقدمة الذي ينتج عن الآثار التي تتركها الدورة الاقتصادية.و بالتالي فإن نجاح جهود التنمية يتوقف على السير المضطرد نحو تحقيق أهداف الاستقرار الاقتصادي، كما خلُصنا من خلال هذا المبحث إلى استنتاج أن اختلالات الاستقرار الاقتصادي الخارجية لا تعدوا أن تكون إلا انعكاساً لفجوة الموارد المحلية في الدول النامية، الأمر الذي أدى إلى استفحال ظاهرة المديونية واللجوء إلى التمويل عوض التصحيح في كثير من الدول النامية.

ولما كانت تدخل الدولة في الحياة الاقتصادية أمراً بالغ الأهمية خاصة فيما يتعلق بتحقيق الاستقرار الاقتصادي الكلي باعتباره أحد أهم الشروط الواجب توفرها لتحقيق التنمية الاقتصادية، يتبادر إلى أذهاننا تساؤل حول الأداة التي تستعملها الدولة لتحقيق هذا الاستقرار؟ إن الإجابة عن هذا التساؤل تدفعنا إلى ضرورة دراسة السياسة الاقتصادية والأهداف التي تسعى الدولة إلى تحقيقها من خلال هذه السياسة، وموقع الاستقرار الاقتصادي الكلي منها؟ وذلك من خلال المبحث الثاني من هذا الفصل.

المبحث الثاني

السياسة الاقتصادية كأداة لتحقيق الاستقرار الاقتصادي الكلي

تُستعمل كلمة سياسة في لغة العرب مصدر لِساس يسوس ومعناها يدور حول تدبير الشيء والتصرف فيه بما يصلح، ولقد ذكرنا بأن زيادة حجم الدولة في النشاط الاقتصادي لمواجهة اختلال الاستقرار الاقتصادي يفرض عليها امتلاك مجموعة من الأدوات الاقتصادية تؤثر من خلالها على التوازنات الاقتصادية الداخلية والخارجية، وذلك بغية تحقيق مجموعة من الأهداف، ويمكننا تلخيص هذه الأدوات فيما يعرف بالسياسة الاقتصادية، كما يمكننا تلخيص الأهداف المنشودة فيما يُعرف بالمربع السحري لكالدور، فما هي إذن السياسة الاقتصادية؟ وما هي أنواعها؟ وما هي الأهداف التي تسعى الدولة لتحقيقها من خلال السياسة الاقتصادية؟ وهل يتحقق الاستقرار الاقتصادي بتحقق أهداف السياسة الاقتصادية؟ هذا ما تقوم الدراسة بالإجابة عنه من خلال هذا المبحث.

المطلب الأول: الإطار النظري للسياسة الاقتصادية

يُقصد بها منذ أن استعملها الإغريق بتدبير أمور الدولة، كما أُستخدمت بمعنى علم إدارة الدول، وعُرفت أيضا أنها مبادئ وقواعد إدارة المجتمع[1]. لذلك ومن أجل التحديد الدقيق للسياسة الاقتصادية لا بد من إدراج مجموعة من التعريفات، مضمونها وأدواتها.

1- تعريفات السياسة الاقتصادية

يُقصد بالسياسة الاقتصادية عامةً كل ما يتعلق باتخاذ القرارات الخاصة بالاختيار بين الوسائل المختلفة التي يملكها المجتمع لتحقيق أهداف اقتصادية واجتماعية معينة، والبحث عن أفضل الطرق الموصِلة إلى تحقيق هذه الأهداف، كما يُعرفها البعض بأنها مجموعة الإجراءات الحكومية التي تحدد معالم البيئة الاقتصادية التي تعمل في ظلها الوحدات الاقتصادية،[2] ويُعرفها

---

(1)- دراوسي مسعود: (**السياسة المالية ودورها في تحقيق التوازن الاقتصادي، حالة الجزائر-**)، أطروحة الدكتوراه في العلوم الاقتصادية، جامعة الجزائر،2005، ص 42

(2)- نعمت الله نجيب وآخرون، **مقدمة في الاقتصاد**، (بيروت: الدار الجامعية، 1990)، ص 141

البعض الآخر على أنها مجموعة الأدوات والأهداف الاقتصادية والعلاقات المتبادلة بينها، والدولة هي المسؤولة عن إعداد وتنفيذ السياسة الاقتصادية،[1]و تُعرَف أيضا على أنها مجموعة توجيهات كل التصرفات العمومية والتي لها انعكاسات على الحياة الاقتصادية، فعلى سبيل المثال سياسة الإنفاق الحكومي و السياسة النقدية، وتُعبر السياسة الاقتصادية عن تصرف عام للسلطات العمومية يكون في المجال الاقتصادي كأن تتعلق بالإنتاج، التبادل الاستهلاك وتكوين رأس المال.[2] كما أن السياسة الاقتصادية تسعى إلى تحقيق عدد من الأهداف باستعمال جملة من الوسائل، وبالتالي فهي مجموعة القرارات المترابطة المتخذَة من طرف السلطات العمومية والهادفة باستخدام مختلف الوسائل إلى تحقيق الأهداف المتعلقة بالحالة الاقتصادية في الأجل القصير أو الأجل الطويل.[3]

يتضح من التعاريف السابقة أن السياسة الاقتصادية تتمثل في قيام الدولة بخطوات وإجراءات ترمي إلى تحقيق أهداف اقتصادية واجتماعية، لهذا يجب على السياسة الاقتصادية التي تنتهجها الدولة أن تكون قادرة على الوصول إلى أقصى كفاءة عند استخدام الموارد المتاحة لتحقيق أقصى الغايات، أو بمعنى آخر استخدام أقل حجم من الموارد لتحقيق أكبر قدر من الأهداف،[4] لكن هذه الكفاءة تتوقف على أمرين:

- تحقيق التوازن المالي للدولة حيث يتم التنسيق بين الإيراد العام والإنفاق الحكومي؛
- زيادة حجم المدخرات المحلية لزيادة حجم الاستثمار؛[5]

إن السياسة الاقتصادية تهدف في الأجل الطويل إلى الوصول لعدد من الغايات والمتمثلة في تحقيق التضامن الوطني والعدالة الاجتماعية وتقليل اللامساواة وتحسين مستوى معيشة المواطن، وتختلف الغايات عن الأهداف فهذه الأخيرة تعتبر كمراحل تُوصل إلى الغايات، بينما الوسائل تمثل الأدوات التي بواسطتها يمكن الوصول إلى تحقيق الأهداف، ويُضاف إلى ذلك أن السياسة

---

(1)- رضا العدل، **التحليل الاقتصادي الكلي**،(مصر: مكتبة عين شمس، 1996)، ص 325

(2)- عبد المجيد قدي، **المرجع السابق**، ص **29**

(3)- Jaque Muller، **économie manuel d'application**، paris، DUOND، 2002، p188

(4)- نعمت الله، مرجع سابق، ص 441

(5)- دراوسي مسعود، المرجع السابق، ص43

الاقتصادية لدولة ما يمكن تحديدها على أنها مجموعة الأهداف والأدوات الاقتصادية والعلاقات المتبادلة بينها، وبالتالي فإن مفهوم السياسة الاقتصادية لا يخرج عن الأهداف المنشودة والأدوات المستعملة والزمن المطلوب لتنفيذها.[1]

2- مضمون السياسة الاقتصادية

تعتبر السياسة الاقتصادية مظهراً خاصاً من مظاهر السياسة العامة للدولة وتتضمن ما يلي:

أ- تحديد الأهداف التي تسعى السلطات العامة إلى تحقيقها،حيث جرت العادة أن يكون للسياسة الاقتصادية أهدافها مثل النمو الاقتصادي، التشغيل الكامل، توازن ميزان المدفوعات، استقرار الأسعار؛

ب- وضع تدرج بين الأهداف، ذلك أن بعض الأهداف تكون غير منسجمة مع بعضها، فخفض معدل الربح يمكن أن يساعد في التقليل من الفوارق، ولكنه يمكن أن يؤدي إلى أزمة في نظام يكون فيه الربح هو أساس الاستثمار مما يؤدي إلى عرقلة نمو المداخيل والتشغيل؛

ت- تحليل الارتباط بين الأهداف، حيث أنه عند وضع التدرج بين الأهداف لا بد من وضع نموذج اقتصادي يوضح العلاقات بين المتغيرات الاقتصادية الأساسية، فعلى سبيل المثال فإن رفع معدل الربح يكبح الكتلة الأجرية، ويمكن أن يؤثر على الاستثمار لأن ضعف الطلب لا يشجع على زيادة الاستثمار؛

ث- اختيار الوسائل، حيث ترتبط الوسيلة المختارة بالغايات المجسدة في الأهداف وتتكون هذه الوسائل من فروع السياسة الاقتصادية والتي من أهمها السياسة المالية والسياسة النقدية وسياسة الصرف الأجنبي ؛[2]

3- أدوات السياسة الاقتصادية

تشير أدوات السياسة الاقتصادية إلى تلك الوسائل التي لا يمكن اعتبارها كأهداف في حد ذاتها بل هي الوسائل التي تُستعمل لتحقيق الأهداف النهائية للسياسة الاقتصادية، والتي لا بد من إعلانها بشكل واضح لمساعدة كل أطراف النشاط الاقتصادي على اتخاذ قراراتهم بشكل

---

(1)- عبد المطلب عبد المجيد، **السياسات الاقتصادية – تحليل جزئي وكلي**-، المرجع السابق، ص 208

(2)- عبد المجيد قدي، المرجع السابق، ص ص 29 - 30

أكثر كفاءة، وتنطوي أدوات السياسة الاقتصادية الكلية عموما على إجراءات كمية ونوعية من الضروري أن تتميز بالمرونة التي تمكنها من تحقيق الأهداف في ظل أي تغير يمكن أن يحدث في المستقبل، كما أن هناك مجموعة من المبادئ والاعتبارات تقوم عليها السياسة الاقتصادية من بينها ضرورة التساوي بين عدد الأهداف المرجوة وعدد الأدوات المتاحة، ويجب على واضع السياسة الاقتصادية علاج التناقض الموجود بين الأهداف كلما أمكنه الأمر وتتم معالجة ذلك عن طريق زيادة عدد أدوات السياسة الاقتصادية من ناحية ومن ناحية أخرى يمكن معالجة هذا التعارض من خلال عدم تحقيق أهداف السياسة الاقتصادية دفعة واحدة،[1] ويتضمن هيكل السياسة الاقتصادية جميع أجزاء السياسة وهو عبارة عن حزمة من السياسات الاقتصادية لتحقيق الأهداف النهائية للسياسة الاقتصادية وهو ما يبينه الشكل التالي:

الشكل (1-2-5)

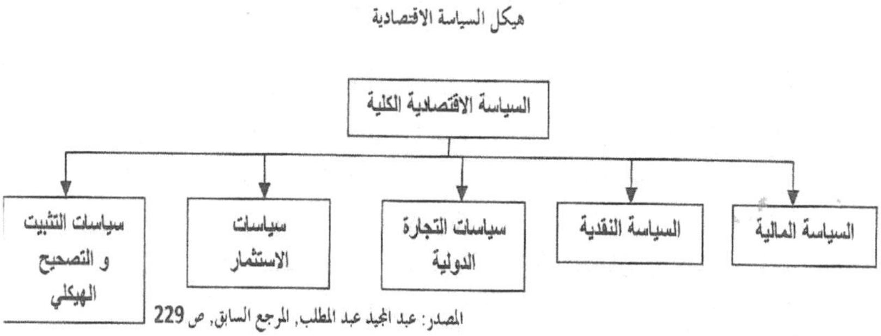

المصدر: عبد المجيد عبد المطلب, المرجع السابق, ص 229

و يمكن تقسيم الأدوات المتاحة للتحكم في النظام الاقتصادي إلى مجموعتين رئيسيتين:

- أدوات السياسة النقدية؛
- أدوات السياسة المالية؛

ومن الملاحظ أن المعنى الواسع للسياسة الاقتصادية يجمع كل القواعد التي تحكم السلطات العامة وهي بصدد التدخل في الحياة الاقتصادية، في حين أن المعنى الضيق يتضمن السياسة المالية والسياسة النقدية والتي تقوم بالرقابة المباشرة للمتغيرات الأساسية للاقتصاد الوطني.[2]

3-1- السياستين المالية والنقدية

هناك أكثر من وجهة نظر حول هذا الموضوع، فالنقديون يرون أن السياسة النقدية هي

(1)- عبد المجيد عبد المطلب، **المرجع السابق**،ص ص 222-227

(2)- أحمد جامع، **التحليل الاقتصادي الكلي**،(القاهرة: دار الثقافة الجامعية،1990)،ص 241

الأكثر فعالية في تحقيق الاستقرار الاقتصادي الكلي، وحسب اعتقادهم فإن نمو المعروض النقدي بنسب محسوبة شرط أساسي من أجل نمو الدخل الوطني، في حين يرى الكينزيون أن السياسة المالية لها دور كبير في التأثير على النشاط الاقتصادي، وفي كلتا الحالتين فإنه لا بد من التنسيق بين السياستين المالية والنقدية من أجل تحقيق الاستقرار الاقتصادي الكلي.

3-2- السياسة التجارية

تتمثل في مجموعة الإجراءات التي تطبقها السلطات ذات السيادة في مجال تجارتها مع الخارج، وتهدف السياسة التجارية إلى تحقيق موارد مالية لخزينة الدولة وتحقيق التوازن في ميزان المدفوعات وحماية الإنتاج الوطني من المنافسة الأجنبية، وتستخدم السياسة التجارية عدة أدوات تتمثل أساساً في الرقابة على الصرف واتفاقيات التجارة ونظام الحصص والرسوم الجمركية.

المطلب الثاني: أنواع السياسة الاقتصادية

يمكننا التمييز بين عدة أنواع للسياسة الاقتصادية وذلك حسب الأجل، حيث هناك السياسة الاقتصادية الظرفية، والسياسة الاقتصادية الهيكلية،و تهدف السياسة الظرفية إلى استرجاع التوازنات الاقتصادية المالية قصيرة الأجل، بينما تهدف السياسات الهيكلية إلى تغيير هيكل وبنية الاقتصاد في الأجل الطويل، وعموماً يمكننا تلخيص أهم الفروقات بين هذين النوعين من السياسة الاقتصادية في الجدول التالي:

الجدول(1-2-3) مقارنة بين السياسة الظرفية والسياسة الهيكلية

	السياسة الهيكلية	السياسة الظرفية
المدة	الأجل الطويل	الأجل القصير
الهدف	تكييف الهياكل	استرجاع التوازنات
الآثار	نوعية	كمية

المصدر: jaque muller، op.cit، p 188

1- السياسة الاقتصادية الظرفية

تهدف هذه السياسة إلى استرجاع التوازنات الاقتصادية الكلية في الأجل القصير، وهناك مجموعة من السياسات الظرفية التي تستخدمها السلطات لتحقيق هذا الهدف والتي نذكر منها :

أ- سياسة الاستقرار: وهي سياسة تهدف إلى كبح النشاط الاقتصادي ومنه مستوى الأسعار والأجور باستعمال سياسات مالية ونقدية انكماشية، وترتكز سياسات الاستقرار على محاربة التضخم وتخفيضه،[1] أما المفهوم الواسع فيعني مجموعة الإجراءات الهادفة إلى المحافظة على النظام الاقتصادي في وضعه الطبيعي (تقليص الضغوط الاجتماعية)[2]

ب- سياسة الإنعاش: وهي سياسة تهدف إلى إنعاش النشاط الاقتصادي عن طريق زيادة الإنتاج والشغل وعن طريق دعم الطلب الخاص للعائلات، وهي مستوحاة من الفكر الكينزي،[3] وتلجأ الدولة في بعض الأحيان إلى التمييز بين الإنعاش عن طريق الاستهلاك والإنعاش عن طريق الاستثمار.و الشكل التالي يعطينا فكرة أكثر وضوحا:

---

(1)- عبد اللـه بلوناس، المرجع السابق، ص 204

(2)- عبد المجيد قدي، المرجع السابق، ص31

(3)- وهي السياسة التي اتبعتها الجزائر انطلاقا من سنة 2001، انظر الفصل الثالث صفحة 117

الشكل (1-2-6)

مخطط توضيحي لسياسة الإنعاش

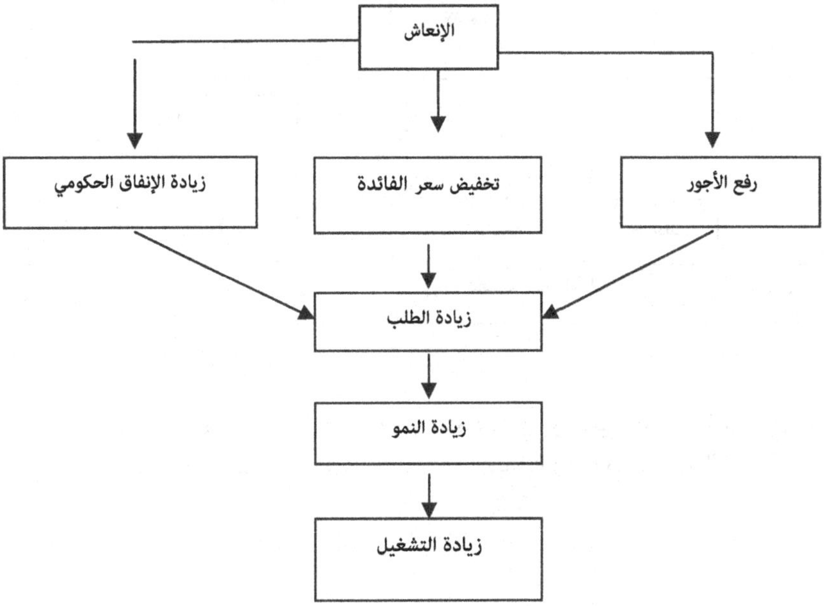

ت- سياسة الانكماش: وهي سياسة تهدف إلى التقليص من ارتفاع الأسعار عن طريق الوسائل التقليدية مثل الاقتطاعات الإجبارية وتجميد الأجور ومراقبة الكتلة النقدية وتؤدي هذه السياسة إلى تقليص النشاط الاقتصادي.

الشكل (1-2-7)

مخطط توضيحي لسياسة الانكماش

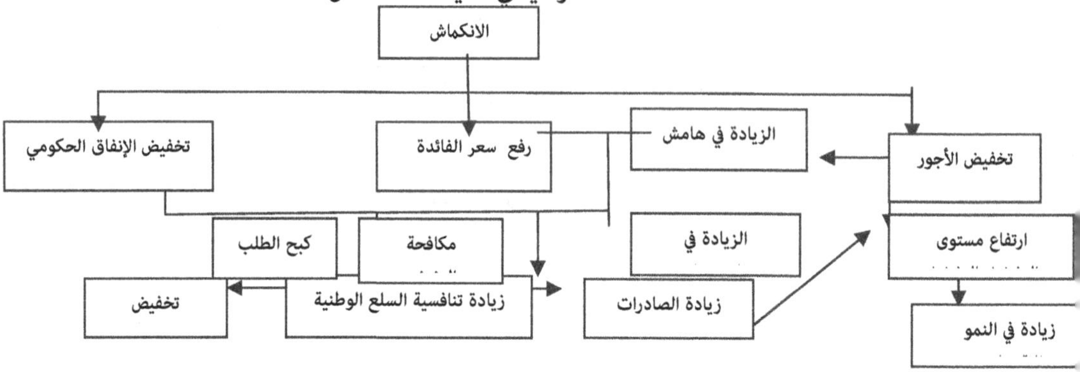

ث- سياسة التوقف ثم الذهاب[1] : تم اعتمادها في بريطانيا وتتميز بالتناول المتسلسل لسياسة الإنعاش ثم الانكماش حسب آلية كلاسيكية وهذا ما يوضحه الشكل التالي:

الشكل (1-2-8)

سياسة التوقف ثم الذهاب

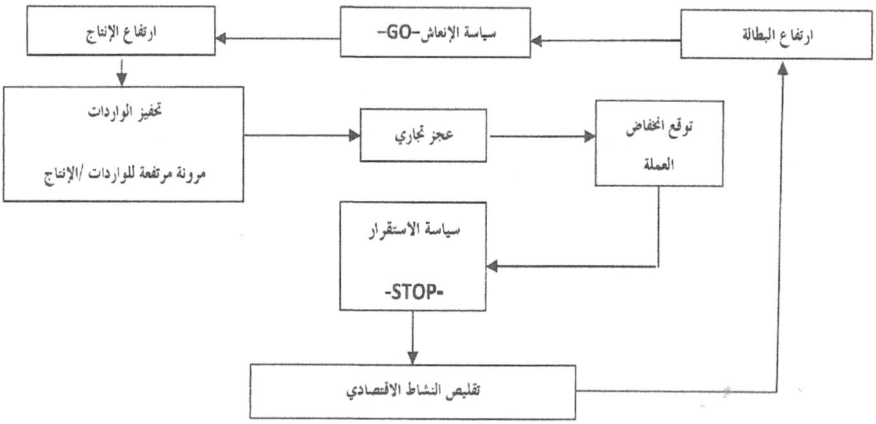

المصدر: عبد المجيد قدي، المرجع السابق، ص33

(1)- تستخدم هذه السياسة عادة الإنفاق الحكومي في التأثير على النشاط الاقتصادي.

2- السياسة الاقتصادية الهيكلية

تهدف السياسة الاقتصادية الهيكلية إلى تكييف الاقتصاد الوطني مع تغيرات المحيط الدولي، وتمس هذه السياسة كل القطاعات الاقتصادية، ويكون تدخل الدولة قبلياً من خلال تأطير آلية السوق، الخوصصة، سيادة قانون المنافسة، كما يمكن أن يكون تدخل الدولة في الأسواق بعدياً من خلال: دعم البحوث والتنمية ودعم التكوين، هذه عموماً أهم محاور السياسة الاقتصادية الهيكلية في الدول المتقدمة، أما الدول النامية والتي أغلبها أبرمت برامج إصلاح اقتصادي مع المؤسسات المالية والنقدية الدولية، فإن السياسة الاقتصادية انقسمت كما سبق وأن أشرنا إلى سياسات التثبيت وسياسات التصحيح الهيكلي، فمن الملاحظ أن هذه السياسات تعارض سياسات الإنعاش التي تقوم على أساس التدخل الواسع للدولة في النشاط الاقتصادي وزيادة الإنفاق الحكومي.[1]

المطلب الثالث: الأهداف الكبرى للسياسة الاقتصادية...مؤشرات الاستقرار الاقتصادي الكلي

تعتبر أهداف السياسة الاقتصادية مرنة وغايتها في النهاية تحقيق الرفاهية العامة، إلا أنه تم تلخيص هذه الأهداف ضمن أربعة أهداف تُعرف بالمربع السحري لكالدور وهي :-تحقيق معدل نمو مرتفع؛ - محاربة البطالة وتوفير الشغل؛ -تحقيق التوازن الخارجي - محاربة التضخم؛ لذلك تقوم الدراسة بإعطاء صورة واضحة عن هذه الأهداف بغرض استعمالها كمؤشرات للاستقرار الاقتصادي الكلي فيما تبقى من هذه الرسالة

(1)- عبد الله بلوناس، **المرجع السابق**، ص 205

الشكل(1-2-9)

المربع السحري لكالدور

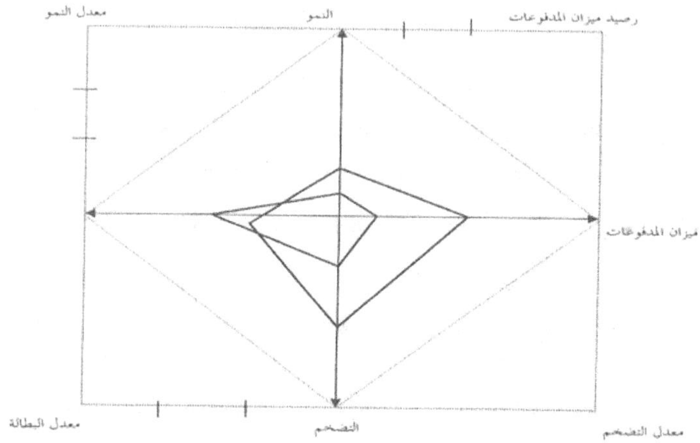

المصدر: Jaque Muller, **op.cit.**, p 190

وتكون وفق هذا المنظور الوضعية الاقتصادية لأي بلد أفضل كلما كانت مساحة المربع أكبر، ويمكن دراسة مدى تحقق هذه الأهداف بإجراء مقارنات على محور الزمن للبلد محل الدراسة ورصد التطورات الحاصلة من سنة لأخرى ومدى إمكانية تحقق هذه الأهداف مجتمعة، أم سيكون تحقيق بعضها على،[1] حساب الآخر.و تقوم الدراسة من خلال ما يلي بإعطاء صورة واضحة عن كل هدف من هذه الأهداف.و التي تمثل مؤشرات الاستقرار الاقتصادي الكلي في أي اقتصاد.

1- البحث عن النمو الاقتصادي

وهو الهدف الأكثر عمومية، حيث يتعلق بارتفاع مستمر للإنتاج والمداخيل وعادة ما يتم اعتماد زيادة الناتج المحلي الإجمالي كأداة لقياس النمو، إلا أن هذا القياس يطرح مشاكل تتعلق بمضمون الناتج المحلي الإجمالي الخام، نتيجة اختلاف نظم المحاسبة الوطنية في تحديد حقل الإنتاج،[2]و يمكننا التعبير عن الناتج المحلي بالعلاقة التالية:

الناتج المحلي الإجمالي= مجموع القيم المضافة + مجموع الرسم على القيم المضافة + مجموع الحقوق الجمركية

(1)- لقد تمت صياغة المربع السحري الخاص بالاقتصاد الجزائري في الفصل الثالث، انظر الصفحة 131

(2)- عبد المجيد قدي، **المرجع السابق**، ص 35

أو الناتج المحلي الإجمالي =مجموع الاستهلاك النهائي +مجموع التراكم الخام للأصول الثابتة+مجموع تغير المخزون+مجموع الصادرات-مجموع الواردات

وبالتالي فإن النمو الاقتصادي في بلد ما يتجسد بزيادة الإنتاج خلال فترة طويلة نسبيا وهذا ما يميز اقتصادات الدول المتقدمة ويعد الإنتاج الصناعي، الدخل الوطني والناتج ثلاث مجمعات اقتصادية تمثل النشاط الاقتصادي لبلد ما ومدى اتساع النمو.[1] وتجدر الإشارة أنه إذا كان معدل النمو يساوي معدل التغير في الناتج المحلي الخام الحقيقي فإنه من الضروري القيام بمقارنة الناتج المحلي الحقيقي بالناتج المحلي المحتمل أو الكامن الذي يُعبر عن مستوى الإنتاج القابل للتحقق باستخدام كامل الطاقة الإنتاجية لكل عوامل الإنتاج ويسمى الفرق بين الناتج المحلي الخام الكامن والناتج الفعلي بفجوة أوكن-OKUN- فجوة OKUN= الناتج المحلي الخام الكامن - الناتج المحلي الخام الفعلي[2]

و يمكننا الحصول على معدل النمو لدولة ما خلال فترة زمنية معينة من خلال العلاقة التالية:

$$R = (PIBt - PIBt - 1)/(PIBt - 1).$$

$PIBt$ الناتج المحلي الإجمالي خلال الفترة t، $PIBt - 1$ الناتج المحلي الإجمالي خلال الفترة $t - 1$

وفي جميع الاقتصادات تلعب مكونات الطلب الكلي دوراً أساسيا في تحديد معدل النمو حيث أن القاعدة الأساسية في الاقتصاد الكلي هي ضرورة تساوي الاستخدامات مع الموارد وفق المعادلة التالية، حيث— Y—تمثل الناتج — M—تمثل الواردات— X —تمثل الصادرات- Cad- تمثل الاستهلاك الحكومي— I— تمثل الاستثمار الكلي بشقيه.— S— تمثل التغير في المخزون.

$$Y + M = Cm + Cad + I + S + X.$$

$$Y = Cm + Cad + I + S + (X - M).$$

---

(1)- برنييه ب، **أصول الاقتصاد الكلي**، ترجمة عبد الأمير إبراهيم شمس الدين،(لبنان:المؤسسة الجامعية للدراسات والنشر والتوزيع، الطبعة الأولى، 1989)، ص 435

(2)- عبد المجيد قدي، **المرجع نفسه**، ص 37

وانطلاقاً من هذه المعادلة يمكننا حساب مساهمة كل متغير في نمو الناتج المحلي الإجمالي، حيث أن استهلاك العائلات عادة ما يلعب دوراً أساسياً في تشكيل معدل النمو حيث تشكل في غالب الأحيان أكثر من 50%من معدل النمو كما أن استهلاك الإدارات العمومية يؤثر بشكل دوري على معدل النمو خاصة في حالة الركود، بالإضافة إلى أن الانفتاح الاقتصادي على العالم الخارجي يزيد من دور التجارة الخارجية في تشكيل معدل النمو، والجدول التالي يعطينا مثالاً على مكونات النمو لدولة متقدمة خلال سنة 1990[1]

الجدول (1-2-4) نسبة مساهمة مكونات الطلب في معدل النمو الاقتصادي

مكونات الطلب الكلي	سبة المسائهمة في النمو
استهلاك العائلات	1.7
استهلاك الإدارات العمومية	0.6
الاستثمار	0.7
التغير في المخزون	-0.1
الواردات- الصادرات	-0.3
الإجمالي	2.6

المصدر: Christian jimenz، op.cit، p 145

ويرتبط هدف البحث عن النمو الاقتصادي بالهدف الثاني للسياسة الاقتصادية المتمثل في تحقيق التشغيل الكامل ويمكننا توضيح ذلك

من خلال الشكل التالي:

الشكل(1-2-10)

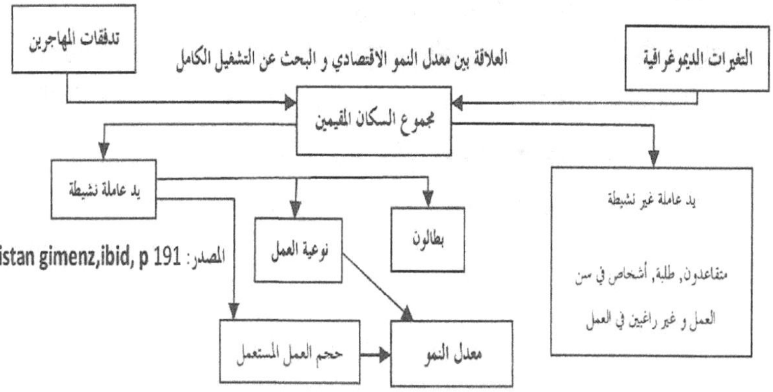

المصدر: christan gimenz,ibid, p 191

(1) -Christian Jiménez، **économie générale**، NATHAN ،paris،1993،p144

يرتبط معدل النمو بنوعية العمل المستعمل حيث أن الاقتصاد الوطني بحاجة متزايدة لعمال ذو كفاءة عالية وفي حاجة متناقصة للعمال الذين ليست لهم كفاءة، هذه الزيادة في مهارة العمال تؤدي إلى زيادة إنتاجية العمل مما يؤثر على معدل النمو الاقتصادي.

2- البحث عن التشغيل الكامل

إن البحث عن التشغيل الكامل بمفهومه الواسع ينصرف إلى الاستعمال الكامل لكل عوامل الإنتاج والتي يُعد عنصر العمل أهمها ولعل السؤال الذي يُطرح في هذا المجال هو عن المفهوم الصحيح للعمالة الكاملة؟ إن هذا الاصطلاح غامض إلى حد ما ولعله من الواضح أن شيئاً من البطالة يحدث عندما يقضي العمال وقتاً في البحث عن فرص للعمل المتاحة أمامهم، وفي ذلك الوقت يُعتبرون في حالة بطالة ومنه يمكن أن نستنتج أن مفهوم العمالة الكاملة ليس انعدام البطالة حيث أن جزءاً من البطالة يعكس التغيرات في سوق العمل، ويُعرِف الاقتصاديون العمالة الكاملة بأنها مستوى العمالة الذي يتحقق من الاستخدام الكفء لقوة العمل مع السماح لمعدل عادي من البطالة ينتج عن التغيرات الديناميكية والظروف الهيكلية للبنيان الاقتصادي [1]، ولقد قسم الاقتصاديون البطالة إلى ثلاثة أنواع وهي:

2-1- البطالة الاحتكاكية

هي البطالة الناشئة عن تغيرات ثابتة في الاقتصاد تمنع العمال المؤهلين العاطلين من الالتحاق بفرص العمل المتاحة وهي تحدث نتيجة نقص المعلومات الكاملة لكل من الباحثين عن فرص العمل المتاحة، وهكذا فإن البطالة التي تحدث عن طريق التغير الثابت في سوق العمل يُطلق عليها البطالة الاحتكاكية.[2] ويقل هذا النوع من البطالة كلما ارتفعت تكلفة البحث عن العمل والتي هي عبارة عن فاقد الدخل الناتج عن البطالة بالإضافة إلى تكاليف التنقلات والمقابلات والنشر والإعلان.

2-2- البطالة الدورية

هي البطالة الناتجة عن الركود في قطاع الأعمال وعدم كفاية الطلب الكلي وتحدث عندما

---

(1)- جيمس جواتيني، المرجع السابق، ص ص 206-207

(2)- جيمس جوارتيني،المرجع نفسه، ص 202

تتناقص مبيعات قطاع الأعمال وينكمش الناتج القومي الإجمالي ويحدث تناقص في الطلب على العمل على المستوى الكلي وهو ما يبينه الشكل التالي:

الشكل (1-2-11)

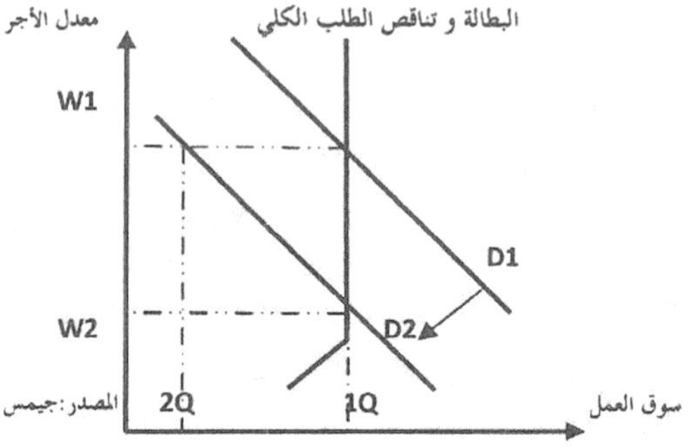

المصدر: جيمس جواتيني، المرجع السابق، ص255

يتضح من هذا الشكل أن التناقص في الطلب والانتقال من– D1 –إلى – D2– يؤدي إلى نخفاض مستوى العمالة من – Q1–إلى – Q2– فإذا لم يتناقص معدل الأجر من w1 إلى w2 حيث يتوقع العمال أن يجدوا فرصا للعمل عند الأجر w1 فإنهم لا يقبلون الأجر المنخفض في البداية وتنتج بطالة دورية قدرها Q1 – Q2

وكما سبق وأن أشرنا فإنه توجد علاقة بين النمو والبطالة ذلك أن الزيادة في وتيرة النمو الاقتصادي تؤدي بالضرورة إلى انخفاض البطالة وكل انخفاض في وتيرة النمو الاقتصادي تقود إلى ارتفاع في درجة البطالة، ويجسد ذلك قانون أُوكن الذي يعتبر أن معدل البطالة يرتفع لما ترتفع فجوة أُوكن بحيث:

معدل البطالة الفعلي – معدل البطالة الطبيعي= ثا x فجوة اوكن : ويساوي هذا الثابت $\frac{1}{5}$ في حالة الاقتصاد الأمريكي، وتعني المعادلة أن أي انخفاض في البطالة الفعلية يؤدي إلى تقليص فجوة أوكن.[1] ويرتبط هدف التشغيل الكامل بالهدف الثالث للسياسة الاقتصادية وهو التحكم في التضخم، حيث أنه إذا أخذنا بعين الاعتبار البطالة الدورية فإنه هناك تعارض بينها وبين معدل التضخم،[2] و التي تقوم الدراسة بمعالجته في النقطة الموالية من هذا الفرع.

---

(1)- عبد المجيد قدي، المرجع السابق، ص 40

(2)- في إطار ما يعرف بمنحنى فيليبس الذي سنتعرض له في الفصل الثاني من هذه الرسالة انظر الصفحة 89

3- **التحكم في التضخم**

إن عدم التحكم في معدل التضخم يؤدي إلى تشويه المؤشرات الاقتصادية الأخرى المعتمَدة لاتخاذ القرارات الاقتصادية، كما أن تضخماً زاحفاً إذا لم يتم التحكم فيه يمكن أن يتحول إلى تضخم جامح ولا يوجد هناك أي اتفاق حول ماهية التضخم لأن هذا المصطلح يستعمل لوصف العديد من الحالات تختلف حسب مصدر التضخم، مثل الارتفاع المفرط في المستوى العام للأسعار وارتفاع الدخول النقدية وارتفاع التكاليف، ولإزالة اللُبس من الأفضل تعريف التضخم بإضافة المصدر الذي ينتج عنه مثل تضخم الأسعار وتضخم الأجور وتضخم الأرباح وتضخم التكاليف...و الشكل التالي يوضح لنا العلاقة بين مختلف المصادر التي ينشأ منها التضخم.

الشكل (1-2-12)

العلاقة بين مختلف مصادر التضخم

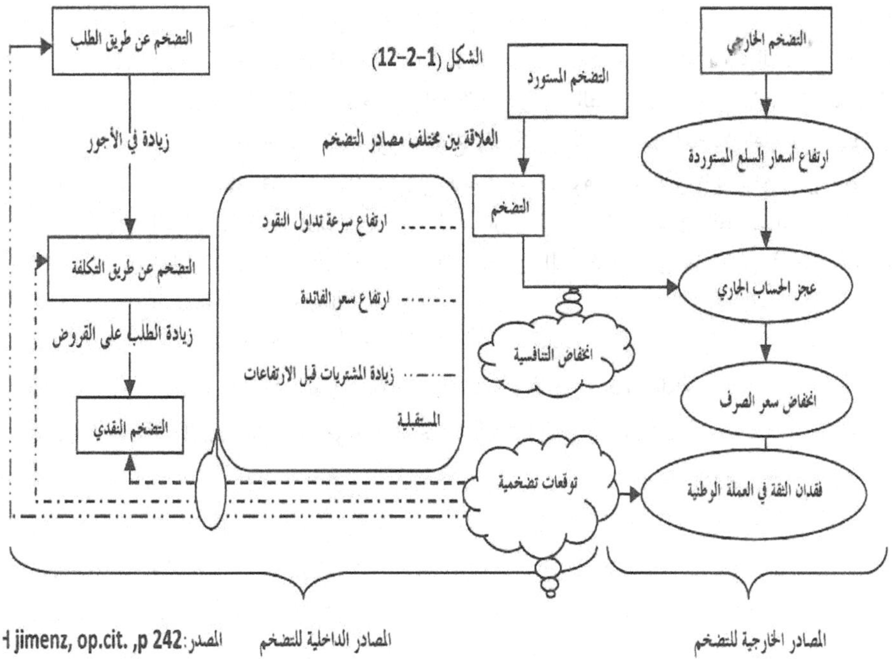

المصدر: H jimenz, op.cit. ,p 242

وتعتبر الأرقام القياسية الأدوات الأكثر فعالية لقياس معدلات التضخم ويعتبر الرقم القياسي لأسعار المستهلك مؤشراً إحصائياً لقياس تطور مجموع أسعار التجزئة للسلع والخدمات المستهلكة من قبل العائلات ومن ثم يُستخدم كمؤشر لاتجاهات التضخم والانكماش الاقتصادي. ويتم قياس التضخم باستخدام عدة مؤشرات أهمها:

أ- الرقم القياسي لأسعار المستهلك، ويعكس التغيرات التي تطرأ على القوة الشرائية للنقود والتي تستخدم في الإنفاق على البنود المختلفة للمعيشة، ويهتم عادة بأسعار السلع والخدمات المستهلَكة من قبل العائلات بأسعار التجزئة وذلك باستعمال أسلوب الترجيح؛[1]

ب- معامل الاستقرار النقدي، وينطلق هذا المعيار من النظرية الكمية للنقود التي ترى أن الزيادة في كمية النقود التي لا تقابلها زيادة في الناتج تؤدي إلى زيادة الأسعار، ويعبر عن هذا المعامل بالمعادلة التالية:

$$B = \Delta M/M - \Delta Y/Y.$$

B :معامل الاستقرار النقدي؛ $\Delta M/M$:نسبة التغير في الكتل النقدية؛ $\Delta Y/Y$:نسبة التغير في الناتج المحلي الإجمالي؛

فعندما يساوي المعامل صفراً فهذا يعني وجود تساوي في نسبة التغير في الكتلة النقدية وتغير الناتج المحلي، وإذا كان أكبر من الصفر فهذا يعني أن هناك ضغوطاً تضخمية تدفع بالأسعار إلى الارتفاع والعكس عندما يكون المعامل أقل من الصفر.

ت- معيار فائض الطلب[2]، وينطلق من الأطروحات الكينزية بخصوص الطلب الفعلي وتحديد المستوى العام للأسعار وذلك أن الزيادة في الطلب الفعلي إذا لم تقابَل بزيادة في الناتج فإن هذا سيؤدي إلى تضخم، ويتم قياس فائض الطلب انطلاقا من المعادلة التالية:

$$D = (CP + CG + I + \Delta S) - Y.$$

D: فائض الطلب الكلي I الاستثمار في الأصول الثابتة Y: الناتج

Cp الاستهلاك الخاص ΔS: الاستثمار في المخزون السلعي CG: الاستهلاك الحكومي

(1)- سيتم استخدام هذا المؤشر للحصول على أهم متغيرات الاستقرار الاقتصادي الكلي بالأسعار الثابتة في الاقتصاد الجزائري

(2)- سيتم تطبيق هذا المعيار على الاقتصاد الجزائري لمعرفة مدى مساهمة الإنفاق الحكومي في فائض الطلب المحلي، انظر الفصل الرابع صفحة رقم 186

و من هنا فإذا زاد مجموع الإنفاق القومي بالأسعار الجارية على الناتج المحلي الخام بالأسعار الثابتة فإن ذلك يعبر عن فائض في الطلب الخام الذي يتجلى في صورة ارتفاع في أسعار السلع والخدمات

4- البحث عن التوازن الخارجي

والذي يتمثل في توازن ميزان المدفوعات إذ يعكس وضع ميزان المدفوعات موقف الاقتصاد القومي تجاه باقي الاقتصادات ، حيث يؤدي الاختلال في ميزان المدفوعات الذي يعبر في الغالب عن زيادة مديونية البلاد مما يجعلها تعيش فوق إمكانياتها وهذا يؤدي إلى تدهور قيمة العملة ويمكننا استعمال ميزان المدفوعات للقيام بمجموعة من التحليلات الاقتصادية باستخراج بعض المؤشرات الاقتصادية أهمها:

أ- نسبة الاحتياطي الأجنبي إلى الديون، وتعبر عن مدى قدرة الاقتصاد على مواجهة أعباء المديونية في الأوقات الحرجة لذا فإن ارتفاع هذه النسبة يدل على وفرة في السيولة الخارجية، لأن الاحتياطي هو بمثابة هامش أمان تلجأ إليه السلطات للحفاظ على استقرار أسعار الصرف ويستخدم لمواجهة الاختلالات الظرفية إلا أن الارتفاع المفرط لهذه النسبة هو مؤشر على تجميد الأموال وبالتالي فهو تضييع لفرص استثمارها؛

ب- الطاقة الاستيرادية للاقتصاد، ويُعبر عنها عادة بالعلاقة التالية:

$$Cm = ((X + F) - (D + P))/B.$$

Cm: الطاقة الكلية للاستيراد، F: حجم الأموال الأجنبية المحصلة، P : تحويلات نحو الخارج، X: الصادرات، D : خدمات الديون، B : متوسط سعر الوحدة من الواردات، ويمكن كتابة العلاقة على النحو التالي: $Cm = (X - D)/B + (F - P)/B.$ حيث تعبر $\frac{X-D}{B}$ عن الطاقة الاستيرادية الذاتية الناجمة عن الفائض من حصيلة الصادرات، وتمثل $\frac{F-P}{B}$ عن الطاقة الاستيرادية المعتمدة على القروض .

ت- نسبة الدين الخارجي إلى الصادرات، استنادا لكون الصادرات هي المصدر الرئيسي لتسديد الديون على المدى الطويل والمتوسط فإنه بقدر ما تكون نسبة خدمة الدين مرتفعة بقدر ما يُواجه الاقتصاد القومي خطر التوقف عن التسديد، ولهذا تحرص الدول على أن لا تتجاوز هذه النسبة 50%، أي يجب أن تكون الصادرات مرتفعة لكي تستمر الدولة بالسداد.[1]

---

(1)- عبد المجيد قدي، المصدر السابق، ص ص 42-43

ويرتبط هدف التحكم في معدل التضخم مع الحفاظ على التوازن الخارجي في عدة نقاط، حيث أن العلاقة بين التضخم والتوازن الخارجي هي علاقة جد معقدة، والتي يمكن أن تتحول إلى حلقة مفرغة حيث أن التضخم المحلي يجر إلى تخفيض سعر الصرف من خلال ثلاثة طرق مختلفة حيث يؤدي إلى رفع أسعار الصادرات ويرجعها أقل تنافسية، وينتقل الأثر إلى العملة الوطنية التي تنخفض قدرتها الشرائية وهذا ما يبينه الشكل التالي:

الشكل (**1-3-14**)

التصنيفات المختلفة للإنفاق الحكومي

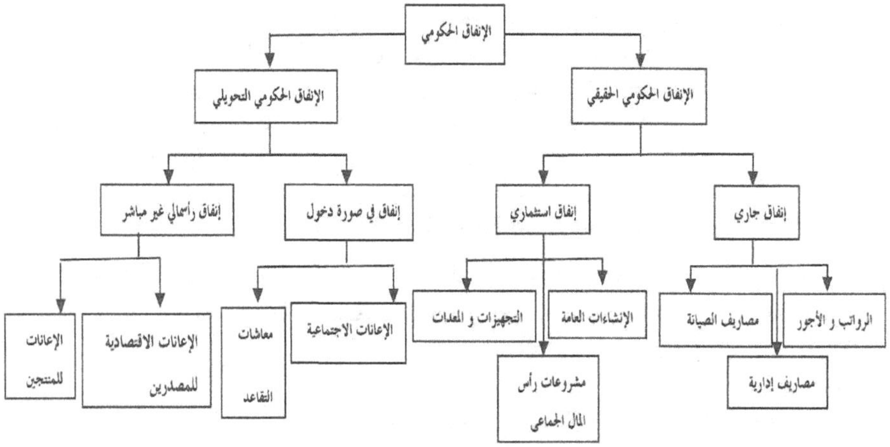

المصدر: محمد عفر، أحمد فريد، **الاقتصاد المالي الوضعي و الإسلامي بين النظرية والتطبيق**(مصر: مؤسسة شباب الجامعة، 1999)، ص ص 57-58

لقد تمحورت الفكرة الأساسية في هذا المبحث حول الأهداف الأربعة للسياسة الاقتصادية والتي وجدنا أن تحققها يؤدي إلى تحقيق الاستقرار الاقتصادي الكلي، حيث أنها تعتبر مؤشرات على الاستقرار الاقتصادي الكلي، وتكون وضعية الاقتصاد الوطني لأي بلد مستقرة كلما كانت مساحة المربع السحري أكبر، ومن خلال تحليلنا لمؤشرات الاستقرار الاقتصادي الكلي، لاحظنا وجود ارتباط بين مختلف هذه الأهداف؛ فالبحث عن التشغيل الكامل يؤثر على معدل النمو الاقتصادي من خلال زيادة الإنتاجية؛ ويؤدي تحقيق التشغيل الكامل إلى استخدام كامل الموارد الاقتصادية مما يؤدي إلى رفع معدلات النمو الاقتصادي ومستويات الأسعار؛ كما تؤدي التقلبات في مستويات الأسعار إلى تقلبات مناظرة في النشاط الاقتصادي.

ولقد لاحظنا من خلال هـذا المبحـث اخـتلاف أنـواع السياسـة الاقتصـادية فهنـاك السياسـة الهيكلية وهناك السياسة الظرفية والتي نميز فيها سياسات الإنعاش وسياسات الانكماش وسياسة التوقف ثم الذهاب، ولعل الشيء الملاحظ في هذا السياق هو بـروز السياسـة الماليـة كأحـد أهـم أدوات السياسة الاقتصادية المستعمَلة في تحقيق الاستقرار الاقتصادي خاصة في أوقات الكساد أو أوقات الرواج نظراً لتأثيرها في كل من مستوى التشغيل ومستوى الأسعار، فالسؤال الـذي يمكـن أن نطرحه في هذا المجال يتعلق بكيفية استخدام السياسة الماليـة بصـفة عامـة وسياسـة الإنفـاق الحكومي بصفة خاصة في تحقيق الاستقرار الاقتصادي الكلي ؟ هذا ما ستقوم الدراسـة بالإجابـة عنه من خلال المبحث الثالث.

المبحث الثالث

موقع سياسة الإنفاق الحكومي من السياسة الاقتصادية

لقد أشار كينز في نظريته العامة أن اختلال الاستقرار الاقتصادي الكلي يحدث نتيجة التقلبات المفاجئة في الطلب الكلي، وذلك في إطار الدورة الاقتصادية حيث أنه في حالة انخفاض الطلب الكلي تحدث البطالة، أما في حالة حدوث فائض في الطلب الكلي فإن هذا الأمر يؤدي إلى التضخم، وبالتالي فإن إدارة الطلب الكلي بشكل فعال ستؤدي إلى تحقيق الاستقرار الاقتصادي الكلي، وتظهر في هذا المجال الأهمية التي تحظى بها السياسة المالية ومدى تأثيرها على أهداف السياسة الاقتصادية، حيث تعتبر سلاحاً فعالاً في التأثير على الطلب الكلي ومواجهة اختلال الاستقرار الاقتصادي الكلي، ويُعد هذا المبحث حلقة الوصل التي تربط بين محوري الدراسة الأساسين وهما الاستقرار الاقتصادي الكلي الذي هو موضوع هذا الفصل، وأثر سياسة الإنفاق الحكومي على الاستقرار الاقتصادي، التي سنتعرض لها في الفصل الثاني، حيث تقوم الدراسة من خلال هذا المبحث بإبراز الإطار المفاهيمي للسياسة المالية، ونظرة مختلف المدارس لها بالإضافة إلى إبراز كيفية استعمال السياسة المالية في إدارة الطلب الكلي، كما ستقوم باستعراض الإنفاق الحكومي من الناحية المالية باعتباره جزء من السياسة المالية، وبالتالي سيكون هذا المبحث كتمهيد للدخول في الفصل الثاني والمتعلق بتحليل أثر سياسة الإنفاق الحكومي على الاستقرار الاقتصادي الكلي.

المطلب الأول: السياسة المالية والاستقرار الاقتصادي الكلي

لقد تغيرت الفكرة القديمة عن السياسة المالية تغيراً جذرياً، حيث كان الاقتصاديون الكلاسيك ينظرون للسياسة المالية نظرة محايدة بالنسبة للنشاط الاقتصادي، إلى أن ظهرت فكرة المالية العامة الوظيفية، حيث تعتبر أكبر أداة من حيث الأهمية في تحقيق الاستقرار الاقتصادي الكلي والتشغيل الكامل.[1] ولقد أوضح التحليل الكينزي أهمية السياسة المالية لصانعي القرار للتأثير على الاقتصاد الوطني، وأقر كينز وتلاميذه أنه يمكن استعمال السياسة المالية لتحقيق الاستقرار الاقتصادي، حيث أن الإنفاق الحكومي يكفي لتحقيق التشغيل الكامل ومن أجل تحقيق هذا لابد من مراعاة عنصرين هامين :

---

(1)- سامي خليل، **النظريات والسياسات المالية والنقدية**، (الكويت: كاظمة للنشر، 1982)، ص 465

- التوقيت المناسب لتعديلات السياسة المالية؛
- أثر العوامل الاقتصادية والسياسية على توقيت واتجاه التغيرات المالية؛[1]

ولعله قبل التطرق إلى آلية تأثير السياسة المالية على الاستقرار الاقتصادي الكلي، لابد من الإشارة إلى أهم التعريفات التي أعطيت للسياسة المالية وصياغة تعريف جامع يكون بمثابة القاعدة التي ننطلق منها فيما تبقى من هذه الرسالة.

1- تعريفات السياسة المالية

لقد أُشتق مصطلح السياسة المالية من الكلمة الفرنسية –fisc- وتعني حافظة النقود،[2] ويزخر الفكر المالي بتعريفات مختلفة للسياسة المالية، حيث عرَّفها البعض على أنها مجموعة السياسات المتعلقة بالإيرادات العامة والإنفاق الحكومي بقصد تحقيق أهداف معينة،بينما عرفها البعض على أنها استخدام أدوات المالية العامة من برامج الإنفاق الحكومي والإيرادات العامة لتحريك متغيرات الاقتصاد الكلي،[3]و تتضمن السياسة المالية إجراءات يمكن من خلالها إدارة المال العام وتفعيل الآثار الايجابية لإنفاقه، حيث يمكن اعتبارها كافة الوسائل المالية التي تتدخل الحكومة بها للتأثير على حجم الطلب الإجمالي والتأثير على مستوى الاستخدام الوطني وحجم الدخل القومي،[4] وتهدف السياسة المالية إلى تحقيق مجموعة من الأهداف يمكن تلخيصها فيما يلي:

- تصحيح مسار عملية التنمية الاقتصادية والاجتماعية وذلك من خلال التدخل في مختلف مراحل الدورة الاقتصادية؛
- التأثير على الحالة التي يمر بها الاقتصاد الوطني من خلال مجموعة من الأدوات المالية؛
- زيادة معدلات النمو الاقتصادي من خلال زيادة الإنفاق الحكومي على مشاريع

(1)- جيمس جوارتيني، المرجع السابق، ص ص 299-300

(2)- طارق الحاج، **المالية العامة**، (عمان: دار الصفاء، 1999)، ص 201

(3)- محمد حسين الوادي، **المالية العامة**، (عمان: دار الميسرة للنشر، 2000)، ص 182

(4)- علي كنعان، **المالية العامة والإصلاح المالي في سورية**، (دمشق: دار الرضا، الطبعة الأولى، 2003)، ص 192

البنية التحتية التي تساعد على توفير مناخ الاستثمار.

من خلال التعريفات السابقة نستطيع القول أنها جميعاً تتفق في أن السياسة المالية هي الأداة الرئيسية لتدخل الدولة في النشاط الاقتصادي بغية تحقيق الأهداف الاقتصادية والاجتماعية والسياسية، بمعنى أنها إجراءات تقوم بها الحكومة بغية تحقيق التوازن المالي العام مستخدمةً أدوات مالية للتأثير على متغيرات الاقتصاد الكلي والوصول إلى أهداف السياسة الاقتصادية للدولة.[1]

وتستخدم السياسة المالية عدة أدوات تنقسم إلى أدوات تلقائية وأدوات مقصودة، فأما الأدوات التلقائية فهي لا تتطلب تدخلاً حكومياً مباشراً وتنقسم إلى قسمين وهي:

- الإعانات والتحويلات، وتمثل تلك المساعدات التي يتقاضاها القطاع العائلي من الدولة وتستعمل كوسيلة لإعادة توزيع الدخل بين الطبقات الاجتماعية ؛
- الضرائب التصاعدية، والتي لها علاقة طردية مع الدخل، فتزداد حصيلتها في مرحلة الرواج والعكس؛

أما الأدوات المقصودة فتستخدمها الدولة بشكل مباشر فتقوم بزيادة الإنفاق الحكومي أو تخفيضه، كما تقوم بتخفيض الضرائب أو رفعها بحسب التحليل الظرفي لواقع الاقتصاد.[2] ولعل التساؤل الذي يُطرح في هذا المجال هو: هل تحقق السياسة المالية بهذا الطرح الكينزي أهداف الاستقرار الاقتصادي الكلي في الدول النامية ؟

2- انطباق السياسة المالية الكينزية على الدول النامية

إن السياسة المالية مثلها مثل بقية السياسات هي انعكاسات للنظم الاقتصادية السائدة ومستوى التنمية في تلك البلد، وبالتالي تختلف طبيعة السياسة المالية بينها تبعاً لطبيعة اقتصادات هذه الدول، لهذا تقوم الدراسة باستعراض مدى انطباق النظرية الكينزية على واقع الدول النامية، وذلك بإبراز خصائص كل من السياسة المالية في الدول المتقدمة والدول النامية

---

(1)- علي كنعان، **اقتصاديات المال والسياستين المالية والنقدية**،(سورية: منشورات الحسنين، الطبعة الأولى، 1997)، ص 219

(2)- Walchtd، paul، **macroeconomics from theory to practice**، McGraw HILL، USA، 1989، P P 233-260

واستخلاص نتيجة نبين فيها مدى الانطباق.

2-1- السياسة المالية في الدول المتقدمة

تتميز الدول المتقدمة باكتمال جهازها الإنتاجي وبنيتها الأساسية ومقومات نموها الاقتصادي، وبالتالي تكون أهم وظيفة للسياسة المالية في هذه الدول هي البحث عن وسائل لعلاج الاختلالات ضمن الدورة الاقتصادية، حيث نلاحظ في حالات الانتعاش يزداد الطلب الكلي ليفوق إمكانيات الإنتاج فتظهر موجات تضخمية، في حين يؤدي الكساد إلى انتشار البطالة وتراجع الإنتاج رغم وجود موارد إنتاجية معطلة، وهذا يعود إلى نقص الطلب الكلي،[1] وبالتالي فإن هدف السياسة المالية هو تحقيق التوازن الاقتصادي عند مستوى التشغيل الكامل، فتقوم بتعويض الانخفاض في الإنفاق الخاص بزيادة الإنفاق الحكومي وذلك لكبح الفجوة بين الادخار والاستثمار، أي السماح للموازنة العامة بالتقلب تبعاً لأوجه الدورة الاقتصادية.[2]

لقد بين كينز في نظريته العامة أن النظرية الكلاسيكية غير قادرة على حل مشاكل البطالة وقد ركز لحل مشكلة البطالة على زيادة الطلب الكلي عن طريق زيادة الاستثمارات العمومية لملء الفجوة بين الدخل والاستهلاك، ولقد أتى من جاء بعد كينز ليظهر تناقض كينز في تحقيق التوازن بين الادخار والاستثمار عند مستوى عمالة أقل من مستوى التشغيل الكامل، بعد استخدام السياسة المالية للتحكم في مستوى الطلب الفعال، والدليل على ذلك هو أن الميل الحدي للاستهلاك في الدول المتقدمة يكون منخفضاً لصالح الميل الحدي للادخار، وعليه فإن زيادة الإنفاق الحكومي الاستثماري لن يؤدي إلى زيادة كبيرة في الاستهلاك، كما أن زيادة حجم الاستثمار سيؤدي إلى انخفاض الكفاءة الحدية لرأس المال، وهكذا سيظهر قصور في الطلب الكلي يجعل توازن الاستثمار مع الادخار عند مستوى دخل أقل من مستوى التشغيل الكامل.[3] وكنتيجة لما سبق فإنه يمكننا القول أن الدول المتقدمة هي تلك الدول التي تبرز فيها أهمية الدور الذي يلعبه الاستثمار الخاص، ومن ثم فإن السياسة المالية في هذه الدول تتجه نحو مساندة الاستثمار الخاص، ومحاولة سد أي ثغرة انكماشية أو تضخمية قد تطرأ على النشاط

---

(1)- عفيف صندوق: **دور السياسة المالية في تحقيق التوازن الاقتصادي في سورية)** أطروحة دكتوراه في الاقتصاد المالي، جامعة دمشق، 2005، ص60

(2)- عبد المنعم فوزي،**المالية العامة والسياسة المالية**،(الإسكندرية: منشاة المعارف، 1992)، ص 39

(3)- سامي خليل، النظريات والسياسات النقدية والمالية، **المرجع السابق**، ص 232

الاقتصادي عن طريق التأثير على مستوى الطلب الكلي الفعال، لكن هل تنطبق هذه الأفكار على الدول النامية؟

2-2- السياسة المالية في الدول النامية

عند الحديث عن السياسة المالية في الدول النامية فإننا نواجه مشكلتين أساسيتين، تتمثل المشكلة الأولى في تحديد الإطار الذي يشمله مصطلح الدول النامية، فمن الملاحظ أن هذه الدول تشترك في عدة خصائص كالاعتماد على المواد الأولية، عدم مرونة الجهاز الإنتاجي... أما المشكلة الثانية فتتمثل في مدى أهمية تمييز مشاكل المالية العامة عن المشاكل الاقتصادية الأخرى، فإذا ما اعتبرنا أن مسائل المالية العامة متماثلة مهما كانت خصائص الدول المدروسة فإن محاولة تخصيص الدول النامية بمعالجة خاصة تنهار، ويصبح التحليل الذي ينطبق على الدول المتقدمة ينطبق أيضاً على الدول النامية، وهذا لا يتماشى مع واقع الدول النامية، وكذلك الحال إذا ما رأينا أن مسائل المالية العامة تكون قليلة الأهمية بالنسبة للمشاكل الاقتصادية الأخرى، لذلك لا بد من تجاوز اختباري المغايرة والأهمية،[1] لإقامة الحجة على ضرورة المعالجة الخاصة لقضايا المالية العامة في الدول النامية،[2] وإذا رجعنا إلى المسالة الأولى والمتمثلة في خصائص الدول النامية نلاحظ أن هذه الأخيرة تعاني من جهاز إنتاجي منعدم المرونة وأن أي محاولة لزيادة الطلب الفعال سيؤدي إلى حدوث تضخم بالإضافة إلى انخفاض الادخار الوطني. [3] ويمكننا إدراج الخصائص التالية :

- تدني متوسط الدخل الفردي وعدم مساهمة القطاع الصناعي إلا بنسبة ضئيلة من الناتج الوطني؛
- عدم وجود نظام اقتصادي واضح المعالم إذ نجد نظام خليط بين الرأسمالية والاشتراكية؛
- تعتمد أغلب هذه الدول على المساعدات المالية والفنية الخارجية مما أدى إلى التبعية إلى الخارج؛

---

(1)- يقصد بالمغايرة التفرقة بين الدول النامية والمتقدمة، أما الأهمية فنعني بها أهمية القضايا المالية بالمقارنة مع بقية القضايا الاقتصادية

(2)- ريتشارد موسجريف، **المرجع السابق**، ص 460

(3)- ناصر العبادي، **مبادئ الاقتصاد الكلي**، (الأردن: دار الصفاء، 2000)،ص 196

- انخفاض الاستثمار الإنتاجي وارتفاع الميل الحدي للاستهلاك.[1]

وتعاني الدول النامية أيضا من معدلات كبيرة في عجز الموازنة العامة وتعود هذه العجوزات إلى ضعف الإيرادات الضريبية نتيجة سيطرة حالة الركود وكثرة الإعفاءات والتهرب الضريبي، إلى جانب ضعف الطاقة الضريبية.[2] وزيادة أعباء الديون الخارجية.و لمّاً كان بناء جهاز إنتاجي قوي هو جوهر عملية التنمية، والذي يعتمد على تراكم رأس المال الإنتاجي فإن تعبئة الموارد الرأسمالية اللازمة لبناء الطاقة الإنتاجية أو تمويل التنمية الاقتصادية لا بد وأن يحتل المكان الأول بين أهداف السياسة المالية، وتجدر الإشارة إلى أن السياسة المالية الكينزية لا يمكن تطبيقها على الدول النامية لأن خصائص وظروف وأوضاع الدول النامية تختلف عن تلك الموجودة في الدول المتقدمة ولهذا فإن الاختلاف بين السياسة المالية في الدول المتقدمة والدول النامية يكمن أنه في الأولى يتم اتخاذ سياسة مالية لخفض الادخار وزيادة الاستهلاك، أما في الثانية فإن التنمية الاقتصادية تتطلب اتخاذ سياسة مالية لزيادة الادخار وتراكم رأس المال المنتج في الاقتصاد من أجل تقليل البطالة والحد من التقلبات في آن واحد.

إن النتيجة التي تخلص إليها الدراسة من خلال التحليل السابق هي أن السياسة المالية تعد أداة جد هامة لمواجهة مشاكل التنمية الاقتصادية والاجتماعية في الدول النامية نتيجة بطء تحرك القطاع الخاص وتحركه بشكل غير ملائم في مواجهة حوافز تنشيط الاقتصاد لذلك يصبح من الضروري تصميم مجموعة من الإجراءات المالية لضمان حدوث تعافٍ سريع من أوضاع الركود لإعادة ثقة القطاع الخاص في الأوضاع الاقتصادية.[3] ومن الملاحظ أن السياسة المالية ارتبطت كثيراً مع مفهوم الطلب الكلي والطلب الفعال، فكيف ساهمت السياسة المالية في إدارة الطلب الكلي من أجل تحقيق الاستقرار الاقتصادي الكلي؟ وما هي المحددات الإستراتيجية لإدارة الطلب الكلي؟.

---

(1)- طارق الحاج،**المرجع السابق**، ص ص 35-36

(2)- سنعود إلى هذه النقطة عندما نتطرق إلى تمويل الإنفاق الحكومي عن طريق الضرائب في الفصل الثاني صفحة 54

(3)- ماجدة قنديل، **الآثار الناجمة عن صدمات الاتفاق الحكومي في الدول النامية**، دراسات أُوكسفود للتنمية، المجلد 33، رقم2، 2005، ص 2

2-3- السياسة المالية وإدارة الطلب الكلي في الدول النامية

إن التعارض بين الأهداف النهائية للسياسة الاقتصادية يُصَعب من مهام صانعي هذه السياسة، فالإجراءات المالية التي تدعم المستوى المرتفع للتشغيل يمكن أن تؤدي إلى ارتفاع المستوى العام للأسعار، والسؤال الذي يمكن أن يُطرح هنا يمكن أن يكون حول الأسباب التي أدت إلى فشل صانعي السياسة الاقتصادية في وضع سياسة متناسقة يُعتمد عليها في تحقيق الاستقرار الاقتصادي في ضوء ما يعرفون عن إدارة الطلب الكلي؟ إن عملية إدارة الطلب الكلي والمحافظة عليه عند مستوى معين تعتبر مهمة شديدة التعقيد، وعلى الرغم من أن السياسة المالية تعد وسيلة فعالة في مكافحة الكساد فإن احتمال هيمنتها الكاملة على قوى الدورة الاقتصادية يَضعف إلى حد كبير نتيجة العوامل التالية والتي يمكن اعتبارها محددات عملية لإستراتيجية إدارة الطلب الكلي.

2-3-1- الأخطاء المتوقعة والفجوات الزمنية

إن صانعي السياسة المالية يجدون صعوبة في اختيار الوقت المناسب لتنفيذ الإجراءات المالية وذلك في إطار معلومات غير كافية فالمقدرة على التنبؤ بحلول الكساد أو زيادة حدة التضخم محدودة للغاية، وعلى ذلك فإن الظروف الاقتصادية التي تستدعي تغيير السياسة المالية ربما تكون قائمة أو تزداد سوءا قبل التعرف عليها، وهو ما يُسمى بفترة الإدراك،[1] وهي الفترة اللازمة لكي تدرك الحكومة حالة الاقتصاد، ومن ثم حاجته إلى إتباع سياسة معينة، وحتى بعد حدوث التغيير فإن تأثيره الرئيسي لن يتم في الحال وإذا كان الإنفاق الحكومي مثلاً سوف يزداد فإن هناك وقتاً مطلوباً لتسلم العروض المقدمَة من طرف الحكومة، وهذه الفترة تسمى بفترة التطبيق،[2] وهي الفترة ما بين إدراك الحكومة مدى حاجة الاقتصاد لإتباع سياسة معينة وبين البدء في تطبيق هذه السياسة، كما أن هناك فترة التأثير[3] وهي الفترة اللازمة لكي يكون للسياسة المالية تأثيراً ملموساً، وتتسم هذه الفترات بالطول حيث تتراوح ما بين سنة وثلاث سنوات كما أن بعض السياسات المالية المتبَعة من أجل معالجة أحوال الكساد لا تُظهر نتائج

---

(1)- RECOGNITION TIME LAG

(2)- ACTION TIME LAG

(3)- EFFECT TIME LAG

إلا بعد أن يبدأ الاقتصاد في التعافي تلقائياً خلال الدورة الاقتصادية ومن الملاحَظ أن هناك صعوبة في تقدير الفترة التي يمكن من خلالها مشاهدة آثار ملموسة للسياسة المالية،[1]و باختصار فإنه يصعُب أن يتم التنسيق بين سياسات إدارة الطلب الكلي والظروف الاقتصادية نتيجة العوامل التي لا يمكن تجنبها والمتولدة عن تنفيذ السياسات وتفسير أثارها.[2]

2-3-2- التأثيرات الثانوية للسياسة المالية

إذا فرضنا مثلاً أن صانعي السياسة المالية يرغبون في زيادة الإنفاق الحكومي لتحفيز الطلب، فإذا كان الإنفاق الحكومي ممَولاً عن طريق الاقتراض، فإن الطلب على القروض سيزداد ومن ثم ينشأ ضغط تصاعدي على أسعار الفائدة، ويؤدي هذا إلى انخفاض الاستثمار الخاص، الأمر الذي يؤدي إلى تقليل الأثر التوسعي لزيادة الإنفاق الحكومي الإضافي،[3] وإذا رُفعت الضرائب بهدف تمويل الإنفاق الحكومي الإضافي فإن هذه الوسيلة سوف تضعف الإنفاق الخاص ذلك أن معدلات الضرائب الإضافية سوف تخفض الدخل الممكن التصرف فيه ومن ثم ينخفض مستوى الإنفاق الاستهلاكي، وقد تُضعف الآثار الثانوية السياسة المالية التقييدية، فإذا افترضنا أن الحكومة خفضت إنفاقها وزادت من الضرائب بهدف تحقيق فائض في الموازنة، حينئذ سينخفض الطلب الحكومي على القروض المتاحة ومن ثم يتولد ضغط لخفض سعر الفائدة ويؤدي انخفاض سعر الفائدة بدوره إلى تشجيع الاستثمار الخاص.[4]

لقد لاحظنا من خلال تحليلنا السابق لدور السياسة المالية في إدارة الطلب الكلي أن الهدف الأساسي هو تحقيق الاستقرار الاقتصادي الكلي الذي هو محور دراسة هذا الفصل والذي يُعد أحد الظروف اللازمة لإحداث التنمية الاقتصادية، حيث تهتم السياسة المالية بمسائل التخصيص والتوزيع – والتي لا تعد ضمن إطار هذه الرسالة- بالإضافة إلى مسائل الاستقرار، ويُعد الإنفاق الحكومي أحد أهم أدوات السياسة المالية المستخدمة في إدارة الطلب الكلي من أجل تحقيق الاستقرار الاقتصادي الكلي، فما هو موقع سياسة الإنفاق

---

(1)- خالد عبد القادر، **السياسة المالية كأداة للنمو والتثبيت الاقتصادي**، دورة إدارة الاقتصاد الكلي وقضايا مالية الحكومة، صندوق النقد العربي معهد السياسات الاقتصادية،ص ص 12-14

(2)- جيمس جوارتيني، **المرجع السابق**، ص 313

(3)- هذا ما يسمى بأثر المزاحمة-CROWDING OUT EFFECT- انظر الفصل الثاني ص 78

(4)- جيمس جوارتيتي، **المرجع نفسه**، ص 315

الحكومي من السياسة المالية في تحقيق الاستقرار الاقتصادي الكلي؟

المطلب الثاني:موقع الإنفاق الحكومي من السياسة المالية

تُعد سياسة الإنفاق الحكومي جزءاً مهماً من أجزاء السياسة المالية وذلك لما لها من تأثير على الطلب الكلي والذي يعتبره كينز الأداة الأكثر فعالية لمعالجة اختلال الاستقرار الاقتصادي الكلي، وبالتالي تظهر هنا أهمية سياسة الإنفاق الحكومي كأداة من أدوات السياسة الاقتصادية التي يمكن استخدامها لتحقيق الاستقرار الاقتصادي الكلي، وتذهب النظرية الحديثة في المالية العامة إلى دراسة طبيعة الإنفاق الحكومي وآثاره الاقتصادية حيث تختلف أثار هذا الإنفاق تبعاً لاختلاف طبيعة هذا الإنفاق.[1]

وتتطلب دراسة الإنفاق الحكومي في البداية دراسة الإطار النظري المالي من خلال تحديد ماهية الإنفاق الحكومي وتقسيماته وأوجه إنفاقه، وذلك قبل التطرق إلى الإنفاق الحكومي كسياسة اقتصادية التي تتناول الأدوات التي تستخدمها سياسة الإنفاق الحكومي للمساهمة في تحقيق أهداف السياسة الاقتصادية، لذلك تتناول الدراسة من خلال ما يلي أهمية الإنفاق الحكومي بإدراج مختلف التعريفات الموجودة في أمهات كتب المالية العامة بالإضافة إلى تحديد أركان الإنفاق الحكومي ومبرراته ومختلف تصنيفاته.

1- ماهية الإنفاق الحكومي

يعكس الإنفاق الحكومي كما سبق وأن ذكرنا دور الدولة في الحياة الاقتصادية، حيث أصبح الأداة الرئيسية للسياسة المالية التي تهدف إلى تحقيق الاستقرار الاقتصادي، وبالتالي فإن دراسة الإنفاق الحكومي تهدف إلى معرفة الأثر الذي يحققه على الاستقرار الاقتصادي أو بصيغة أخرى مدى فعاليته في تحقيق أهداف السياسة الاقتصادية، وقبل ذلك لا بد من تحديد الإطار المفاهيمي للإنفاق الحكومي مع إبراز أركانه ومبرراته الاقتصادية.

1-1- الإنفاق الحكومي وأركانه

بعيداً عن الاختلاف في التعاريف المدرسية للإنفاق الحكومي، فهو يعبر عن حجم التدخل

---

(1)- باهر محمد عتلم، **المالية العامة- أدواتها الفنية وآثارها الاقتصادية**- (مصر: مكتبة الآداب، 1998)، ص ص 70- 71

الحكومي والتكفل بالأعباء العمومية سواءاً من قبل الحكومة المركزة أو الحكومات المحلية، وهو أحد أوجه السياسة الاقتصادية المعتمَدة من قبل الدولة، ويمكن استخدام الإنفاق الحكومي كأحد المعايير لقياس حجم الدولة في النشاط الاقتصادي،[1] ويُعرف الإنفاق الحكومي عادة بأنه مبلغ من النقود يخرج من الذمة المالية للدولة بقصد إشباع حاجة عامة.[2]

ويتطلب دراسة الإنفاق الحكومي تحديد ماهيته وشكل الدولة من خلاله، فالإنفاق الحكومي في الدولة الحارسة يختلف عن الإنفاق الحكومي في الدولة الحديثة المتدخلة، حيث يعتبر أنصار المدرسة الكينزية على خلاف أنصار المدرسة الكلاسيكية أن الإنفاق الحكومي وسيلة يجب على الدولة استخدامها للتأثير على نمو الناتج المحلي، لذلك اهتم الاقتصاديون بدراسة أثر الإنفاق الحكومي على المتغيرات الاقتصادية الكلية[3]، من خلال التعاريف السابقة يتضح لنا إن الإنفاق الحكومي له ثلاثة أركان وهي :

- الإنفاق الحكومي مبلغ نقدي؛
- الإنفاق الحكومي يصدر من شخص عام؛
- الإنفاق الحكومي يهدف إلى إشباع حاجة عامة.[4]

تقوم الدولة بإنفاق مبالغ نقدية للحصول على السلع والخدمات اللازمة لممارسة نشاطها، أي كل ما تنفقه الدولة سواء من أجل الحصول على السلع والخدمات اللازمة لإدارة المرافق العامة أو شراء السلع الرأسمالية اللازمة للعملية الإنتاجية؛ إن اشتراط أن يتخذ الإنفاق الحكومي شكل مبلغ نقدي جاء نتيجة تفاعل مجموعة من العوامل أهمها:

- الانتقال من الاقتصاد العيني إلى الاقتصاد النقدي، أين أصبحت النقود هي الوسيلة الوحيدة لكل المعاملات؛
- محاولة تطبيق العدالة بين أفراد المجتمع؛

---

(1)- عبد المجيد قدي، **المرجع السابق**، ص 179

(2)- محمد باهر عتلم، **المرجع السابق**، ص 71

(3)-علي كنعان، **اقتصاديات المال والسياستين المالية والنقدية**، المرجع السابق، ص 34

(4)- سوزي عدلي ناشد، **المالية العامة، النفقات العامة، الإيرادات العامة، الموازنة العامة**، (لبنان: منشورات الحلبي، 2006)، ص 27

- تيسير عملية الرقابة على تنفيذ الإنفاق الحكومي.[1]

يُعد اشتراط صدور الإنفاق الحكومي من جهة عامة ركناً أساسياً من أركان الإنفاق الحكومي حيث يدخل في إطار الإنفاق الحكومي كل النفقات التي يقوم بها الأشخاص المعنوية العامة والدولة والهيئات عامة، كما يندرج تحتها أيضا نفقات المشروعات العامة وفي هذه النقطة بالذات دار نقاش حول طبيعة هذه النفقات، فالبعض يعتبرها نفقات خاصة مستندا بذلك إلى المعيار القانوني للإنفاق فيما يرى البعض أنه إنفاق حكومي استناداً إلى المعيار الوظيفي.[2]

أ- المعيار القانوني: تتحدد طبيعة الإنفاق الحكومي وفق هذا المعيار على أساس الجهة التي تقوم بالإنفاق حيث أن هذا المعيار يستند إلى اختلاف طبيعة نشاط أشخاص القانون العام عن طبيعة نشاط أشخاص القانون الخاص، فإذا جرى الإنفاق الحكومي على أيدي أشخاص القانون العام الذي يشبه نشاطهم نشاط القطاع الخاص بغض النظر عن مقاصد هذا الإنفاق، فإن إنفاقهم لا يُعد من قبيل الإنفاق الحكومي، وبالتالي فإن المشاريع الإنتاجية التي تقوم بها الدولة لا يمكن اعتبارها من الإنفاق الحكومي وإن هدفت إلى تحقيق النفع العام؛

ب- المعيار الوظيفي: يستند هذا المعيار على الطبيعة الوظيفية للشخص القائم بالنفقة حيث أن جميع الإنفاق الحكومي الذي يصدر عن الدولة ويُراد به تحقيق الصالح العام يكتسب صفة العمومية، حتى وإن كان نشاطها يماثل نشاط القطاع الخاص. يتضح لنا مما سبق أن مفهوم الإنفاق الحكومي يجب أن يتسع ليشمل جميع النفقات التي تقوم بها الحكومة المركزية والحكومات المحلية

ويُعد إشباع الحاجة العامة الركن الثالث من أركان الإنفاق الحكومي، حيث لا يُعد من الإنفاق الحكومي ذلك الإنفاق الذي يهدف إلى إشباع حاجة خاصة.[3] ويُنتج عن هذا الركن اعتبارين؛ الأول أن الدولة يجب أن تسعى لتحقيق الصالح العام؛ والاعتبار الثاني أن الأموال

---

(1)- عبد المجيد عبد المطلب، **المرجع السابق**، ص 251

(2)- سوزي عدلي ناشد، **المالية العامة**، (بيروت: منشورات الحلبي، 2003)، ص 30

(3)- سوزي عدلي ناشد، **الوجيز في المالية العامة**،(مصر: الدار الجامعة الجديدة، 2000)، ص 33

العامة التي تُنفَق دفعها الأفراد في مجموعهم، وعلى هذا فإن إنفاق جزء منها على الصالح الخاص يُعد إخلالاً بأهم مبدأ في المالية العامة، وهو مبدأ وجوب مساواة الجميع أمام الأعباء العامة، [1] ولعله من الواضح أن للإنفاق الحكومي عدة مبررات زادت من أهميته في المجال المالي والاقتصادي. فماهي مبررات الإنفاق الحكومي؟

2-1- مبررات الإنفاق الحكومي

يتوقف مستوى الإنفاق الحكومي في أي بلد على ما يقرره المجتمع أنه المزيج الأمثل بين الخاص والعام، وعلى تصوراته للعدالة الاجتماعية، وتختلف نسبة الإنفاق الحكومي إلى الناتج المحلي الإجمالي بين مختلف البلدان اختلافاً كبيراً، حيث يرى العديد من الاقتصاديين وعلى رأسهم غالبريث أن السياسات الحكومية وتدخل الحكومة من خلال الإنفاق الحكومي أمران أساسيان في ظل سيادة عدم اليقين، وذلك لإحداث الاستقرار الاقتصادي الكلي والفعالية الاقتصادية، وعلى العكس من ذلك فإن فريدمان من خلال كتابه " حر في الاختيار" وضح أن قيام الحكومة بالتوسع إلى ما هو أبعد من وظائفها الأساسية يمثل عقبة في وجه استعمال الموارد بكفاءة، [2] ويكمن المبرر الأساسي للتدخل الحكومي في وجود عيوب كثيرة لمخرجات الأسواق وهذا لا يعدو أن يكون شرطاً ضرورياً لاتخاذ سياسات تدخلية، حيث يقتضي رسم هذه السياسات مقارنة العيوب الفعلية التي تقع فيها الأسواق بالعيوب المحتمَلة للتدخل الحكومي، ويكون ذلك من خلال معيارين أساسيين هما معيار الكفاءة، حيث إذا كان مستوى معين من إجمالي الفوائد التي تحققها الدولة لا يمكن الحصول عليها بتكلفة أقل، إذا كان من غير الممكن تحقيق فوائد أكبر بنفس المستوى من التكاليف، أما المعيار الثاني فهو العدالة في توزيع الدخول الذي يعد من مبررات التدخل الحكومي، [3] ويمكن إيجاز مبررات التدخل الحكومي فيما يلي.

1-2-1- إخفاق السوق

إخفاق السوق هو حالة تعجز فيها الأسواق الخاصة عن توفير سلعة ما بحجم يتسم بالكفاءة، وتبرز هذه الحالة بوضوح تدخل القطاع العام، لكن طبيعة التدخل الحكومي قد تتخذ اتجاهات عديدة، كما قد تتوقف على نوع إخفاق السوق في الحالة المعينة ويترتب على

---

(1)- محمد باهر عتلم، المرجع السابق، ص 78

(2)- تشارلز وولف، **المرجع السابق،** ص ص17-18

(3)- تشارلز وولف، **المرجع نفسه،** ص 33-35

إخفاق السوق ثلاث نتائج رئيسية:

أ- السلع العامة:

تتميز السلع العامة بخاصيتين رئيسيتين هما : الاستهلاك اللاتنافسي، ثم بدرجة أقل عمومية الاستهلاك، وتعني خاصية الاستهلاك اللاتنافسي أن استهلاك الفرد لا يؤدي إلى الحد من الكمية التي يستهلكها الآخرون، علاوة على أن تكاليف تلبية احتياجات المستهلكين الإضافيين تكون مساوية للصفر، أما خاصية عمومية الاستهلاك فتعني استحالة قصر الاستفادة من سلعة ما على مجموعة بعينها من الأفراد، ومن أمثلة السلع العامة: الدفاع الوطني، الصحة العامة والتعليم، ونتيجة لهاتين الخاصيتين لا تستطيع الأسواق وحدها تسعير هذه السلع وتوزيعها بشكل سليم، لأنها متى أُنتجت استطاع الأفراد الاستفادة منها بغض النظر عما إذا كانوا يدفعون مقابلها أم لا، وحيث أن المنتجين لا يستطيعون إجبار المستهلكين على الدفع، فإنهم لا يستطيعون تغطية التكاليف وتنتفي حوافزهم على توفير هذه السلع، وبالتالي فإن عجز جهاز السعر عن تقديم السلعة العامة بكفاءة يُقدم مبرراً اقتصادياً كافيا للتدخل الحكومي، ولما كان القطاع الخاص لا يميل عموماً إلى تقديم هذه السلع فإن الأمر سيؤول إلى القطاع العام أو يتم التعاقد بين القطاع العام والقطاع الخاص على توريدها، ومع هذا فلو حاولت الحكومة توفير سلعة بناء على رسم يرتبط بطلب المستهلك، فلن يتم توفير السلعة بالقدر الكافي،[1] بمعنى أنه طالما لا يمكن منع أي فرد من استهلاك سلعة معينة بصرف النظر عن مقدار مساهمته في رد تكلفتها، فلن يكون لديه حافز للكشف بدقة عن طلبه الحقيقي، كما تزداد مشكلة المستفيد المجاني بازدياد عدد الأفراد وفي ظل هذه الظروف فإن ما يؤدي إلى تحسين تخصيص الموارد هو التدخل الحكومي عن طريق الإنفاق الحكومي لا بواسطة قوى السوق.[2]

ب- التأثيرات الناتجة عن النشاط الاقتصادي:

---

(1)- وهو ما يعرف باسم مشكلة المستفيد المجانيfree rider

(2)- جودي سكارلاتا وقيصر حسن، **من قضايا سياسة الإنفاق الحكومي**، معهد صندوق النقد الدولي، الإدارة الأسيوية،1998 ص ص 3-4

هي تلك التأثيرات الجانبية الناتجة عن النشاط الاقتصادي[1] سواء كانت مفيدة أم ضارة والخارجة عن نطاق عمل جهاز السعر، حيث يؤدي وجودها إلى خلق فاصل بين أسعار السوق وبين القيمة الاجتماعية التي يضفيها على المجتمع، ويُطلق على السلع التي يترتب على استهلاكها أو إنتاجها تأثيرات جانبية على المحيط الخارجي اسم السلع الجماعية، وتتشابه التأثيرات على المحيط الخارجي مع السلع العامة من حيث أن كليهما يؤدي إلى تخصيص غير كفء للموارد، ففي حالة التأثيرات الايجابية للنشاط الاقتصادي ينخفض الإنتاج السوقي للغاية لأن منحنى الطلب الحقيقي الذي يعكس الفوائد التي تعود على المجتمع يزيد على منحنى الطلب السوقي، وبالتالي فإن المنفعة الحدية لأي زيادة في الإنتاج تتجاوز التكاليف الحدية، وفي هذه الحالة تقوم الحكومة باتخاذ إجراءات تصحيحية عن طريق تقديم إعانات الاستهلاك والإنتاج، أما في حالة التأثيرات السلبية على المحيط الخارجي يزداد الإنتاج في السوق للغاية، إذ تقوم الشركات بزيادة الإنتاج إلى أن يعكس سعر التكلفة الحدية، ولكن سعر السوق لا يعكس كامل التكلفة الناتجة عن التأثيرات السلبية للنشاط الاقتصادي، وفي مثل هذه الحالات حيث التكلفة الاجتماعية للإنتاج تزيد على المنافع الحدية تتدخل الحكومة عن طريق فرض ضرائب تعويضية.[2]

ت- الاحتكار الطبيعي:

هو حالة سيطرة شركة واحدة على الصناعة التي تعمل فيها لأن دالة الإنتاج للشركة تتسم بتناقص متوسط تكاليف الإنتاج ويؤدي ترك الاحتكار للقطاع الخاص إلى ناتج يقل عن المستوى الأمثل وبأسعار مفرطة في الارتفاع، لكن التوسع في الإنتاج إلى المستوى الأمثل يقود إلى خسائر للمنتج بدلا من أن يحقق الأرباح التي تتحقق عادة بالاحتكار، وفي مثل هذه الظروف فإما أن يتم منح المحتكر إعانة أو يقوم القطاع العام بتأميم الصناعة، وتحمل الخسائر المباشرة وهكذا تواجه الحكومة قضية تقرير ما إذا كان الأكفأ أن تشتري السلع والخدمات من القطاع الخاص ثم تقوم بنفسها بتوفيرها إلى الجمهور، أو أن تراقب الظروف التي في ظلها يتم

(1)- التعليم والتكنولوجيا هو أهم مثال يُعطى على الآثار الايجابية للنشاط الاقتصادي، أما الانبعاث الكيماوي وضوضاء الطائرات يعتبران مثال عن التأثيرات السلبية لنشاط الاقتصادي

(2)- لمزيد من الاطلاع انظر: بول ساموبلسون،**علم الاقتصاد**، (عمان: الدار الأهلية، 2006)، ص 35

إنتاج القطاع الخاص، وعند قيام الحكومة بإدخال عناصر تنافسية في بيئة الاحتكار الطبيعي وعملها على علاج مشكلات توزيعية التي تفرضها السلع الجماعية فإنها تجد أمامها عدة خيارات، أولها أن تطرح في مزادٍ أمام القطاع الخاص امتيازات حق إدارة الاحتكار الطبيعي، وهو ما يُدخل عنصر المنافسة في الحصول على هذا الحق، ويتمثل التعاقد مع القطاع الخاص بديلاً آخر يُستخدم عادة في أنشطة مثل الصيانة، أما التأجير فيستخدمه القطاع الخاص كثيراً وهو خيار جديد نسبيا في مجال أنشطة القطاع العام ويجب أن تكون كفاءة التكلفة عاملا أساسيا في تشكيل قرار الحكومة حول الخيار الأفضل.[1]

1-2-2- مخاطرة أو حجم المشروع العام

قد يتطلب حجم المشروع أو درجة المخاطرة التي تنطوي عليها المشاريع العامة تدخلاً حكومياً على الأقل في البداية، وقد ترتبط الحاجة إلى تدخل الحكومة لحل قضايا المخاطرة بالتطور النسبي لأسواق رأس المال والتأمين في كل بلد، وقد تنبع الحاجة إلى التدخل الحكومي في حالات معينة من الحاجة إلى الاستفادة الكاملة من خاصية السلع العامة التي تتمتع بها بعض السلع التي يمكن خصخصة تكاليفها، وبمرور الوقت قد يؤول الإنتاج العام إلى القطاع الخاص مع تناقص المخاطر.

2- تصنيف الإنفاق الحكومي

إن الشيء الملاحظ من خلال دراستنا لدور الدولة في تحقيق الاستقرار الاقتصادي أن تزايد تدخل الدولة في الحياة الاقتصادية أدى إلى تنوع الإنفاق الحكومي نتيجة تعدد أوجهه، حيث تنوعت تقسيمات الإنفاق الحكومي،[2] فبالإضافة إلى التقسيمات الإدارية التقليدية فإن دور الدولة التدخلي وخضوعه إلى أساليب التحليل الاقتصادي قد أدت إلى تقسيم الإنفاق الحكومي وفق أسس اقتصادية تمكن من تتبع الآثار المباشرة لكل منها [3] وحسب طبيعة الموضوع فإننا سنهتم بدراسة تصنيف الإنفاق الحكومي حسب معايير اقتصادية وذلك حسب:

---

(1)- جودي سكارلاتا، المرجع السابق، ص 6

(2)- مجدي محمود شهاب، **الاقتصاد المالي نظرية مالية الدولة والسياسات المالية للنظام الرأسمالي**، (مصر: الدار الجامعية، 1988)، ص45

(3)- فوزت فرحات، **المالية والاقتصاد المالي**، (بيروت: منشورات الحلبي، 2001)، ص 271

- معيار التأثير في الدخل الوطني(الإنفاق الحقيقي والإنفاق التحويلي)؛
- معيار الجهة الموجَه إليها الإنفاق الحكومي(الإنفاق الجاري والاستثماري).

و يتم من خلال التصنيف الاقتصادي للإنفاق الحكومي التمييز بين الأنواع التالية:

- الإنفاق على تكوين رأس المال، إنفاق استثماري؛
- الإنفاق المتعلق بالخدمات الجارية للدولة ؛
- الإنفاق الخاص بعمليات مالية بحتة كالقروض التي تمنحها الدولة للإفراد أو الهيئات العامة
- الإنفاق الخاص بالعمليات الناقلة.[1]

وفي إطار اقتصاد السوق فإنه يمكن التمييز بين إنفاق لا علاقة له بالسوق كالأمن والدفاع، وإنفاق يمثل شروط وجود السوق كالإنفاق اللازم للحفاظ على النظام العام والخدمات الإدارية، وهناك إنفاق يُكَمل اقتصاد السوق ويهدف إلى إشباع حاجات مشتركة مع نشاط القطاع الخاص كالتعليم والصحة، وهناك إنفاق يمثل تدخلاً في الاقتصاد كإنتاج الدولة لسلعة مادية.[2]

2-1- الإنفاق الجاري والإنفاق الاستثماري

تهدف الدولة من خلال الإنفاق الجاري إلى ضمان السير الحسن للمرافق العامة وتشتمل على نفقات السلع والخدمات ومرتبات الموظفين بالإضافة إلى سداد فوائد الديون العامة على اختلاف أنواعها وتدخل في هذا الإطار الإعانات والمدفوعات التحويلية سواء كانت نقدية أو عينية وسواء كانت تهدف إلى تقديم دعم مباشر أو غير مباشر للأفراد أو لسلع وخدمات معينة.[3] وواضح أن هذا الإنفاق كالفحم بالنسبة للقاطرة، وقد كان يُعتبر في مرحلة سابقة تدميراً لجزء من الثروة، وتُعد الأجور والمرتبات هي الجزء الأهم من الإنفاق الجاري حيث يتميز هذا الصنف من الإنفاق باستمرار النمو لذلك يجب على سياسات الأجور السعي لزيادة إنتاجية العامل الحكومي، كما تجدر الإشارة أن محاولات حماية الأجور عن طريق تخفيض

---

(1)- عبد المطلب عبد المجيد، **اقتصاديات المالية العامة**،(القاهرة: الدار الجامعية،2005)، ص 188

(2)- محمد الدويدار، **المرجع السابق**، ص ص 110-112

(3)- مجدي محمود شهاب، **المرجع السابق**، ص ص 51-52

المصروفات الأخرى قد تؤثر عكسياً على إنتاجية العامل وتأتي نفقات التشغيل والصيانة في المرتبة الثانية حيث يتضمن عنصر التشغيل إيصال الخدمات إلى المواطن بينما يتضمن عنصر الصيانة مجموعة كبيرة من الأنشطة المطلوبة للإبقاء على البنية الأساسية في حالة جيدة، حيث أن نقص الصيانة يؤدي إلى إعاقة كفاءة عمل القطاع الخاص مما يؤثر سلبا على مستوى النمو الاقتصادي والعمالة.[1]

ولكن إلى جانب هذه النفقات توجد نفقات تخصص لتكوين رأس المال، والتي تهدف إلى تنمية الثروة لقومية وتشتمل على إجمالي تكوين رأس لمال الثابت والتحويلات الرأسمالية إلى الداخل،[2] وتستهدف برامج الاستثمار العام في الدول النامية تعظيم صافي القيمة الحالية للمشاريع والتي ترتبط بمدى توفر الموارد والقيود المؤسسية والاقتصادية الكلية، وعادة ما تحدد برامج الإصلاح الهيكلي ما يجب منحه الأولوية من المشروعات، ويجب الأخذ بعين الاعتبار مدى تأثيره على ميزان المدفوعات من حيث تمويل المشاريع، وعبء الديون الخارجية والعلاقة بين المشاريع الإنتاجية، وتأثير ذلك على السياسات المالية والنقدية.[3] وتعتمد الدول بصفة عامة على الإيرادات العادية لتمويل الإنفاق الحكومي الجاري وعلى القروض العامة لتمويل الإنفاق الاستثماري،[4] كما أنه لمواجهة الأزمات الاقتصادية المستعصية تلجأ الدولة لإنعاش الاقتصاد عبر الضغط على الإنفاق الحكومي الجاري والتوسع في الإنفاق الاستثماري.[5]

2-2- الإنفاق الحقيقي والإنفاق التحويلي

يعتمد هذا المعيار على مدى قيام الدولة فعلا بصرف أموال عامة، حيث أن الإنفاق الحكومي يعني استخدام الدولة لجزء من القوة الشرائية للحصول على سلع وخدمات مختلفة، حيث تؤدي هذه النفقات إلى زيادة مباشرة في الناتج القومي،[6] حيث يكون موضوع هذا

(1)- جودي سكارلاتا، **المرجع السابق**، ص 10
(2)- مجدي محمود شهاب، المرجع السابق، 52
(3)- جودي سكارلاتا، المرجع نفسه، ص 11
(4)- هذا إذا استثنينا الدول النفطية وسنعود إلى هذه النقطة بالتفصيل في الفصل الثاني انظر الصفحة رقم 56
(5)- فوزت فرحات، المرجع السابق، ص 279
(6)- دراوسي مسعود، المرجع السابق، ص 164

الإنفاق عادة مكافأة الخدمات أو دفع ثمن السلع التي تحصل عليها الدولة، وهي تؤدي إلى حرمان القطاع الخاص من هذه السلع والخدمات[1]، ولقد ظهرت في المالية الحديثة طائفة جديدة من الإنفاق وهي الإنفاق التحويلي ليس له مقابل مباشر وهو يهدف إلى تحويل مبالغ نقدية من فئة إلى أخرى في المجتمع ولا تؤدي إلى زيادة مباشرة في الناتج المحلي، بل تساهم في إعادة توزيع الدخل،[2] أي أن هذا الإنفاق من شأنه نقل القوة الشرائية من فئة إلى أخرى، وبذلك فهي تهدف إلى إحداث تغيير في نمط توزيع الدخل، وينقسم الإنفاق التحويلي إلى ثلاثة أنواع حيث يهدف الإنفاق التحويلي الاجتماعي إلى السعي نحو تحسين الأحوال المعيشية لبعض الطبقات الاجتماعية الفقيرة، كما أنها قد تأخذ شكلاً أكثر عمومية يتمثل في مساهمة الحكومة في أنظمة التأمينات الاجتماعية، أما الإنفاق التحويلي الاقتصادي فيشمل الإعانات التي تمنحها الدولة لبعض المشروعات الإنتاجية بقصد تخفيض التكلفة والحد من ارتفاع الأسعار، ويمكن أن تأخذ شكل إعانات تصدير أو استيراد بغية تشجيع بعض القطاعات،[3]و تعد برامج الدعم من أهم برامج الإنفاق التحويلي التي تهدف إلى خفض السعر الذي يدفعه المستهلك، ومعظم أشكال الدعم إما أن تكون من النوع المجاني (صحة وتعليم) أو النوع الذي يتخذ شكل أسعار تقل عن أسعار السوق، ولقد بينت عدة تجارب ليس المجال هنا لذكرها أن تقديم الدعم على نطاق واسع أمر غير صائب لأن له أثر عكسي على كفاءة تخصيص الموارد، وقد يؤدي إلى اختلالات اقتصادية كلية من خلال أثره المحتمل على الموازنة، النوع الثالث من الإنفاق التحويلي هو الإنفاق التحويلي المالي ويشمل ما تقوم به الدولة من إنفاق بمناسبة مباشرتها لنشاطها المالي، وتتضمن أساساً فوائد الدين العام وأقساط اهتلاكه السنوية، وقد زادت أهمية هذا الإنفاق نظراً لتضخم الدين العام في معظم الدول، [4]فإقراض الحكومة على نطاق واسع لتمويل عجز الموازنة يمكن أن يؤدي إلى زيادة أسعار الفائدة المحلية مما يرفع تكاليف الاستثمار وتكاليف الاقتراض الحكومي وهذا ما يؤدي إلى إمكانية إبطاء نمو الاقتصاد مع مزاحمة القطاع الخاص[5] على

---

(1)- محمد باهر عتلم، المرجع السابق، 86

(2)- رفعت المحجوب،**المالية العامة**،(مصر: مكتبة النهضة، 1992)، ص 92

(3)- فوزت فرحات، المرجع السابق، ص 278

(4)- مجدي محمود شهاب، المرجع السابق، ص 61

(5)- سنعود لهذه النقطة بالتفصيل في الفصل الثاني صفحة 78

الأرصدة القابلة للإقراض كما أن نفقات سداد الفوائد تخضع لقوى السوق وهو ما يمكن أن يؤثر بشدة على وضع ميزانية الحكومة، وبما أن مدفوعات الفوائد ترتبط بأسعار الفائدة في السوق فإن ارتفاع معدلات التضخم يمكن أن يمارس آثاراً سلبية على المستوى الاسمي لنفقات الفوائد وبالمثل فإن تخفيض قيمة العملة المحلية يمكن أن يرفع عبء الدين الخارجي الإسمي للحكومة.[1]

لقد اقتصرنا دراستنا لتصنيف الإنفاق الحكومي على الجانب الاقتصادي للإنفاق بما يخدم هذه الرسالة، وارتأينا إعطاء مخطط يبرز لنا مختلف تصنيفات الإنفاق الحكومي:

الشكل (1-3-14)

التصنيفات المختلفة للإنفاق الحكومي

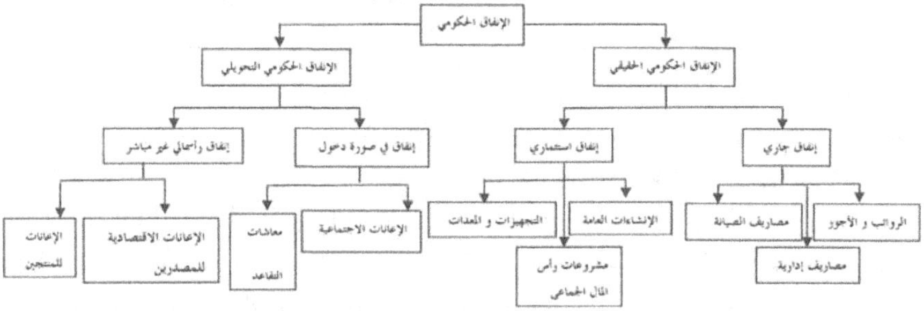

المصدر: محمد عفر، أحمد فريد، الاقتصاد المالي الوضعي و الإسلامي بين النظرية والتطبيق(مصر: مؤسسة شباب الجامعة، 1999)، ص ص 57-58

لقد لاحظنا من خلال هذا الفرع أن كلاً من الإنفاق الجاري والاستثماري له تأثير مباشر على الاستقرار الاقتصادي الكلي من خلال تأثيرهما على المتغيرات الاقتصادية الكلية الأساسية كمعدل النمو الاقتصادي والتضخم والتشغيل، كما استنتجنا أن هناك علاقة وثيقة بين الجانب النقدي والمتمثل في كل من سعر الفائدة وسوق الأرصدة القابلة للإقراض والجانب المالي، والذي تحاول الدراسة إبرازه بشكل أكثر تفصيل في الفصل الثاني من هذا الرسالة دون إغفال العلاقة مع التوازن الخارجي، ويسمح لنا تقسيم الإنفاق الحكومي بالتعرف على توجه السياسة الاقتصادية للبلاد، فإذا كانت الغلبة للإنفاق الاستثماري على الإنفاق الجاري فإن هذا يعني اهتمام الدولة بتدعيم القدرات الإنتاجية، وإذا كان الاهتمام بالإنفاق الجاري فهذا يعني محاولة زيادة الطلب الكلي لاستيعاب العرض الكلي، وفي هذه

(1)- جودي سكارلاتا، **المرجع السابق**، ص 15

المرحلة من البحث يتبادر إلى أذهاننا تساؤل كانت الدراسة قد أشارت إليه في المبحث الأول عند دراستنا لتدخل الدولة في الاقتصاد والمتمثل في الأسباب الحقيقية والأسباب الظاهرية التي أدت إلى زيادة الإنفاق الحكومي، والتي سنقوم باستعراضها من خلال ما يلي.

3- ظاهرة تزايد الإنفاق الحكومي

لقد تطرقنا في الفصل الأول من هذه الرسالة إلى ظاهرة تزايد دور الدولة في الحياة الاقتصادية وقمنا باستعراض أهم تفسيرات زيادة هذا الدور من خلال زيادة الإنفاق الحكومي، وهو ما قادنا إلى ضرورة دراسة ظاهرة استرعت انتباه الاقتصاديين والمتمثلة في تزايد الإنفاق الحكومي مع زيادة الدخل القومي،[1] ويمكننا التمييز بين نوعين من الزيادة في الإنفاق الحكومي، فهناك الزيادة المطلقة والتي تعني أن حجم الإنفاق الحكومي يزداد من عام لآخر أما الزيادة النسبية فتعني نسبة الزيادة المطلقة إلى بعض المتغيرات الاقتصادية المهمة في الاقتصاد، وأهم هذه المتغيرات هو إجمالي الناتج المحلي أو الدخل القومي.[2] وبالتالي فإن انهيار الفكر الكلاسيكي أدى إلى خرق قاعدة التوازن المحاسبي للموازنة العامة، مما أعطى الضوء الأخضر للتوسع في الإنفاق الحكومي وذلك بغية تحقيق الاستقرار الاقتصادي الكلي.[3]

وبادئ ذي بدء لا بد من الإشارة إلى أن زيادة الإنفاق الحكومي لا تعني زيادة المنفعة المترتبة عليه بصورة حتمية فقد ترجع هذه الزيادة إلى أسباب ظاهرية بمعنى الزيادة في رقم الإنفاق دون الزيادة في المنفعة الحقيقية، أما الزيادة الحقيقية فتعني زيادة المنفعة المترتبة عن هذه الإنفاق، ويدل ذلك على زيادة التدخل الحكومي في الحياة الاقتصادية.[4] أي أننا لا يمكن أن نقبل الأرقام المتعلقة بالإنفاق الحكومي كما هي لأنها قد لا تكشف عن الحقيقة، وبالتالي وجب علينا تحليل أسباب زيادة الإنفاق الحكومي بين أسباب ظاهرية وأسباب حقيقية حيث تُعرف الأسباب الظاهرية بأنها زيادة الأرقام المعبرة عن الإنفاق الحكومي، دون أن يقابلها زيادة في نصيب الفرد من كمية السلع والخدمات، أما الزيادة الحقيقية فهي تعبر عن زيادة الإنفاق الحكومي مصحوبة

---

(1)- انظر الفصل الأول من هذه الرسالة صفحة 5

(2)- محمد حسين الوادي، **مبادئ المالية العامة**،(عمان: دار المسيرة، 2007)،ص 124

(3)- نوزاد عبد الرحمان،**المدخل الحديث في اقتصاديات المالية العامة**، (عمان: دار المناهج،2006)، ص 51

(4)- سوزي عدلي ناشد، **المالية العامة**، المرجع السابق، ص 62

بزيادة فعلية فيما يحصل عليه الفرد من استهلاك للخدمات العامة، وهذا النوع من الزيادة هو المعبر الحقيقي عن كفاءة الإنفاق الحكومي.[1]

1-3- الأسباب الظاهرية لتزايد الإنفاق الحكومي

يُعد انخفاض قيم النقد من بين أهم الأسباب المؤدية إلى تزايد الإنفاق الحكومي ظاهرياً، ويُقصد بها انخفاض القوة الشرائية لها مما يؤدي إلى نقص مقدار السلع والخدمات التي يمكن الحصول عليها بذات العدد من الوحدات النقدية عن المقدار الذي كان يمكن الحصول عليه من قبل، ويترتب على تدهور قيمة النقود زيادة الإنفاق الحكومي لمواجهة هذا التدهور،[2] ويعد انخفاض قيمة النقود سمة مشتركة لدى كافة الاقتصادات منذ خروجها من قاعدة الصرف بالذهب، ويرتبط انخفاض قيمة النقود بظاهرة التضخم والتي تتمثل في الارتفاع في المستوى العام للأسعار والذي ينجم عنه زيادة الوحدات النقدية المدفوعة نظير الحصول على كمية من السلع والخدمات، ومن هنا تنشأ العلاقة الطردية بين الإنفاق الحكومي والمستوى العام للأسعار، ولمقارنة الإنفاق الحكومي في فترات مختلفة وخاصة إذا كانت هذه الفترات متباعدة يجب تعديل هذه الأرقام بما يستبعد التغيرات التي طرأت على القوة الشرائية للنقود، وذلك من خلال استخدام الأرقام القياسية لمستوى الأسعار وذلك من خلال المعادلة التالية[3]:

الزيادة الحقيقية في الإنفاق الحكومي= (الإنفاق الحكومي بالأسعار الجارية /المستوى العام للأسعار)x 100

والسبب الثاني الذي يؤدي إلى ازدياد الإنفاق الحكومي ظاهرياً هو تغير الطرق المحاسبية العامة التي يمكن أن تُظهر زيادات كبيرة في حجم الإنفاق الحكومي، والمثال على ذلك هو إلغاء الموازنات الملحَقة وضمها إلى الموازنة العامة للدولة بعد اعتماد مبدأ وحدة الموازنة العامة أو التخلي عن بعض النظم المحاسبية التقليدية التي تأخذ بمبدأ الناتج الإجمالي عند إعداد حسابات الموازنة العامة، إذ لم يكن الإنفاق الحكومي يسجَل وفق هذا النظام إلا بعد استنزال حصيلة إيراداتها منها، أما الآن فإنها تُحضَر وفقاً لمبدأ الناتج الإجمالي الذي يقوم على أساس أن تقيد

---

(1)- نوزاد عبد الرحمان، **المرجع نفسه**، ص53

(2)- مجدي محمود شهاب، **المرجع السابق**، ص 63

(3)- نوزاد عبد الرحمان، **المرجع نفسه**، ص ص 54-55

كافة نفقات الدولة وإيراداتها في الموازنة العامة دون إجراء أي مقاصة بينها، وهو ما يُضخم أرقام الموازنة العامة بشكل كبير مقارنة بما كان عليه الحال في السابق.[1]

3-2- الأسباب الحقيقية لزيادة الإنفاق الحكومي

تشير الدراسات المختصة في المالية العامة إلى أن الزيادة الحقيقية في الإنفاق الحكومي ترجع إلى أسباب عديدة تختلف الأهمية النسبية لكل منها بحسب الظروف التي تكون عليها ودرجة التقدم في كل دولة، وهذه الأسباب هي أسباب اقتصادية واجتماعية وسياسية ولكن تماشيا مع طبيعة الموضوع فإننا سنركز على الأسباب الاقتصادية والمالية حيث أنه من أهم الأسباب الاقتصادية التي تفسر ظاهرة تزايد الإنفاق الحكومي يتمثل في زيادة الدخل القومي، والذي ينتج عنه زيادة في الطلب على السلع والخدمات الاستهلاكية، ومن الواضح أن المرونة الداخلية للطلب على السلع والخدمات تكون عالية وبالتالي فإن أي زيادة بسيطة في دخل الأفراد ستؤدي إلى المطالبة بمزيد من السلع والخدمات العامة وهذا الشيء يؤدي إلى نمو الإنفاق الحكومي لإشباع هذه الطلبات[2].

ويُعد توسع الدور الاقتصادي للدولة السبب الثاني لزيادة الإنفاق الحكومي بصورة حقيقية والمتمثل في التوسع في إقامة المشاريع الاقتصادية العامة وعلاج اختلال لاستقرار الاقتصادي الكلي، وتهدف الدولة من وراء إنشاء المشاريع العامة إما إلى الحصول على موارد مالية لخزانة الدولة أو الإسراع في زيادة معدل النمو، ومن جانب آخر فإن وجود تقلبات اقتصادية وخصوصا في حالة الركود الاقتصادي الذي له انعكاساته السلبية تفرض على الدولة القيام بالمزيد من الإنفاق من أجل زيادة معدلات الطلب الفعلي إلى المستوى الذي يحقق الاستخدام الكامل ضمن إطار الطاقة الإنتاجية للاقتصاد الوطني.[3] وكما سبق وأن رأينا فإن فشل نظام السوق وعدم تحقيق الاستقرار الاقتصادي في الأنظمة الرأسمالية أدى إلى ضرورة تدخل الدولة في النشاط الاقتصادي من أجل تحقيق تلك الأهداف، فزيادة الإنفاق الحكومي

---

(1)- فوزت فرحات، **المرجع السابق**، ص ص 295- 296

(2)- حسين الوادي، **المرجع السابق**، ص 126

(3)- نوزاد عبد الرحمان، **المرجع السابق**، 126

تُعتبر من أهم الأدوات المستخدمة لتحقيق أهداف السياسة الاقتصادية.[1]

ويُعد تطور الإنفاق الحكومي من المفهوم التقليدي إلى المفهوم المعاصر من أهم الأسباب المالية التي أدت إلى زيادة الإنفاق الحكومي حيث برزت أهميته في توجيه النشاط الاقتصادي والمحافظة على مستويات عالية من العمالة والدخل القومي وخصوصا في أوقات الأزمات وقد ساعد على ذلك عاملين أساسيين:

أ- وجود فائض في الإيرادات غير مخصص لغرض معين أدى إلى تشجيع الحكومة على إنفاقه سواء في أوجه إنفاق ضرورية أو غير ضرورية، وتتجلى خطورة ذلك في الأوقات التي تهتم فيها السياسة المالية للحكومة بالعمل على خفض النفقات لأنه من الصعوبة بمكان مطالبة الدولة بخفض كثير من بنود الإنفاق الحكومي؛[2].

ب- سهولة الاقتراض: لقد أصبحت القروض بكل أنواعها من بين أهم مصادر تمويل الإنفاق الحكومي بسبب تقدم أساليب إصدار القروض العامة، حيث أن الدول تستطيع بسهولة أن تلجأ لهذا الأسلوب بسداد أي عجز في إيراداتها [3]، والسبب في اللجوء إلى الاقتراض هو ازدياد الحجات العامة وتوسع دور الدولة الاقتصادي وعدم كفاية الضرائب لتمويلها، لكن التوسع في الحصول على قروض أصبح عائقا رئيسيا في وجه التنمية بسبب الزيادة الكبيرة في العبء الناجم عن خدمة بعض الديون إلى جانب استنزاف جزء كبير من الموارد للدولة المدينة.[4]

نستخلص مما سبق أن ازدياد الإنفاق الحكومي أدى إلى احتلاله مكانة هامة ضمن السياسة الاقتصادية مما أدى إلى زيادة أثره على الاستقرار الاقتصادي الكلي، ويتبادر إلى أذهاننا في هذه المرحلة من البحث مجموعة من الأسئلة التي تتجاوز الإطار المالي للإنفاق الحكومي وتتعداه إلى الإنفاق الحكومي كسياسة اقتصادية، فعلى سبيل المثال ماهي الأدوات التي تستخدمها سياسة الإنفاق الحكومي؟ وماهي الحدود لتي تحكم فعالية سياسة الإنفاق

---

(1)- حسين الوادي، **المرجع السابق**، ص 126

(2)- سوزي عدلي ناشد، **المالية العامة**، مرجع سابق، ص 67

(3)- مجدي محمود شهاب،**المرجع السابق**، 69

(4)- فوزت فرحات، المرجع السابق، ص 300

الحكومي في تحقيق أهداف السياسة الاقتصادية الكلية؟ وبالتالي فإن هذا المطلب يعتبر بمثابة حلقة الوصل بين الجانب المالي للإنفاق الحكومي ومقدمة لتحليل فعالية هذا الإنفاق كسياسة اقتصادية في تحقيق الاستقرار الاقتصادي الكلي الذي سيكون عنوان الفصل الثاني.

المطلب الثالث: الإنفاق الحكومي كسياسة اقتصادية

يُعبر الإنفاق الحكومي عن السلوك المالي للحكومات والذي يهدف إلى تحقيق مجموعة من الأهداف وهو ما يجعل من هذا الإنفاق سياسة اقتصادية لها وسائلها وأهدافها، فمن وجهة النظر التقليدية ذات التوجه الكينزي يسمح الإنفاق الحكومي بتحقيق أهداف السياسة الاقتصادية وفي مقدمتها التأثير على مستوى التشغيل، وهو ذو تأثير مباشر على منحنى الطلب الكلي، وهذا ما يسمح بزيادة الناتج المحلي الإجمالي، حيث أنه إذا أخذنا بعين الاعتبار الدول المتقدمة فإن الإنفاق الحكومي في فرنسا مثلاً بشقيه الاستهلاكي والاستثماري يمثل حولي 26% من الناتج المحلي وهو يحتل المرتبة الثانية بعد استهلاك العائلات ضمن مكونات الطلب الكلي، ومن الملاحظ أن وجهة النظر الحديثة في مجال الإنفاق الحكومي تتجاوز مسألة الكمية لتصل إلى طرح آخر وهو نوعية الإنفاق الحكومي.[1] وبهدف تحقيق التشغيل الكامل وعلاج البطالة فإن الدولة تستعمل سياسة المضخة التي تعتمد على ضخ المزيد من الإنفاق الحكومي في شريان الاقتصاد القومي والسماح بوجود عجز في الموازنة العامة للدولة،[2] ففي أوقات الكساد يعاني الاقتصاد من حالات البطالة وانخفاض الدخول حيث أن الاستثمار الخاص يكون عند أدنى مستوى له وذلك بسبب انخفاض الطلب الكلي وهبوط الكفاية الحدية لرأس المال وتكون هناك طاقة إنتاجية معطلة، ففي ظل هذه الظروف لا بد على الحكومة أن تزيد الإنفاق بطريقة مباشرة وذلك عن طريق القيام ببرامج المشروعات العامة على نطاق واسع وبطريق غير مباشر،[3] عن طريق استمالة الأفراد لزيادة الإنفاق الكلي، وبالتالي فإن زيادة الإنفاق الحكومي بشقيه الجاري والاستثماري سوف يُخرج الاقتصاد من حالة الكساد حيث أن الاستثمار الحكومي يؤدي إلى زيادة المداخيل الشخصية وزيادة الاستهلاك بمقدار مضاعف للزيادة الأصلية في الإنفاق الحكومي، دون أن يكون له أثر عكسي على الكفاية الحدية لاستثمار في القطاع الخاص وتأخذ الاستثمارات الحكومية شكلين:

---

p 254 ، 2001)،(paris :de Boeck، **économie contemporaine**،Jean didier lecaillon-(1)

(2)- عبد المجيد عبد المطلب، **السياسات الاقتصادية الكلية**، المرجع السابق، ص 233

(3)- الطريق غير المباشر يكون عن طريق الإنفاق الجاري

- تشفيط المضخة[1]: والذي يشير إلى الإنفاق الحكومي الأولي الذي يساعد على بدأ وإنعاش النشاط الاقتصادي في المجتمع من خلال محاولة زيادة الاستثمارات الخاصة وذلك عن طريق حقن قوة شرائية جديدة في شكل زيادة في الإنفاق الحكومي؛
- الإنفاق التعويضي[2]: والذي يُقصد به أن يكون تعويضاً عن الانخفاض في الاستثمار الخاص في حالات الكساد والذي يجب أن يكون على نطاق واسع، كما يجب أن يستمر حتى يعود الاستثمار الخاص إلى الوضع الطبيعي.[3]

ويؤخذ بعين الاعتبار عند تحديد برامج الاستثمار العام مدى تأثيره على ميزان المدفوعات، وبالتالي فإن برامج الاستثمار الحكومي تواجه ثلاث مشكلات مترابطة: المنفعة الناجمة عن هذه المشاريع، القيود الاقتصادية الكلية، مدى توافر الموارد، فقد يبدو برنامج معين للاستثمار الحكومي في البداية ممكن التنفيذ وقادراً على رفع النمو، ولكنه يهدد الاستقرار الاقتصادي مما يؤدي إلى تشديد السياسات المالية والحد من الموارد المتاحة، وبالتالي يتضح أنه غير قابل للتنفيذ، كما قد يكون المشروع أقل طموحاً وقد يؤدي إلى نمو مستقر لكنه يخفق في الوصول إلى استجابة قوية من القطاع الخاص،[4] فيفضي بذلك إلى خفض النمو،[5] ولذلك يجب توخي الحذر عند استخدام الإنفاق الحكومي لتحقيق أهداف السياسة الاقتصادية وذلك نظراً للتعارض بين تلك الأهداف، فتخفيض الإنفاق الحكومي من أجل الحد من التضخم وتدارك العجز في ميزان المدفوعات يمكن أن يؤثر سلباً على النمو الاقتصادي ومعدل البطالة، ولهذا فإن معظم الدول تلجأ إلى الحد من الإنفاق الاستثماري أولا عند التفكير بتخفيض الإنفاق الحكومي لأن القرار يكون أسهل من قرار المساس بالإنفاق الجاري[6] إلى أن سياسة الإنفاق الحكومي تكتنفها صعوبات وعراقيل تحول دون أن تؤدي وظيفتها في تحقيق الاستقرار الاقتصادي الكلي.

---

(1)- Pump priming

(2)- compensatory spending

(3)- سامي خليل، **النظريات والسياسات المالية والنقدية**، المرجع السابق، ص ص 466-467

(4)- تشفيط المضخة ضعيف

(5)- جودي سكارلاتا، المرجع السابق، ص 10

(6)- عبد الهادي يوسف، **سياسات الإنفاق العام والإصلاح**، معهد صنوق النقد الدولي، 2006، ص 3

1- سياسة الإنفاق الحكومي والمقدرة المالية للدولة

يمكن أن يؤدي الارتفاع في الإنفاق الحكومي إلى انخفاض الاستثمار الخاص وهذا يؤدي إلى حياد سياسة الإنفاق الحكومي فيما يتعلق بالتشغيل وآثار توليد الدخل المترتبة على الإنفاق الحكومي، والعامل الذي يحدد درجة فعالية سياسة الإنفاق الحكومي هو طريقة تمويل هذا الإنفاق، حيث أن ردود فعل الإنفاق الحكومي على الاستثمار الخاص تكون من خلال الأثر على سعر الفائدة أو على الكفاية الحدية لرأس المال، فإذا لم يتم تمويل الإنفاق الحكومي بزيادة عرض النقود تم تمويله من خلال سوق الأرصدة النقدية القابلة للإقراض وهذا ما سيؤدي إلى مزاحمة القطاع الخاص مما يؤدي إلى رفع سعر الفائدة، كما أن الآثار المقيدة للاستثمار الحكومي المموَل عن طريق الاقتراض قد تُلغى عن طريق هبوط الكفاية الحدية لرأس المال بالنسبة للاستثمارات الخاصة،[1] وبالتالي فإنه بمجرد رجوع الاستثمار الخاص إلى حالته الطبيعية، فإن برامج المشروعات العامة يجب أن تتوقف، ذلك لأن الاستثمار الحكومي ليس بديلا عن الاستثمار الخاص وإنما هو فقط يساعد على إحيائه وإعادته إلى الوضع الطبيعي، ولقد تطرقنا سابقا إلى المحددات الإستراتيجية لإدارة الطلب الكلي من خلال السياسة المالية[2]، حيث لاحظنا أن فعالية السياسة المالية ومنها سياسة الإنفاق الحكومي تتوقف على التوقيت السليم، ويطفوا إلى السطح تساؤل مهم حول مدى قدرة الدولة على زيادة أو تخفيض الإنفاق الحكومي كلما استدعى الأمر ذلك ضمن الدورة الاقتصادية لذلك فإنه هناك عدة محددات لحجم الإنفاق الحكومي التي من بينها المقدرة المالية للدولة، وهي عامل حاسم في رسم حدود الإنفاق الحكومي فهي بمثابة السيولة المالية المتاحة التي في ضوئها يتقرر إلى أي مدى يمكن للدولة إقرار التخصيصات المالية للإنفاق الحكومي والشكل التالي يوضح لنا العوامل ائتي تحدد المقدرة المالية لدولة:

(1)- سامي خليل، **المرجع السابق**، ص 472

(2)- انظر الفصل الأول من هذه الرسالة صفحة 36

الشكل (1-3-15)

العوامل المحددة للمقدرة المالية للدولة

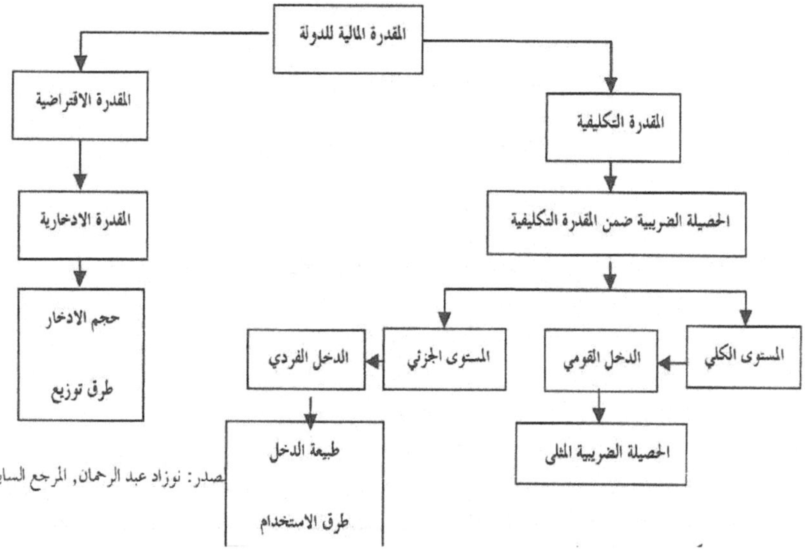

المصدر: نوزاد عبد الرحمان, المرجع السابق, ص47

1-1- المقدرة التكليفية (الطاقة الضريبية):

تعتبر الإيرادات الضريبية أهم بنود الإيراد العام وهي تمثل الشق الثاني للسياسة المالية، ولا يخفى أن الضرائب في عصرنا الراهن تعتبر من أهم موارد الدولة على الإطلاق حي تمول ثلاثة أرباع الإنفاق الحكومي في الدول المتقدمة وتشكل نسبة الإيرادات الضريبية في تكوين الدخل القومي في بلدان السوق الأوروبية المشتركة ما بين 35%-45% [1] وتنطلق السياسة الضريبية من مفهوم المقدرة التكليفية ونعني بها قدرة الأفراد على تحمل العبء الضريبي، فكلما زادت الضرائب كلما أمكن زيادة الإنفاق الحكومي، لأن الضرائب تُعد من المصادر الرئيسية للإيرادات الحكومية، وبالتالي فهي رافد رئيسي لخزينة الدولة بالمال[2]؛ في هذا السياق يجب التمييز بين مفهوم الطاقة الضريبية والعبء الضريبي، حيث أن الأولى هي تلك النسبة من الدخل القومي التي يمكن اقتطاعها دون أن تؤدي إلى آثار اقتصادية واجتماعية سلبية، أما العبء الضريبي فهو يقيس مدى استغلال النظام الضريبي للطاقة الضريبية للاقتصاد، وتماشيا مع

(1)- رامي زيدان، **حساسية النظام الضريبي السوري**، (سورية: المجتمع والاقتصاد، 2007)، ص 97
(2)- طارق الحاج،المرجع السابق، ص 140

طبيعة الرسالة فإننا سنركز على المستوى الكلي للطاقة الضريبية، ففي هذا المستوى يتم دراسة القدرة التحملية للدخل القومي لغرض الوصول إلى الحصيلة الضريبية المثلى والتي تحققها أعلى قدرة تحملية للدخل القومي والشكل التالي يوضح لنا الحصيلة الضريبية المثلى من خلال منحنى لافر

الشكل (1-3-16) الحصيلة الضريبية المثلى عند مستوى معين من القرة التحملية للدخل

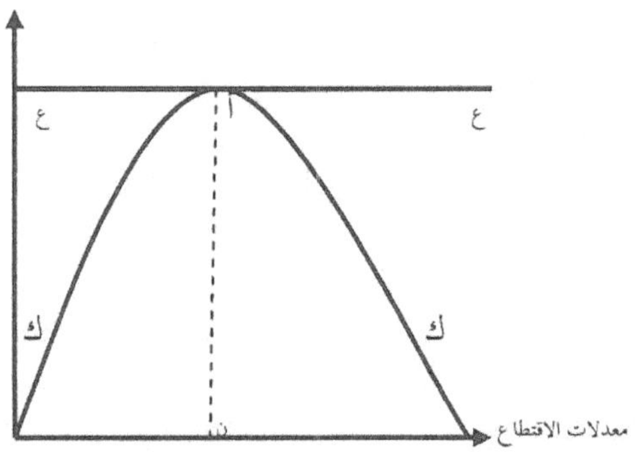

المصدر: عبد المجيد قدي، المرجع السابق، ص100

يمثل الشكل البياني أعلاه كيفية الوصول إلى أحسن حصيلة ضريبية في ظل مستوى معين من المقدرة التحملية للدخل القومي، حيث يمثل المسار(ع ع) الحصيلة الضريبية بمستوى واحد في حين يمثل المنحنى(ك ك) تطور القدرة التحملية للدخل القومي، وعند النقطة - أ - حين يمس منحنى الحصيلة الضريبية أعلى مستوى من منحنى المقدرة التحملية للدخل تتحدد الحصيلة الضريبية المثلى والتي تقابل أحسن مقدرة تحملية للدخل في النقطة ن.[1]

ويُعد هذا التحليل من انجاز لافر الذي سعى إلى تبرير السياسات ذات الخلفية الليبرالية الهادفة إلى تخفيض الاقتطاعات الإجبارية والنتيجة التي نخلص إليها هو أن هناك حدودا مثلى للطاقة الضريبية يؤدي تجاوزها إلى انخفاض الحصيلة الضريبية. ويعد الفائض الاقتصادي من أهم العوامل المحددة للطاقة الضريبية والذي يُعطى بالصيغة التالية:

الفائض الاقتصادي= الادخار الفعلي +الاستهلاك العائلي+الاستهلاك الحكومي النهائي

ومن الملاحظ أن الحصيلة الضريبية في الدول النامية لا تعكس حقيقة الطاقة الضريبية، ويرجع سبب انخفاض العبء الضريبي إلى مجموعة من العوامل تحكم حجم الطاقة الضريبية :-

(1)- نوزاد عبد الرحمان، المرجع السابق، ص 48

حجم الدخل القومي حيث أنه كلما ازداد حجم الدخل القومي كلما أمكننا اقتطاع نسبة اكبر منه بالتالي تزداد الطاقة الضريبية؛[1]

- سياسة الإنفاق الحكومي فإذا كان موجه نحو الاستثمارات الإنتاجية فإن الدخل القومي سيزداد وبالتالي فإنه سيتحمل بسهولة العبء الضريبي، وهنا فإن سياسة الإنفاق الحكومي تلعب دورا مزدوجا من حيث تأثيرها على نمو الناتج من جهة وعلى ثقة المواطنين بسياسة الحكومة من جهة أخرى.[2]

وينصح كالدور بضرورة اقتطاع الضريبة من الفائض الاقتصادي، وهنا تطرح مشكلة الدول النامية والمتمثلة في أن الإنتاج أقل من الاستهلاك، وهذا يعني وجود عامل موضوعي يُخفض الفائض الاقتصادي في الدول النامية مما يخفض العبء الضريبي.[3]

1-2- المقدرة الإقتراضية للدولة

ونعني بها قدرة الدولة على الحصول على الإيرادات المالية من الأفراد أو الشركات من خلال الاقتراض منهم بواسطة طرح سندات الحكومة، ويعد الادخار أهم وسيلة لتدعيم المقدرة االاقتراضية للدولة، ويفترض نموذج كينز أن شدة الارتفاع في الادخار الكلي قد تؤدي إلى تشكيل موارد معطلة ومن ثم انخفاض الدخل القومي، وهذا ما أشار إليه اقتصاديون فيما يعرف بلغز الادخار[4] وهو ما يوضحه الشكل التالي

---

(1)- مصطفى حسين المتوكل،**محددات الطاقة الضريبية في الدول النامية**،(مركز الإمارات للدراسات والبحوث،2000)، ص 82

(2)- عارف دليلة، عجز الموازنة وسبل معالجها،(**جمعية العلوم الاقتصادية**، سورية،1998)، ص8

(3)- محمد دويدار، **المرجع السابق**، ص 208

(4)- The paradox of thirft

الشكل (1-3-17) منحنى موضح للغز الادخار

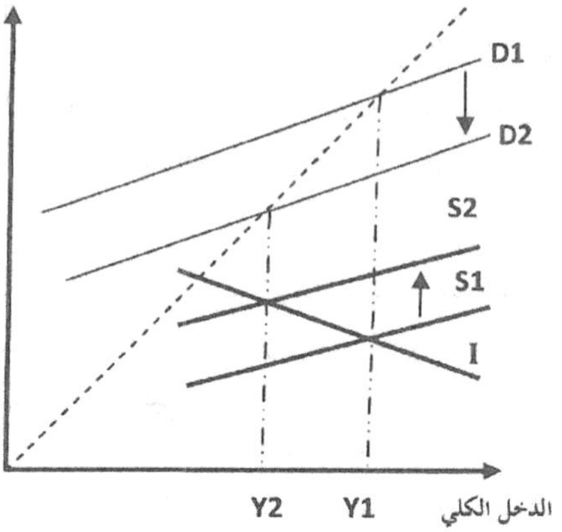

المصدر: جيمس جوارتيني, المرجع السابق, ص 286

ففي حالة انتقال منحنى الادخار من S1إلى S2 فإن هذا سيؤدي إلى انخفاض الطلب الكلي من D1إلى D2 باعتبار أن الادخار هو استهلاك مؤجل، وفي النتيجة فإن زيادة الادخار الإجمالي أدى إلى خفض الطلب الكلي والمستوى التوازني للدخل من Y1إلى Y2 [1] ولكن حسب رأيي لا يكون الادخار على المستوى الكلي ضاراً دائما فعندما يكون الطلب الكلي في مستوى يمَكنه من الحفاظ على التشغيل الكلي فإن المعدل المرتفع للادخار يسمح بتخصيص قدر أكبر من الناتج القومي للتكوين الرأسمالي، وعلى ذلك فإن المعدلات المرتفعة للادخار والاستثمار تسمح بتحقيق معدل نمو سريع ما دام الطلب الكلي قادرا على الاحتفاظ بمستوى التوظف الكامل. وتظهر لنا أهمية تدخل الدولة للتخصيص الأمثل لهذه الموارد خاصة في الدول النامية والرفع من القدرة الاقتراضية بالاستناد إلى العوامل التالية:

- حجم الادخار الفردي، حيث تزداد رغبة الأفراد في الإقبال على شراء السندات الحكومية المطروحة للتداول مع زيادة مستوى الادخار لديهم وهذا من شأنه رفع القدرة المالية للدولة؛
- طرق توزيع الادخار ما بين القطاع الخاص والقطاع العام وذلك في إطار السوق المالية حيث يتم توجيه مدخراتهم للاستثمار في السندات ذات الفائدة العالية لذا ينبغي على الحكومة الأخذ بعين الاعتبار معدلات الفائدة الممنوحة.[2]

---

(1)- جيمس جوارتيني،**المرجع نفسه**، ص285

(2)- عبد الرحمان نوزاد، **المرجع السابق**، ص 49

2- سياسة الإنفاق الحكومي وتقلبات مستوى النشاط الاقتصادي

عادة ما يخضع النشاط الاقتصادي إلى تقلبات تبعا لحركة الدورة الاقتصادية وهذه الأخيرة تخضع لنوبات متعاقبة من مستوى النشاط الاقتصادي يختلف الاقتصاديون في تحديد مدتها الزمنية وأسباب حدوثها، وتشير التجربة الاقتصادية إلى أن فترات التوسع الاقتصادي يتبعها فترات بطء النمو الاقتصادي وانكماش النشاط الاقتصادي وهذا ما يعرف بالدورة الاقتصادية الافتراضية، أما في أرض الواقع فإن الدورات الاقتصادية لا تأخذ شكلا منتظما[1]، وتساهم الدورة الاقتصادية في رسم حدود سياسة الإنفاق الحكومي ويبرز هذا بقدر ما يعكسه الإنفاق من استجابة للتقلبات في مستوى النشاط الاقتصادي والذي يُوصف بحساسية الإنفاق الحكومي، [2] حيث نجد أن مستوى النشاط الاقتصادي يؤثر على مستوى الإنفاق الحكومي بحيث توجد علاقة طردية بينهما ومن ناحية أخرى نجد أن الإنفاق الحكومي يؤثر في مستوى النشاط الاقتصادي وهذا يفيد في رسم سياسة الإنفاق الحكومي ضمن السياسة المالية في ضوء مستو الطلب الفعلي[3]، والطلب الفعلي يجب أن يتحدد عند المستوى الذي يحقق التشغيل الكامل في البلاد المقدمة ويجب على الدولة من خلال سياسة الإنفاق الحكومي السعي إلى الحفاظ عليه عن طريق التأثير في الطلب الفعلي سواء كانت الاقتصاد في حالة انكماش آو تضخم[4] ترتبط حساسية الإنفاق الحكومي بأسلوب النظام الاقتصادي وشكل الدولة، ففي ظل الدولة الحارسة يأخذ مسار الإنفاق الاقتصادي اتجاها مشابها لمسار مستوى النشاط الاقتصادي، أما في ظل الدولة المتدخلة فإن مسار الإنفاق الاقتصادي يستجيب بشكل معاكس لحركة الدورة الاقتصادية لأن الدولة سوف تسعى لزيادة إنفاقها لمواجهة حالة الكساد وتتخذ إجراءات انكماشية ضاغطة لمواجهة الضغوط التضخمية في حالة الانتعاش وبالتالي فإن حدود الإنفاق الحكومي تُرسم من خلال العلاقة بين حساسية الإنفاق الحكومي وتقلبات مستوى

---

(1)- جيمس جوارتيني، **المرجع السابق**، ص ص 197-198

(2)- عبد الرحمان نوزاد، **المرجع نفسه**، ص 45

(3)- يتكون الطلب الفعلي من الطلب الحكومي على الاستهلاك والاستثمار ومن الطلب الخاص على الاستهلاك والاستثمار وإذا علمنا أن الطلب الحكومي يأتي من الإنفاق الحكومي وبالتالي تبرز أهميته في رسم السياسة المالية والاقتصادية للدولة

(4)- محمد سعيد فرهود، **مبادئ المالية العامة**، (سورية: منشورات جامعة حلب،2004)، ص ص 86-87

النشاط الاقتصادي تبعا لحركة الدورة الاقتصادية.[1]

إن النتيجة التي نخلص إليها من خلال هذا المبحث أن سياسة الإنفاق الحكومي أداة فعالة في تحقيق أهداف السياسة الاقتصادية ومعالجة الاختلالات الناتجة عن الدورة الاقتصادية والمساهمة في التأثير على الطلب الكلي والتي تسمح بالتأثير على حجم العمالة وحجم الدخل الكلي إلا أن هذه الفعالية مرتبطة بمجموعة من العوامل التي تحد من تحقيق هذه السياسة لأهدافها والمتمثلة أساسا في المقدرة المالية الدولة.كما أن التعارض بين أهداف السياسة الاقتصادية الحقيقية- والمتمثلة في معدلات النمو والتشغيل- والأهداف النقدية - والمتمثلة في معدلات التضخم والتوازن الخارجي- يفرض على السلطات توخي الحذر عند تسطير سياسة الإنفاق الحكومي

---

(1)- عبد الرحمان نوزاد، **المرجع السابق**، ص 46

خلاصة الفصل الأول

سمح لنا هذا الفصل باستعراض المحور الأول لهذه الرسالة والمتمثل في الاستقرار الاقتصادي الكلي، حيث حاولنا التطرق إلى مختلف الجوانب المحيطة به وموقعه ضمن السياسة الاقتصادية التي تقوم بها الدولة، وكما يشير إليه عنوان الفصل فإن تحقيق الاستقرار الاقتصادي الكلي يعد الهدف الرئيسي الذي تهدف إليه السياسة الاقتصادية للدولة، وبالتالي فإن تحقق الأهداف النهائية للسياسة الاقتصادية يقود حتماً إلى تحقيق الاستقرار الاقتصادي الكلي، ويتضح لنا من خلال عنوان الفصل العناصر التي يجب التطرق إليها، وذلك بالإجابة عن ثلاثة أسئلة مهمة والمتمثلة في: من المسؤول عن تحقيق الاستقرار الاقتصادي الكلي؟ ماهي الأدوات المستعملة في تحقيق الاستقرار الاقتصادي الكلي؟ ماهي الأداة المباشرة المستعملة في تحقيق الاستقرار الاقتصادي الكلي؟

الإجابة عن السؤال الأول قادتنا إلى دراسة الدولة والدور الاقتصادي الذي تقوم به وهو عنوان المبحث الأول، حيث أن النتيجة التي خلُصنا إليها من خلال هذا المبحث هي تزايد النشاط الاقتصادي للدولة بسبب الاضطرابات الاقتصادية خاصة بالنسبة للدول النامية وأن أهم وظيفة واجبة على الدولة في ظل الظروف الراهنة هي تحقيق الاستقرار الاقتصادي الكلي الذي يختلف بين الدول النامية والدول المتقدمة، كما ان اختلال الاستقرار الاقتصادي الخارجي لا يعدوا أن يكون إلا انعكاسا لاختلال الاستقرار الاقتصادي الداخلي.

حديثنا عن الاستقرار الاقتصادي قادنا إلى الإجابة عن التساؤل الثاني، والحديث عن السياسة الاقتصادية وهي الأداة المستعملة في تحقيق هذا الاستقرار، حيث رأينا أن تحقق أهداف السياسة الاقتصادية يقود حتما إلى تحقق الاستقرار الاقتصادي حيث استعرضنا أهم مؤشرات الاستقرار الاقتصادي وأنواع السياسات المستعملة في تحقيقه، كما وجدنا العلاقة الارتباطية القوية بين مختلف هذه المؤشرات.

وتماشياً مع طبيعة الموضوع فإنه كان لزاماً علينا التطرق إلى السياسة المالية بصفة عامة وسياسة

الإنفاق الحكومي بصفة خاصة، التي تعد حلقة الوصل بين المحور الأول للدراسة والمحور الثاني والمتمثلة في سياسة الإنفاق الحكومي باعتباره أحد أهم أدوات السياسة المالية المستعملة في تحقيق الاستقرار الاقتصادي الكلي. حيث وجدنا أن التعارض الموجود بين أهداف السياسة الاقتصادية يتطلب توخي الحذر من طرف صانعي السياسة الاقتصادية عند استخدام سياسة الإنفاق الحكومي كأداة لتحقق الاستقرار الاقتصادي الكلي.

وللتأكد من هذا الطرح تقوم الدراسة من خلال الفصل الثاني بدراسة الأثر الذي تتركه سياسة الإنفاق الحكومي على مؤشرات الاستقرار الاقتصادي الكلي من الناحية النظرية قبل تطبيقها على الاقتصاد الجزائري وذلك في الفصل الثالث من هذه الرسالة.

الفصل الثاني
سياسة الإنفاق الحكومي وأثرها على الاستقرار الاقتصادي الكلي

Chapter two
The Government expenditure POLICY and its effects on macroeconomic stabilization

المبحث الأول: سياسة الإنفاق الحكومي وأثرها على التوازن الاقتصادي..

المطلب الأول: سياسة الإنفاق الحكومي على النمو الاقتصادي

المطلب الثاني: سياسة الإنفاق الحكومي وأثرها على مستوى التشغيل

المطلب الثالث: سياسة الإنفاق الحكومي وأثرها على مجملات الطلب الكلي

المبحث الثاني: سياسة الإنفاق الحكومي وأثرها غلى التضخم

المطلب الأول: السياسة النقدية المصاحبة لسياسة الإنفاق الحكومي

المطلب الثاني: سياسة الإنفاق الحكومي وأثرها على المستوى العام للأسعار

المطلب الثالث: موقع سياسة الإنفاق الحكومي من منحنى فيليبس

المبحث الثالث: سياسة الإنفاق الحكومي وأثرها عل الاستقرار الاقتصادي الكلي الخارجي

المطلب الأول: سياسة الإنفاق الحكومي في إطار نموذج مندل - فلمنج لاقتصاد مفتوح

المطلب الثاني: تفاعل سياستي الإنفاق الحكومي والصرف الأجنبي في تحقيق الاستقرار الاقتصادي الخارجي

خلاصة الفصل الثاني

تمهيد

لقد قامت الدراسة من خلال الفصل الأول بالإجابة عن مجموعة من الأسئلة كان أهمها يتعلق بالأداة التي تستعملها الدولة في تحقيق الاستقرار الاقتصادي والمتمثلة في السياسة الاقتصادية والتي تنقسم بدورها إلى مجموعة من الأدوات، ولقد لاحظنا من خلال دراستنا لأنواع السياسة الاقتصادية المكانة التي تحظى بها السياسة المالية ومدى تأثيرها على الاقتصاد خلال مختلف المراحل التي تمر بها الدورة الاقتصادية، وتُعد سياسة الإنفاق الحكومي إحدى أهم محاور السياسة المالية والمستعمَلة لإدارة الطلب الكلي وتحقيق أهداف السياسة الاقتصادية التي تقود إلى تحقيق الاستقرار الاقتصادي الكلي، ويمكن لصانعي السياسة الاقتصادية التنسيق بين سياسة الإنفاق الحكومي والسياسة النقدية، وذلك عن طريق زيادة الكتلة النقدية التي تُبقي سعر الفائدة عند مستواه الأولي، لكن تطور الإصدار النقدي في تمويل الإنفاق الحكومي ينطوي على مخاطر تغذية التضخم، وقد تتأثر سياسة الإنفاق الحكومي ذاتها بموقف السياسة النقدية؛ فقد تتبع السلطات النقدية سياسة نقدية انكماشية بهدف الحفاظ على استقرار الأسعار الأمر الذي يؤدي إلى ارتفاع أسعار الفائدة مما يؤثر على استثمار القطاع الخاص، والتأثير على الأسعار وسعر الفائدة سيؤثر حتماً على التوازن الخارجي والمتمثل في رصيد ميزان المدفوعات.

يتضح لنا مما سبق المسار الذي اتبعته الدراسة في التحليل خلال هذا الفصل، حيث تقوم الدراسة بتحليل أثر سياسة الإنفاق الحكومي على جانبي التوازن الاقتصادي الكلي؛ جانب العرض الكلي وجانب الطلب الكلي، وذلك في إطار اقتصاد مغلق مع إبراز مدى تأثير سياسة الإنفاق الحكومي على مستوى التشغيل، مع افتراض ثبات المستوى العام للأسعار وعدم إدخال السياسة النقدية في التحليل في مرحلة أولى، وفي مرحلة ثانية تقوم الدراسة بإبراز أهمية التمويل النقدي من خلال استعمال الإصدار النقدي في زيادة فعالية سياسة الإنفاق الحكومي، وفي مرحلة ثالثة تقوم الدراسة بإبراز إمكانية حدوث تضخم ناتج عن تمويل الإنفاق الحكومي بالإصدار النقدي وسيكون هذا التحليل في إطار نموذج العرض الكلي- الطلب الكلي في ظل عدم ثبات المستوى العام للأسعار، وفي مرحلة أخيرة من هذا الفصل ستأخذ الدراسة بعين الاعتبار درجة الانفتاح الاقتصادي ومدى تأثير سياسة الإنفاق الحكومي على هدف التوازن الخارجي

المبحث الأول

سياسة الإنفاق الحكومي وأثرها على التوازن الاقتصادي

إن شرط التوازن بالنسبة للاقتصاد الوطني يتمثل في تحقيق التعادل بين الطلب الكلي والعرض الكلي في ضوء المعطيات الاقتصادية المتاحة، كما أن التوازن الكلي هذا يعتبر محصلة لتوازنات جزئية تتفاعل فيما بينها والمتمثلة في الأسواق السلعية والنقدية والعُمالية، والتي يتم الربط والتنسيق بينهما في إطار السياسة الاقتصادية الكلية، هذا من جانب العرض الكلي، أما من جانب الطلب الكلي فقد أثبتت العديد من النظريات الاقتصادية المفسرة للدورات الاقتصادية أن تناقص الميل الحدي للاستهلاك هو السبب الرئيسي للتقلبات الظرفية التي تحدث في الاقتصاد حيث أن إبقاء الاستهلاك في حالة تزايد هو عنصر ضروري لإبقاء الاقتصاد في نسق متطور تتزايد فيه الطاقة الإنتاجية ويُعد التأثير على الاستهلاك الكلي والاستثمار الكلي الدعامتين الرئيسيتين للسياسة المالية الوظيفية، حيث أن القاعدة التي يخضع لها النشاط الاقتصادي للدولة هو تحقيق التشغيل الكامل بدون تضخم، مما قد يؤدي إلى وجود عجز أو فائض أو إلى توازن في الموازنة وبالتالي فإن الهدف الرئيسي هو تنظيم النشاط الاقتصادي،[1] لذلك تقوم الدراسة من خلال هذا المبحث بدراسة موقع سياسة الإنفاق الحكومي ومدى تأثيرها على التوازن الاقتصادي، وذلك بإظهار مدى فعاليتها في التأثير على مكونات كلٍ من العرض والطلب الكليين.

المطلب الأول: سياسة الإنفاق الحكومي وأثرها على النمو الاقتصادي

يرتبط مستوى الناتج المحلي الإجمالي بحجم الإنفاق الكلي، ولما كان الإنفاق الحكومي يمثل إحدى مكونات هذا الإنفاق فإنه من الطبيعي أن يتأثر مستوى الناتج المحلي الإجمالي بالتغيرات التي تطرأ على حجم الإنفاق الحكومي،[2] وتظهر أهمية سياسة الإنفاق الحكومي على الإنتاج القومي من خلال دورها في زيادة حجم الموارد الاقتصادية التي تحدد الطاقة الإنتاجية لأي مجتمع، فالإنفاق الاستثماري يساهم في تكوين رأس المال من خلال المشاريع التي تنفذها الدولة مما ينعكس مباشرة على نمو الناتج المحلي، أما الإنفاق التحويلي فيعمل على توجيه عناصر

(1) - محمد سعيد فرهود، **المرجع السابق**، ص 300

(2)- مجدي محمود شهاب، **المرجع السابق**، ص 84

الإنتاج من قطاع اقتصادي إلى آخر بهدف إحداث التنمية المتوازنة.[1] وعادة ما يتم استعمال الناتج المحلي الإجمالي لقياس النشاط الاقتصادي، وهو مصطلح يُطلق على القيمة السوقية لمجموع السلع والخدمات النهائية التي تقوم دولة ما بإنتاجها خلال سنة حيث هو مجموع كل من الاستهلاك – C - الاستثمار– I – الإنفاق الحكومي– G – وصافي الصادرات[2]

$$GDP = C + I + G + (M - X).$$

إن أية زيادة في الإنفاق الحكومي من الناحية النظرية يمكن أن تؤدي إلى زيادة في الناتج المحلي الإجمالي، مما يُولد زيادة أخرى في الطلب الكلي موزعاً بين نمو الناتج المحلي الإجمالي وتضخم الأسعار، ويتوقف هذا التوزيع على قيود الطاقة الإنتاجية في جانب العرض ومحددات مضاعف المالية العامة في جانب الطلب، وهناك عدة عوامل تتحكم في فعالية سياسة الإنفاق الحكومي، حيث يُتوقع أن يكون مضاعف المالية العامة موجباً في الاقتصادات المغلقة حيث يوجد تباطؤ في الطاقة الإنتاجية، كما أن طريقة التمويل قد تحدد أيضاً نتيجة سياسة الإنفاق الحكومي، وتعتمد سياسة الإنفاق الحكومي بدرجة بالغة على آثار هذا الإنفاق في مزاحمة الإنفاق الخاص، حيث أنه من المرجَح أن تزيد فعالية سياسة الإنفاق الحكومي كلما كان الدين الحكومي أقل، وقد يتوقع المستهلكون المؤمِنون بنظرية التعادل الريكاردي،[3] حدوث زيادة مستقبلية في الضرائب إذا كان الإنفاق الحكومي مموَلاً عن طريق زيادة الدين العام، ومن ثم قد ينخفض الإنفاق الاستهلاكي الخاص مما يؤدي إلى تحديد الأثر الموجب لزيادة الإنفاق الحكومي

---

(1)-عبد الرحمان نوزاد، **المرجع السابق**، ص 63

(2)- بول ساموليلسون، **الاقتصاد**، ترجمة هشام عبد الله (عمان: الدار الأهلية، 2006)، ص 451

(3)- تبين لنا نظرية التعادل الريكاردي بوضوح أثر سعر الفائدة في التأثير على اختيار القطاع الخاص والقطاع العام، كما تبين لنا المزاحمة الحاصلة بين الإنفاق الحكومي والإنفاق الخاص, هذه المزاحمة التي ترتبط بطريقة تمويل الإنفاق الحكومي، فإذا تم استخدام إصدار الدين العام ولم يتم استخدام الضرائب فإن هذا سيكون له أثر مباشر حاضر يتمثل في ارتفاع أسعار الفائدة، وأثر غير مباشر مستقبلي يتمثل في انخفاض استهلاك الأفراد المستقبلي نتيجة **توقعهم** بأن عدم قيام الحكومة باستخدام الضرائب في تمويل الإنفاق الحكومي في الوقت الحاضر سيعوضه زيادة في الضرائب مستقبلاً مما يقودهم إلى زيادة مدخراتهم الأمر الذي يؤثر سلبا على الطلب الكلي، ولهذا تمت تسميتها بنظرية التعادل الريكاردي، حيث أن استخدام إصدار الدين العام لتمويل الإنفاق الحكومي في الوقت الحاضر سيعادله نفس الإجراء ولكن باستخدام الضرائب وفي وقت مستقبلي

على الطلب الكلي،[1] بالمثل يؤدي ارتفاع الإنفاق الحكومي المموَل عن طريق الدين العام إلى زيادة الطلب على الائتمان مما يؤدي إلى ارتفاع سعر الفائدة،[2] من خلال ما سبق فإن الدراسة ستقوم بالتطرق إلى العوامل التي تحكم فعالية سياسة الإنفاق الحكومي في التأثير على نمو الناتج المحلي.

1- طريقة التمويل وأثرها على فعالية سياسة الإنفاق الحكومي في زيادة النمو الاقتصادي

تُعد الحالة الاقتصادية السائدة من بين أهم العوامل التي تساهم في تحديد مدى فعالية سياسة الإنفاق الحكومي في زيادة نمو الناتج المحلي الإجمالي، ففي حالة الكساد الاقتصادي حيث تكون هناك مرونة عالية في الجهاز الإنتاجي، وتكون هناك طاقات إنتاجية غير مستغلَة، فإن زيادة حجم الإنفاق الحكومي سوف تزيد من مستوى الطلب الكلي، في هذه الحالة فإن الإنفاق الحكومي أدى إلى زيادة القوة الشرائية وبالتالي يزداد الطلب الكلي، أما في حالة الاقتصادات المتخلفة فهي تتميز بجمود في حركة الإنتاج وعدم الكفاءة في استغلال الموارد الاقتصادية ونقص في التكوين الرأسمالي وضعف البنية الأساسية، وحتى يؤدي الإنفاق الحكومي وظيفته في الاقتصادات المتخلفة ويسمح بتوسيع الطاقة الإنتاجية، فلا بد أن يوجَه هذا الإنفاق إلى زيادة التكوين الرأسمالي، وذلك من خلال زيادة المدخرات والاستثمارات في القطاع الخاص وزيادة الاستثمارات العامة كما يجب تدعيم البنية التحتية.[3] إن تأثير زيادة حجم الإنفاق الحكومي على مستوى الناتج يتوقف على مصدر تمويل هذه الزيادة في الإنفاق الحكومي.

1-1- التمويل المحلي للإنفاق الحكومي وأثره على فعالية سياسة الإنفاق الحكومي

يتخذ التمويل المحلي عدة أشكال حيث يمكن أن يتخذ شكل بيع للسندات أو الاقتراض من الجهاز المصرفي، ويؤدي الصغر النسبي لأسواق رأس المال في البلدان النامية إلى الحد من البيع الحر للسندات، وقد يكون هذا المصدر محدوداً ولا يُعتد به في هذه الدول، إن لم تكن الحكومات مستعدة لترك أسعار الفائدة الحقيقية أكثر تنافسية، وتُعد السوق المؤسسية في البلدان

---

(1)- سنعود لهذه النقطة بالتفصيل عند دراستنا لأثر سياسة الإنفاق الحكومي على الاستثمار وسعر الفائدة، انظر الصفحة 80

(2)- ماجدة قنديل، **المرجع السابق**، ص 3

(3)- محمود حسين الوادي، **المرجع السابق**، ص ص 144-145

النامية أكبر مصدرٍ للتمويل المحلي غير المصرفي عن طريق مؤسسات الضمان الاجتماعي وصناديق المعاشات، ومن الواضح أن الاقتراض من السوق النقدية - طرح سندات أو الإصدار النقدي - سوف يزيد حجم السيولة لدى الأفراد وسوف يولد دخولاً جديدةً والنتيجة أنه إذا لم ترفع الدولة الضرائب بشكل تدريجي فإن زيادة السيولة بشكل سنوي ومستمر سوف يؤدي إلى دخول الاقتصاد في حالة تضخم، كما أن الاقتراض الداخلي سوف يؤدي إلى إحداث آثار ايجابية وخاصة إذا وجهت الدولة هذه القروض لتمويل مشاريع إنتاجية، بعكس الاقتراض الخارجي الذي يؤثر سلباً على الاقتصاد نتيجة خروج موارد مالية معتبرة عبر تسديد الأقساط، ويؤدي التوسع النقدي لتمويل الإنفاق الحكومي إلى زيادة الإيرادات، فبافتراض تثبيت التوقعات التضخمية يرتفع الإيراد المستمد من التمويل التضخمي بارتفاع مستوى الأرصدة النقدية الحقيقية، لكن هذه الأخيرة تتأثر بتوقعات التضخم في شكل علاقة تناسب عكسياً، ومع ارتفاع معدل التضخم تتزايد تكلفة حيازة النقود ويحاول الأفراد الحد من حيازة الأرصدة النقدية الحقيقية الأمر الذي يفرض حدوداً على حجم تمويل الإنفاق الحكومي عن طريق خلق النقود.

وهكذا يتحدد الحد الأقصى للإنفاق الحكومي بمصادر تمويله، فبينما قد يكون تحكم الحكومة في بعض المصادر محدوداً فمن الممكن زيادة الإيرادات من المصادر الأخرى إذا كانت الدولة مستعدة لدفع أسعار فائدة حقيقية أعلى على التمويل بالسندات، مع تحمل أثر مزاحمة كبير للقطاع الخاص، أو تحمل معدل تضخم أكثر ارتفاعاً إذا وقع الإختيار على التمويل التضخمي مع ما يترتب عليه من تأثير على مصادر التمويل الأخرى، إذ ستزداد صعوبة الحصول على قروض تجارية أجنبية،كما أن الأرجح أن يؤدي التضخم إلى خفض الإيرادات الضريبية، وحتى ولو لم يؤثر التضخم على مصادر التمويل فإن ازدياد معدل التمويل من البنك المركزي سيؤدي إلى زيادة الإيرادات الحقيقية، ولكن حتى مستوى معين من التضخم، إذ أن تجاوز التضخم لهذا المستوى سيؤدي إلى خفض الإيرادات بالقيم الحقيقية لأن الأرصدة النقدية التي تشكل وعاء الضريبة التضخمية ستنكمش بالقياس إلى مستويات التضخم المناظرة.[1]

(1)- جودي سكارلاتا وقيصر حسن، **من قضايا سياسة الإنفاق الحكومي**، معهد صندوق النقد الدولي، 1998، ص 17

2-1- التمويل الأجنبي للإنفاق الحكومي وأثره على فعالية سياسة الإنفاق الحكومي

إن العجز الهيكلي بين الادخار والاستثمار سينعكس في موازنة الدولة بشكل مباشر، ومن أجل تغطية هذا العجز وفي حالة عدم كفاية المصادر المحلية فإن الدولة ستلجأ إلى التمويل الأجنبي، ويمكننا الحديث في هذا الصدد عن العجز التوأم،[1] والذي يوضح وجود علاقة قوية بين عجز الموازنة العامة وعجز الحساب الجاري لميزان المدفوعات، حيث أن الإنفاق بشقيه يتزايد بصورة مستمرة ومن جهة أخرى فإن الإيرادات العامة تتزايد بصعوبة في ظل انخفاض الدخل وعدم فعالية الإدارة الضريبية، وفي ظل ضيق الأسواق المالية في الدول النامية والسياسات غير المجدية لسعر الفائدة، فإن إمكانية تمويل الإنفاق الحكومي من خلال الادخار الخاص جد محدودة، وبالتالي يبقى في يد هذه الدول؛ التمويل النقدي أو التمويل الخارجي،[2] ويمكن أن يتم التمويل الخارجي بثلاثة طرق : المنح، القروض بشروط ميسَرة، والإقتراض التجاري، وقد تتخذ المنح شكل نقد أو مساعدات سلعية أو معونة للمشاريع، ورغم أن المنح الأجنبية لا تزيد من الدين الحكومي وعادة ما تُضاف إلى الإيرادات الحكومية، إلا أنها تقدَم عموماً بمبالغ محدودة، وتعتمد إلى حدٍ كبير على الأحوال الاقتصادية السائدة في البلد المدين، أما القروض الميسَرة كتلك التي تمنحها المنظمات النقدية الدولية فهي تُمنح بأسعار فائدة أقل من أسعار السوق مع اقترانها بفترات سماح طويلة، أما القروض التجارية فتتوقف على احتمال توفر البنوك على السيولة، وتقييم هذه البنوك للمقدرة الاقتراضية لهذا البلد، وتؤثر تقلبات أسعار الفائدة وأسعار الصرف على مدى جاذبية الاقتراض من الخارج، وغالباً ما يؤدي انخفاض الأموال الأجنبية المتاحة أمام البلد إلى إجبار حكوماتها على الحد من إنفاقها، والبحث عن مصادر تمويل بديلة من السوق المحلية.[3] وبالتالي فإنه عند إدخال قطاع التجارة الخارجية يمكننا كتابة المعادلة التالية

$$Gd + Gi = E + CA \quad .$$

حيث أن- Gd - يمثل الإنفاق الحكومي على السلع المحلية و- Gi - يمثل الإنفاق

---

(1)- وهو ما يعرف DEFICITS JUMAUX الذي سنعود إليه بالتفصيل في لمبحث الثالث من هذا الفصل، انظر الصفحة 99

(2)- YOUCEF BENABDELLAH. **OPCIT**. P 14

(3)- جودي سكارلاتا وقيصر حسن، **المرجع نفسه**، ص16

الحكومي على السلع الخارجية، أما- F - فهي حصيلة الايرادات العامة و- CA - هي العجز في الميزان التجاري، ولقد عمدت الدول النامية لتمويل الإنفاق الحكومي إلى الاقتراض من الخارج ولا سيما في فترة السبعينات، وبذلك حصلت هذه الدول على كميات كبيرة من القروض الخارجية، ولكن مع نمو الإنفاق الحكومي ونمو أعباء خدمة الدين لهذه الديون بدأت تظهر المشكلات، خاصة ظهور حالة العجز الدائم في الموازنة لذلك لجأت الدول إلى ضغط الواردات والسحب من الاحتياطات النقدية وإعادة جدولة الديون، مما عرضها إلى مشاكل أهمها انكماش النمو وارتفاع الأسعار وبطالة واضطرابات اجتماعية.[1] حيث أن ظهور حالة العجز الدائم في الموازنة سببه انخفاض إيراداتها خاصة فيما يتعلق بضعف مردودية المؤسسات العمومية وضعف الهيكل الضريبي، وهذا ما ساهم في ارتفاع معدلات البطالة بسبب تسريح العمال وانكماش معدلات النمو، الأمر الذي ألزم الدول إلى ضغط وارداتها والسحب من الاحتياطات النقدية والاقتراض من الخارج لتغطية العجز الداخلي،و هذا ما ساهم في تغذية المديونية، ومع انخفاض معدلات نمو هذه الدول اضطرت إلى القيام بعملية إعادة الجدولة بسبب عجزها عن تسديد ديونها، وكل هذا ساهم في حدوث اضطرابات اجتماعية زادت الطين بلة.

3-1- تمويل الإنفاق الحكومي عن طريق الإيرادات النفطية

تعتمد المالية العامة في العديد من الدول النفطية على النفط الذي يوجِه المسار الاقتصادي ويتم استعماله لتمويل الإنفاق الحكومي حيث أنه في حقبة الطفرة النفطية تكونت احتياطات مالية تم استثمار جزءٍ منها في الدول المتقدمة، وعندما بدأ انحسار هذه الطفرة بدأ التوجه إلى تلك الاحتياطات لتمويل العجز، والمشكلة في هذا الصدد تكمن أن هناك عوامل خارجية هي التي تتحكم في تحديد حجم إنتاج النفط وأسعاره، وإذا كانت إيرادات النفط في حقبة الطفرة النفطية كبيرة فإن الإنفاق الحكومي تعاظم، ولم يكن موجهاً في ظل إستراتيجية معينة إلى بناء قاعدة صناعية بقدر ما كان موجهاً للإنفاق الاستهلاكي، وعندما انحسرت الطفرة النفطية تقلص الإنفاق وبعد مرور العديد من السنوات مازال الاعتماد على النفط كبيراً حيث لم يتم

(1)- فادي خليل، **عجز الموازنة في دول العالم الثالث وأساليب معالجته**، حالة القطر العربي السوري، مجلة جامعة تشرين، سلسلة العلوم الاقتصادية، المجلد 26، العدد 1، 2004، ص103

اتخاذ طريقة جادة لتخفيض هذا الاعتماد لعدم وجود توجه تنموي سليم،[1] ولقد شهدت أسعار النفط بداية القرن الحالي ارتفاعاً كبيراً، وفي ظل هذا الزخم النفطي الذي شهدته الدول النفطية فإن التساؤل الذي يُطرَح في هذا المجال يتمحور حول كيفية إدارة العوائد النفطية، حيث أدى ارتفاع سعر النفط إلى زيادة كبيرة في عوائده أدت إلى حدوث فوائض في الموازنات العامة، لكن هذه الفوائض ما لبثت أن تحولت إلى عجز بسبب ارتفاع الإنفاق الحكومي، وعلى الرغم من ارتفاع حجم الإنفاق الحكومي بشكل واضح مع ارتفاع عائدات النفط خلال الطفرة النفطية، فإن هناك شواهد على اتخاذ الدول المصدرة للنفط موقفاً متحفظاً فيما يخص الإنفاق الحكومي، وذلك نظراً لتعرض أسعار النفط إلى تقلبات شديدة تؤثر على النمو الاقتصادي والأداء المالي في الدول النفطية، لذلك قامت معظم هذه الدول بإنشاء صناديق تثبيت للمساعدة على إدارة العوائد النفطية حيث تعمل هذه الدول على الادخار في هذه الصناديق في أوقات الوفرة النفطية، والإنفاق من هذه المدخرات في أوقات انخفاض العوائد النفطية، ومن أمثلة هذه الصناديق؛ الصندوق الكويتي للأجيال المستقبلية، وصندوق ضبط الإيرادات العامة في الجزائر،[2] ويجب على الحكومات النفطية أن توجه عوائد النفط لإقامة البنية التحتية اللازمة لتطوير مناخ الاستثمار الذي يوفر بيئة ملائمة لتطور القطاع الخاص بغية تحقيق استدامة اقتصادية في الأجل الطويل.

وكنتيجة لما سبق فإن تحديات إدارة العوائد النفطية تتمثل في ارتفاع الإنفاق الحكومي بشقيه الجاري والاستثماري بنسب مرتفعة فاقت متوسط هذه النسب في العشرة سنوات السابقة، ويُفسر ذلك من خلال سعي الدول إلى مواجهة ضغوط البطالة والفقر، ومن أجل تحقيق الاستقرار الاقتصادي، خاصة وأنها لا تستطيع الاعتماد على القطاع الخاص لمواجهة هذه التحديات في المدى القصير والمتوسط، وبالإضافة إلى مصدر التمويل فإن هناك عدة عوامل تؤثر على فعالية سياسة الإنفاق الحكومي في تأثيرها على الناتج من بينها نوع الإنفاق الحكومي الذي يتضح أثره من خلال الإنفاق الفعلي الذي تشتري به الدولة مقابله سلع وخدمات، حيث أن له آثراً مباشراً على مستوى الناتج القومي، أما الإنفاق

---

(1)- أُسامة عبد الرحمان، **المورد الواحد والتوجه الانفاقي السائد**(مصر: مركز دراسات الوحدة العربية،2000)، ص ص 67- 70

(2)- خالد عبد القادر، **المرجع السابق**، ص 13

الاستثماري فله فعالية كبيرة في زيادة التكوين الرأسمالي في المجتمع، ومن ثم زيادة الطاقة الإنتاجية على مستوى الاقتصاد القومي.[1] ولعل التساؤل الذي يُطرح في هذا المجال حول مسار تأثير سياسة الإنفاق الحكومي على الناتج المحلي الإجمالي، هذا ما ستقوم الدراسة بتحليله في النقطة الموالية.

2- محددات فعالية سياسة الإنفاق الحكومي على النمو الاقتصادي

يؤثر الإنفاق الحكومي على نمو الناتج من خلال تأثيره مكونات هذا الناتج، فالناتج المحلي يتحدد بالعوامل المادية للناتج، وهي تشكل المقدرة الإنتاجية أو ما يعرف بتكوين رأس المال الثابت والعوامل الاقتصادية والتي تتناول الطلب الكلي الفعال، لذلك فإن آثار الإنفاق الحكومي على نمو الناتج تتحدد من خلال هذين العاملين، حيث تؤثر سياسة الإنفاق الحكومي على نمو الناتج المحلي الإجمالي إذا أثرت على تكوين رأس المال الثابت أو إذا أثرت على الإنتاجية، ويمكن أن يكون هذا التأثير مباشراً أو غير مباشراً؛ فالطريق المباشر يكون من خلال فعلية وكفاءة تحول الإنفاق الحكومي إلى رأس مال منتج، أما الطريق غير المباشر فيكون من خلال التأثير على إنتاج الأعوان الاقتصاديين واستهلاكهم والتفاعلات في سوق العمل والتأثير على المستوى العام للأسعار.[2]

2-1- المقدرة الإنتاجية للمجتمع

يؤدي الإنفاق الحكومي بطريقة مباشرة أو غير مباشرة إلى زيادة المقدرة الإنتاجية للاقتصاد وفقاً لما يتوفر عليه من عوامل إنتاجية والمتمثلة في الأيدي العاملة ورأس المال والموارد الطبيعية والفن الإنتاجي،[3] وقبل التطرق إلى محددات المقدرة الإنتاجية للاقتصاد فقد ارتأينا أنه من الأجدر صياغة تعريف جامع لمفهوم النمو الاقتصادي، حيث يمكن تعريفه على أنه الزيادة المستمرة في كمية السلع والخدمات من طرف الاقتصاد في محيطٍ اقتصادي معين،[4] وبصيغة أكثر دقة يمكن تعريف النمو بالزيادة في إجمالي الناتج المحلي الإجمالي للبلد مع ما يحققه من زيادة في نصيب الفرد من الدخل الحقيقي، وربما السؤال الذي يطرح نفسه في هذا المجال هو: لماذا

---

(1)- حسين الوادي, **المرجع السابق**, ص 147

(2)- Santiago herrera, **public expenditure and growth** ,policy research working paper, N 4372, world bank, 2007, p2

(3)- محمد البشاري، **المرجع السابق**، ص 23

(4)- Jean Arroux, **les théories de croissance**, éditions de seuil, paris, 1999, p9

تَّحقق بعض الدول معدلات نمو مرتفعة على مدى فترة زمنية محددة مقارنة بدول أخرى؟ وماهو موقع سياسة الإنفاق الحكومي من هذا؟ إن الإجابة على هذه التساؤلات تتطلب تحديد المصادر المختلفة التي تساعد على النمو، وحسب النظرية الكلاسيكية الحديثة فإن المكونات الأساسية للعملية الإنتاجية تتكون من ثلاث عناصر أساسية وهي: رأس المال؛ العمالة والتكنولوجية، فرأس المال- K - يُقصد به كل المدخلات العينية أو الملموسة، والعمالة– L –تتمثل في القوى العاملة داخل المجتمع والتي تساهم في العملية الإنتاجية، أما التكنولوجية– A – فتتمثل في المعرفة المستخدمة لتطوير رأس المال وعليه فإن الإنتاج في الاقتصاد يمكن تحديده من خلال المعادلة التالية:

$$Y = A.F(K.L) \text{..............................} (1).$$

و من أكثر الأمثلة المعروفة لدالة عوامل الإنتاج في ظل النظرية الكلاسيكية الحديثة، دالة الإنتاج كوب دوغلاس COBB-DOUGLAS وذلك كما يلي:

$$Y = A.K^{\alpha}L^{1-\alpha}.$$

حيث أن-α- تشير إلى نصيب رأس المال في قيمة الإنتاج، أما(1-α)فترمز لنصيب العمالة، ويجب الإشارة إلى أن-A- لا ترمز فقط للتكنولوجية، ولكنها تمثل ما يعرف بمجمل إنتاجية عوامل الإنتاج،[1] ويبرز هنا دور الحكومة في تحديد السياسة الاقتصادية المتبعَة والتأثير على المقومات الاقتصادية الكلية، فإذا كانت متغيرات الاقتصاد الكلي غير ملائمة مثل وجود معدل تضخم مرتفع وعجز كبير في الموازنة العامة مع تذبذب سعر الصرف، فإن كل هذه العوامل تخفض النشاط الاقتصادي وتؤثر سلباً على معدل النمو، أضف إلى ذلك أن سياسة الإنفاق الحكومي وطرق تمويله يمكن أن تكون عنصراً ايجابياً أو سلبياً في التأثير على معدل نمو مجمل إنتاجية عوامل الإنتاج ومن ثم على معدل النمو الاقتصادي، ولقد أوضح بارو- BARRO [2] أن نشاطات الحكومة هي مصدر النمو الداخلي، حيث أنه يفترض أن الحكومة تشتري جزءاً من الإنتاج الخاص وتستعمل مشترياتها من أجل عرض الخدمات العمومية مجاناً إلى المنتجين الخواص وفي نموذجه يفترض دالة إنتاج تكون على الشكل التالي

(1)- Total factor productivity

(2)- طورت هذه الفكرة من طرف Barro 1990 واكتملت بعدها من طرف Barro , Sal-I- Martin عام 1992، هذين النموذجين طوّرا بفعل الفكرة التي توحي بان تهيئة المنشآت القاعدية يرفع من الإنتاجية الحدية للرأس المال الخاص

$$Y = A.L^{\alpha}.K^{\beta}.G^{\mu} / \ldots\ldots\ldots\ldots\ldots (3).$$

و يمكن التفرقة بين آثار الإنفاق الحكومي على المقدرة الإنتاجية للمجتمع بفرض ثبات حجم الطلب الكلي بالتمييز بين الإنفاق الاستثماري والإنفاق الجاري، فالإنفاق الاستثماري يؤدي إلى تكوين رأس المال الثابت والذي يعمل على زيادة المقدرة الإنتاجية، أما الإنفاق الاستهلاكي فيؤدي إلى رفع المقدرة الإنتاجية للمجتمع، وإن كان بشكل أقل وضوحاً من الإنفاق الاستثماري وذلك بالتأثير على هيكل الإنتاج،[1] ويمكن معرفة مدى مساهمة الإنفاق الحكومي في تشكيل دالة الإنتاج من خلال ما يلي، وانطلاقاً من المعادلة(3)

$$\frac{\Delta Y}{Y} = \frac{\Delta A}{A} + \beta\frac{\Delta K}{K} + (\alpha)\frac{\Delta L}{L} + (\mu)\frac{\Delta G}{G}.$$

أي أن معدل النمو في الناتج المحلي الإجمالي يمكن تحديده من خلال معدل النمو في مجمل إنتاجية عوامل الإنتاج ومعدل النمو في رأس المال ومعدل النمو في عمالة ومعدل النمو في الإنفاق الحكومي، وبالتالي فإن أثر الإنفاق الحكومي على الناتج القومي يتجلى من خلال دوره في زيادة حجم الموارد الاقتصادية ورفع درجة تأهيلها باعتبارها أحد العوامل المحددة للطاقة الإنتاجية، ويساهم الإنفاق الحكومي في زيادة الطاقة الإنتاجية تبعاً لاختلاف طبيعة هذا الإنفاق:

- فالإنفاق الاستثماري يساهم في تكوين رأس المال الثابت عن طريق المشاريع الإنتاجية العامة التي تنعكس مباشرة على نمو الناتج؛
- أما الإنفاق التحويلي ذو الطابع الاقتصادي فيعمل على توجيه عناصر الإنتاج من قطاع إلى أخر أو من منطقة إلى أخرى بهدف إحداث تنمية متوازنة؛
- أما الإنفاق التحويلي الاجتماعي فهو يهدف إلى رفع إنتاجية العمل الذي يساهم في تطوير عائد عناصر الإنتاج وهذا ما ينعكس على زيادة الناتج.

وتظهر هنا أهمية الإنفاق الحكومي في تشكيل إنتاجية مجمل عناصر الإنتاج باعتباره يؤثر على كل من العمالة ورأس المال، التحليل السابق كان يتركز على العوامل المؤثرة على فعالية سياسة الإنفاق الحكومي في جانب العرض الكلي، فماذا عن هذه العوامل في جانب الطلب الكلي؟ هذا ما تقوم الدراسة بالإجابة عنه فيما يلي.

2-2- الطلب الكلي الفعال

(1)- محمد البشاري، المرجع السابق، ص 23

يمكن أن نخلص من دراسة الناتج المحلي إلى أن حجمه يتوقف مع افتراض ثبات المقدرة الإنتاجية للإقتصاد القومي على الطلب الفعلي، أي على الإنفاق الكلي المتوقَع على الاستهلاك والاستثمار، وتجدر الإشارة إلى أن الإنفاق الحكومي يشكل جزءاً هاماً من الطلب الكلي الفعال، والذي يزداد مع زيادة دور الدولة الاقتصادي، ومن هنا يتضح أن الإنفاق الحكومي يؤدي إلى التأثير في مستوى التشغيل الكلي وفي مستوى الناتج القومي الإجمالي عن طريق تأثيرها على مستوى الطلب الكلي الفعال، وهنا يجب الإشارة إلى الخلاف فيما يتعلق بالإنفاق الاستهلاكي بين الفكر التقليدي والفكر الحديث، حيث ذهب الأول إلى التضييق من نطاق الإنفاق المنتج حيث اعتبر الإنفاق المخصص لإنتاج الخدمات العامة إنفاقاً استهلاكياً، أما التحليل الحديث يرى أن هذا الإنفاق يساهم أيضاً في تحديد مستوى الإنتاج، ومع هذا التحليل الحديث يتم التركيز على دراسة أثر هذا الإنفاق الحكومي في الناتج من خلال تأثيره في الطلب الفعال.[1] ومعنى ذلك فإن أثر الإنفاق الحكومي على الناتج المحلي يتوقف على أمرين:

- أثر الإنفاق الحكومي على الطلب الفعلي الذي يتوقف على حجم الإنفاق ونوعيته؛ - جانب الطلب الكلي-
- أثر الطلب الفعلي على الناتج القومي الذي يتوقف على مرونة الجهاز الإنتاجي – جانب العرض الكلي- حيث يزداد هذا الأثر على الإنتاج في حين يقل أثره على الأسعار مع ارتفاع درجة المرونة.

وإذا افترضنا أن المستوى العام للأسعار ثابت فإن الدخل التوازني لا يمكن أن يكون عند مستوى العمالة الكاملة، وفي سوق السلع والخدمات تحدد المؤسسات مستوى إنتاجها انطلاقاً من الطلب الفعال إذا افترضنا أن:

Y : مستوى الانتاج الحقيقي المعروض **C** : الاستهلاك الحقيقي حيث $C = a + bY$

E : مستوى الإنتاج المطلوب **DA**: الاستثمار الحقيقي

فإن شرط التوازن الاقتصادي في السوق يُعطَى على الشكل التالي:

$$E = Y \ldots\ldots\ldots\ldots\ldots\ldots\ldots (1)$$

و اذا كانت $E = C + DA$ تصبح لدينا المعادلة التالية:

(1)- محمد البشاري، **المرجع السابق**، ص 24

$$.Y = a + by + DA \ldots\ldots\ldots\ldots (2)$$

$$.Y = \frac{a+DA}{1-b} \ldots\ldots\ldots\ldots (3)$$

$$.C = a + b\frac{DA}{1-b} \ldots\ldots\ldots\ldots (4)$$

$$.\Delta Y = 1/(1-b)\,\Delta DA \ldots\ldots (5)$$

وبالتالي فإن مستوى الإنتاج التوازني يتحدد من خلال الإنفاق المستقل، وإذا كان لا أحد يمكن أن يضمن أن هذا المستوى من الإنفاق المستقل DA يمكن أن يحقق التشغيل الكامل، فإنه يمكننا الزيادة أو الرفع منه من خلال التغيير في سياسة الإنفاق الحكومي، وفي هذا الإطار لا توجد أي مشكلة باعتبار أن العرض مرن مرونة كاملة بالنسبة للأسعار الجارية، في حالة أقل من مستوى التشغيل الكامل وهذا ما يوضحه الشكل التالي:

الشكل (2-1-18) الطلب الكلي الفعال

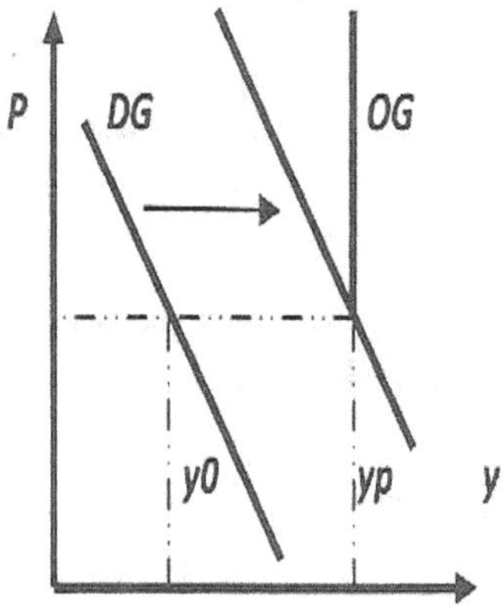

المصدر: xaffier greffe, politique économiques, economica paris 2000,p95

يتحدد التوازن عند النقطة- $Y0$ - التي لا تحقق التشغيل الكامل، وحتى يتحقق التشغيل الكامل فإنه لا بد من زيادة الإنفاق المستقل والذي يُعد الإنفاق الحكومي جزءاً منه والذي يسمح بانتقال منحنى الطلب الكلي إلى الوضع التوازني الجديد، وهذا دون حدوث ارتفاع في المستوى العام للأسعار لأن الوضع أقل من مستوى التشغيل الكامل.

3- تأثير سياسة الإنفاق الحكومي على نمو الناتج المحلي الإجمالي

يمكن تحليل تأثير سياسة الإنفاق الحكومي على نمو الناتج المحلي الإجمالي في إطار التحليل التقليدي لمنحنى **IS – LM**[1] فمنحنى **IS** يُبين مختلف نقاط أسعار الفائدة والناتج التي يتحقق عنده توازن سوق السلع، ويتميز هذا المنحنى بميل سالب لأن انخفاض سعر الفائدة يؤدي إلى زيادة الإنفاق الاستثماري، مما يعني أن توازن السوق يتحقق عند مستوى أعلى من الطلب الكلي والناتج، ويصور منحنى **LM** من الناحية الأخرى نقاط أسعار الفائدة والناتج التي يتحقق عندها توازن سوق النقد، وميل هذا المنحنى موجب فزيادة سعر الفائدة تؤدي إلى انخفاض الطلب على الأرصدة الحقيقية، ويتعين أن يرتفع مستوى الدخل لكي يظل الطلب على الأرصدة الحقيقية مساوياً للعرض الثابت، وينطوي ذلك على أن الحفاظ على مستوى توازن سوق النقد يتطلب ارتفاع الدخل عند زيادة سعر الفائدة.[2]

الشكل (2-1-19)

التوازن الاقتصادي حسب نموذج IS–LM

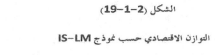

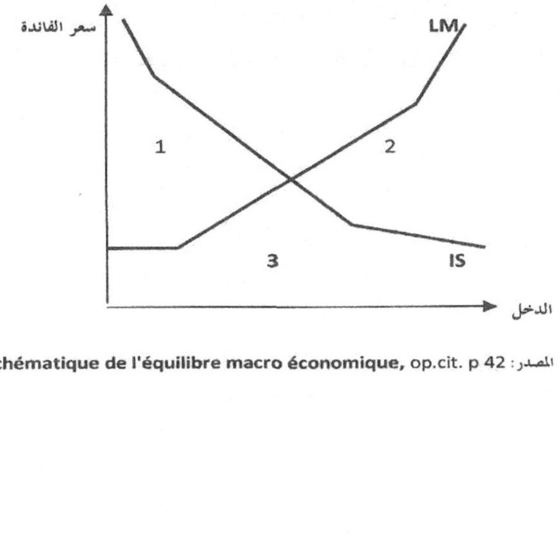

المصدر: CH, biales, **modélisation schématique de l'équilibre macro économique,** op.cit. p 42

(1)- وهو يعرف أيضا بالنموذج الكينزي بالسعر الثابت في اقتصاد مغلق والمعروف أيضا بنموذجhensen-hicks نسبة إلى الاقتصاديين hicks(1937)AHhansen(1953) وهو يشرح وجهة النظر الكينيزية ويستخدم لدراسة الآثار قصيرة الأجل الناتجة عن السياسة المالية والنقدية وتتمثل سمته الرئيسية في أن منحنى رأسي للعرض الكلي يشير إلى الآثار القوية للسياسة المالية العامة على مستوى الأسعار وسعر الصرف ومستوى الناتج

(2)- سمير خوري، **سياسة المالية العامة وإدارة الاقتصاد الكلي**، معهد صندوق النقد الدولي، 1998، ص2

-1-3 أثر سياسة الإنفاق الحكومي على الناتج في الأجل القصير

يُعد النموذج الكينزي والنموذج النيوكلاسيكي من بين النماذج التي قامت بشرح العلاقة بين الإنفاق الحكومي ونمو الناتج المحلي الإجمالي في الأجل القصير، حيث أقر الكينزيون أن الإنفاق الحكومي متغير خارجي يؤثر على نمو الناتج المحلي في الأجل القصير والمتوسط وحسب النموذج الكينزي فإن تخفيض الإنفاق الحكومي يؤدي إلى التأثير سلباً على مجملات الطلب وعلى حجم الدخل مباشرةً، وهو ما يؤدي إلى نشوء أثر مضاعف سلبي الذي يقود في نهاية المطاف إلى انخفاض حجم العمالة، بالإضافة إلى ذلك فإن انخفاض الإنفاق الحكومي سيؤدي إلى انخفاض معدلات الفائدة وتدهور في سعر صرف العملة، وتظهر هناك علاقة سلبية بين الإنفاق الحكومي ونمو الناتج في بعض الدول لعدة عوامل، نذكر منها غلبة الإنفاق العسكري على بقية الأنواع الأخرى من الإنفاق بالإضافة إلى معدل أجر لا يتماشى مع إنتاجية العمال، حيث أن زيادة الإنفاق الحكومي على قطاعات غير منتجة لن يساهم في زيادة معدل النمو الناتج.[1]

ويهدف الإنفاق الحكومي إلى تحقيق الاستقرار الاقتصادي من خلال التخفيف من حدة التقلبات الاقتصادية عبر مراحل الدورة الاقتصادية، فالدولة عن طريق مساهمتها في الطلب الكلي يمكنها القيام بدور تعويضي، فتزيد الإنفاق الحكومي في أوقات الانكماش وتحد منه في أوقات التوسع،[2] الشكل الموالي يوضح تأثير الزيادة في الإنفاق الحكومي، حيث أن الزيادة في الإنفاق الحكومي إلى G1 تؤدي إلى الزيادة في الطلب الكلي إلى C + I + G1 مما يؤدي إلى تقاطع الخط 45° في نقطة أعلى.[3]

(1)- Arnold mathias kihaule, **fiscal adjustment policies and fiscal deficit case of Tanzania** , dissertation presented curtin university of technology, Australia , 2006, p58

(2)- علي كنعان، **اقتصاديات المال والسياستين المالية والنقدية**، المرجع السابق، ص 163

(3)- Edwin ,Mansfield ,**economics principles problems, decisions,** ;mc grew hill, 2000, p186

الشكل (2-1-20)

أثر الزيادة/التخفيض في الإنفاق الحكومي على نمو الناتج المحلي الإجمالي

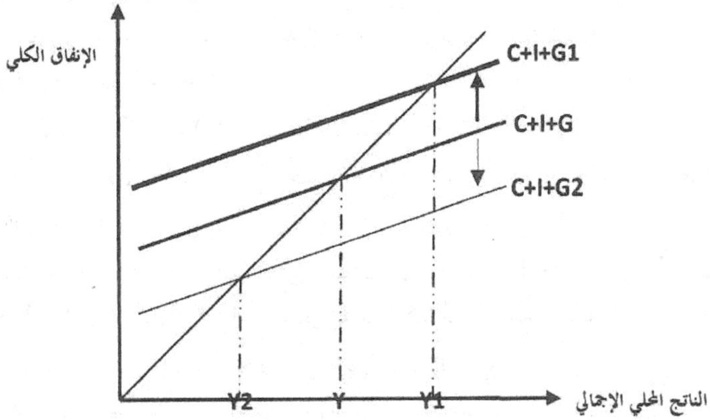

المصدر: MANSFIELD, op cit . P186

أما في حالة تخفيض الإنفاق الحكومي إلى G2 فإن هذا سيؤدي إلى تخفيض الطلب الكلي إلى C + I + G2 مما يؤدي إلى التقاطع مع منحنى العرض الكلي في نقطة أقل من المستوى السابق. وكما سبق أن أشرنا فإن تدخل الحكومة عن طريق سياسة الإنفاق الحكومي يكون حسب المرحلة التي يمر بها الاقتصاد، ففي حالة الفجوة الانكماشية والتي ترجع إلى طلب كلي غير كافٍ تقوم الحكومة من أجل زيادة الطلب الكلي بزيادة الإنفاق الحكومي حيث يزداد الطلب الكلي، ومن ثم الناتج المحلي الإجمالي وهو ما توضحه الأشكال[1] :

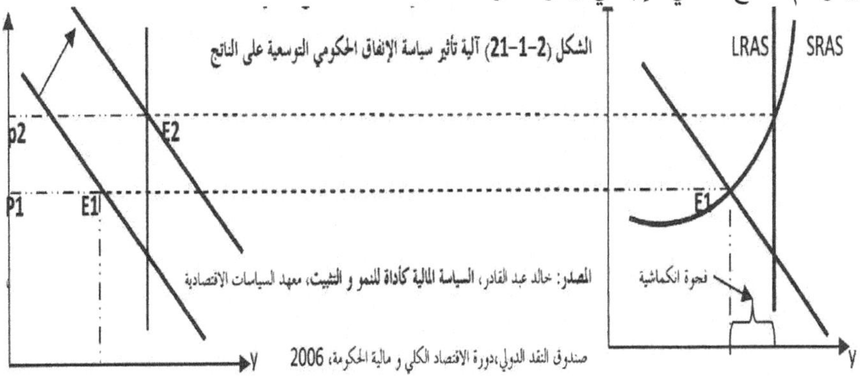

الشكل (2-1-21) آلية تأثير سياسة الإنفاق الحكومي التوسعية على الناتج

المصدر: خالد عبد القادر، السياسة المالية كأداة للنمو و التثبيت، معهد السياسات الاقتصادية صندوق النقد الدولي،دورة الاقتصاد الكلي و مالية الحكومة، 2006

(1)- تمثلLRAS العرض الكلي عند مستوى التشغيل الكامل،أماSRAS فتمثل العرض الكلي الحقيقي

أما في حالة الفجوة التضخمية والتي ترجع إلى طلب كلي يزيد عن العرض الكلي، فإن الحكومة تقوم بخفض إنفاقها الذي يُخفِض الطلب الكلي ومن ثم يعود الناتج المحلي الإجمالي الحقيقي إلى مستوى التشغيل الكامل.

و يمكن أن ننطلق في تحليلنا لفعالية سياسة الإنفاق الحكومي من الشكل (2-1-19) حيث نقوم بتقسيمه إلى ثلاث مناطق رئيسية[1]:

- المنطقة الكينزية (1) حيت يكون منحنى – IS -شبه عمودي والمنحنى– LM –شبه أفقي، حيث تكون دالة الاستثمار غير حساسة للتغيرات في سعر الفائدة؛
- المنطقة الكلاسيكية (2) حيث يكون منحنى-IS- أفقي والمنحنى – LM -شبه عمودي حيث يكون الاستثمار حساس لسعر الفائدة كما يُقر به الكلاسيك والنيوكلاسيك
- المنطقة الوسطى(3) وهي تجمع بين وجهة نظر الطرفين.[2]

أ- فعالية سياسة الإنفاق الحكومي حسب ميل منحنىIS

تكون سياسة الإنفاق الحكومي فعالة نسبياً إذا كان منحنى – IS -شديد الانحدار ومنحنى – LM– قليل الانحدار، ويتحدد ميل منحنى – IS–بدرجة كبيرة بانحدار دالة الاستثمار، فإذا كانت الاستجابة للتغيرات في سعر الفائدة ضعيفة فإن المنحنى IS يكون شديد الانحدار والعكس في حالة الاستجابة القوية للتغيرات في سعر الفائدة[3] وهو ما يوضحه الشكل التالي

(1)- وهو ما يعرف بcroix hicksienne ولمزيد من التفاصيل راجع: سامي خليل، النظريات والسياسات النقدية والمالية، **المرجع السابق**، ص 725

1- CH BIALES. **modélisation schématique des l'équilibre macroéconomiques**; publications de l'université de Lyon, paris, 2005
.; p 42

(3)- سامي خليل، **المرجع السابق**، ص 714

الشكل (2-1-22) فعالية سياسة الإنفاق الحكومي حسب ميل منحنى IS

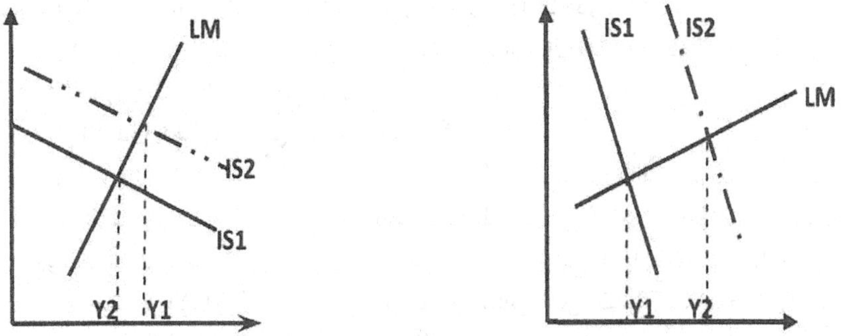

و بالتالي فإن النتيجة التي نخلص إليها أن سياسة الإنفاق الحكومي تكون أكثر فعالية في حالة مرونة الاستثمار لسعر الفائدة.[1]

ب- <u>فعالية سياسة الإنفاق الحكومي حسب ميل محنى *LM*</u>

إن المنحنى LM كما سبق وأن رأينا لا يتخذ نفس الشكل في جميع أجزائه فهناك المنطقة الكينزية [2] التي تكون فيها المرونة لانهائية وهناك المنطقة الكلاسيكية التي تكون فيها المرونة معدومة، والمنطقة الوسطى التي هي مزيج بين هاته وتلك، كما يوضحه الشكل.

الشكل (2-1-23)فعالية سياسة الإنفاق الحكومي حسب ميل منحنى LM سعر الفائدة

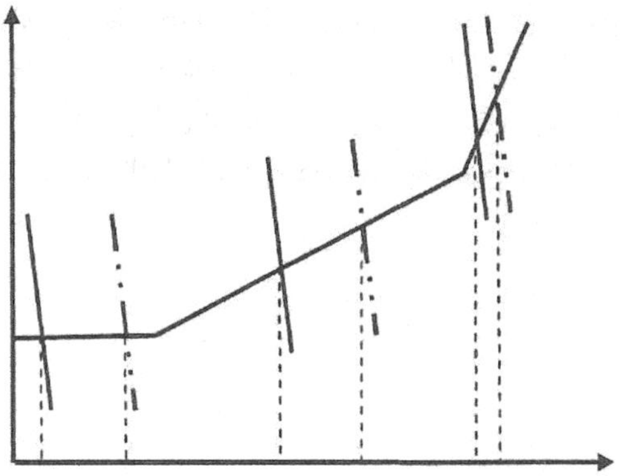

المصدر: سامي خليل، النظريات و السياسات النقدية و المالية، المرجع السابق, ص 715

---

(1)- انظر الصفحة 80

(2)- انظر الشكل (2-1-19)

حيث أنه كلما كان منحنى- LM - أفقيا كلما كان التغير في الدخل أكبر ويكون أثر المضاعف كبيراً في المنطقة الكينزية، لأن أثر المزاحمة سيكون معدوماً، وعلى العكس من ذلك في المنطقة الكلاسيكية التي تتميز بأثر مزاحمة كبير أين يكون منحنى LM عمودي.[1]
و بالتالي فإن النتيجة التي نخلص إليها من خلال هذا أن سياسة الإنفاق الحكومي تكون أكثر فعالية في خالة مرونة دالة الطلب على النقود لسعر الفائدة.

3-2- أثر الإنفاق الحكومي على الناتج الإجمالي في الأجل الطويل

تقوم الدولة بنوع من الإنفاق الحكومي يهدف إلى تغير هيكل الاقتصاد الوطني عن طريق زيادة الطاقة الإنتاجية الأمر الذي ينعكس بعد فترة طويلة على الدخل الوطني نحو الزيادة، ويترتب على هذا النوع من الإنفاق توجيهاً مباشراً للموارد الإنتاجية إلى جانب هذا قد يكون توجيه الدولة للموارد الإنتاجية غير مباشر عن طريق التأثير على كيفية استخدام الأفراد لهذه الموارد. أما فيما يتعلق بالتوجيه المباشر فيتم ذلك عن طريق الاستثمار العام، إما عن طريق استغلال بعض الموارد الطبيعية، أو الإنفاق على البنية التحتية، وفيما يتعلق بالتوجيه غير المباشر للموارد الإنتاجية فيتم عن طريق التأثير على معدل الربح في نوع من الإنفاق أو في مكان معين ويؤدي هذا النوع من الإنفاق إما:

- إلى انتقال الموارد الإنتاجية إلى نوع معين من فروع النشاط الاقتصادي ؛
- أو إلى توجيه الموارد التي تحت تصرف الأفراد إلى بعض المناطق على حساب مناطق أخرى.[2]

وكنتيجة لما سبق يؤثر تدخل الدولة عن طريق الإنفاق الحكومي على نمط استخدام الموارد الإنتاجية الأمر الذي يؤدي إلى تحقيق نمط جديد يزيد من الناتج المحلي، وذلك لأن مقدار الناتج يتوقف على مستوى تشغيل الموارد الموجودة تحت تصرف الأفراد، وكذلك على كيفية توزيع هذه الموارد بين الاستخدامات المختلفة، وبالتالي فإن الإنفاق الحكومي يمكن أن يؤدي إلى زيادة الناتج الإجمالي في الأجل الطويل،[3] و لقد تناولت النماذج الاقتصادية الحديثة شرح العلاقة بين

(1)- ch. biales, **modélisation schématique de l'équilibre macroéconomiques**; op.cit. p45

(2)- حمدي الصباخي، **دراسات في الاقتصاد العام, نظرية المالية العامة والسياسات المالية**، (المغرب: دار النشر المغربية، 1982)ص ص 60-61

(3)- علي كنعان، **اقتصاديات المال والسياستين المالية والنقدية**، المرجع السابق، ص 196

الإنفاق الحكومي ونمو الناتج المحلي الإجمالي في الأجل الطويل والتي ارتبطت بنظريات النمو الحديثة،[1] وفي إطار هذه النظريات فإن مختلف الدراسات أضافت الإنفاق الحكومي كعامل مُفسر لنمو الناتج المحلي الإجمالي في الأجل الطويل، وذلك من خلال تأثير مختلف أنواع هذا الإنفاق على الإنتاجية ونمو الناتج، حيث أنه كما رأينا فإن نمو الناتج دالة في التطور التكنولوجي والعمالة ورأس المال والإنفاق الحكومي، الذي يؤثر من خلال تدفقاته إلى مختلف عوامل الإنتاج، والتي تسمح بزيادة إنتاجيتها.[2] وحيث أنه في الأجل الطويل يتحدد الإنتاج بمستوى العرض حيث أن سياسة الإنفاق الحكومي التوسعية لا تؤثر على نمو الناتج بل تؤثر فقط على المستوى العام للأسعار وسعر الفائدة الاسمي، وذلك حسب النظريات النيوكلاسيكسة التي تقر بأن النمو مرتبط بالتطور النقدي، وعلى العكس من ذلك فإن النظريات الحديثة للنمو[3] تُقر بإمكانية وجود أثر إيجابي للإنفاق الحكومي على النمو في الأجل الطويل وذلك حسب نوعية الإنفاق وليس حسب كميته، ومن أهم الأمثلة على ذلك الإنفاق على البنية التحتية والتعليم والبحث العلمي.[4]

وإذا ما أخذنا بعين الاعتبار تقسيم الإنفاق الحكومي إلى إنفاق جاري وإنفاق استثماري فإن الإنفاق الجاري ليس له أثر على معدل نمو الناتج في الأجل الطويل، إلا إذا كان هذا الإنفاق يؤثر على إنتاجية القطاع الخاص، وكما سبق وأن أشرنا فإن طريقة التمويل هي التي تحكم فعالية سياسة الإنفاق الحكومي، فإذا تم تمويل الإنفاق الحكومي عن طريق الضرائب فإنه يصعب أن تحدث نتيجة ايجابية على الدخل الوطني، ولقد صاغ الاقتصادي بارو barro نموذجاً حدد فيه المعدل الأمثل لتدخل الدولة والذي يُوازن فيه بين الأثر الحدي الايجابي للإنفاق الحكومي وإنتاجية القطاع الخاص.[5] وبالتالي ونتيجة لما سبق فإن سياسة الإنفاق الحكومي تؤثر

(1)- لمزيد من الاطلاع انظر: barrot robert, la croissance économique, edit science internationale, paris, 1996.

(2)- .arnold mathias kihaule ,**op.cit.** , P70

(3)- وهي ما تعرفles théories de croissance endogène حيث ظهرت هذه الأخيرة في منتصف الثمانينات وهي تبحث في تفسير النمو الاقتصادي عن طريق التراكم وهذا بدون المرور بالعوامل الخارجية ويعود سبب ظهور هذه النظرية إلى النمو المستمر الذي عرفته وتعرفه معظم الدول ذات عدد السكان الثابت تقريباً بالإضافة إلى الاختلاف الكبير في معدلات النمو مابين البلدان، ومن أهم نماذج هذه النظرية نموذجAK لوكاسLUKAS

(4)-François adam. **finance publique**, 2 eme édition. Dalloz, paris, 2000, p425

(5)- B landais, **op.cit.**, p 196

على نمو الناتج المحلي الإجمالي من خلال تأثيرها على البنية التحتية التي تساهم في زيادة إنتاجية القطاع الخاص، وهذا ما أُشير إليه في عدة دراسات،[1] وبالتالي فإننا نخلص بأن الاستثمار الحكومي له آثار ايجابية على النمو الاقتصادي في الأجل الطويل عن طريق زيادة إنتاجية القطاع الخاص وهو ما يُشار إليه بمصطلح الأثر الدخيل أو أثر السلعة العامة وبالتالي يتوقف الأثر على النمو على مدى غلبة أي من نوعي الآثار المتعارضين على النوع الأخر، آثار المزاحمة في الأجل القصير والآثار الدخيلة في الأجل الطويل.[2]

4- الآثار غير المباشرة لسياسة الإنفاق الحكومي على نمو الناتج المحلي الإجمالي

إن سياسة الإنفاق الحكومي لا تقتصر فقط على الآثار المباشرة التي سبق وأن ذكرناها بل سوف تتفاعل فيما بعد وبفعل عامل الزمن لتولد تأثيراً على الدخل والاستخدام، وهذا ما وصفه كينز بأثر المضاعف والمعجل، حيث أن المالية العامة تؤثر بعدة طرق على المتغيرات الاقتصادية الكلية من أجل تحقيق الاستقرار الاقتصادي الكلي، من خلال تأثيرها على معدل التضخم والحساب الجاري لميزان المدفوعات وتطور المديونية الداخلية والخارجية وعلى النشاط الاقتصادي بصفة عامة، وتؤثر على الناتج المحلي الإجمالي من خلال تأثيرها على مكونات الطلب الكلي، وهي الادخار والاستثمار والاستهلاك.[3] وبالتالي فإن الإشكالية الأساسية تتمحور حول نوعية الإنفاق وليس كميته وهذا ما توضحه نظرية المضاعف؛[4] التي طُبقت في بداية الثلاثينات في المملكة المتحدة،[5] ويُسمى أثر المضاعف بالاستهلاك المولد، كما يُطلق على أثر المعجل الاستثمار المولَد، ويرتبط أثر الإنفاق الحكومي على الاستهلاك بالأثر المترتب على الإنتاج نتيجة تفاعل كل من المضاعف والمعجل حيث أنه هناك آثار متتابعة ومتوالية على الدخل القومي نتيجةً لتتابع الدخول النقدية التي تنتج عن الإنفاق الحكومي المباشر حيث يؤدي

(1)- Philips mills, **dépense publique et croissance**, revue française d'économie, 1994

(2)- سمير خوري، **المرجع السابق**، ص 27

(3) -Marc raffinot, **la nouvelle politique économique en Afrique**, université francophone, paris, 1993, p 279

(4)- يعدF KAHN هو أول من طور مبدأ المضاعف في مقالهhome investment and unemployment في جوان 1931 الذي طبقه في خلق وظائف عمومية وفي سنة 1936 طور كينز الطرح الذي جاء به KAHN في النظرية العامة من أجل تحليل النتائج الكلية لزيادة الاستثمار الحكومي

(5)-jean didier leccallion, economie contemporaine analyse et diagnostic, deboeck, paris 2004, p 245

إلى زيادة في الدخل تفوق الزيادة في الإنفاق الحكومي.[1] ويرى كينز أن الزيادة الأولية في الإنفاق الحكومي كفيلة برفع القدرة الشرائية لذوي الدخول المحدودة والذين يتمتعون بميل حدي للاستهلاك مرتفع وهذا من شأنه أن يحفز الطلب المحلي فيتوسع الإنتاج ويزداد الدخل وهو ما يوضحه الشكل التالي:

الشكل (2-1-24)

مخطط توضيحي لأثر المضاعف و المعجل

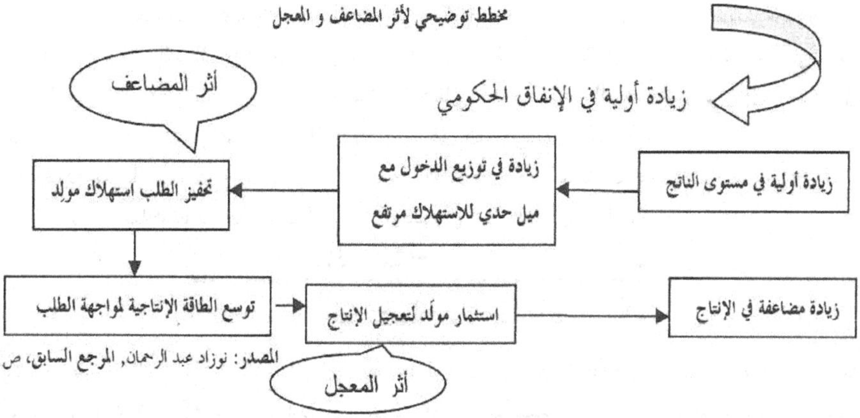

المصدر: نوزاد عبد الرحمان, المرجع السابق، ص 66

يوضح هذا المخطط أن زيادة الإنفاق الحكومي وخصوصا الاستثماري يولد زيادة في الدخل، ومن ثم زيادة في توزيع هذه الدخول خصوصاً لذوي الدخل الثابت ومع افتراض ميل حدي للاستهلاك مرتفع[2] يتحفز الطلب ويتم امتصاص السلع المعروضة ويضطر المنتجون لزيادة الطاقات الإنتاجية العاطلة كمرحلة أولى (أثر المضاعف) وتعجيل الإنتاج من خلال توسيع الطاقة الإنتاجية (أثر المعجل) وتجدر الإشارة هنا إلى أنه وعلى الرغم من وجود ميل حدي للاستهلاك مرتفع في الدول النامية إلا أن آلية المضاعف لم تحقق زيادة في الدخل ويعود هذا إلى ضعف الطاقة الإنتاجية وعدم مرونتها مما يجعل النموذج الكينزي غير مواتٍ لهذه الدول، ولقد أثبتت التجربة أن أكثرية حالات البطالة في البلدان النامية هي ليست على النمط الكينزي، الذي يمكن معالجته من خلال مبدأ المضاعف ولهذا عندما طبقت الدول النامية السياسات

(1)- يونس احمد البطريق، **اقتصاديات المالية العامة**، (بيروت: الدار الجامعية، 1998) ص 92

(2)- الميل الحدي للاستهلاك هو مقدار التغيير في الاستهلاك نتيجة التغيير الحاصل في الدخل وعادة ما يرتفع هذا الميل عند تدني مستويات إشباع الفرد وهذا موافق لتدني مستوى الدخل لذلك زيادة الدخل سوف توجه نحو الاستهلاك لدى الطبقات غير المشبعَة وهذا يعمل على تحفيز الطلب

الكينزية من خلال التوسع في سياسات التمويل بالعجز، فإن أقصى نتيجة وصلت إليها هي تحفيز الطلب المحلي الذي لم يجد سلعاً محلية لاستيعابها، لذلك فإن هذه الدول واجهت خيارين؛ إما اللجوء إلى الاستيراد لسد الفجوة وهذا ينطبق على الدول ذات المقدرة المالية العالية؛ أو القبول بالضغوط التضخمية وتدهور القوة الشرائية والوقوع في فخ المديونية، وهذا ينطبق على الدول ذات الموارد المحدودة.[1]

-1-4 أثر مضاعف الإنفاق الحكومي على نمو الناتج المحلي الإجمالي

يُقصد بالمضاعف في التحليل الاقتصادي المعامل العددي الذي يُشير إلى الزيادة في الدخل القومي المتولدة عن الزيادة في الإنفاق الحكومي وأثر زيادة الإنفاق القومي على الاستهلاك،[2] و يُبين مبدأ المضاعف أثر الاستثمار الذاتي على الاستهلاك عن طريق سلسلة الدخول النقدية التي تنتج عن الإنفاق الأولي للاستثمار، وإذا كان الاستثمار يمثل أحد مكونات الدخل القومي فإن الزيادة في الاستثمار الذاتي أو النقص فيه تؤدي إلى زيادة الدخل القومي أو النقص فيه.[3]

إن مبدأ المضاعف يقوم على أساس العلاقة الموجودة بين مختلف مكونات العرض والطلب الكليين، ويمكن كتابة قيمة مضاعف الإنفاق الحكومي على الشكل التالي[4]:

$$\frac{\Delta Y}{\Delta G} = \frac{1 - ct2 - i3t2}{1 - c(1 - t1) + i1\frac{L1}{L2} - i2 + i3t1 + mr1}$$

يتضح من خلال المعادلة السابقة أن قيمة مضاعف الإنفاق الحكومي في حالة وجود ضريبة مباشرة أقل منه في حالة غيابها، هذا الانخفاض يوضح لنا تسرب في دورة الدخل، كما أن دخول التجارة الخارجية في المعادلة الأساسية يُنقص من قيمة المضاعف، وكنتيجة لما سبق فإن فعالية المضاعف تنقص كلما زادت معدلات الضريبة وكلما زادت حصة التجارة الخارجية، وهي ما تُعرف بعوامل الاستقرار الذاتية،[5] وهي تؤدي تلقائياً إلى تعزيز عجز الموازنة خلال مرحلة الكساد، ودعم فائض الموازنة خلال مرحلة الازدهار التضخمي بدون تغيير السياسة

---

(1)- نوزاد عبد الرحمان, **المرجع السابق,** ص ص 67-68

(2)- علي كنعان، **اقتصاديات المال والسياستين المالية والنقدية**، المرجع السابق، ص 177

(3)- حمدي الصباخي، **المرجع السابق،** ص74

(4)- انظر نموذج مضاعف الإنفاق الحكومي في الاقتصاد الجزار في الفصل الرابع من هذه الرسالة صفحة 158

(5)- stabilisateurs automatiques

المالية[1]، ويمكن تلخيص هذه العوامل فيما يلي:

أ- **الجباية الضريبية:** حيث تشير الدراسات إلى أن الضرائب تمارس آثار مضادة للدورة الاقتصادية، ففي مرحلة التوسع تزداد الحصيلة الضريبية وتزداد أرباح الشركات بسرعة أكبر من زيادة الأجور والدخل مما يؤدي إلى تزايد ما يدفعه قطاع الأعمال من ضرائب، أما أثناء الكساد تتناقص أرباح الشركات ومن ثم تتناقص مدفوعات ضرائب الشركات ؛

ب- **التحويلات:** حيث أن بعض أنواع الإنفاق الحكومي لها أثار عوامل الاستقرار الذاتية، فعلى سبيل المثال تعويضات البطالة حيث أنه عندما ترتفع البطالة تتناقص حصيلة ضريبة تعويضات البطالة بسبب انخفاض مستوى التوظف وسوف تتزايد حصة هذه التعويضات لأن الكثير من العمال سيحصلون على هذه التعويضات، وسوف يواجه البرنامج عجزاً تلقائياً أثناء هبوط مستوى النشاط الاقتصادي، وعلى ذلك فإن هذا البرنامج يولد أثراً مرغوباً فيه على اتجاه الطلب الكلي، وهي تُنقص من قيمة المضاعف لأنها تشكل تسربات من الدخل المتاح وهي تقود إلى استقرار نمو الاستثمار والدخل؛

ت- **التجارة الخارجية:** حيث أن مضاعف الإنفاق الحكومي يفقد من فعاليته في حالة وجود حصة كبيرة للتجارة الخارجية في الدخل.[2]

4-1-1- طريقة التمويل وأثرها على فعالية مضاعف الإنفاق الحكومي

لقد أوضحنا إمكانية استخدام الإنفاق الحكومي لزيادة نمو الناتج وأوضحنا عوامل الاستقرار الذاتية التي تحكم مبدأ المضاعف، وهناك عامل آخر يحكم فعالية المضاعف وهو تمويل تزايد الإنفاق الحكومي الذي يتطلب تحويل الموارد من القطاع الخاص إلى القطاع العام وهو بذلك يُزاحم المشروعات الخاصة في السوق المالي، وهذا ما يدل على الآثار المعاكسة التي تزيل الأثر المطلوب من المضاعف، وسنقوم بتوضيح أثر طريقة التمويل على فعالية مبدأ المضاعف.

أ- تمويل الإنفاق الحكومي عن طريق الضرائب

إن تمويل الإنفاق الحكومي عن طريق زيادة الضرائب يُضعف بشكل ملموس الأثر

---

(1)- جييمس جوارتيني، **المرجع السابق**، ص 316

(2)- jaques fontanel, **analyses des politiques économiques,** offices des publications universitaires, paris 2005., p 38

المضاعف للإنفاق الحكومي، حيث أنه من خلال الشكل البسيط للمضاعف فإن الزيادة في الإنفاق الحكومي ΔG تؤدي الى الزيادة في الناتج المحلي وفق المعادلة التالية $\frac{1}{1-c}\Delta G$، فإذا كان الارتفاع في الإنفاق الحكومي ممولاً عن طريق الزيادة في الضرائب، فإن هذه الحالة تولد انخفاضاً في الدخل الوطني بمقدار $\frac{c}{1-c}\Delta T$ وبالتالي فإن الزيادة في الإنفاق الحكومي المموَلة عن طريق الضرائب لا تمارس أي أثر على الدخل الوطني، ويمكن توضيح ذلك من خلال المعادلة التالية: $Y + \Delta Y = \frac{1}{1-c}[C0 - c(T + \Delta T) + I + G + \Delta G]..(1)$.

و إذا كان لدينا:

$$Y = \frac{1}{1-c}\ C0 - cT + I + G..............(2)$$

نقوم بطرح المعادلة (2) من (1) فنحصل على

$$\Delta Y = \frac{1}{1-c}[-c\Delta T] + \frac{1}{1-c}[\Delta G]$$

و إذا كان $\Delta T = \Delta G$ نستطيع أن نكتب:

$$\Delta Y = \frac{1}{1-c}[-c\Delta G] + \frac{1}{1-c}[\Delta G] \Rightarrow \Delta Y = \Delta G$$

النتيجة التي نستخلصها من هذه البرهنة ل HAAVELMO هي أن الزيادة في الإنفاق الحكومي المموَلة بتغير مماثل في الضرائب تزيد الدخل الوطني بمبلغ يعادل الزيادة في الإنفاق الحكومي وليس بزيادة مضاعفة.[1] والشيء الملاحظ أنه لا يمكننا تطبيق هذه الفرضية على الدول النامية وذلك راجع إلى أن الهيكل الضريبي في البلدان النامية لا يتمتع بالمرونة الكافية لتمويل الإنفاق الحكومي، بالإضافة إلى أن الإنفاق الحكومي المموَل عن طريق الضرائب عادة ما يوجه لتمويل الإنفاق الجاري وليس الاستثماري الذي يساهم في زيادة الناتج.

ب- تمويل الإنفاق الحكومي بالقروض

لقد تم استنتاج حياد أثر المضاعف إذا تم تمويل الإنفاق الحكومي عن طريق الضرائب وإذا ما رغبت الدولة بتخفيض نسبة الضرائب مع بقاء الإنفاق الحكومي على حاله فستظهر نتيجة

---

(1)- ب. برنييه، **أصول الاقتصاد الكلي**، ترجمة عبد الأمير شمس الدين،(الإسكندرية: المؤسسة الجامعية للدراسات والنشر، 1999)، ص 382

هذه السياسة من خلال الآثار التوسعية في حجم الدخل القومي، حيث أن انخفاض نسبة الضرائب تعني في نفس الوقت زيادة نسبة الدخول التي سيحتفظون بها، وأن جزء من هذه الدخول سيُنفق على شراء السلع الاستهلاكية والباقي يُدخر، مما يزيد أثر الطلب الفعال ويمكننا تطوير معادلة التوازن بين الاستثمار والادخار على الشكل التالي، حيث أنه في حالة التوازن لدينا[1]: $S = I + (G - T)$، والمفروض عند بداية كل سنة ومن الناحية المالية أن تكون $G = T$ ولكن عند تخفيض نسبة الضرائب فسيكون الادخار أصغر حجماً من الإنفاق الحكومي:

$$S < I + (G - T).$$

عندئذ يكون مقدار العجز في الطلب على الاستثمار لا ينسجم مع مقدار الانخفاض في العوائد الضريبية بل مع حجم الضرائب مطروحاً منه ما أُضيف إليه من ادخار نتيجة ارتفاع دخول الأفراد والذي ينسجم مع ما حصل من شدة الميل إلى الادخار عند الأفراد [2] ويمكننا توضيح مصادر تمويل الإنفاق الحكومي من خلال المعادلة التالية

$$BD = G - T = Cg + Ig - T = Ig - (T - Cg) = Ig - Sg.$$

حيث أن- BD - تمثل ميزانية الحكومة و يوضح لنا ميزان المعاملات المالية الفرق بين الادخار والاستثمار الذي يتم تمويله من مصادر ثلاثة؛ وهي الاقتراض من القطاع الخاص- Bp - ومن القطاع الخارجي- Bf - ومن المصرف المركزي- MB - وذلك ما توضحه العلاقة التالية:

$$G - T = Cg + Ig - T = \Delta Bp + \Delta Bf + \Delta MB.$$

توضح العلاقة السابقة أن الحكومة تزيد الإنفاق دون زيادة العجز إذا زادت الإيرادات بالقدر نفسه، وإذا زاد العجز بسبب زيادة الإنفاق على الإيرادات العادية فلا بد من اللجوء إلى

---

(1)- تمثل S الادخار أما I فتمثل الاستثمار أما G وT فتمثل الإنفاق الحكومي والإيرادات الضريبية على الترتيب

(2)- خضير عباس المهر، **التقلبات الاقتصادية بين السياستين المالية والنقدية_ دراسة تحليلية موجزة في إطار النظرية الكينزية**،(السعودية: جامعة الرياض) ص 142

المصادر المُشار إليها،[1] فإذا كان معدل الفائدة أعلى من المعدل المعروض في سوق السندات فيمكن عندها اللجوء إلى القروض العامة والتي تؤدي إلى رفع معدلات الفائدة والذي يتوقف بدوره على وجود أو عدم وجود موارد مالية معطلة في الاقتصاد، فإذا وُجدت موارد غير مستخدمة فإن الزيادة في الطلب على هذه الأموال لا تؤدي بالضرورة إلى ارتفاع كبير في معدلات الفائدة، وعلى العكس من ذلك فإذا فاق طلب المشروعات والسلطات العامة على الموارد المدخرة عندها تميل معدلات الفائدة إلى الارتفاع.[2]

وتختلف الآثار المحتمَلة لتمويل الإنفاق الحكومي على الغرض من هذا الإنفاق، أي ما إذا كانت زيادة الإنفاق الحكومي هي لزيادة في معدلات الاستثمار أو فقط للإنفاق الجاري، حيث أنه من المحتمَل أن التمويل من خلال الدين العام يمكن أن تكون له آثار طاردة أو مزاحمة، حيث أن جزءً من السيولة الخاصة قد تم امتصاصها من القنوات الحكومية مما قد يكون له آثار انكماشية، وقد يؤدي إلى رفع سعر الفائدة لتشجيع الاكتتاب في الدين العام إلى انخفاض الاستثمار الخاص وارتفاع معدلات التضخم من جديد.

وبالتالي فإن الفكرة التي نخرج منها من خلال هذا التحليل أن الإنفاق الحكومي يجب أن يكون إنفاقاً جديداً يؤدي إلى زيادة الدخل القومي الذي يقود بدوره إلى زيادة حجم الادخار، وهذا هو المبدأ الذي دافع عنه كينز والمعروف بسياسة التمويل بالعجز وذلك من أجل تحقيق مضاعف إنفاق حكومي فعال، يساهم في زيادة كل من الاستثمار والاستهلاك خاصة في أوقات الكساد والسؤال الذي يُطرح في هذا المجال عن حدود فعالية المضاعف في تأثيره على الناتج المحلي الإجمالي؟

4-1-2- حدود مضاعف الإنفاق الحكومي

يُعد مضاعف الإنفاق الحكومي أداة معقدة تعمل في بيئة أكثر تعقيداً أين يكون الإنفاق الحكومي والإيرادات العامة متداخلة ضمن بقية المتغيرات الاقتصادية الأخرى، وبالتالي فإن فعاليته مرتبطة بهيكل الموازنة العامة؛ العلاقة مع المتغيرات الاقتصادية الأخرى؛ وسلوك المتعاملين

(1)- علي توفيق الصادق، **سياسة وإدارة الدين العام في البلدان العربية**، صندوق النقد العربي، معهد السياسات الاقتصادية، سلسلة بحوث ومناقشات، العدد الرابع، مارس 1998، ابر ظبي، ص ص 24-25

(2)- برنييه سيمون، **المرجع السابق**، ص 384

الاقتصاديين، ولذلك فقد دار نقاش حول مدى فعالية المضاعف في إطار المالية الوظيفية وذلك ضمن مجموعة من العناصر تحاول الدراسة تحليلها من خلال ما يلي؛ أول هذه المناقشات تتعلق بهيكل المضاعف حيث أن الإنفاق الحكومي بمختلف تقسيماته ليس له نفس التأثير على سلوك الإنفاق الوطني وادخار المتعاملين، فإذا كانت حصة الإنفاق التحويلي كبيرة في المضاعف وذلك لأن هذا الإنفاق يمس شرائح تتميز بارتفاع الميل الحدي للاستهلاك في حين أن الإنفاق المتعلق بفوائد الديون ليس له أي وزن في المضاعف.[1]

ثاني هذه المناقشات يتعلق باستقرار المستوى العام للأسعار فإذا فرضنا ثبات المستوى العام للأسعار فإن الزيادة في الإنفاق الحكومي ليس لها تأثير إلا على الناتج، لكن الواقع يقول بأن ارتفاع الإنفاق الحكومي يمكن أن يؤدي إلى تضخم، لذلك يجب التمييز بين التطورات في الكمية والسعر. ثالث هذه المناقشات هي ما جاء به- HAAVELMO - حيث قال بأن الموازنة المتوازنة لها أثر، فإذا كانت الزيادة في الإنفاق الحكومي ممولة بالزيادة في الإيرادات الضريبية فإن هذا سيؤدي إلى حدوث أثر مضاعف، فإذا كان الإنفاق الحكومي يمارس أثراً مضاعفاً بمقدار $\frac{1}{1-c}$ وإذا كانت الزيادة في الضرائب تمارس أثراً مضاعفاً سلبياً بمقدار $\frac{c}{1-c}$ واذا كان هناك توازن بين الزيادة في الانفاق الحكومي والإيرادات فان الأثر الكلي ليس معدوماً. وبالتالي فإن- HAAVELMO- يؤكد أن الزيادة المتوازنة في كل من الإنفاق والضرائب يمكن أن تؤدي إلى الزيادة في النمو في الأجل القصير- حتى وإن كانت ضعيفة وليس بشكلٍ مضاعف- وهذا ما يؤكد على أهمية الموازنة العامة كأداة لتحقيق الاستقرار الاقتصادي الكلي.[2]

رابع هذه المناقشات تتمثل في افتراض كينز لوجود طاقة إنتاجية معطلة، فالاقتصاد في نظره يعمل عند مستوى أقل من التشغيل الكامل ومن ثم يكون الجهاز الإنتاجي أكثر مرونة للزيادة الحاصلة في الطلب، وهذا ما لا ينطبق مع واقع الدول النامية، أما خامس هذه المناقشات يتمثل في الافتراض بأن الزيادة في الاستثمار تقتصر على الكمية الأصلية للإنفاق الذي وُجه للاستثمار، ومن ثم لا توجد زيادة متتالية في الطاقة الإنتاجية، فإذا كانت الدخول الإضافية المتتالية التي تترتب على الإنفاق توزع بين الادخار والاستهلاك فإن كينز يفترض أن الادخار لا

(1) -xaffier gerffe, op,cit, p-p 154-155
(2)- fontanel, opcit, p 40

يتحول إلى استثمار جديد، وإنما يعتبر الادخار من قبل التسرب.[1]

ولتفادي أوجه القصور المذكورة عند كينز ولكي يُصبح المضاعف أكثر دقة يجب إدخال عنصر الزمن في التحليل، والأخذ بعين الاعتبار السلوك الاستهلاكي وتفادي الافتراض الذي افترضه كينز بأن الزيادة في الاستثمار تقتصر على أثر الكمية الأولية للاستثمار دون أن يليها زيادات متتالية تثيرها الزيادة الحاصلة في الإنفاق الاستهلاكي الناجمة عن الاستثمار الأولي.

4-2- أثر المسارع على نمو الناتج المحلي الإجمالي

ينصرف أثر المسارع في التحليل الاقتصادي إلى تحليل أثر زيادة أو نقص الإنفاق على حجم الاستثمار، حيث أن الزيادة المتتالية في الطلب على السلع الاستهلاكية يتبعها على نحو حتمي زيادات في الاستثمار.[2] وإذا كان المضاعف يُبين أثر التغييرات في الاستثمار على الاستهلاك فإن المُسارع يبين أثر التغير في الاستهلاك على الاستثمار ويمكن التعبير عن ذلك بالعلاقة التالية:

$$\text{المسارع} = \frac{\Delta \text{الاستهلاك}}{\Delta \text{الاستثمار}}.$$

وعلى هذا فإن الزيادة في الإنفاق الحكومي تسمح بما تُحدثه من زيادة في الاستهلاك بإحداث زيادة في الاستثمار بكمية أكبر.[3] وتتوقف زيادة الاستثمار المشتق على ما يلي:

- كمية رأس المال الثابت اللازمة لإنتاج السلع الاستهلاكية حيث كلما ارتفعت هذه الكمية ارتفع معدل الزيادة في الاستثمار المشتق؛
- وجود طاقة إنتاجية معطلة حيث يسمح ذلك بتغذية الزيادة في الطلب على السلع الاستهلاكية.

ونشير في هذا المجال إلى أنه لا يقتصر أثر الإنفاق الأولي على الزيادة في الدخل وفقاً لمبدأ المضاعف فقط، بل يتعداه كذلك إلى زيادة في الاستثمار المشتق وفقاً لمبدأ المسارع، ويعني هذا وجود تفاعل متبادل بين مبدأي المضاعف والمسارع حيث يُحدث هذا التفاعل أثره على الكميات الكلية.

(1)- علي كنعان، **اقتصاديات المال والسياستين المالية والنقدية**، المرجع السابق، ص 181
(2)- سوزي عدلي ناشد، **الوجيز في المالية العامة**، المرجع السابق، ص 81
(3)- محمد فرهود، **المرجع السابق**، ص133

وكنتيجة لما سبق ذكره فإن الآثار غير المباشرة لسياسة الإنفاق الحكومي والمتمثلة في مبدأي المضاعف والمسارع تتطلب توفر جهاز إنتاجي مرن يتناسب مع الزيادة في الإنفاق ومن خلال دراستنا في الفصل الأول لخصائص الاستقرار الاقتصادي في الدول النامية، فإن فرضية انطباق النظرية الكينزية في شقها المتعلق بالإنفاق الحكومي على الدول النامية أثبتت فشلها في الدول النامية في انتظار تأكيد ذلك على واقع الاقتصاد الجزائري في الفصل الثالث، كما أن طريقة تمويل الإنفاق الحكومي تلعب دوراً مهماً في تحديد فعالية المضاعف، حيث أنه إذا أدت الزيادة في الإنفاق الحكومي إلى مزاحمة القطاع الخاص من خلال سعر الفائدة فإن هذه الزيادة لن تؤدي إلى إحداث تأثير مضاعف على الدخل القومي بشكل جيد، وبالتالي فإنه يجب أن تكون الزيادة في الإنفاق الحكومي زيادة حقيقية خالصة في تيار الإنفاق الكلي مموَلَة عن طريق القروض أو عن طريق الإصدار النقدي، هذا الأخير يكون شائع الاستعمال في حالات الكساد ومع فرض مرونة الجهاز الإنتاجي، أما إذا كان التمويل عن طريق فرض الضرائب ففي هذه الحالة سوف ينقص تيار الإنفاق الخاص مما يضعف الزيادة الكلية التي تحدث في الدخل.

بعد دراستنا لأثر سياسة الإنفاق الحكومي على نمو الناتج المحلي الإجمالي، تتبادر إلى أذهاننا تساؤلات حول كيفية تأثير هذه السياسة على مستوى التشغيل الذي يمثل الجانب الثاني من جوانب العرض الكلي.

المطلب الثاني: سياسة الإنفاق الحكومي وأثرها على مستوى التشغيل

يعتبر تحقيق التشغيل الكامل من أهم أهداف السياسة المالية بصفة عامة وسياسة الإنفاق الحكومي بصفة خاصة، وكما سبقت الإشارة إليه في الفصل الأول فإن التشغيل الكامل لا يُقصد به انعدام البطالة بصفة كاملة، ولكن تعني إيجاد الفرصة لكل من يرغب في العمل، وتظهر أهمية سياسة الإنفاق الحكومي في تأثيرها على مستوى التشغيل بمدى مساهمتها في الإفادة في الموارد الاقتصادية المتاحة أقصى استفادة ممكنة يتحقق معها اقتراب الاقتصاد من حالة التشغيل الكامل لجميع عوامل الإنتاج، وحسب النظرية الكينزية فإن انخفاض مستوى التشغيل مرتبط بمستوى الطلب الكلي، كما أن السمة المميزة للتحليل الكينزي هي اختلاف تحليل دالة العمل عن ما هو الحال في النظرية الكلاسيكية، حيث يفترض كينز في نظريته العامة أن العمال

يرفضون حصول أي انخفاض في أجورهم النقدية من أجل تحقيق ارتفاع في مستوى التشغيل في حين لا يعترضون على انخفاض أجورهم الحقيقية، عند ارتفاع المستوى العام للأسعار مع بقاء الأجر النقدي ثابتا.[1] لذلك تقوم الدراسة من خلال ما يلي بتحليل العلاقة بين سوق العمل وبقية الأسواق مع محاولة استنتاج أسباب انخفاض مستوى التشغيل، كما تقوم بدراسة آلية تأثير سياسة الإنفاق الحكومي على مستوى التشغيل.

1- التوازن في سوق العمل كجزء من التوازن الاقتصادي الكلي

من أجل توضيح العلاقة بين سوق العمل ومختلف الأسواق نقوم باسترجاع الشكل (2-1-18) والممثل للتوازن الاقتصادي الكلي في إطار نموذج $IS - LM$ (مع فرضية بقاء الاسعار الثابتة في ظل اقتصاد مغلق)ثم نقوم بتوضيح العلاقة بينه وبين مختلف مكونات سوق العمل مع الإشارة أن N- - تمثل حجم التشغيل؛- Y - حجم الدخل؛- W - الأجر الاسمي؛- P - المستوى العام للأسعار.

الشكل (2-1-25)

العلاقة بين التوازن الاقتصادي الكلي و التوازن في سوق العمل في إطار النموذج الكينزي

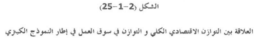

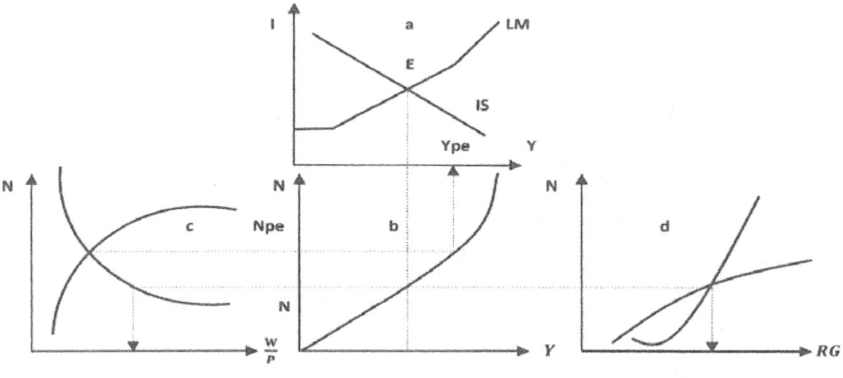

المصدر: CH biales, modélisation shématique des l'équilibre macro économique, op.cit. , p 29

يمثل المنحنى رقم- b - دالة الإنتاج بالنسبة للعمالة حيث يتشكل لنا ناتج توازني عند- y - مقابل حجم تشغيل مقدر ب-N - أما المنحنى- c - فيمثل التوازن في سوق العمل في نقطة الالتقاء بين عرض العمل والطلب عليه، التشغيل الكامل يتحقق عند النقطة $= Npe$ -

(1)- ضياء مجيد، **النظرية الاقتصادية والتحليل الاقتصادي الكلي**،(الإسكندرية: شباب الجامعة، 1999) ص 337

بمعنى عند نقطة أعلى من المستوى التوازني الأولي- *N* - وبالتالي فإن هناك بطالة إجبارية تفسَر من خلال حجم غير كافٍ للناتج *Ype > y* وليس عن طريق قرار يتخذه الأفراد من تلقاء أنفسهم (البطالة الاختيارية)، أما المنحنى- *d* - فيمثل مفهوم الطلب الفعال[1] *DE* الذي يتحدد من خلال التقاء منحنى العرض- *Z* - ومنحنى الطلب الكلي- *D* - حيث أن منحنى الطلب الكلي مرتبط عند كل نقطة من التشغيل بمبلغ الإيرادات الكلية- *RG* - **المتوقعة**، والتي تتعلق بتوقعات المؤسسات حول مقدار الإنفاق الاستهلاكي للعائلات والاستثماري للمؤسسات، أما منحنى العرض الكلي- *Z* - فهو مرتبط عند كل مستوى من التشغيل- *N* الممكن بمبلغ الإيرادات الكلية **اللازمة** من أجل أن تقوم هذه المؤسسات بتوظيف هذا المستوى من التشغيل.

ويظهر من خلال تحليلنا السابق أن البطالة من المنظور الكينزي تختلف عن ما هو متداول في التحليل الكلاسيكي، حيث يعتبر الكلاسيك أن البطالة بمختلف أنواعها ناتجة عن رفض العمال الذين تركوا وظائفهم قبول وظائف أخرى بأجر أقل ويتم علاج هذه المشكلة حسب نظرهم بتخفيض الأجور. كما أنه في إطار النموذج الكلاسيكي فإن التوازن هو بالضرورة توازن عمالة كاملة حيث أن الأفراد يقومون بالمفاضلة بين العمل والراحة(بطالة اختيارية)، ويتم تحقيق التوازن في سوق العمل بصفة آلية من خلال عرض والطلب على العمل. ولقد بين كينز أن خفض الأجور لا يؤدي إلى القضاء على البطالة كما أقر به الكلاسيك، ولكن على العكس من ذلك لأن العمالة مرتبطة بقرارات المنظمين التي تحدد حجم الإنتاج المرغوب فيه (الطلب الفعال) وتخفيض الأجور يُقلل من الطلب الفعال ويقلل من حجم الإنتاج اللازم لإشباع هذا الطلب، فهناك إذن علاقة مباشرة بين حجم الإنتاج المرغوب تحقيقه وحجم العمالة الضرورية للحصول على هذا الإنتاج فكل زيادة في الإنتاج تفترض زيادة العمالة والعكس صحيح.

---

(1)- « L'augmentation de la production… est un avantage si elle est excitée par la demande et si elle ne fait que correspondre à une augmentation de la consommation (…). Une industrie nouvelle ne pouvait guère naître sans une demande préalable bien prononcée » section VI Principes d'économie politique (1773-1842)
« La richesse générale et la richesse individuelle naissent toujours de la demande effective », (1766-1834)

إذن فالنتيجة التي نخلص إليها هي أن الفرق بين التحليل الكينزي والكلاسيكي هو أن هذا الأخير ينطلق من التوازن في سوق العمل بافتراض أن العمالة كاملة، ثم ينتقل الأثر إلى بقية الأسواق، أما في التحليل الكينزي فإن المحدد لحجم العمالة هو الطلب الفعال اللازم لتشغيل الجهاز الإنتاجي، وتظهر لنا أهمية سياسة الإنفاق الحكومي في زيادة الطلب الكلي الذي يؤثر بدوره على مستوى التشغيل .

وتهتم الدراسات المتعلقة بسوق العمل مثل بقية الأسواق بتحليل جانبين، الجانب الأول يتمثل في السعر الذي يتعلق بتحديد الأجور أما الجانب الثاني فيتعلق بالكمية أو مستوى التشغيل، وبالتالي فان الأجور والتشغيل هما المشكلتان الأساسيتان المتعلقتان بتحليل سوق العمل وهناك اتجاهان أساسيان في تحليل سوق العمل يتمثل الاتجاه الأول في تحليله من منطلق جزئي يقوم بدراسة سلوك الأفراد الفاعلين في هذا السوق، أما الاتجاه الكلي فيهتم بدراسة علاقة سوق العمل ببقية الأسواق وكيفية تأثير مختلف السياسات والمتغيرات الاقتصادية على كل من الأجور ومستوى التشغيل، وتماشيا مع طبيعة الموضوع سنهتم بالجانب الكلي فقط حيث أن الدارس لتطورات النظرية الاقتصادية يلاحظ أنه عقب أزمة 1929 ثار كينز في وجه الكلاسيك وأضفى صبغة كلية في تحليل سوق العمل، حيث أرجع سبب البطالة كما سبق وأن أشرنا إلى عدم كفاية الطلب الكلي،[1] إن استعراض الأفكار السابقة يقودنا إلى طرح تساؤل مهم يتمثل في مدى فعالية السياسات الاقتصادية بصفة عامة وسياسة الإنفاق الحكومي بصفة خاصة في تخفيض معدلات البطالة من خلال تأثيرها على سوق العمل؟ إن الإجابة على مثل هذا التساؤل مرتبط بطبيعة التحليل الاقتصادي لسوق العمل، فعند البعض فإن سياسة اقتصادية للنمو كفيلة بخلق مناصب شغل ومعالجة البطالة، أما البعض الأخر فيقر بأن المشكلة ليست في السياسة الاقتصادية وإنما في القواعد التي تحكم سوق العمل وبالتالي فإنه يطفو إلى السطح صراع بين تيارين، هما التيار الأصولي النيوكلاسيكي والتيار غير الأصولي،[2] فالبطالة من وجهة النظر الكينزية ليست اختيارية وهي ناتجة عن عدم كفاية الطلب الفعال كما أن مستوى التشغيل لا يتحدد في سوق العمل ولكن يتحدد في سوق السلع والخدمات، ومن هنا فإن أي

---

(1)) Mup sum, **marché du travail et emploi au Cambodge** , thèse doctorat en science économique , université Lyons lumière , France, 2007, 37

(2)- Courants orthodoxe et courant hétérodoxes لمزيد من التفاصيل انظر: عبد المجيد قدي، **المرجع السابق**، ص 270

انخفاض في الأجور الإسمية سيؤدي إلى انخفاض الاستهلاك الذي هو جزء من الطلب الكلي، مما يؤدي إلى تفاقم مشكلة البطالة ومن أجل معالجة هذه الوضعية لا بد من تدخل الدولة عن طريق إنعاش الطلب الفعال من خلال سياسة اقتصادية توسعية.[1] وتظهر أهمية سياسة الإنفاق الحكومي في التأثير على سوق العمل باعتباره جزءًا هاما من الطلب الفعال لذلك سنقوم من خلال ما يلي بدراسة آلية تأثير سياسة الإنفاق الحكومي على سوق العمل مبرزين في النهاية مدى فعاليتها في زيادة مستوى التشغيل والتخفيض من البطالة.

2- آلية تأثير سياسة الإنفاق الحكومي على مستوى التشغيل

يساهم الإنفاق الحكومي بزيادة الطلب الكلي وزيادة الاستهلاك، وذلك من خلال إعادة توزيع الدخل أو بزيادة حجم الاستثمار وبالتالي فإن سياسة الإنفاق الحكومي تقوم بوظيفتين هما تنمية الدخل والمحافظة على استقراره من خلال:

- التوسع في الإنفاق الحكومي إلى جانب الإنفاق الخاص مما يؤدي إلى زيادة الطلب الكلي؛
- تغيير سياسة الإنفاق الحكومي تبعاً لتغيرات الدورة الاقتصادية، ففي فترات الرخاء تقلص الدولة من إنفاقها بسبب زيادة الإنفاق الخاص، أما في فترات الكساد ينخفض الإنفاق الخاص مما يفرض على الدولة القيام بسياسة مالية تعويضية من خلال زيادة إنفاقها وتستعمل في تمويله الدين العام والإصدار النقدي؛[2]

ويمكن للدولة تفادي حدوث ظاهرة البطالة من خلال سياسة الإنفاق الحكومي، إذ أن وجود بطالة متزايدة معناه انخفاض الطلب الكلي الفعال مما يؤثر سلباً على رغبة المنتج في التوسع في الإنتاج بسبب انخفاض الأسعار، كما يمكن أن يؤدي إلى إيقاف بعض

---

(1)- لقد اعتمدت السياسة الكينزية بعد الحرب العالمية الثانية على السماح بزيادة معدلات التضخم كسلاح لمعالجة البطالة، هذا التحليل تمت نمذجته سنة 1958 فيما يعرف بمنحنى فيلبس- ليبسي philips-lipsey التي أوضحت العلاقة الإحصائية بين مستوى النشاط الاقتصادي وبين مستوى الأسعار وبالتالي فان مكافحة البطالة تكون عن طريق السماح بمعدلات مرتفعة من التضخم (سنعود إلى هذه النقطة بالتفصيل عند دراستنا لفعالية سياسة الإنفاق الحكومي في مكافحة التضخم في المبحث الثاني من هذا الفصل صفحة 86)

(2)- محمد لصادق بركات، **المرجع السابق**، ص328

خطط الإنتاج مما يدخل الاقتصاد في حلقة مفرَغة من البطالة وانخفاض الطلب الكلي، وهنا تكون سياسة إنفاق حكومي توسعية كفيلة بتحقيق الإنعاش الاقتصادي، إما من خلال الإعانات الاقتصادية للمنتجين التي تساهم في زيادة تشغيل الموارد المتاحة أو من خلال قيام الدولة بإنشاء مدن جديدة ومدها بجميع الخدمات الأساسية، الأمر الذي يسمح بخلق فرص جديدة للتشغيل ونجد أيضاً الإنفاق الحكومي التحويلي الخاص بالمعاشات والتأمين الذي من شأنه زيادة اطمئنان الإفراد على مستقبلهم مما يكون له الأثر الكبير على زيادة إنتاجهم.[1] وتحتل سياسة الإنفاق الحكومي موقعا هاما ضمن سياسات مكافحة البطالة سواء كان ذلك ضمن السياسات الظرفية أو الهيكلية وهذا ما يوضحه الشكل التالي:

الشكل (2-1-26) موقع سياسة الإنفاق الحكومي ضمن سياسات مكافحة البطالة

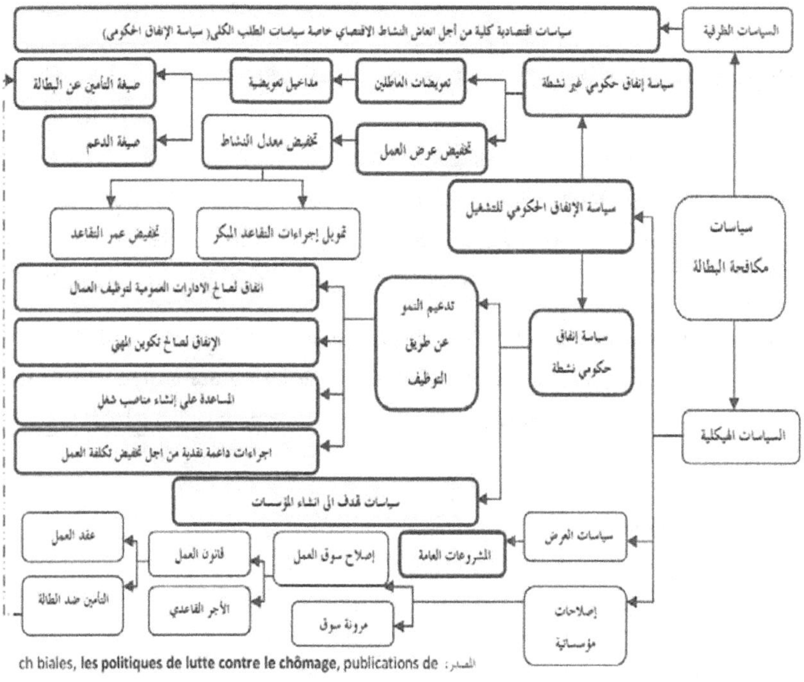

المصدر: ch biales, **les politiques de lutte contre le chômage**, publications de l'université de Lyon, paris, 2005

(1)- عبد المنعم عفر، **المرجع السابق**، ص 80

من خلال الشكل السابق يتضح لنا أن سياسة الإنفاق الحكومي تمارس آثاراً ظرفية وآثاراً هيكلية في تأثيرها على مستوى التشغيل حيث تتجلى الآثار الظرفية لسياسة الإنفاق الحكومي في إتباع سياسة إنعاش تسمح بالخروج من حالات الكساد التي تتميز بارتفاع معدلات البطالة، أما الآثار الهيكلية فتكون من خلال برامج المشروعات العامة والاستثمار في البنية التحتية التي تسمح بخلق مناصب الشغل من طرف القطاع الخاص، لذلك تقوم الدراسة من خلال ما يلي بتحليل كل من الآثار الظرفية والآثار الهيكلية لسياسة الإنفاق الحكومي على مستوى التشغيل.

2-1- الآثار الهيكلية لسياسة الإنفاق الحكومي على مستوى التشغيل

تقوم الدولة بالتأثير على مستوى التشغيل في المدى الطويل من خلال برامج المشروعات العامة والبنية التحتية التي تهدف إلى معالجة فترات الكساد التي تنجم عن تغيرات الاستثمار الخاص، حيث أن الدولة لا تقف مكتوفة الأيدي أمام نقص الاستثمار الخاص بل تقوم بتنفيذ مشاريع إنتاجية لتعويض هذا النقص للاستثمار الخاص ولكن نجاح هذه المشروعات العامة مرهونة بمجموعة من الشروط تتمثل فيما يلي: - إعداد برامج في فترات الرخاء لتنفيذها في الوقت اللازم إذا بدت علامات الكساد وبذلك تثور مشكلة تأثير حجم هذه المشروعات وتوقيت البدء في تنفيذها؛

- على الدول أن تحاول التقليل من الاستيراد من الخارج حتى تمنع التسرب في الإنفاق وتحتفظ به داخل الاقتصاد الوطني؛

ولكن السلبية التي تؤخذ على فكرة المشروعات العامة هي افتراضها سهولة توقيت البدء في هذه المشروعات من جهة، وإمكانية تأجيلها من جهة أخرى إلى أن التجربة أثبتت أن هذا التوقيت تكتنفه صعوبات؛ إذ أن إعداد هذه المشاريع يتطلب فترة طويلة مما يؤدي إلى عدم إمكانية البدء في تنفيذها إلا بعد فترة زمنية طويلة من الكساد،[1] ولتجنب الانتقادات الموجهَة إلى سياسة المشروعات العامة يمكن إتباع سياسة أخرى قصيرة الأجل تتمثل في توزيع القوة الشرائية على المستهلكين حتى تعد الدولة برنامجها وتبدأ في تنفيذ المشروعات العامة.

(1)- صادق بركات، **المرجع السابق**، ص ص 328-329

2-2- الآثار الظرفية القصيرة الأجل لسياسة الإنفاق الحكومي على مستوى التشغيل

يمكننا توضيح الآثار التوسعية الظرفية لسياسة الإنفاق الحكومي من خلال المنحنى 45 le)° (diagramme a 45° الذي تمت صياغته من طرف hansen وsamuelson وهو ما يوضحه الشكل التالي:

الشكل (2-1-27)

الآثار التوسعية الظرفية لسياسة الإنفاق الحكومي على مستوى التشغيل

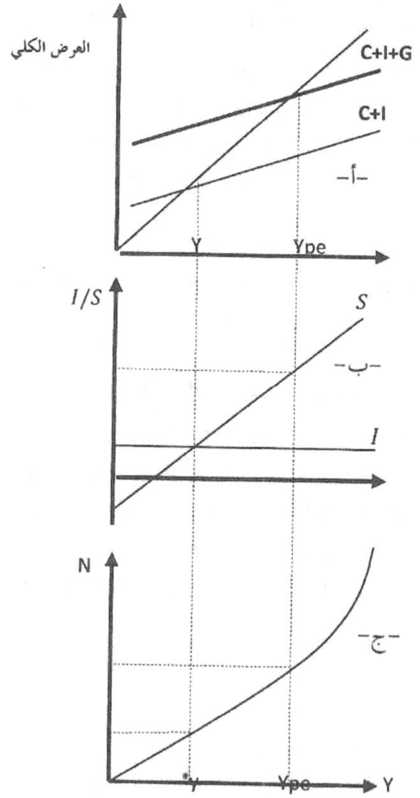

المصدر: ch bales, **modélisation schématique de l'équilibre macroéconomique**, op.cit., p47

المنحنى الأول يمثل التوازن الاقتصادي الكلي من خلال التقاء منحنيي العرض والطلب الكليين الذي تكون في النقطةY التي يوافقها مستوى التشغيل N وهو مستوى أقل من مستوى التشغيل الكامل ومن أجل امتصاص البطالة الإجبارية Npe-N لا بد من زيادة مستوى النشاط

الاقتصادي ب ΔY ويكون ذلك من خلال زيادة مستوى الإنفاق الحكومي ويوضح المنحنى الأوسط أن تأثير الزيادة في الإنفاق الحكومي على نمو الناتج والعمالة مرتبطة بميل منحنى الادخار وبالتالي فإن قيمة المضاعف مرتبطة أساس بالميل الحدي للادخار.

وبالتالي فإن زيادة الإنفاق الحكومي في مجالات البنية التحتية يسمح للمستثمرين بزيادة مشاريعهم الإنتاجية، كما يلعب الإنفاق الحكومي دوراً مهماً في الحفاظ على استمرارية النشاط الاقتصادي للمستثمرين سواء كان ذاك الإنفاق متجهاً للأفراد في شكل إعانات اجتماعية التي تؤدي إلى زيادة الطلب على السلع المنتجَة، أو كان في شكل إعانات إنتاجية تساعد على تخطي هذه المشروعات للأزمات التي تمر بها.و تؤثر الدورة الاقتصادية وتقلباتها ما بين حالة الانتعاش أو الركود على مستوى التشغيل، وتظهر أهمية الإنفاق الحكومي في حالات الكساد من خلال قيام الدولة بزيادة الإنفاق الاستثماري من أجل رفع مستوى التشغيل وزيادة الإنفاق الجاري من أجل خلق دخول قادرة على امتصاص السلع المكدسة وتحريك العجلة الاقتصادية.

المطلب الثالث: سياسة الإنفاق الحكومي وأثرها على مجملات الطلب الكلي

لقد أثبتت العديد من النظريات الاقتصادية المفسرة للدورات الاقتصادية أن تناقص الميل الحدي للاستهلاك هو السبب الرئيسي للتقلبات الظرفية التي تحدث في الاقتصاد حيث أن إبقاء الاستهلاك في حالة تزايد هو عنصر ضروري لإبقاء الاقتصاد في نسق متطور تتزايد فيه الطاقة الإنتاجية، وتقوم الدراسة من خلال هذا المطلب بتحليل اثر سياسة الإنفاق الحكومي على كل من الاستثمار الكلي والاستهلاك الكلي.

1- سياسة الإنفاق الحكومي وأثرها على الاستثمار الكلي

ويمكن لسياسة الإنفاق الحكومي أن تؤثر على الاستثمار الكلي خاصة إذا كان من قبيل الإنفاق الحكومي المنتج الذي يزيد من حجم الأصول في حوزة المجتمع، حيث أن الإنفاق الحكومي بمختلف أنواعه له أثار ايجابية على جميع الاستثمار الكلي حيث يمكن أن يكون سلاحا فعالا لمعالجة الكساد ونقص حجم الاستثمار الخاص من خلال سياسة مالية تعويضية، ومن هنا نجد أن الإنفاق الحكومي كفيل بزيادة مرونة الجهاز الإنتاجي، هذا فضلاً عن استخدام

الإنفاق الحكومي كسلاح لزيادة متوسط الدخول الفردية الذي يسمح بزيادة المقدرة الادخارية لدى الأفراد، مما يزيد من معدل الادخار القومي[1].وارتفاع الميل الحدي للاستهلاك كما يُولد الإنفاق الحكومي الموجَه لدعم السلع الاستهلاكية إلى انخفاض تكاليف شرائها مما يعزز المقدرة الادخارية للفرد والمجتمع[2].إلا أن الأثر الايجابي لسياسة الإنفاق الحكومي على الاستثمار يتوقف على عدة اعتبارات تتمثل:

- درجة النمو الاقتصادي؛
- الكفاءة الإنتاجية للاقتصاد القومي
- الميل الحدي لاستهلاك غالبية السكان.

ففي حالة زيادة الكفاءة الإنتاجية المتمثلة في زيادة مرونة جهازه الإنتاجي، فإن زيادة الإنفاق الحكومي سيكون له أثر ايجابي على معدلات الاستثمارات القومية الخاصة والعامة، حيث يكون حافزاً لزيادة الاستثمار الخاص، كما يمكن أن يكون عاملاً لسد الفجوة في الاستثمارات الكلية عن طريق زيادة الإنفاق الاستثماري العام.[3] ونظراً لتعدد الوسائل التي تستخدمها الدولة في التأثير على حجم الاستثمار فإنه من الواجب التنسيق بين هذه الوسائل والتوفيق بينها وبين درجة خطورة الركود:

- ففي حالة الركود الخفيف يجب أن يتجه الاهتمام إلى المخزون الذي يزيد بعد فترات الرواج ويؤدي تراكمه إلى عدم وجود طلبات كافية في معظم فروع النشاط الاقتصادي ذلك من خلال القيام باستثمارات عامة ذات كثافة رأسمالية منخفضة؛
- و في حالات الركود الحاد عندما ينخفض الاستثمار في رأس المال الثابت في حين أنه توجد فرص استثمارية، يجب على الدولة تحسين ربحية الاستثمارات وتشجيع الاستثمارات الأخرى والقيام باستثمارات عامة طويلة الأجل ذات كثافة رأسمالية مرتفعة؛
- أما إذا كان الركود عاماً عندما لا توجد فرص استثمارية في فروع كثيرة من النشاط

(1)- عبد المنعم عفر، **المرجع السابق**، ص 86

(2)- نوزاد عبد الرحمان، **المرجع السابق**، ص ص 64-65

(3)- محمد عفر، **المرجع السابق**، ص 87

- الاقتصادي ففي هذه الحالة لا يؤدي تشجيع الاستثمار الخاص إلى أية نتيجة، ولهذا يجب على الدولة القيام بمجهود استثماري شامل يؤدي إلى تنمية اقتصادية واسعة؛[1]

وتأخذ دالة الاستثمار الشكل الرياضي التالي: $I = I0 - ei$ حيث أن- $I0$ - هو الاستثمار الأولي و- e - هي حساسية الاستثمار للتغيرات في سعر الفائدة، وحسب كينز فإن هناك عدة عوامل خارجية وأخرى داخلية تؤثر على الاستثمار،[2] وسنركز في إطار هذه الرسالة على العوامل الداخلية والمتمثلة في السياسة الاقتصادية بصفة عامة وسياسة الإنفاق الحكومي بصفة خاصة. من خلال المعادلة السابقة نلاحظ أن سعر الفائدة يلعب دوراً أساسياً في التأثير على حجم الاستثمار، لذلك تقوم الدراسة بتحليل أثر سياسة الإنفاق الحكومي على الاستثمار الخاص من خلال تأثيرها على سعر الفائدة من خلال ما يعرف بأثر المزاحمة.crowding out effect

1-1- مزاحمة سياسة الإنفاق الحكومي لاستثمار القطاع الخاص

تفترض النظرية الكينزية من خلال فرضية المضاعف أن الزيادة في الإنفاق الحكومي تُولد تغيرات مضاعفة في الإنفاق الكلي، وهذا التحليل يعطي القليل من الاهتمام إلى الطريقة التي يتم من خلالها تمويل هذا الإنفاق، لذلك أقر بعض الاقتصاديين بأن الإنفاق الحكومي المموَل بطريق غير خلق النقود قد يؤدي إلى انخفاض الإنفاق الخاص، وهذا يُشار إليه في الأدبيات الاقتصادية بأثر مزاحمة الإنفاق الحكومي للإنفاق الخاص، وهذه الفرضية تقول بأن تمويل الإنفاق الحكومي عن طريق الضرائب أو الاقتراض العام هو عبارة عن تحويل الموارد من القطاع الخاص إلى القطاع العام، وأن هذه الزيادة في الإنفاق الحكومي ستكون لها حافز فقط إذا تم تمويله عن طريق خلق النقود،[3] يمكننا تحليل أثر المزاحمة من خلال منحنيات $IS - LM$ حيث نلاحظ وجود مزاحمة عند ارتفاع اسعار الفائدة نتيجة اتباع سياسة إنفاق حكومي توسعية، والسبب في ذلك يعود إلى تثبيت كمية النقد من طرف البنك المركزي حيث أن سعر الفائدة ما هو إلا التقاء بين العرض والطلب على النقود،[3] وبالتالي فإن الطريقة الوحيدة مبدئياً التي تسمح بزيادة الإنفاق الحكومي دون حدوث زيادة في سعر الفائدة هي خلق النقود لتمويل الإنفاق

---

(1)- محمد باهر عتلم، **المالية العامة، أدواتها الفنية وأثارها الاقتصادية**، المرجع السابق، ص ص 303-305

(2)- لمزيد من التفاصيل انظر: عفيف صندوق، **المرجع السابق**، ص 103

(3) -PHILIPS arestis, **the case for fiscal policy**, the levy economics instituts on university of leeds, London, 2005, p7

الحكومي،[1] وكما سبق وأن رأينا فإن طريقة التمويل هي التي تحدد الأثر على سعر الفائدة فالتمويل عن طريق إصدار الدين العام يؤدي إلى انتقال منحنى IS إلى اليمين وعند إصدار الحكومة للسندات لتمويل الإنفاق الحكومي فإن الثروة تتزايد، ومن ثم يتزايد الاستهلاك وهذا يؤدي إلى انتقال المنحنى IS إلىIS2 ومع تزايد الثروة فإن الطلب على النقود يتزايد وينتقل منحنى LM إلى LM1 ونحصل على مستوى توازني جديد عند Y2 والملاحَظ هنا أن الزيادة في الطلب الكلي للنقود تكون دون زيادة مناظرة في عرض النقود وبالتالي ينتقل منحنى LM إلى اليسار وتتأكد الزيادة في سعر الفائدة وينخفض الاستثمار بمقدار أكبر مؤديا إلى إلغاء الزيادة في الإنفاق الحكومي.

أما إذا مُولت الزيادة في الإنفاق الحكومي عن طريق التغيير في الهيكل الضريبي فأن الدخل يزيد في الفترة القصيرة، أما في الأجل الطويل فإما أن يكون الدخل ثابت أو يتناقص ومع الزيادة في الإنفاق الحكومي فإن المنحنى IS ينتقل إلى اليمين وإذا مُول الإنفاق الحكومي عن طريق زيادة مساوية في الضريبة فان منحنى IS سينتقل من IS1 إلى IS2 ونتيجة لذلك يكون المستوى التوازني للدخل عند Y2 وهذا ما يوضحه الشكل التالي، والنتيجة التي نخلص إليها أن مضاعف الموازنة المتوازنة للفترة الطويلة يكون إما صفرا أو ذو قيمة سالبة وبالتالي ففي حالة الركود لا يُنصح باستعمال الضرائب لتمويل الإنفاق الحكومي، لقد عرفنا إلى حد الآن أن الزيادة في الإنفاق الحكومي يترتب عليه ارتفاع في سعر الفائدة ومن ثم انخفاض الاستثمار الخاص ويختلف هذا الأثر حسب طريقة التمويل، وجاءت تسمية المزاحمة من أن الحكومة عندما تقرر زيادة إنفاقها فإنها تزاحم القطاع الخاص في الحصول على الموارد الحقيقية فينخفض حجم الدخل ولتوضيح ذلك نستعين بالشكل التالي:

الشكل(2-1-28)

أثر زيادة الإنفاق الحكومي على الدخل و سعر الفائدة (المزاحمة)

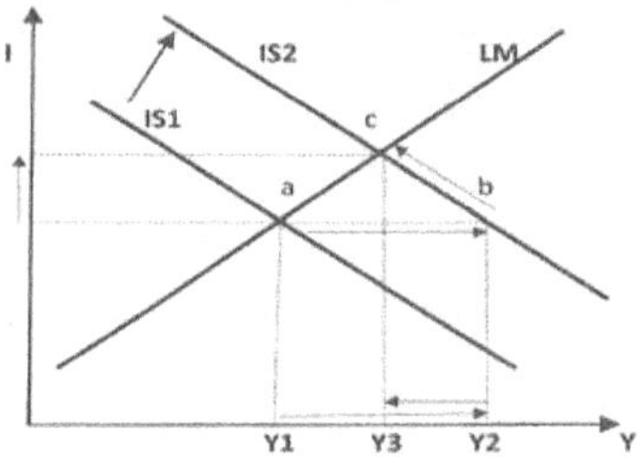

المصدر: عبد الرحمان يسري، النظرية الاقتصادية الكلية، مدخل حديث، مؤسسة شباب الجامعة، مصر، 1995، ص 250

(1)- سنعود لتحليل هذه النقطة بالتفصيل في المبحث الثاني من هذا الفصل صفحة 86

إن زيادة الإنفاق الحكومي سيؤدي إلى انتقال منحنىIS إلى اليمين بمقدار المسافة بين a وb حيث يزيد الدخل عند نفس المستوى من سعر الفائدة، وفي نفس الوقت فإن هناك أثر سلبي متمثل في ارتفاع سعر الفائدة من خلال أثر المزاحمة وبالتالي فإن سياسة الإنفاق الحكومي هي سياسة فعالة في حالة انخفاض أثر المزاحمة والتي تكون عند انخفاض مرونة الاستثمار لتغيرات سعر الفائدة،[1] حيث نلاحظ أن النقطة b تقع تحت منحنى LM وهي تمثل نقطة طلب نقدي زائد، [2] ولإشباع هذه الزيادة في الطلب النقدي [3] يقوم الجمهور ببيع بعض ما لديه من سندات فيزيد عرض السندات فيقل سعرها السوقي ومن خلال العلاقة العكسية الموجود بين أسعار السندات وسعر الفائدة ترتفع أسعار الفائدة من $i1$ إلى $i2$ وهنا ينتقل التوازن إلى النقطة c حيث يترتب على ارتفاع سعر الفائدة ارتفاع تكلفة الفرصة البديلة لحيازة الارصدة النقدية فينخفض الطلب على النقود ومن ناحية أخرى يؤدي ارتفاع سعر الفائدة إلى ارتفاع تكلفة تمويل الاستثمار فينخفض الاستثمار الخاص.[4] فالتغير في الدخل الناجم عن تغير الإنفاق الحكومي ينقسم إلى قسمين:

- الزيادة في الدخل من $Y1$ إلى $Y2$ إذا ما ظل سعر الفائدة ثابتا وفي هذه الحالة فإن الزيادة في الدخل تنجم عن أثر المضاعف الكينزي.$\Delta Y = \frac{1}{1-c(1-t)}\Delta G$ في هذه الحالة فإن أثر المزاحمة يساوي صفر
- النقص في الدخل من $Y2$الى $Y3$ إذا ما ارتفع سعر الفائدة من $i1$ إلى $i2$ وهو يعادل: $\Delta Y = -\frac{eL1}{L2}$

و يسمى هذا النقص في الدخل بأثر المزاحمة وينقسم مقدار المزاحمة إلى قسمين:

- المقدار $\frac{L1}{L2}$ وهو ميل المنحنى LM وهو يعطي مقدار الزيادة في سعر الفائدة المطلوبة لتحقيق التوازن في سوق النقد إذا زاد الدخل؛

---

(1)- Ch biales, **modélisation schématique des l'équilibre macroéconomique**, op.cit., p 34

(2)- لمزيد من التفاصيل راجع: سامي خليل، **النظريات والسياسات النقدية والمالية**، المرجع السابق

(3)- مع فرض عدم قيام البنك المركزي بزيادة العرض النقدي

(4)-Didier schlacther, **multiplicateur et évictions**, IEP, paris, 2004, p 4

- المقدار e وهو يعطي التغير في الاستثمار الناتج عن تغير سعر الفائدة ولهذا يمكننا كتابة المعادلة التالية على الشكل التالي: $\left(\frac{\Delta I}{\Delta i}\right)\left(\frac{\Delta i}{\Delta Y}\right) = -\frac{eL1}{L2}$ وبالتالي فإن أثر التغير في الإنفاق الحكومي على الدخل يتوقف على ميل منحنى LM، فكلما انخفض ميل منحنى LM ينخفض المقدار $\frac{L1}{L2}$ أي ينخفض المقدار $\left(\frac{\Delta i}{\Delta Y}\right)$ وينخفض مقدار ارتفاع سعر الفائدة الناجم عن تغير الدخل الذي حصل نتيجة تغير الإنفاق الحكومي، ومن ثم ينخفض أثر المزاحمة، بمعنى يقلل الأثر السلبي لزيادة الإنفاق الحكومي على الاستثمار الخاص.[1]

و كنتيجة لما سبق فإن أثر المزاحمة يتوقف على ثلاث معلمات في المقدار $-\frac{eL1}{L2}$ وهي:

- $L1$ حساسية الطلب النقدي بالنسبة للدخل؛
- $L2$ حساسية الطلب النقدي بالنسبة لسعر الفائدة؛
- e حساسية الإنفاق الاستثماري بالنسبة لسعر الفائدة.

و سنقوم الآن بتحليل حساسية الإنفاق الاستثماري بالنسبة لسعر الفائدة وأثرها على فعالية سياسة الإنفاق الحكومي وتأجيل دراسة حساسية الطلب النقدي لسعر الفائدة والدخل إلى المبحث الثاني.

1-1-1- أثر حساسية الاستثمار الخاص لسعر الفائدة على فعالية سياسة الإنفاق الحكومي

انطلاقاً من المعادلة الأساسية للدخل فإن الاستثمار هو العنصر الوحيد من مكونات الطلب الكلي الذي يكون دالة في سعر الفائدة ويسمى المعامل e بحساسية الاستثمار بالنسبة لسعر الفائدة أو حساسية الطلب الكلي بالنسبة لسعر الفائدة أو استجابة الطلب الكلي لسعر الفائدة حيث: $e = \frac{\Delta I}{\Delta i} = \frac{\Delta DG}{\Delta i} < 0$.

و يمكن تفسير تأثير قيمة e على فعالية سياسة الإنفاق الحكومي كما يلي:

---

(1)- عبد الرحمان يسري، **النظرية الاقتصادية الكلية-مدخل حديث**-،(مصر: دار شباب الجامعة)، ص ص 251-256

- في حالة قيمة e مرتفعة فإن تغير مرتفع في سعر الفائدة سيؤدي إلى تغير كبير في الاستثمار في الاتجاه العكسي فانخفاض سعر الفائدة يصاحبه زيادة كبيرة في الدخل من خلال أثر المضاعف وبالتالي فإن قيمة كبيرة ل e تؤدي إلى انخفاض ميل المنحنى IS

و لتحليل تأثير حساسية الطلب الكلي بالنسبة لسعر الفائدة على فعالية سياسة الإنفاق الحكومي نستعين بالشكل التالي:

الشكل (2-1-29) أثر حساسية الاستثمار الكلي لسعر الفائدة على فعالية سياسة الإنفاق الحكومي

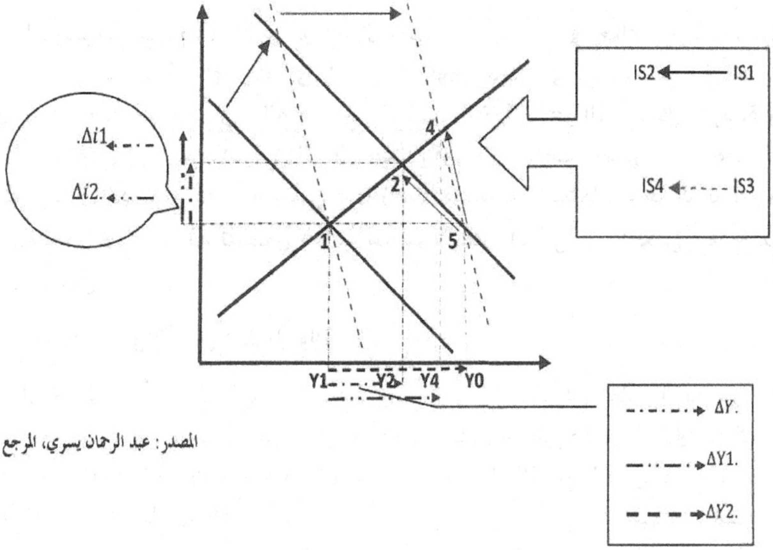

المصدر: عبد الرحمان يسري، المرجع نفسه، ص280

في الشكل السابق نلاحظ أن ميل منحنى $IS1$ أقل مقارنة مع ميل منحنى $IS3$ عند سعر فائدة $i1$ وذلك لأن منحنى $IS1$ مرسوم في ظل قيمة أعلى للمعلَمة e، فإذا زاد الإنفاق الحكومي بمقدار ΔG سينتقل منحنى IS إلى اليمين وفق آلية المضاعف وهذا الانتقال يسمى الأثر الكامل للمضاعف في ظل مستوى سعر فائدة ثابت، والمسافة الأفقية لانتقال منحنى من $IS1$ إلى $IS2$ تعادل المسافة الأفقية لانتقال المنحنى من $IS3$ إلى $IS4$ كل ما هنالك أن ميل منحنى $IS3$ أكبر من ميل منحنى$IS1$، وعندما يزيد الإنفاق الحكومي يزيد الدخل من $Y1$ إلى Y0 بمقدار ΔY، والممثَل بالانتقال من النقطة 1 إلى النقطة 5، وعندما يزيد الدخل يزيد الطلب على الأرصدة النقدية الحقيقية ومع افتراض ثبات العرض النقدي سينشأ هناك طلب نقدي زائد عند النقطة 5، وكما سبق وأن ذكرنا يقوم الجمهور ببيع ما لديه من سندات مما

يرفع سعر الفائدة فينخفض الطلب على النقود ويعود الاستقرار إلى السوق النقدي ومن ثم ننتقل من النقطة 5 إلى نقطة أعلى منها وهنا نميز بين حالتين:

- حالة المنحنيين $IS1$ و$IS2$ (حساسية الاستثمار كبيرة لسعر الفائدة) ينتقل التوازن من النقطة 5 إلى النقطة 2 حيث يرتفع سعر الفائدة من $i1$ إلى $i2$ وينخفض الدخل من $Y0$ إلى $Y2$ وهنا نميز أثر مزاحمة كبير؛
- حالة المنحنيين $IS3$ و$IS4$ (حساسية الاستثمار ضعيفة لسعر الفائدة) ينتقل الاقتصاد من النقطة 5 إلى النقطة 4 حيث يكون ارتفاع سعر الفائدة من $i1$ إلى $i4$ وهنا نميز اثر مزاحمة صغير؛

وبالتالي فإن النتيجة التي نخلص إليها من خلال تحليلنا السابق أنه في حالة وجود حساسية استثمار كبيرة لسعر الفائدة فإن أي زيادة في الإنفاق الحكومي تؤدي إلى زيادة صغيرة في الدخل حيث يكون أثر المزاحمة كبير، أما في حالة حساسية استثمار صغيرة لسعر الفائدة فإن الزيادة في الإنفاق الحكومي تؤدي إلى زيادة كبيرة في الدخل حيث يكون أثر المزاحمة صغير نسبيا، ومن ثم تكون سياسة الإنفاق الحكومي فعالة.و بالتالي كلما زادت حساسية الاستثمار لسعر الفائدة كلما انخفض ميل منحنى IS ومن ثم تنخفض فعالية سياسة الإنفاق الحكومي والعكس صحيح مع ثبات العوامل الأخرى

1-1-2- المزاحمة في الأجلين الطويل والقصير

إن فرضية المزاحمة من أقدم التحاليل الاقتصادية والتي تعود إلى نظرية التعادل الريكاردي بين الدين العام والضرائب،و لقد استنتجنا من خلال التحليل السابق أن الزيادة في الإنفاق الحكومي تؤدي إلى ارتفاع أسعار الفائدة الذي بدوره يؤثر سلبا على استثمار القطاع الخاص، مما يؤثر سلباً على مستوى النشاط الاقتصادي، ولقد اعتمدت المدرسة النيوكلاسيكية الحديثة على هذه الفرضية انطلاقاً من أن ارتفاع أسعار الفائدة سيؤدي إلى ارتفاع الأسعار التي تؤدي بدورها إلى ارتفاع أكبر في سعر الفائدة، وهو ما يُدخل الاقتصاد في حلقة مفرغة،[1] والنقطة الأساسية في هذا التحليل أن العرض النقدي متغير خارجي يتحكم فيه البنك المركزي، وهو ما

(1) -Xaffier greffe, **principe de la politique économique**, op.cit., p156

لا يتناسب مع أراء بعض الاقتصاديين،[1] وفي المقابل يرى البعض الأخر بأن العرض النقدي يرتبط بصفة أساسية بالطلب على النقود ويمكن مراقبته من خلال التحكم في تكلفة إعادة التمويل من خلال تحريك سعر الفائدة.[2] ولكن السؤال الذي يتبادر إلى أذهاننا في هذا المجال؛ هل النتائج التي توصلنا إليها في السابق تنطبق على الأجل القصير كما تنطبق على الأجل الطويل؟ أم هناك اختلاف بينهما؟ هذا ما سنقوم بالإجابة عليه من خلال ما يلي

أ- أثر المزاحمة في الأجل القصير

يمكننا التمييز بين نوعين من المزاحمة في الأجل القصير:

أ-1- أثر المزاحمة في الأجل القصير المرتبطة بالتشغيل الكامل، حيث أن أي زيادة في الإنفاق الحكومي في وضعية التشغيل الكامل ستؤدي إلى تخفيض الإنفاق الخاص في إطار تضخمي وأن أي تدخل من طرف الدولة يعد تدخلاً غير رشيد لأن تدخلها لا بد أن يكون في إطار التشغيل الناقص؛

أ-2- أثر المزاحمة عن طريق الأسعار أو معدلات الفائدة، في ظل ثبات العرض النقدي فإن القطاعين الخاص والعام يُعدان في موقع تنافس على الأموال القابلة للإقراض مما يؤدي إلى ارتفاع أسعار الفائدة متبوعة بارتفاع الأسعار وهذه الوضعية تؤدي إلى فقدان تنافسية السلع الوطنية،[3] ويتعدى أثر المزاحمة من الاستقرار الاقتصادي الداخلي إلى الاستقرار الخارجي حيث أن الزيادة في الإنفاق الحكومي تشجع على ظهور العجز في الميزان التجاري الذي يدفع الضغوط التضخمية ويُخفض القوة الشرائية.[4]

ب- أثر المزاحمة في الأجل المتوسط

يرتبط أثر المزاحمة في الأجل المتوسط بالعجز في التجارة الخارجية، فإنعاش الاقتصاد الوطني

---

(1)- وهم الكينزيون النيوكينزيون والنيوكلاسيك في حين يختلف معهم النقديون الذين يعتبرون أن تحكم البنك المركزي في العرض النقدي يُعد من أهم مؤشرات استقلالية البنك المركزي

(2)- Cananle rosaria rita, **positive effect of fiscal expansions on growth and debt**, munich personal, RePec archive(MPRA),2006, p4

(3)-Jaque fontanel, op.cit., p 51

(4)- وهو ما يعرف بأثر المزاحمة الدولية، التي سنعود إليها بالتفصيل عند دراستنا لاثر سياسة الإنفاق الحكومي على الاستقرار الاقتصادي الخارجي، انظر الصحة رقم 99

عن طريق زيادة الإنفاق الحكومي يؤدي بصورة سريعة إلى انخفاض شروط التبادل الدولي لأن العرض المحلي لا يُجاري الطلب الجديد خاصة في الدول النامية فالآثار الايجابية للإنفاق الحكومي يمكن أن تعوَض بآثار سلبية تتمثل في زيادة الواردات وانخفاض قيمة العملة مع كل الآثار السلبية الناتجة عن ارتفاع الضغوط التضخمية، ويركز بعض الاقتصاديين [1] على هذا النوع من الأثر الذي يمكن أن يخفض في الانعكاسات السلبية للإنفاق الحكومي في إطار إنعاش اقتصادي كتعاون بين مجموعة من الدول النامية

ت- أثر المزاحمة في الأجل الطويل

لقد أشار gltis(1983) إلى الطابع غير الفعال للنشاط الاقتصادي للدولة وبفرض أن التشغيل في الوظيف العمومي لا يزيد من المقدرة الإنتاجية وأن تنافسية الاقتصاد الوطني مرتبطة أساساً بأهمية اليد العاملة في القطاع المنتج،فإن زيادة الدور الاقتصادي للدولة له أثار سلبية على المقدرة الإنتاجية والتصديرية للدولة، فزيادة العمالة في القطاع العام الناتجة عن زيادة الإنفاق الحكومي والطابع الداخلي للنشاط الحكومي الذي يهمل الطاقة الكامنة التصديرية للاقتصاد كلها عوامل تساهم في التقليل من فعالية سياسة الإنفاق الحكومي في الأجل الطويل.

2- سياسة الإنفاق الحكومي وأثرها على الاستهلاك الكلي

تؤثر سياسة الإنفاق الحكومي بشكل كبير على الاستهلاك الكلي فمن المعروف بديهياً أن الاستهلاك هو ذلك الجزء من الدخل الذي لا يُدخر أي ذلك الجزء من الدخل الذي يُنفق من أجل الحصول على السلع والخدمات والتي تحقق للمستهلك درجات متفاوتة من الإشباع، ومن الناحية الرياضية فإن الاستهلاك هو دالة متزايدة بمعدل متناقص، بمعنى أنه كلما زاد الدخل زاد الاستهلاك ولكن بمعدل أقل وتفسير ذلك أنه كلما اقترب الفرد من درجة الإشباع زاد الطلب على السلع بمعدلات منخفضة، ونظراً لتفاوت توزيع الدخول فإن هناك احتمال وجود فئة معينة غير قادرة على الحصول على الحد الأدنى اللازم للمعيشة مما يؤثر على الطلب الفعال، وهنا تتدخل الحكومة لإنقاذ الموقف عن طريق زيادة الإنفاق الحكومي التحويلي أو الإنفاق الاستثماري الذي يؤدي إلى خلق فرص عمالة جديدة من شأنها زيادة القوة الشرائية، ومن ثم

---

(1)- وهـم ينتمـون إلى مدرسـة néo cambridgiens في إطـار مـا يعـرف بسياسـة relance coordonnés des pays mutuellement interdependents

يكون الإنفاق الحكومي من العوامل المشجعة لتمويل الطلب الكلي الفعال عن طريق زيادة الاستهلاك.[1] وتؤدي زيادة الإنفاق الحكومي التحويلي إلى تحقيق أثر المضاعف بسبب ارتفاع الميل الحدي للاستهلاك للطبقات الفقيرة التي يمسها الإنفاق، كما أن الزيادة في هذا النوع من الإنفاق تُجنب المنافسة بين القطاعين العام والخاص التي تقوم في حالة قيام القطاع العام بمشاريع معينة، إلا أن العيب الأساسي لهذا الأسلوب هو صعوبة الرجوع عنه في حالة تجاوز مرحلة الركود وبالتالي فإنها تفقد خاصية المرونة فالإنفاق التحويلي لا يعتبر أداة سهلة وقاطعة في مواجهة التقلبات ولكن لا شك في أثارها على مستوى الاستهلاك في الأجل الطويل[2]

إن هدف سياسة الإنفاق الحكومي هو تشجيع الاستهلاك، لذلك سنحاول استخراج معادلة الاستهلاك الرئيسية انطلاقا من معادلة الدخل القومي البسيطة والتي تكون على الشكل التالي: $Y = C + I$......................(1).

و إذا أضفنا مقدار التغير لإطراف المعادلة وبفرض أن هذا التزايد حصل نتيجة زيادة الإنفاق الحكومي من خلال أثر المضاعف تصبح المعادلة على الشكل التالي:

$\Delta C = \Delta Y - \Delta I$..................(2).

إن سياسة الإنفاق الحكومي تسبب الزيادة في الاستثمار بطريقتين:

- الطريقة المباشرة: حيث أن زيادة الإنفاق الحكومي تشجع الاستثمار المستقل $Aut\Delta I$ أي التجديد في المعدات والآلات، وذلك بقصد الاستفادة القصوى من إمكانيات الربح.
- الاستثمار المحرَض $Ind\Delta I$ أي الذي تولده زيادة الدخل الناتجة عن زيادة الإنفاق الحكومي

و عند عزل هذين المتغيرين عن بعضها نحصل على المعادلة التالية:

$\Delta C = (\Delta Y - Ind\Delta I) - Aut\Delta I$...(3).

1-2- تأثير الاستثمار المحرَض على الاستهلاك الكلي

إن الزيادة المحرَضة للاستثمار تحددها النزعة الحدية للاستثمار والتي نرمز لها ب a، وبالتالي يمكننا كتابة المعادلة على الشكل التالي:

(1)- محمد عبد المنعم عفر، **المرجع السابق**، ص 84

(2)- باهر عتلم، **المالية العامة أدواتها الفنية وأثارها الاقتصادية**، المرجع السابق، ص 115

$$.Ind\Delta I = a \cdot \Delta Y ....(4)$$

$$.\Delta Y - Ind\Delta I = \Delta Y(1 - a) ....(5)$$

سنقوم الآن بدراسة الصيغة $\Delta Y(1 - a)$ والذي تقتضي منا البحث كيف أن التغير في الدخل ينتج تبعا للتغير في الإنفاق الحكومي وفي هذا الحالة الناتج هنا يتأثر بعنصرين هما R والذي هو تأثير الاستخدام على الدخل والذي يحدث كنتيجة عن سياسة الإنفاق الحكومي من خلال تشغيل العوامل غير المستعملة أولا ومن زيادة رأس المال في حالة الاستعمال الأقصى للعوامل الموجودة يمكننا التعبير عن هذا العنصر بالصيغة التالية:

$$.R(1 - a) ....(6)$$

ويمكننا القول أن سياسة الإنفاق الحكومي تكون ايجابية على الاستهلاك إذا كانت قيمة a اصغر من الواحد، أما العنصر الثاني فهو تأثير مستوى الأسعار T حيث أن التحليل السابق كان بفرض ثبات مستوى الأسعار، ولكن هذا المستوى في الحقيقة ليس ثابتا وهو يتغير تبعا لتغير قيمة الاستهلاك الناتج عن تغير الإنفاق الحكومي وعندما تتغير الأسعار فسوف يتغير مستوى الدخل الحقيقي، حيث أن ارتفاع مستوى الأسعار يعني انخفاض الدخل الحقيقي ويمكن التعبير على هذا العنصر من خلال الصيغة التالية: $.T(1 - a) ......(7)$

إن تأثير هذا العنصر له تأثير معاكس للعنصر السابق فعندما تكون القيمة $(1 - a)$ موجبة فإن التأثير التوسعي لسياسة الإنفاق الحكومي تكون موجبة عندما يكون R أكبر من T، وعندما تكون قيمة $(1 - a)$ سالبة فان القيمة المطلقة الأكبر لـ R تعني أن الاستثمار سوف يكون أكبر من طاقة الادخار، مما سوف يُحدث تضخما نقديا، وإذا مزجنا العنصرين السابقين فإننا نحصل على المعادلة التالية:

$$.R(1 - a) - T(1 - a) = (R - T)(1 - a) .....(8)$$

2-2- تأثير الاستثمار المستقل على الاستهلاك الكلي

يحدث الاستثمار المستقل إما عن طريق ارتفاع الإنتاجية الحدية لرأس المال، فارتفاع الأسعار له علاقة طردية بالإنتاجية الحدية لرأس المال وهذا يدفع المستثمر لزيادة استثماره، غير أن السلطات تواجه هذا الارتفاع عن طريق رفع سعر الفائدة، وعندئذ لا يمكن أن نلاحظ زيادة كبيرة في الاستثمار، ويمكن أن يؤثر ارتفاع الأسعار على المستوى التكنولوجي فيُحسنه مما

يبعث على تشكيل استثمارات مستقلة، حيث أنه كلما صغرت القيمة $Aut\Delta I$ بقدر ما تكون تأثير السياسة المالية على الاستهلاك كبيرا، واذا أدرجنا التأثير المباشر والتأثير غير المباشر في معادلة واحدة فإننا نحصل على الصيغة التالية

$$.\Delta C = (\Delta Y - Ind\Delta I) - Aut\Delta I \ldots\ldots\ldots\ldots (9)$$

نقوم بتعويض المعادلة 8 في المعادلة 9 فنحصل على:

$$.\Delta C = (R - T)(1 - a) - Aut\Delta I \ldots\ldots\ldots (10)$$

و السؤال الذي يُطرح في هذا المقام هل يمكن لسياسة الإنفاق الحكومي أن تزيد من الطاقة الإنفاقية الاستهلاكية؟ الجواب يكون في الأحوال التالية.

أولا: عندما تكون قيمة $(R - T)$ موجبة أي عندما تمكن زيادة الإنفاق الحكومي من زيادة الدخل الحقيقي أكثر مما تسبب في نقص هذا الدخل .و تكبر هذه القيمة الموجبة :

- عندما تكون قيمة $(1 - a)$ موجبة أي عندما لا يستولي الاستثمار على كافة قيمة الدخل ؛
- توفر الشروط التي تنقص من قيمة الاستثمار المستقل- $Aut\Delta I$ - أي الذي ينتج مباشرة عن زيادة الإنفاق الحكومي الاستثماري فنقصه يشكل عنصرا ايجابيا يتيح الزيادة المنتظرة من التأثير غير المباشر على الاستهلاك الناتج عن زيادة الإنفاق الحكومي الاستهلاكي.[1]

كخلاصة لما سبق فإن تأثير سياسة الإنفاق الحكومي على التوازن الاقتصادي يكون من خلال أثرها على النمو والتشغيل في جانب العرض الكلي والاستهلاك والاستثمار في جانب الطلب الكلي، ففي جانب العرض الكلي خلُصنا إلى أن تحقيق سياسة إنفاق حكومي لأثر ايجابي على النمو يتطلب توفر جهاز إنتاجي مرن، كما تلعب طريقة التمويل دوراً مهماً في تحديد فعالية سياسة الإنفاق الحكومي فالتمويل عن طريق الإصدار النقدي يؤدي إلى نتائج على النمو والتشغيل أحسن من التمويل عن طريق الضرائب والدين العام، إذا ما توفرت بعض الشروط كمرونة الجهاز الإنتاجي ومرور الاقتصاد بحالة كساد، أما في جانب الطلب

---

(1)- محمود نيربي، **الاقتصاد المالي**،(سورية: جامعة حلب، كلية الاقتصاد، 2004) ص ص 433-436

الكلي فإن حساسية الاستثمار بالنسبة إلى سعر الفائدة تعتبر المحدد الرئيسي لفعالية سياسة الإنفاق الحكومي، فإذا ما زادت هذه الحساسية ارتفع أثر المزاحمة وانخفضت فعالية السياسة.

وإذا كان تمويل الإنفاق الحكومي عن طريق الإصدار النقدي يؤدي إلى نتائج حسنة على النمو والتشغيل، فإن هذه الطريقة لا تخلو من السلبيات خاصة على معدلات التضخم، حيث أن استعمال الإصدار النقدي يمكن أن يولد ضغوط تضخمية، فكيف يمكن لسياسة الإنفاق الحكومي أن تولد ضغوطا تضخمية؟

المبحث الثاني

سياسة الإنفاق الحكومي وأثرها على التضخم

لقد رأينا في المبحث الأول أن تمويل الإنفاق الحكومي عن طريق الاقتراض يؤدي إلى رفع أسعار الفائدة ومزاحمة استثمار القطاع الخاص، مما يُثبط تأثير سياسة الإنفاق الحكومي التوسعية على الدخل ويمكن لصانعي السياسة الاقتصادية أن يمنعوا حدوث ذلك من خلال التنسيق بين سياسة الإنفاق الحكومي والسياسة النقدية، وذلك عن طريق زيادة الكتلة النقدية التي تُبقي سعر الفائدة عند مستواه الأولي لكن تطور الإصدار النقدي المستعمَل في تمويل الإنفاق الحكومي ينطوي على مخاطر تغذية التضخم، يتضح لنا مما سبق المسار الذي نتبعه في تحليلنا خلال هذا الفصل حيث سنقوم في مرحلة أولى بإبراز أهمية التمويل النقدي من خلال استعمال الإصدار النقدي في زيادة فعالية سياسة الإنفاق الحكومي، أما في مرحلة ثانية سنقوم بإبراز إمكانية حدوث تضخم ناتج عن تمويل الإنفاق الحكومي بالإصدار النقدي وسيكون هذا التحليل في إطار نموذج العرض الكلي-الطلب الكلي في ظل عدم ثبات المستوى العام للأسعار، بالإضافة إلى إبراز موقع سياسة الإنفاق الحكومي من منحنى فيليبس.

المطلب الأول: السياسة النقدية المصاحبة لسياسة الإنفاق الحكومي وأثرها على المستوى العام للأسعار

أن نموذج الطلب الكلي والعرض الكلي إنما هو النموذج الكلي الأساسي لدراسة تحديد مستوى الناتج والمستوى العام للأسعار وبالتالي يمكن استخدام هذا النموذج للإجابة على مجموعة من الأسئلة المتمثلة فيما يلي: هل يمكن لاقتصاديات السوق أن تتمتع بمزايا التشغيل الكامل والاستقرار السعري في آن واحد؟ وهل من وسيلة أخرى يمكن من خلالها احتواء التضخم باستثناء كبح جماح النمو الاقتصادي والإبطاء من سرعته الأمر الذي يؤدي إلى رفع معدلات البطالة إلى مستويات غير مرغوب فيها؟ لذلك سننطلق من أثر سياسة الإنفاق الحكومي على التضخم باستخدام نموذج العرض الكلي-الطلب الكلي قبل التطرق إلى المبادلة العكسية بين البطالة والتضخم ؟

1- تمويل الإنفاق الحكومي عن طريق الإصدار النقدي...الإلية والفعالية

يرتبط الاستقرار الاقتصادي كما سبق وأن رأينا في الفصل الأول بموضوعين هما: تشغيل الموارد الاقتصادية واستقرار المستوى العام للأسعار، حيث يرى كينز أن التمويل التضخمي يؤدي إلى تشغيل الموارد الاقتصادية عن طريق زيادة الطلب الفعلي، ويرى بعض الاقتصاديون أن التمويل التضخمي ضروري للبلدان النامية حتى يرتفع فيها معدل تشغيل الموارد الاقتصادية، لكن كفاءة هذه السياسة تتوقف على مدى تمتع الجهاز الإنتاجي بالمرونة الكافية، ففي الدول النامية لا بد من بناء جهاز إنتاجي مرن حيث أن زيادة الطلب الفعلي لن تجدي نفعاً لأن مشكلة هذه الدول تتمثل في ضآلة مواردها الاقتصادية، لذلك ينصح بعض الاقتصاديون بعدم اللجوء إلى هذه السياسة إلا عندما تبدأ معالم مرونة الجهاز الإنتاجي بالظهور.[1] من هنا يظهر أن التأثير الأساسي لتمويل الإنفاق الحكومي عن طريق الإصدار النقدي يكون من خلال تأثيره على الطلب الكلي وحسب وجهة النظر الكينزية فإن آلية انتقال التأثير تكون من خلال سعر الفائدة حيث أن استخدام الإصدار النقدي يؤدي إلى انخفاض أسعار الفائدة وهذا ما يوضحه الشكل التالي.

الشكل (2-2-30) كيفية تأثير الإصدار النقدي الجديد على الطلب الكلي

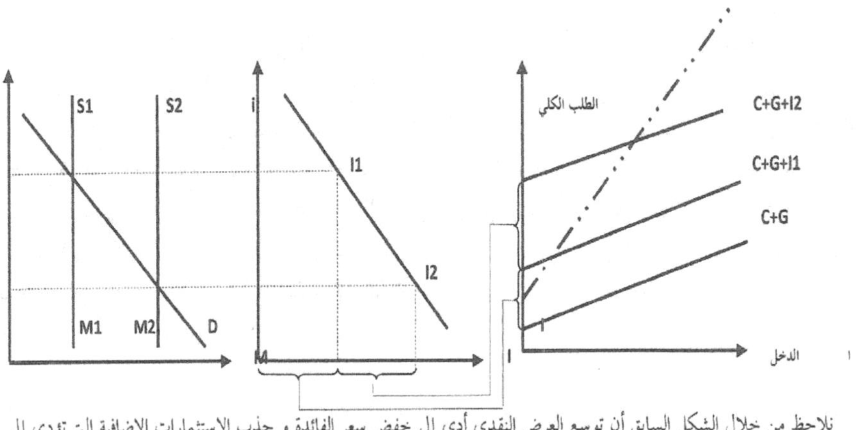

نلاحظ من خلال الشكل السابق أن توسع العرض النقدي أدى إلى خفض سعر الفائدة و جذب الاستثمارات الإضافية التي تؤدي إلى زيادة الطلب الكلي حتى نقطة التشغيل الكامل، حيث أن أي زيادة بعد هذه النقطة تؤدي إلى حدوث تضخم، و بالتالي فإن انتقال التأثير يكون على الشكل التالي: عرض النقود ← سعر الفائدة ← الاستثمار ← الطلب الكلى

(1)- أحمد علي مجذوب، **السياسة المالية في الاقتصاد الإسلامي- مقارنة مع الاقتصاد الوضعي**،(السودان: هيئة الإعمال الفكرية، 2000) ص ص 248-249

لذلك قبل التطرق إلى آلية التأثير سياسة الإنفاق الحكومي المَمولة عن طريق الإصدار النقدي، لا بد من إدخال السوق النقدي في تحليل أثر المزاحمة ومدى تأثيرها على استثمار القطاع الخاص

2- استخدام نموذج العرض الكلي والطلب الكلي في تفسير التضخم

إن التضخم شأنه شأن أي مرض اقتصادي له مصادر وأسباب عديدة، ويُرجع البعض تلك الأسباب إلى قوى الطلب بينما يرجعها البعض الأخر إلى قوى العرض السوقية، لذلك فإننا نميز بين تمدد الطلب الكلي المستثير للتضخم وضغط التكلفة المستثير للتضخم، حيث أنه من أهم الصدمات التي تواجه التضخم هي التغير الذي يطرأ على الطلب الكلي خاصة فيما يتعلق بالإنفاق الحكومي حيث أن تمدد الطلب المستثير للتضخم يقع عندما يرتفع الطلب الكلي على نحو أكثر سرعة من مستوى الإنتاجية المتوقعة للاقتصاد، الأمر الذي من شأنه رفع الأسعار لموازنة قوى العرض والطلب الكليين، وتمثل السياسة النقدية المصاحبة لزيادة الإنفاق الحكومي أحد العوامل الرئيسية لحدوث تضخم الطلب، أما ضغط التكلفة المستثير للتضخم فينجم عن ارتفاع التكاليف خلال الفترات التي تشهد معدلات بطالة مرتفعة واستغلالاً ضعيفاً للموارد،[1] حيث يطالب العمال برفع الأجور إما لأنهم يريدون زيادة أجورهم الحقيقية أو أنهم يتوقعون أن يكون التضخم مرتفعاً مما يؤدي إلى انتقال منحنى العرض الكلي إلى الأعلى، فلو أن السياستين المالية والنقدية بقيتا دون تغيير فإن الاقتصاد القومي سوف ينتقل إلى مستوى توازني جديد والنتيجة أن الناتج ينخفض إلى أقل من مستوى المعدل الطبيعي بينما مستوى الأسعار يرتفع وسيقوم واضعوا السياسة الاقتصادية بزيادة الطلب الكلي بحيث يعود الاقتصاد الوطني إلى الوضع الأولي، ونظراً لأن العمال قد حصلوا على ما كانوا يريدون من زيادة في الأجور، فإن هذا سيشجعهم على المطالبة مرة ثانية برفع الأجور، والنتيجة أن منحنى العرض الكلي سيرتفع مرة ثانية إلى أعلى وترتفع معدلات التضخم، والنتيجة هي الاستمرار في ارتفاع الأسعار وهذا هو تضخم دفع التكاليف.[2]

---

(1)- بول ساموبلسون، **المرجع السابق**، ص 651

(2)- سامي خليل، **نظرية الاقتصاد الكلي**، المرجع السابق، ص ص 1516-1517

3- فعالية سياسة الإنفاق الحكومي في التحكم في مستوى الأسعار في إطار نموذج العرض الكلي-الطلب الكلي

إن العوامل التي تحدد موضع منحنيات $IS - LM$ هي نفسها العوامل التي تحدد موضع منحنى الطلب الكلي لذلك سنوضح كيف أن التغيرات في سياسة الإنفاق الحكومي ستؤدي إلى انتقال منحنى الطلب الكلي، وسنقوم من خلال هذا العنصر بتحليل أثر سياسة الإنفاق الحكومي على التضخم مع توضيح تأثير صدمة الطلب الكلي على الاستقرار الاقتصادي وكيف تتم معالجة هذه الصدمة من خلال سياسة الإنفاق الحكومي، ويمكننا تحليل أثر سياسة الإنفاق الحكومي على التضخم بالاعتماد على الشكل التالي

الشكل(2-2-31)

أثر سياسة الإنفاق الحكومي على المستوى العام للأسعار في إطار نموذج العرض الكلي-الطلب الكلي

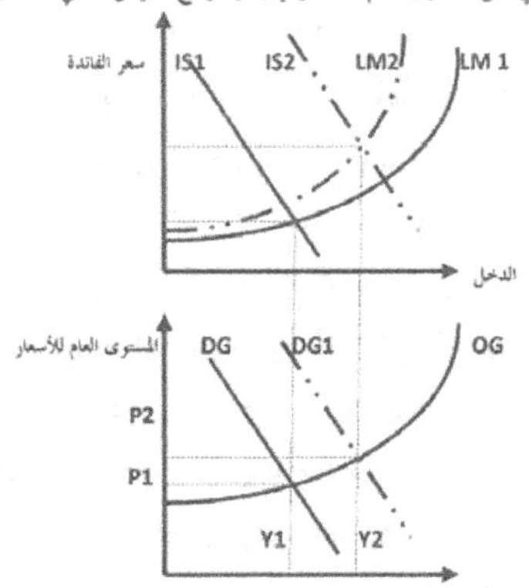

المصدر: CH BIALES, modélisation schématique de l'équilibre macroéconomique, op.cit., p 88

إن زيادة الإنفاق الحكومي بمقدار ΔG تؤدي إلى زيادة الطلب الكلي ويحدث انتقال في منحنى الطلب الكلي إلى اليمين، وهذا لا يؤدي فقط إلى زيادة الناتج وإنما يؤدي أيضا إلى زيادة المستوى العام للأسعار، وهو ما يسمى بأثر السعر effet prix أو الكبح النقدي، والذي يؤدي بدوره إلى تخفيض القيمة الحقيقية للأرصدة النقدية والذي يتجلى في انتقال منحنى LM إلى اليسار ومن جهة أخرى يؤدي إلى أثر ثروة سلبي الأمر الذي يدفع منحنى IS نحو اليسار وبالتالي فإن المخطط يوضح أن أثر الكمية الذي يدفع Y نحو اليمين أكثر أهمية من أثر السعر الذي يدفع بصفة معاكسة Y نحو اليسار، وبالتالي فإن سياسة الإنفاق الحكومي بصفة عامة

فعالة، لكن هذه الفعالية مشروطة بقوة أثر المزاحمة،[1] وقوة الكبح النقدي الذي يرتبط بميل منحنى العرض الكلي أي بدرجة مرونة الأسعار.[2] أما في حالة استخدام العرض النقدي لتمويل الإنفاق الحكومي فإن ذلك سيؤدي إلى زيادة وسائل الدفع في حوزة الأفراد وبالتالي زيادة الطلب الكلي فينتقل منحنى الطلب الكلي نحو اليمين ولا ينجم عن هذا أثر كمية فقط من خلال زيادة حجم الناتج، ولكن ينتج عن هذا أيضاً أثر سعر بسبب ارتفاع الأسعار الذي يؤثر سلبا على ثروة الأفراد والذي يُترجَم بانتقال منحنى *IS* نحو اليسار-*IS1*-، ولكن عند قيام الحكومة بزيادة إنفاقها الحكومي سينتقل منحنى **IS** إلى يمين مجدداً مما يؤدي إلى نقل منحنى الطلب الكلي **DG1** مع انتقال المستوى العام للأسعار إلى *P1* وإذا ما قارنا الحالة السابقة والمتمثلة في العمل المالي البحت مع هذه الحالة فإننا **نستنتج أن استعمال الإصدار النقدي الجديد لتمويل الإنفاق الحكومي يؤدي إلى زيادة كبيرة في الناتج المحلي الإجمالي الناتجة عن زيادة الطلب الكلي إذا ما قارنها بالعمل المالي البحت لكن مع تحمل ضغوط تضخمية كبيرة** وهو ما يوضحه الشكل التالي.

الشكل (2-2-32)

أثر سياسة الإنفاق الحكومي الممولة عن طريق الإصدار النقدي الجديد على المستوى العام للأسعار

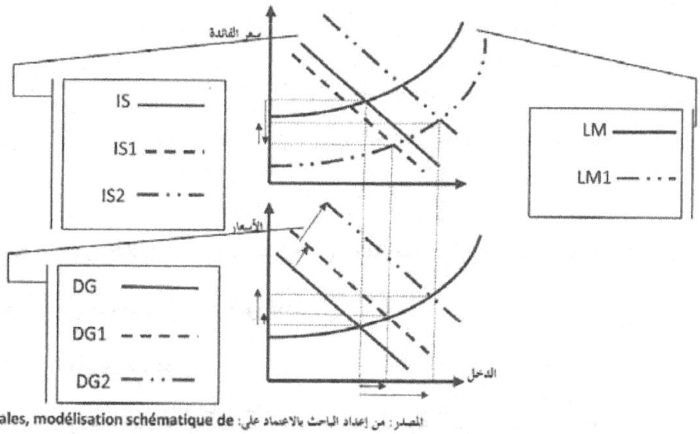

المصدر: من إعداد الباحث بالاعتماد على: CH biales, modélisation schématique de l'équilibre macroéconomique, op.cit., p 89

(1)- كما رأينا فإن أثر المزاحمة مرتبط بدرجة حساسية الاستثمار لسعر الفائدة

(2)- وكلما كان منحنى العرض الكلي يقترب أن يكون رأسيا كلما زادت درجة الكبح النقدي، أي أنه في هذه الحالة تزيد درجة مرونة الأسعار

المطلب الثاني: موقع سياسة الإنفاق الحكومي من منحنى فيليبس

لقد قام الاقتصادي فيليبس AW Phillips سنة 1958 بصياغة علاقة عكسية بين التغيرات في معدل الأجر الاسمي من جهة ومعدل البطالة من جهة أخرى، بحيث يتميز هذا المنحنى بأنه ذو ميل سالب مع إمكانية المراجحة بين ارتفاع الأجور الاسمية والبطالة وإذا اعتبرنا أن التضخم ناتج عن زيادة الكتلة الأجرية فإنه من أجل كبح ارتفاع الأسعار يجب منع زيادة الأجور الإسمية وبالتالي القبول بارتفاع معدلات البطالة.[1] ويسمح منحنى فيليبس بتحليل التحركات قصيرة الأمد لمعدلات البطالة والتضخم، كما ينطبق منحنى فيليبس على نموذج العرض الكلي والطلب الكلي،[2] ولقد تناولنا في الفصل الثاني دراسة أثر سياسة الإنفاق الحكومي على معدلات البطالة والآن سنقوم بدراسة مشتركة لأثر سياسة الإنفاق الحكومي على كل من البطالة والتضخم وذلك في إطار منحنى فيليبس.

1- الأساس النظري للعلاقة بين التضخم والبطالة

إن الشيء الملاحظ في منحنى فيليبس أن انتقال العلاقة بين البطالة والتضخم يمر عبر مرحلتين تتمثل المرحلة الأولى في العلاقة بين التضخم والأجور، أما المرحلة الثانية فتتمثل في العلاقة بين الأجور والبطالة

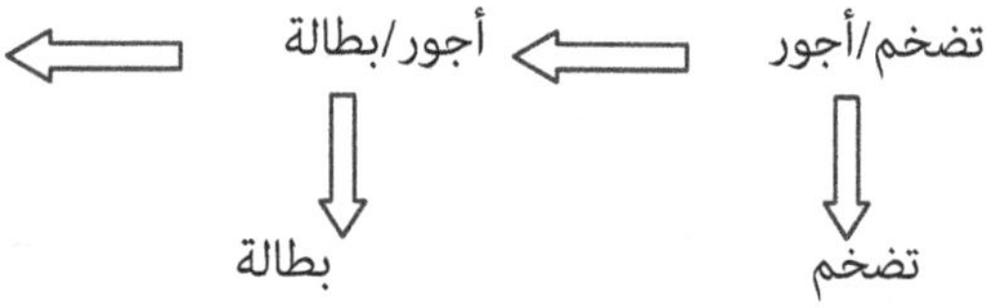

لذلك سنحاول من خلال ما يلي توضيح هاتين العلاقتين بشيء من التفصيل

1-1- العلاقة بين تضخم/أجور وأجور/بطالة

أ- العلاقة تضخم/أجور

من خلال النظرية الكينزية يمكننا كتابة المعادلة التالية التي توضح كيفية تشكيل الأسعار:

---

(1)- Dominique redor, **économie du travail et de l'emploi**, montchrestin, paris, 1999, p256

(2)- بول سلمويلسون، المرجع السابق، ص 715

$$P = CM + (tm.CM) = CM(1 + tm).$$

CM= التكلفة المتوسطة tm: معدل الهامش

و بما أن التكلفة المتوسطة CM مساوية للتكلفة الثابتة الوسطية CFM والتكلفة المتغيرة الوسطية CVM فاننا يمكننا كتابة المعادلة السابقة على الشكل التالي

$$CM = CFM + CVM = CFM + \frac{W.L}{Y}.$$

$$CM = CFM + W.\frac{L}{Y} = CFM + W.\frac{1}{PM}.$$

و في الأخير نحصل على المعادلة التالية[1] $P = (1 + tm)\left[CFM + \left(\frac{W}{PM}\right)\right].$

من خلال المعادلة السابقة يمكننا أن نستنتج أن المستوى العام للأسعار عند مستوى عرض كلي معين هو:

- دالة متزايدة في معدل الهامش؛
- دالة متزايدة في معدل الأجر الاسمي؛
- دالة متناقصة في إنتاجية العمل.

و إذا علمنا أن التكلفة الثابتة الوسطية لا تتغير مع تغير الكمية المنتجة وإذا افترضنا أن معدل الهامش ثابت فإننا نحصل على المعادلة التالية[2]:

$$(1 + \Delta P) = \frac{1+\Delta W}{1+\Delta PM} \Rightarrow \Delta P = \Delta W - \Delta PM.$$

ب- العلاقة أجور/بطالة

لقد قام فيليبس سنة 1958 بدراسة إحصائية على اقتصاد المملكة المتحدة خلال الفترة 1861-1957 من أجل اختبار فرضية أن الأجور الاسمية والبطالة ترتبطان عكسيا، وإذا افترضنا أن Un هو معدل البطالة الطبيعي والذي يتماشى مع حالة التشغيل الكامل وأن U هو البطالة الحقيقية فإذا كان:

(1) -CH biales, **modélisation de l'équilibre macroéconomique**, op.cit., p 81

(2)- لمزيد من التفاصيل انظر: بول ساموبلسون، المرجع السابق، ص715

- $Un = U$ فهي حالة توازن مصاحبة لحالة التوظيف الكامل وليس هناك أي ضغط على الأجور الاسمية وU هو $NAWRU$ [1] أو معدل الأجر غير المستثير للبطالة،
- $U > Un$ هناك حالة أقل من التشغيل الكامل والبطالة تدفع معدل الأجر الاسمي نحو الانخفاض؛
- $U < Un$ وهي حالة أكبر من التشغيل الكامل وهناك ضغوط لارتفاع معدل الأجر الاسمي وكنتيجة لذلك فان معدل الأجر الاسمي هو دالة متناقصة في الفرق بين $U - Un$ وبالتالي يمكننا كتابة العلاقة التالية:

$$.W = \alpha(U - Un)/\alpha < 0$$

حيث أن قيمة α المطلقة تقيس لنا مرونة الأجور في حالة اللاتوازن في سوق العمل، أو بصيغة أخرى سرعة توازن الأجور؛ ففي حالة الجمود المطلق للأجور $\alpha = 0$ وفي حالة المرونة المطلقة $\alpha - -\infty$ [2]

1-2- العلاقة تضخم/بطالة ومسألة المراجحة

لقد قام كل من بول ساموليلسون وسولو سنة 1959 بطرح مسألة المراجحة، حيث تم تعويض الأسعار بالمستوى العام للأسعار NGP ومن خلال دراستنا السابقة بين التضخم/أجور وأجور/بطالة استنتجنا العلاقتين التاليتين:

$$.W = \alpha(U - Un)$$

$$.\Delta NGP = \Delta W - \Delta PM$$

وبالتالي يمكننا مزج المعادلتين السابقتين فنحصل على:

$\Delta NGP = \alpha(U - Un) - \Delta PM$، وإذا افترضنا تطور الإنتاجية الوسطية ب 5% فإن كل تغير في معدل الأجر الاسمي الذي يتجاوز 5% سيؤدي إلى زيادة التضخم وهذا ما يوضحه الشكل التالي

(1) -Non accelerating wage rate of unemploymentnent

(2)- CH biales, **modélisation de l'équilibre macroéconomique**, op.cit., p 2

الشكل(2-2-33) منحنى فيليبس يُظهر معدل التضخم غير المستثير للبطالة NAIRU

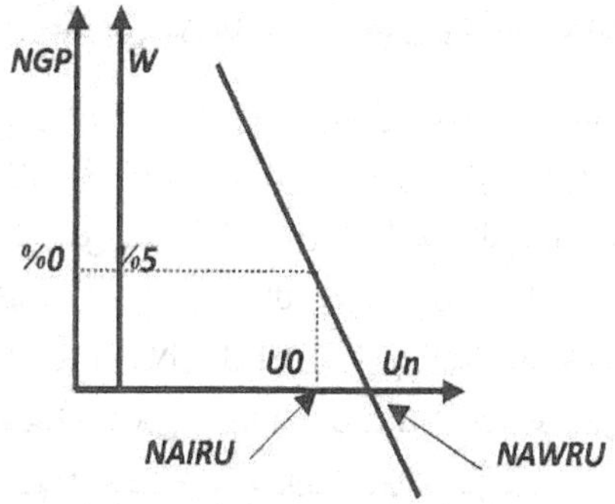

المصدر: CH biales, **modélisation schématique de l'équilibre macroéconomique**, op.cit., p 81

من خلال الشكل السابق وفي المجال بين $U0$ وUn لدينا $PM > W$ وهو ما يؤدي الى حدوث معدلات تضخم سالبة، أما على يسار $U0$ يكون لدينا $PM < W$ وهو ما ينتج عليه تضخم موجب، وبالتالي فإن النقطة $U0$ هي مستوى البطالة الذي يتماشى

مع مستوى عام للأسعار مستقر أو ما يعرف ب NAIRU .[1]

2- سياسة الإنفاق الحكومي وموقعها من منحنى فيليبس

إن دراسة منحنى فيليبس تقودنا إلى نتيجة مهمة تتمثل في أن راسمي السياسة الاقتصادية يجب عليهم القيام بالمراجحة؛ الدفاع عن استقرار الأسعار والسماح بارتفاع معدلات البطالة أو العكس، إلا أن سنوات السبعينات والثمانينيات أدخلت الشك في مصداقية منحنى فيليبس بسبب حدوث ظاهرة الركود التضخمي،[2] لذلك سنقوم باستعراض القراءات المتباينة لموقع سياسة الإنفاق الحكومي من منحنى فيليبس لدى أهم المدارس الاقتصادية الحديثة، وإعطاء رأينا حول ما يتناسب مع حالة الدول النامية.

(1)- Non accelerating inflation rate unemployment وهو ذلك المعدل الذي يتوافق مع معدل ثابت للتضخم وعند هذه النقطة تتوازن كل من القوى التصاعدية والتنازلية على تضخم السعر والأجر، الأمر الذي يُسفر عن معدل ثابت للتضخم ويعتبر NAIRU هو المعدل الأكثر انخفاضاً للبطالة والذي يمكن استمراره بدون إثارة ضغوط تضخمية، وكثيرا ما يُستخدم مصطلح المعدل الطبيعي للبطالة، لمزيد من التفاصيل انظر: بول ساموبلسون، **المرجع السابق**، ص 716 أو Dominique redor, **op.cit.**, p p 217-220

(2) -CH biales, **modélisation de l'équilibre macroéconomique**, op.cit., p 95

1-2- القراءة الكينزية لموقع سياسة الإنفاق الحكومي من منحنى فيليبس وانتقادات النقديين

في ظل النظام الكينزي فإن سياسة التوسع في الطلب الكلي المتمثلة في زيادات متتالية في الإنفاق الحكومي يترتب عليه سلسلة من الانتقالات في الطلب الكلي وينتقل الأثر بدوره إلى منحنى فيليبس حيث أنه بارتفاع الطلب الكلي الناتج عن سياسة الإنفاق الحكومي التوسعية ستؤدي إلى زيادات في الناتج والتشغيل والأسعار، فتنخفض معدلات البطالة وتزداد الأجور النقدية، والنتيجة التي نخلص إليها أن النموذج الكينزي يُقر أيضاً يالإحلال المتبادل بين البطالة والتضخم، فمعدلات نمو عالية في الطلب سيناظرها مستويات منخفضة من البطالة ومستويات مرتفعة من التضخم، ونمو بطئ في الطلب يعني معدلات تضخم منخفضة ومعدلات بطالة مرتفعة، لكن السؤال المطروح في هذا المجال: بما أن التحليل كان في الأجل القصير؛ هل تنطبق هذه العلاقة أيضا في الأجل الطويل؟ إن افتراضنا الأساسي أن مستوى الأسعار المتوقع ثابت في الأجل القصير حيث أن هذا الأخير يتوقف على سلوك أسعار في الماضي، ولكن مع مرور الوقت فإن مستوى الأسعار سيرتفع وبالتالي فإنه في الأجل الطويل تتواءم الأسعار المتوقعة مع الأسعار الفعلية، فعارضو العمل يدركون التضخم الذي وقع-زوال الخداع النقدي-[1] نتيجة سياسة الإنفاق الحكومي التوسعية، ويعود الدخل التوازني إلى المستوى الأولي بمعنى أنه طالما أن عارضي العمل يُقدرون التضخم الناتج عن سياسة الإنفاق الحكومي بصفة دقيقة فإنهم يطالبون بارتفاع أجورهم النقدية[2]بنفس نسبة ارتفاع مستوى الأسعار، وعند هذه النقطة فإن الأجور الحقيقية ستعود إلى مستواها الأولي.[3] ويمكننا تفسير الآثار الطويلة الأجل من خلال نظرية *NAIRU* حيث أنه إذا كان هناك اختلاف بين معدل البطالة الفعلي وبين *NAIRU* فإن معدل التضخم سيرتفع حتى يتساوى معدل البطالة مع *NAIRU*، وطالما ظلت البطالة أقل من

---

(1)- وهو الانتقاد الذي وجهه فريدمان للسياسة التوسعية الكينزية حيث قال " **يمكننا أن نخدع الجميع لفترة معينة، أو بعض الأفراد لمدة طويلة، ولكن أن نخدع الجميع لمدة طويلة فهذا مستحيل**"حيث أوضح من خلال هذا أن سياسة الإنفاق الحكومي التوسعية غير فعالة في الأجل الطويل وذلك بسبب الخداع النقدي

(2)- هذا ما يُعرف بالخداع النقدي

(3)- سامي خليل، **نظرية الاقتصاد الكلي**، المرجع السابق، 252

NAIRU سيميل التضخم نحو الارتفاع، والعكس في حالة ارتفاع البطالة عن *NAIRU*، وبالتالي فإن منحنى فيليبس في الأجل الطويل هو خط رأسي يُمد عند *NAIRU*.[1] ونستنج من هذا أن هناك حداً أدنى لمستوى البطالة يمكن للاقتصاد المواصلة عنده على المدى الطويل حيث أنه لا يمكن للدولة أن تدفع بمعدل البطالة أدنى من *NAIRU* لفترة دون استثارة التضخم.

2-2- قراءة الكلاسيكيون الجدد لموقع سياسة الإنفاق الحكومي من منحنى فيليبس

إن السمة الرئيسية لتحليل هذه المدرسة [2] يتجلى فيما يعرف بفرضية **التوقعات الرشيدة** [3] التي تم استخدامها في تحليل الطلب الكلي والعرض الكلي والفرضية الأساسية التي تقوم عليها هذه المدرسة هي المرونة التامة للأجور والأسعار، فارتفاع الأسعار ينتج عنه فوراً ارتفاع في الأجور وذلك لغياب الخداع النقدي، حيث أن العمال يطالبون برفع أجورهم الحقيقية مساوية للأجور الاسمية ويُقر هذا النموذج بأن السياسة المتوقعة ليس لها أثر على الناتج، فقط السياسة غير المتوقعة هي التي لها أثر على الناتج .

أ- فعالية سياسة الإنفاق الحكومي المتوقعة وغير المتوقعة

إن قيام الحكومة بزيادة الإنفاق العام سيؤدي إلى انتقال منحنى الطلب الكلي إلى اليمين وأصبح التوازن عند النقطة 2 وارتفع كل من الناتج والمستوى العام للأسعار، حيث أن هذا الانتقال غير متوقع، وفي حالة ما إذا **توقع** الأفراد قيام الحكومة بهذه الزيادة في الإنفاق الحكومي لتخفيض معدلات البطالة، فسياسة الإنفاق الحكومي تكون متوقعة، ونظراً لأن توقعات العمال رشيدة فإنهم يعلمون أن ارتفاع منحنى الطلب الكلي سيؤدي إلى ارتفاع مستوى الأسعار مما يجعلهم يطالبون برفع أجورهم مما ينقل منحنى العرض الكلي إلى اليسار وبالتالي فإن الناتج لن يزيد نتيجة سياسة الإنفاق الحكومي التوسعية المتوقعة وهذا ما يوضحه الشكل التالي

---

(1)- بول ساموايلسون، **المرجع السابق**، ص 718

(2)- على رأسهم R lucas, thomas sargan, robert barro, mellon

(3)- خلال الخمسينات نظر الاقتصاديون- خاصة النقديين- للتوقعات على أنها توقعات موائمة anticipation adaptives تكون نتيجة لخبرة سابقة من خلال تحليل الماضي

الشكل (2-2-34)

الآثار قصيرة الأجل لسياسة الإنفاق الحكومي التوسعية المتوقعة

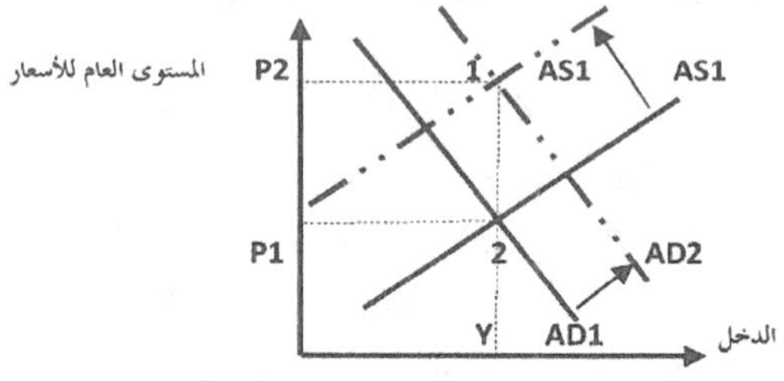

المصدر سامي خليل ، **نظرية الاقتصاد الكلي**، المرجع السابق، ص 918

والنتيجة التي نخلص إليها أن سياسة الإنفاق الحكومي المتوقعة ليس لها أثر على الاستقرار الاقتصادي وهذه النتيجة سُميت **بفرض عدم فعالية السياسة.**

ب- الأثر السلبي لسياسة الإنفاق الحكومي التوسعية

يمكن لسياسة الإنفاق الحكومي التوسعية أن تؤثر سلباً على الاقتصاد، فلو أن الأفراد كانت توقعاتهم عن سياسة الإنفاق الحكومي التوسعية أكثر من تلك المنفذَة، فهنا يمكن لهذه السياسة أن تخفض الناتج وبالرجوع إلى الشكل التالي فإن زيادة الإنفاق الحكومي تنقل منحنى الطلب الكلي إلى **AD2**، وكما رأينا سابقا فإن التوقعات الرشيدة للعمال تنقل منحنى العرض إلى **AS2** بسبب توقع ارتفاع الأسعار، ولنفترض أن السياسة التوسعية للإنفاق الحكومي حققت فعلا أقل ما كانت تتوقع الحكومة، حيث أن الطلب الكلي لم ينتقل إلا إلى **AD2** فإن الاقتصاد سيظل عند النقطة 3 وهذا ما يؤدي إلى انخفاض الناتج إلى Y3 بينما يرتفع المستوى العام للأسعار إلى P3.

الشكل(2-2-35)

الآثار السلبية لسياسة الإنفاق الحكومي في ظل نموذج الكلاسيكيون الجدد

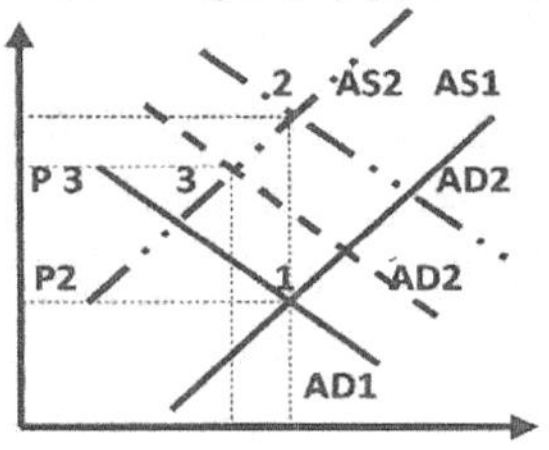

المصدر: سامي خليل ، نظرية الاقتصاد الكلي، المرجع السابق، ص 922

إن النتيجة التي نخلص إليها من تحليلنا السابق هي أن واضعي السياسة الاقتصادية في ظل هذا النموذج لا يستطيعون أن يعلموا نتائج قراراتهم دون معرفة توقعات الأفراد بالنسبة لهم، وهذا يعد من الصعوبة بما كان لذلك نقترح أن يُركز صانعوا السياسة الاقتصادية على السياسات المفاجئة غير المتوقعة، بالإضافة إلى الاعتماد على السياسات الهيكلية الطويلة الأجل لتحقيق الاستقرار الاقتصادي، من خلال تحفيز الأفراد على زيادة إنتاجيتهم وزيادة مقدرة المؤسسات على التوظيف والزيادة في درجة مرونة السوق عن طريق دعم الشفافية، واعتقد أن سياسة التوقف ثم الذهاب STOP AND GO[1] يمكن أن تؤثر بشكل مفاجئ على الاستقرار الاقتصادي، ففي حال ما ذا كانت هناك بطالة مرتفعة يجب إتباع سياسة إنعاش مفاجئة وفي حالة الارتفاع الكبير للتضخم يجب إتباع سياسة التوقف مما يخفض التضخم.

من خلال دراستنا لسياسة الإنفاق الحكومي في ظل نظام السعر غير الثابت توصلنا إلى نتائج مهمة تتمثل في أن التغيرات في الإنفاق الحكومي تؤثر على جانب العرض والطلب الكلي، وتؤدي إلى تضخم مرغوب فيه يصاحبه زيادة في نمو الناتج، والى تضخم غير مرغوب في لا يؤدي إلى زيادة نمو الناتج، ويعد العنصر الأساسي المحدد لفعالية سياسة الإنفاق الحكومي في الأجل القصير هي تطور مكونات العرض الكلي حيث تعد متغيرات سوق العمل المحدد الأساسي في الأجل القصير، أما في الأجل الطويل فيتم إضافة الطاقة الاستيعابية للاقتصاد ورأس المال والتكنولوجيا، ونستنتج أن سياسة الإنفاق الحكومي تعد أداة رئيسية لإدارة الطلب الكلي في البلدان النامية، إلا أن الشيء الملاحظ في الآونة الأخيرة هو انفتاح اقتصادات الدول النامية على العالم الخارجي، مما أثر على الاستقرار الاقتصادي الكلي والأدوات الفاعلة فيه، والتي من بينها سياسة الإنفاق الحكومي، لذلك فإن التساؤل الذي يُطرح في هذا المجال يتمحور حول: **ماهو نظام الصرف الملائم لزيادة فعالية سياسة الإنفاق الحكومي في تحقيق الاستقرار الاقتصادي؟ وما هو موقع الهدف الرابع من أهداف السياسة الاقتصادية والمتمثل في تحقيق التوازن الخارجي ضمن خارطة أهداف سياسة الإنفاق الحكومي ؟** وللإجابة على هذه الأسئلة وغيرها سنستخدم نموذج مندل فلمنج ضمن ما تبقى من الجانب النظري لهذه الرسالة.

---

(1)- انظر الفصل الأول صفحة 21

المبحث الثالث

سياسة الإنفاق الحكومي وأثرها على الاستقرار الاقتصادي الخارجي

لقد شهدت الاقتصادات الوطنية انفتاحا كبيرا خلال الفترة الأخيرة مما أثر على فعالية السياسة الاقتصادية في هذه الدول حيث تفقد هذه السياسة جزءا من أثرها في الاقتصادات المفتوحة إذا ما قارناها بالاقتصاديات المغلقة، فعلى سبيل المثال فإن الواردات تؤثر سلبا على قيمة مضاعف الإنفاق الحكومي، لذلك وجب إيجاد نوع من التفاعل بين السياسات الداخلية والخارجية، وهذا ما تقوم الدراسة بالتطرق إليه في هذا المبحث الثالث من خلال دراسة مدى فعالية سياسة الإنفاق الحكومي في تحقيق الاستقرار الاقتصادي الخارجي، وسنستخدم في تحليلنا نموذج مندل فلمنج، وسنعتمد في إظهار الفعالية على متغيرين أساسيين: وهما نظام الصرف المتبع ودرجة حرية انتقال رأس المال محاولين إظهار الحالة الأنسب لسياسة إنفاق حكومي أكثر فعالية.

المطلب الأول: سياسة الإنفاق الحكومي في إطار نموذج مندل-فلمنج لاقتصاد مفتوح

إن الشكل الأساسي لنموذج مندل فلمنج يقوم على أساس نموذج لاقتصاد صغير مفتوح يواجه سعر فائدة محدد عالمياً وواردات تتسم بالمرونة الكاملة عند سعر معين مقوم بالعملة الأجنبية،[1] ويسعى هذا النموذج إلى تحديد التوازن الداخلي والخارجي من خلال اشتقاق منحنى ميزان المدفوعات وإضافته إلى التحليل السابق لمنحنى $IS - LM$، ويتضح لنا من خلال نموذج مندل فليمنج أن هناك توازن داخلي وتوازن خارجي، وإذا افترضنا أن هناك توازن داخلي وخارجي، إلا أنه يمكن أن يكون هذا التوازن هو توازن أقل من التشغيل الكامل، وكما في حالة الاقتصاد المغلق تقوم الحكومة باتخاذ سياسة إنفاق حكومي توسعية من أجل رفع مستوى النشاط الاقتصادي وامتصاص البطالة، لكن هذه السياسة ليس لها نفس الأثر إذا ما قارناها بالاقتصاد المفتوح، حيث أنه كما سبق وأن أشرنا هناك معيارين لتحديد فعالية سياسة الإنفاق الحكومي في الاقتصاد المفتوح، وهما حركة رأس المال الدولي ونظام الصرف المتبَع، فعندما

(1)- سي بول هالوود، رونالد ماكدونالد، **النقود والتمويل الدولي**،(السعودية: ترجمة محمود حسن عمر، دار المريخ للنشر، 2007)، ص 130

تكون رؤوس الأموال الدولية حرة الحركة فإن العملة تتدفق عبر الحدود استجابة للفروق بين أسعار الفائدة، النمو الاقتصادي وعوامل أخرى، كلها لها علاقة بالإنفاق الحكومي،[1] كما نلاحظ أن السعي إلى تحقيق الاستقرار الداخلي قد يُخرب الاستقرار الخارجي والعكس، وهذا ما يطرح عدة صعوبات على صانعي السياسة الاقتصادية لذلك سنقوم بتحليل فعالية سياسة الإنفاق الحكومي حسب المعيارين السابقي الذكر.

1- فعالية سياسة الإنفاق الحكومي في ظل نظام الصرف الثابت

يتحدد التوازن الخارجي عندما يتساوى ميزان الحساب الجاري وحساب رأس المال من ميزان المدفوعات بإشارة مختلفة، ومن خلال هذين الحسابين يتحدد المنحنى *BO* الذي يمثل النقاط المختلفة من الدخل وسعر الفائدة التي تحقق التوازن في ميزان المدفوعات، وبالتالي فإن ميل منحنى *BO* مرتبط بالميل الحدي للاستيراد الذي يتعلق بالحساب الجاري وبدرجة حركة رؤوس الأموال التي تتعلق بميزان رأس المال، وسنعتمد في تحليلنا للمنحنى *BO* على حركة رؤوس الأموال تماشيا مع طبيعة البحث،[2] وتتم المواءمة في نظام الصرف الثابت عن طريق الكميات حيث أن العجز الخارجي يؤدي إلى تخفيض قيمة العملة وبما أن الدولة تتبع نظام الصرف الثابت يقوم البنك المركزي بالتدخل على مستوى سوق الصرف لمنع هذا الانخفاض من خلال شراء العملة الوطنية مما يقلص الكتلة النقدية الداخلية، حيث ينتقل منحنى *LM* إلى اليسار مما يخفض الدخل ويكبح الواردات ويرفع سعر الفائدة، الأمر الذي يحفز دخول رؤوس الأموال ويحسن من وضعية ميزان المدفوعات. ومن خلال ما يلي سنقوم بتوضيح فعالية سياسة الإنفاق الحكومي في ظل نظام الصرف الثابت حيث أن سياسة إنفاق حكومي توسعية تؤدي داخليا إلى زيادة الناتج وزيادة معدلات الفائدة وخارجيا إلى انخفاض رصيد حساب المعاملات الجارية وزيادة رصيد حساب رأس المال،[3] وإذا كان انخفاض رصيد الحساب الجاري أكبر من تحسن حساب رأس المال فإن سياسة الإنفاق الحكومي التوسعية أقل فعالية في اقتصاد المفتوح

---

(1)- سامي خليل، **نظرية الاقتصاد الكلي**، الكتاب الثاني، المرجع السبق، ص 1453

(2)- باعتبار أن حركة رؤوس الأموال مرتبطة بسعر الفائدة، ونحن نعلم العلاقة الموجودة بين سياسة الإنفاق الحكومي وسعر الفائدة، انظر الصفحة رقم 85

(3)- زيادة الناتج تؤدي إلى انخفاض رصيد الحساب الجاري، وارتفاع سعر الفائدة يؤدي إلى زيادة رصيد حساب رأس المال

إذا ما قارناها بالاقتصاد المغلق، فنتيجة سياسة الإنفاق الحكومي التوسعية تتعلق إذن بحساسية حساب رأس المال لسعر الفائدة والتي هي بدورها دالة في درجة حرية انتقال رأس المال، لذلك فإننا نميز بين حالتين.

1-1- حركة ضعيفة نسبيا لرؤوس الأموال الدولية

تتميز هذه الحالة بأن منحنى $B0$ أقل مرونة لسعر الفائدة بالمقارنة مع LM وهذا ما يُفسر الميل الكبير لمنحنى $B0$ وهو ما يوضحه الشكل التالي

الشكل (2-3-36)

فعالية سياسة الإنفاق الحكومي في حالة نظام الصرف الثابت و حرية ضعيفة نسبيا لانتقال رؤوس الأموال

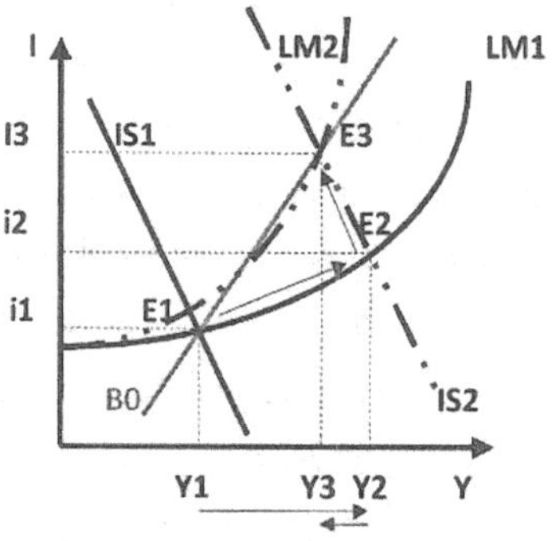

المصدر: CH biales, **modélisation de l'équilibre macroéconomique**, op.cit., 65

تمثل $Y1$ الدخل التوازني الداخلي والخارجي ولكنه دخل أقل من مستوى التشغيل الكامل، لذلك تسعى السلطات لزيادته من خلال سياسة إنفاق حكومي توسعية، الأمر الذي يؤدي إلى انتقال منحنى IS إلى اليمين ويتشكل لنا توازن جديد عند $E2$ وهو ما يشكل عجز خارجي،[1] وبما أننا في نظام الصرف الثابت فإن هذا العجز سيؤدي إلى خروج عملة صعبة الأمر الذي يقلص الكتلة النقدية والذي يُعبَر عنها بيانيا بانتقال منحنى LM إلى اليسار حتى يحصل التوازن عند النقطة $E3$، انتقال منحنى LM يؤدي إلى ارتفاع سعر الفائدة مما يشكل أثر مزاحمة كبير وهذا ما يُفسر أن الدخل عند النقطة $E3$ أقل منه عند النقطة $E2$، وهناك

(1)- عندما تكون نقطة التوازن الجديد أسفل منحنى B0 فهي تمثل نقطة عجز خارجي أما إذا كانت النقطة أعلى محنىB0 فهي تمثل نقطة فائض خارجي

حالة استثنائية عندما يكون منحنى BO عموديا وهذا يدل على انعدام حركة رؤوس الأموال ففي هذه الحالة هناك أثر مزاحمة كامل وليس هناك أي زيادة في الدخل.

1-2- حركة كبيرة نسبيا لرؤوس الأموال الدولية

تتميز هذه الحالة بأن منحنى BO أكثر مرونة لسعر الفائدة من منحنى LM وهذا ما يُفسر الميل الضعيف لمنحنى BO وهو ما يوضحه الشكل التالي:

الشكل(2-2-35)

الآثار السلبية لسياسة الإنفاق الحكومي في ظل نموذج الكلاسيكيون الجدد

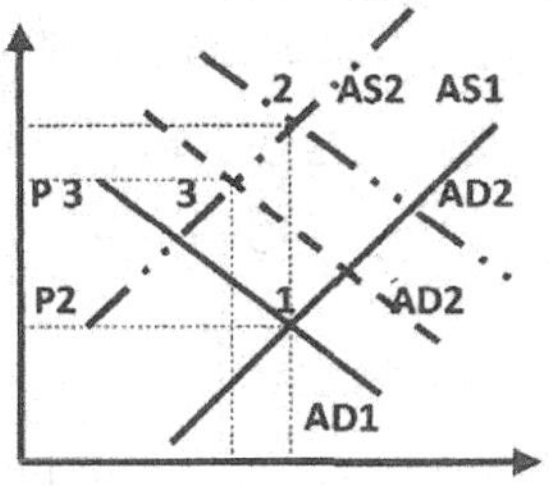

المصدر: سامي خليل ، نظرية الاقتصاد الكلي، المرجع السابق، ص 922

تقوم سياسة الإنفاق الحكومي التوسعية بدفع منحنى IS إلى اليمين عند نقطة التوازن $E1$ التي تمثل نقطة التوازن الداخلي ولكنها نقطة فائض خارجي لأنها أعلى من منحى BO، هذا ما يؤدي إلى دخول عملة صعبة وزيادة الكتلة النقدية مما يزيح منحنى LM إلى اليمين إلى النقطة $E3$،حيث أن الدخل زاد بشكل كبير مع انخفاض أثر المزاحمة،حيث أن زيادة سعر الفائدة أدى إلى جذب رؤوس الأموال الدولية **والنتيجة التي نخلص إليها هي أن سياسة الإنفاق الحكومي في الاقتصاد المفتوح وفي ظل نظام الصرف الثابت تكون أكثر فعالية في حالة حركة رؤوس الأموال الدولية كبيرة نسبيا ولكن ما لم تولد تضخما.**

2- فعالية سياسة الإنفاق الحكومي في ظل نظام الصرف المرن

تتم المواءمة في ظل نظام الصرف المرن من خلال الأسعار، وتتم المواءمة آلياً حيث أن العجز في ميزان المدفوعات يؤدي إلى انخفاض[1] العملة الوطنية وهذا ما يمنح ميزة تنافسية للسلع الوطنية

(1)- هناك فرق بين مصطلح انخفاض Dépréciation وتخفيضdévaluation حيث أن الأول يكون في نظام الصرف العائم أما الثاني فيكون في نظام الصرف الثابت

فتزيد الصادرات وتنخفض الواردات، وهذا ما يُعبر عنه بانتقال منحنى IS إلى اليمين وانتقال منحنى $B0$ إلى أسفل، وكما في حالة نظام الصرف الثابت فإننا نميز بين حالتين:

-1-2 حركة ضعيفة نسبيا لرؤوس الأموال الدولية

في هذه الحالة فإن ميل منحنى $B0$ كبير حيث أن سياسة الإنفاق الحكومي التوسعية تدفع منحنى IS إلى اليمين وتشكل نقطة توازن جديدة عند $E1$ وهي توافق عجز خارجي- تقع أسفل منحنى$B0$ - الأمر الذي يؤدي إلى انخفاض قيمة العملة مما يشجع الصادرات ويكبح الواردات، وهذا ما يؤدي إلى انتقال منحنى $B0$ إلى أسفل بالإضافة إلى حدوث انتقال ثاني في منحنى في منحنى IS نحو اليمين وهذا إلى غاية حدوث التوازن عند النقطة $E2$،و هناك حالة استثنائية عندما يكون منحنى $B0$ عمودي حيث هناك انعدام لحركة رؤوس الأموال ففي هذه الحالة يمكن أن تحدث زيادة كبيرة في الدخل[1] وهو ما يوضحه الشكل التالي:

الشكل (2-3-38) فعالية سياسة الإنفاق الحكومي في حالة نظام الصرف المرن و حرية ضعيفة نسبيا لانتقال رؤوس الأموال

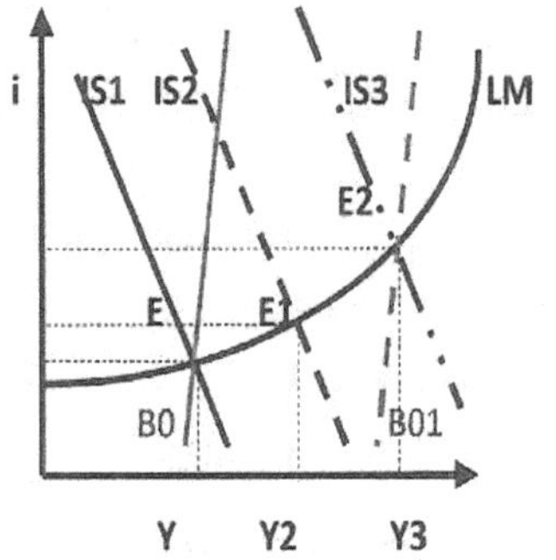

المصدر: CH biales, **modélisation de l'équilibre macroéconomique**, op.cit., 67

-2-2 حركة كبيرة نسبيا لرؤوس الأموال الدولية

يكون منحنى $B0$ أكثر مرونة لسعر الفائدة من LM وهذا ما يُفسر انخفاض ميله وهو ما يوضحه الشكل التالي:

---

(1)- لمزيد من التفاصيل انظر: peijie wang , **the economics of foreign exchange and global finance**, Springer, university of hull, united kingdom, 2005, p p 103-112

الشكل (2-3-39) فعالية سياسة الإنفاق الحكومي في حالة نظام الصرف المرن و حرية كبيرة نسبيا لانتقال رؤوس الأموال

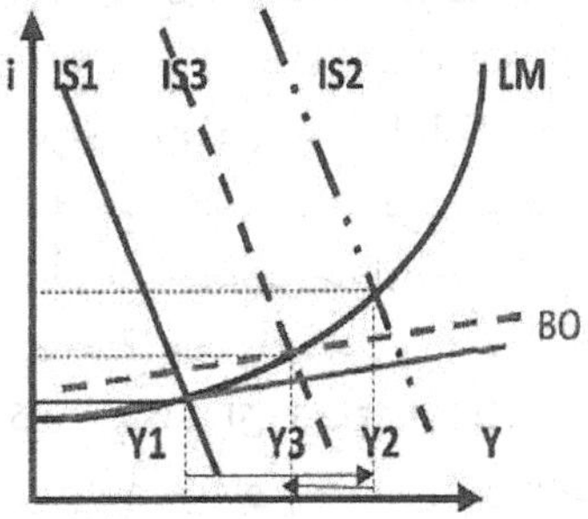

المصدر: CH biales, **modélisation de l'équilibre macroéconomique**, op.cit., 67

إن سياسة الإنفاق الحكومي التوسعية تؤدي إلى انتقال منحنى *IS* إلى اليمين مما يشكل فائض خارجي عند النقطة **E1** هذا ما يؤدي إلى زيادة قيمة العملة الوطنية الأمر الذي يساهم في تثبيط الصادرات وزيادة الواردات، مما يؤدي إلى انتقال منحنى **BO** إلى أعلى ومنحنى *IS* إلى اليسار وهذا حتى يعود التوازن عند النقطة **E2** ونلاحظ أن الدخل يزيد في المرحلة الأولى ثم ينخفض مجددا، و**النتيجة التي نخلص إليها هي أنه في ظل اقتصاد مفتوح ونظام صرف مرن فان سياسة الإنفاق الحكومي تكون أكثر فعالية في حالة حركة رؤوس الأموال الضعيفة نسبيا**، ويمكننا تلخيص النتائج السابقة في الجدول التالي.

الجدول(2-3-5)

فعالية سياسة الإنفاق الحكومي في نظام الصرف الثابت والمرن حسب درجة حرية انتقال رأس المال

نظام الصرف	حركة رؤوس الأموال	فعالية سياسة الإنفاق الحكومي	
نظام الصرف الثابت	حركة ضعيفة لرؤوس الأموال	سياسة غير فعالة	مزاحمة كبيرة
	حركة قوية لرؤوس الأموال	سياسة فعالة	مزاحمة صغيرة
نظام الصرف العائم	حركة ضعيفة لرؤوس الأموال	سياسة فعالة	مزاحمة صغيرة
	حركة قوية لرؤوس الأموال	سياسة غير فعالة	مزاحمة كبيرة

2-3- المزاحمة الدولية لسياسة الإنفاق الحكومي في حالة نظام الصرف المرن

نلاحظ من خلال الجدول الحالات التي يكون فيها أثر المزاحمة كبيراً، وبالتالي فإن النتيجة التي توصل إليها كل من مندل 1963 وفليمنج هي أن مزاحمة سعر الصرف exchange rate crowding out[1] تحدث في ظل اقتصاد مفتوح في ظل ثبات المستوى العام للأسعار وثبات

(1) -Ali salman salah, **op.cit.**, p 108

توقعات أسعار الصرف عندما تقوم الدولة بتمويل إنفاقها بالدين العام، وتكون أكثر حدة في حالة نظام الصرف المرن وحركة كبيرة لرأس المال.[1] كما أن هذه السياسة غير فعالة في حالة نظام الصرف الثابت وحركة ضعيفة لرأس المال ونظام الصرف العائم وحركة كبيرة لرأس المال، ومن أجل تجنب هذه الحالات فإن الحل يتمثل في ضرورة التفاعل بين سياسة الصرف الأجنبي[2] وسياسة الإنفاق الحكومي، فالسياسة النقدية التوسعية مع سياسة مالية توسعية يمكن أن تخفض الضغط على أسعار الفائدة وتزيل إمكانية حدوث أثر المزاحمة من خلال ما يعرف بالتلطيف النقدي monetary accomondation، أو السياسة النقدية المصاحبة. ولعل التساؤل الذي يطفو إلى السطح في ختام القسم النظري من هذه الرسالة هو : **كيف يمكننا أن نحقق الاستقرار الاقتصادي الكلي الداخلي والخارجي في نفس الوقت من خلال سياسة الإنفاق الحكومي؟** إن الإجابة على مثل هذا التساؤل يقودنا إلى ضرورة دراسة ظاهرة شغلت بال الاقتصاديين والمتمثلة في العجز التوأم،[3] فكيف يساهم التفاعل بين سياسة الإنفاق الحكومي وسياسة الصرف الأجنبي في تحقيق الاستقرار الاقتصادي الخارجي؟ هذا ما سنقوم بالإجابة عنه في نهاية القسم النظري لهذه الرسالة.

المطلب الثاني: سياسة الإنفاق الحكومي وأثرها على الاستقرار الاقتصادي الخارجي

لقد توصلنا سابقا إلى أن العمل المالي البحت من خلال سياسة إنفاق الحكومي مموَلة عن طريق الضرائب أو الدين العام لا يمكن أن تساهم في تحقيق الاستقرار الاقتصادي المنشود بشكل فعال، والذي ينعكس لنا في متغيرين أساسين؛ هما عجز الموازنة وعجز الحساب الجاري في ميزان المدفوعات، لذلك فإن وجود درجة من التفاعل والتنسيق يعتبر من الأهمية بمكان خاصة في الدول النامية، لذلك سنقوم من خلال ما يلي بدراسة العلاقة بين عجز الموازنة وعجز الحساب الجاري من خلال دراسة فرضية العجز التوأم، وذلك قبل التطرق إلى سبل تدعيم التفاعل بين سياسة الإنفاق الحكومي وسياسة الصرف الأجنبي لعلاج هذا العجز التوأم.

---

(1)- انظر الجدول(2-3-5)

(2)- حيث تعد سياسة الصرف الأجنبي جزء من السياسة النقدية

(3)- والمتمثلة في عجز ميزان المدفوعات وعجز الموازنة العامة وانتقال الأثر بينهما

1- الإطار النظري لفرضية العجز التوأم

تعد ظاهرة العجز التوأم من مواضيع الاقتصاد الكلي ذات الأهمية الكبيرة التي تفترض أن عجز الموازنة الناتج عن زيادة الإنفاق الحكومي يؤدي إلى عجز الحساب الجاري في ميزان المدفوعات والتي تمت صياغتها من طرف godly وcripps في منتصف سنوات السبعينات في المملكة المتحدة، حيث أثبتت الدراسات أن العجز في القطاع العام يحدد الرصيد في ميزان المدفوعات،[1] حيث أنه من خلال تحليل الإحصائيات المتعلقة بالولايات المتحدة الأمريكية واليابان خلال الفترة 1980-1990 والتي أثبتت أن ارتفاع العجز المالي للدولة يؤدي إلى ظهور عجز في الحساب الجاري،[2] وتختلف آراء المدارس الاقتصادية في تفسير العلاقة بين العجز المالي والعجز الخارجي، حيث أن المدرسة الكلاسيكية الحديثة تؤكد أن العجز المالي يُسبب العجز الخارجي، أما وجهة النظر الكينزية فتختلف عن سابقتها حيث يُقرون بأن العجز الخارجي هو المسبب للعجز المالي ويفسرون ذلك من خلال منهج الاستيعاب - سنعود إليه بعد قليل- أما التحليل الأكثر قوة فهو التحليل النيوكينزي لمندل فلمنج حيث أكدا أن ارتفاع العجز المالي سيؤدي إلى ارتفاع أسعار الفائدة الأمر الذي يسمح بدخول رأس المال مما يؤدي إلى رفع سعر الصرف ويخفض من تنافسية السلع الوطنية الأمر الذي يزيد من العجز في الحساب الجاري- هذا في ظل نظام الصرف العائم وحرية كبيرة لانتقال رأس المال- هذا من جانب الطلب، أما من جانب العرض فإن زيادة الإنفاق الحكومي تؤدي إلى ارتفاع المستوى العام للأسعار مما يُخفض تنافسية السلع الوطنية الأمر الذي يزيد من العجز الخارجي،[3] من خلال ما سبق نلاحظ أن العلاقة بين العجز المالي والعجز الخارجي تتعلق بالعلاقة بين الاستثمار والادخار ومنهج ميزان المدفوعات.

---

(1)- هذه الفرضية لقيت عدة انتقادات كينزية حيث نُسبت هذه الفرضية للمدرسة الكلاسيكية الحديثة التي انتقدت سياسات stop and go التي قامت بها بريطانيا عقب الحرب العالمية الثانية

(2)- Paul krugman, **économie internationale**, Deboeck ,paris, 1995, p p 361-364

(3) -Mohamed lamine ould-dheby, **articulation de déficit budgétaire-déficit extérieur et de la dette publique, cas de l'UMA**, centre d'études en macroéconomie et finance internationale, CEMAFI, université de Nice Sophia Antipolis, 2004, p p 3-6

-1-1 العلاقة ادخار- استثمار ومنهج ميزان المدفوعات

تشرح لنا علاقة التوازن الاقتصادي الكلي كيف أن الناتج Y يتوزع بين الاستهلاك الخاص Cp والاستثمار الخاص Ip والإنفاق الحكومي $Cg + Ig$ و الصادرات X والواردات M بالإضافة إلى رصيد حساب رأس المال f ،و يتحدد العجز المالي BD من خلال المعادلة التالية

$$BD = Cg + Ig - T \ldots\ldots\ldots\ldots (1).$$

أما العجز في حساب رأس المال فيتحدد من خلال المعادلة التالية

$$.CAD = -(X - M + F) \ldots\ldots\ldots\ldots (2)$$

كما يمكننا كتابتها على الشكل التالي: $.Sp = Y - T - Cp \ldots\ldots\ldots\ldots (3)$

و بتعويض المعادلات السابقة في متطابقة الدخل الشهيرة فإننا نحصل على علاقة العجز التوأم الأساسية

$$.CAD = (Ip - Sp) + BD$$

هذه العلاقة توضح أن العجز في الحساب الجاري هو عبارة عن الفرق بين الاستثمار والادخار الخاص بالإضافة إلى العجز المالي.فإذا تم تمويل الاستثمار الخاص عن طريق الادخار الخاص فإننا بصدد الحديث عن عجز توأم قوي ويختلف تحليل العلاقة بين العجز في الموازنة والعجز في الحساب الجاري باختلاف تحليل ميزان المدفوعات، حيث يمكننا التمييز بين المنهج النقدي ومنهج الاستيعاب، فهذا الأخير يُقر بوجود علاقة مباشرة بين العجز المالي والعجز في الحساب الجاري، حيث أنه في متطابقة الدخل الشهيرة يمكننا اعتبار كل من الاستهلاك والاستثمار والإنفاق الحكومي بقدرة المجتمع على الاستيعاب A حيث نحصل على المعادلة التالية

$X - M + F = Y - A$ وتعبر المعادلة الأخيرة أن فائضا في الحساب الجاري لا يمكن أن يتحقق إلا إذا تجاوز الدخل القومي الطاقة الاستيعابية للاقتصاد، وبالتالي يكون هناك عجز خارجي عندما تتجاوز الطاقة الاستيعابية الدخل القومي[1] من خلال ما سبق يمكننا أن نستنتج ما يلي:

(1)- عبد المجيد قدي، **المرجع السابق**، ص 278

- لتخفيض العجز في ميزان المدفوعات لا بد من تخفيض الاستيعاب- خاصة الإنفاق الحكومي- أو زيادة الدخل القومي؛
- يمكن لتخفيض أسعار الصرف أن تساهم في تخفيض العجز من خلال زيادة الصادرات والحد من الواردات؛[1]

وبالتالي فإن هذا المنهج يؤكد أن رصيد الموازنة العامة هو الأداة الرئيسية للسياسة الاقتصادية لتحقيق التوازن الخارجي وهذا يعني أن العجز في الموازنة العامة يؤثر سلباً على الحساب الجاري، أما المنهج النقدي لميزان المدفوعات فهو ينطلق من مقاربة مفادها أن هناك علاقة بين اختلال ميزان المدفوعات والفائض في المعروض النقدي،[2] ويمكن استخدام هذا المنهج في تفسير العجز التوأم في حالة استخدام الإصدار النقدي لتمويل الإنفاق الحكومي وذلك من خلال دراسة العلاقة بين ميزان المدفوعات وميزانية البنك المركزي حيث يمكننا إظهار موقع العجز المالي من خلال المعادلات التالية:

- رصيد ميزان المدفوعات= التغير في الأرصدة النقدية الصافية للسلطات النقدية = التغير في مخزون القاعدة النقدية - التغير في المطاليب الداخلية الصافية لدى البنك المركزي، ولدينا:
- العجز المالي= التغير في المخزون القاعدة النقدية + التغير في اقتراض الحكومة

و بدمج العلاقتين السابقتين فإننا نحصل على: العجز المالي = رصيد ميزان المدفوعات + التغير في المطالب الصافية إلى البنك المركزي+ التغير في اقتراض الحكومة[3]

و يُعد هذا المنهج ذو أصول نقدية والذي كان أساس برامج الإصلاح لصندوق النقد الدولي في الدول النامية.

2-1- الإنفاق الحكومي وقنوات انتقال العجز التوأم

يُعد نموذج مندل فلمنج من بين النماذج التي فسرت العجز التوأم وذلك من خلال فرضيات

---

(1)- لمزيد من التفاصيل انظر: سي بول هلوود، **المرجع السابق**، ص 250

(2)- عبد المجيد قدي، **المرجع السابق**، ص 275

(3) -Mohamed lamine ould dehbi, opcit, p 9

حركة رؤوس الأموال الدولية ودرجة مرونة سعر الصرف ودرجة مرونة الأسعار، وعلى حجم الاقتصاد، وتُعد الحالة التي تصدق فيها فرضية العجز التوأم هي عندما يكون نظام الصرف مرن مع حركة كبيرة لرؤوس الأموال ولقد طُرحت عدة ملاحظات حول العجز التوأم وذلك بتغيير الفرضيات السابقة حيث يُعد فلمنج أول من أشار إلى الآثار المترتبة لسياسة الإنفاق الحكومي على التوازن الخارجي، وسنقوم بإدراج مختلف هذه الآثار بتغيير الفرضيات.

أ- حالة سعر الصرف مرن مع حركة كبيرة لرأس المال

إن سياسة إنفاق حكومي توسعية تؤدي إلى ارتفاع سعر الفائدة الأمر الذي يسمح بدخول رأس المال في الأجل القصير مما يساهم في ارتفاع قيمة العملة هذا الارتفاع يؤدي إلى انخفاض تنافسية العملة الوطنية فتنخفض الصادرات وتزيد الواردات مما يُفاقم العجز في الحساب الخارجي .

ب- حالة سعر صرف الثابت مع حركة كبيرة لرأس المال

إن سياسة الإنفاق الحكومي التوسعية تؤدي إلى زيادة الدخل وسعر الفائدة هذا ما يؤدي إلى زيادة الواردات ودخول رأس المال الأمر الذي يؤدي إلى فائض في الطلب على العملة الوطنية وكنتيجة لذلك ترتفع قيمة العملة، لكننا في نظام الصرف الثابت لذلك يجب على السلطات النقدية شراء الفائض من العملة الأجنبية بالعملة الوطنية هذا ما يزيد من عرض العملة الوطنية وترجع سعر الفائدة إلى قيمتها الأولية، ارتفاع الدخل في هذا المستوى يؤدي إلى تفاقم العجز في الحساب الجاري بسبب زيادة الواردات كما أن ارتفاع الدخل أيضا يؤدي إلى زيادة الادخار الخاص وبالتالي فان العجز التوأم نسبي لأن ارتفاع الدخل الناتج عن سياسة الإنفاق الحكومي يؤدي إلى زيادة الادخار الخاص.

ت- حالة سعر الصرف الثابت وانعدام حركة رأس المال

في هذه الحالة ليس هناك علاقة بين العجز المالي والعجز الخارجي حيث أن سياسة الإنفاق الحكومي التوسعية تقود إلى زيادة الدخل وسعر الفائدة مما يقود إلى تفاقم العجز في الحساب الجاري الأمر الذي يؤدي إلى انخفاض سعر صرف العملة وبما أننا في نظام الصرف الثابت فإن السلطات تقوم بالسحب من احتياطاتها الأجنبية لشراء العملة الوطنية لمنع انخفاضها هذا ما يؤثر

سلبا على عرض النقود وبالتالي فان الإنفاق الحكومي لم يمول لا بالادخار الأجنبي ولا بالادخار الخاص ولكن مُول من خلال مزاحمة الاستثمار الخاص وبالتالي ليس هناك علاقة بين العجز المالي والعجز الخارجي.

ث- حالة سعر صرف مرن وانعدام حركة رأس المال

نلاحظ أن التحليل السابق ينطبق على هذه الحالة في البداية فقط إلى غاية انخفاض قيمة العملة الوطنية وبما أننا في نظام الصرف المرن فان انخفاض قيمة العملة الوطنية يشجع الصادرات ويثبط الواردات وهذا يلغي العجز في الحساب الجاري وبالتالي فان انخفاض قيمة العملة يؤدي إلى زيادة الدخل وزيادة الادخار الخاص، والنتيجة التي نخلص إليها هي أنه ليس هناك علاقة بين العجز المالي والعجز الخارجي حيث أن سياسة الإنفاق الحكومي مُولت عن طريق الادخار الخاص ومزاحمة الاستثمار الخاص.[1]

يتضح مما سبق الأهمية التي يحظى بها نظام الصرف في تحديد فعالية سياسة الإنفاق الحكومي في تحقيق الاستقرار الاقتصادي الكلي، لذلك فان التنسيق بين سياسة الإنفاق الحكومي وسياسة الصرف الأجنبي تعد ذات أهمية بالغة لذلك سنقوم بتحليل كيفية تفاعل هاتين السياستين لتحقيق الطرف الرابع من أطراف المربع السحري وهو التوازن الخارجي

(1)- Mohamed lamine ould dehbi, **opcit**, p15-17

خلاصة الفصل الثاني

لقد كان افتراضنا الأساسي في هذا الفصل هو التحليل في ظل ثبات المستوى العام للأسعار في إطار اقتصاد مغلق مع عدم المزج بين سياسة الإنفاق الحكومي والسياسة النقدية في خطوة أولى، ولقد حاولنا من خلال المبحثين السابقين إبراز تأثير سياسة الإنفاق الحكومي على التوازن الاقتصادي الكلي بجانبيه العرض الكلي والطلب الكلي، ولقد اعتمدنا في ذلك على نموذج $IS - LM$ في ظل اقتصاد مغلق، وتعد أهم نتيجة توصلنا إليها أن طريقة التمويل تشكل عنصراً أساسيا في تحديد مدى فعالية سياسة الإنفاق الحكومي في التأثير على الاستقرار الاقتصادي الكلي، حيث أن تمويل الإنفاق الحكومي عن طريق القروض العامة أو الضرائب يؤدي إلى تشكيل أثر مزاحمة لاستثمار القطاع الخاص، كما أن فعالية سياسة الإنفاق الحكومي تتوقف على المرحلة التي يمر بها الاقتصاد سواء كانت انتعاشاً أو انكماشاً، كما أن أثر المزاحمة مرتبط بحساسية الاستثمار الخاص للتغيرات في سعر الفائدة، وفي خطوة ثانية قمنا بتحليل مدى فعالية تمويل الإنفاق الحكومي من خلال الإصدار النقدي حيث أوضحنا المتغيرات النقدية التي تحكم أثر المزاحمة والمتمثلة في حساسية الطلب النقدي لسعر الفائدة والدخل باعتبارهما إحدى مكونات معادلة المزاحمة، كما حاولنا توضيح أثر سياسة الإنفاق الحكومي مع زيادة العرض النقدي في إطار السياسة النقدية المصاحبة حيث اتضح لنا أن الأثر ينقسم بين زيادة الناتج وزيادة معدلات التضخم هذا ما قادنا إلى ضرورة دراسة مدى تأثير سياسة الإنفاق الحكومي على الهدف الثالث للسياسة الاقتصادية، وهو التحكم في المستوى العام للأسعار وذلك باستخدام نموذج العرض الكلي-الطلب الكلي. وتوصلنا إلى أن سياسة الإنفاق الحكومي تؤدي إلى تضخم مرغوب فيه يصاحبه زيادة في الناتج وإلى تضخم غير مرغوب لا يؤدي إلى زيادة في الناتج، ويعد العنصر الأساسي المحدد هو مكونات العرض الكلي، كما تناولت الدراسة أيضا تحليل تأثير سياسة الإنفاق الحكومي على الهدف الرابع من أهداف السياسة الاقتصادية وهو تحقيق التوازن الخارجي وذلك باستخدام نموذج مندل فلمنج، حيث قمنا بدراسة مختلف الحالات الممكنة حسب طبيعة نظام الصرف وحسب حركة رؤوس الأموال وتناولنا في طيات هذا العنصر ظاهرتي العجز التزام والمزاحمة الدولية.

وبعد الانتهاء من دراسة الإطار النظري لمحوري الدراسة والمتمثلين في الاستقرار الاقتصادي الكلي والإنفاق الحكومي وتحليل أثر سياسة الإنفاق الحكومي على كل مؤشر من مؤشرات الاستقرار الاقتصادي الكلي، والوصول إلى نتائج نظرية، أصبح من اللازم معرفة مدى انطباق هذه النتائج النظرية على معطيات الاقتصاد الجزائري، هذا ما سنتطرق إليه في الفصل الثالث من هذه الرسالة.

الفصل الثالث
الاستقرار الاقتصادي الكلي والسياسة الاقتصادية في الاقتصاد الجزائري

Chapter Three

Macro Economic Stabilization and Economic Policy

in Algerian Economy

المبحث الأول: مراحل تطور السياسة الاقتصادية في الجزائر.

المطلب الأول: السياسة الاقتصادية الجزائرية خلال مرحلة الاقتصاد المخطط

المطلب الثاني: اختلال الاستقرار الاقتصادي الكلي والإصلاحات الاقتصادية

المبحث الثاني: انعكاس السياسة الاقتصادية على الاستقرار الاقتصادي الكلي الفترة 1990 -2007

المطلب الأول: تطورات معدلات النمو والبطالة خلال الفترة 1990-2007

المطلب الثاني: تطورات معدل التضخم والتوازن الخارجي خلال الفترة 1990-2007

المبحث الثالث: تطور الإنفاق الحكومي في الاقتصاد الجزائري خلال الفترة 1990-2007

المطلب الأول: تطور الإنفاق الحكومي في الاقتصاد الجزائري

المطلب الثاني: تحليل ظاهرة تزايد الإنفاق الحكومي في الاقتصاد الجزائري

المطلب الثالث: تفسير أسباب ظاهرة تزايد الإنفاق الحكومي في الاقتصاد الجزائري

خلاصة الفصل الثالث

تمهيد

لقد استعرضت الدراسة في الفصول السابقة الإطار النظري لسياسة الإنفاق الحكومي ومدى فعاليتها في تحقيق الاستقرار الاقتصادي الكلي، ولقد توصلنا من خلال الجانب النظري لهذه الرسالة إلى مجموعة من النتائج النظرية التي يتوجب علينا التأكد من مدى انطباقها على الاقتصاد الجزائري، لذلك تقوم الدراسة من خلال هذا الفصل باستعراض أهم المراحل التي مرت بها السياسة الاقتصادية في الاقتصاد الجزائري مع التركيز على نقاط الانعطاف التي أثرت على الاتجاه العام لهذه السياسة بصفة عامة، وسياسة الإنفاق الحكومي بصفة خاصة حيث تنطلق الدراسة من مرحلة الاقتصاد المخطط ثم تنتقل إلى مرحلة اقتصاد السوق عقب أزمة 1986، التي تعد نقطة الانعطاف الأولى، حيث تلتها مجموعة من الإصلاحات الاقتصادية لمواجهة اختلال الاستقرار الاقتصادي الكلي، أما نقطة الانعطاف الثانية فكانت مع الارتفاع الطفيف لأسعار النفط سنة 1999، وبعد تشكيل القاعدة النظرية للسياسة الاقتصادية في الاقتصاد الجزائري تنطلق الدراسة في المبحث الثاني في تحليل انعكاس هذه السياسة على مؤشرات الاستقرار الاقتصادي الكلي حيث سبق وأن تم تحليلها نظرياً في الفصل الأول والمتمثلة في معدل النمو؛ معدل البطالة؛ معدل التضخم؛ والتوازن الخارجي، كما تتطرق الدراسة في المبحث الثالث إلى تحليل تطور الإنفاق الحكومي في الجزائر ومختلف تقسيماته مع تطبيق النظريات المفسِرة لظاهرة تزايد الإنفاق الحكومي على الاقتصاد الجزائري.

المبحث الأول

مراحل تطور السياسة الاقتصادية في الاقتصاد الجزائري

قامت الجزائر بعد حصولها على الاستقلال برسم سياسة تنموية طويلة المدى ممتدة من سنة 1965 إلى غاية سنة 1980 تركز أساساً على الصناعة الثقيلة للخروج من دائرة التخلف، ولقد تميزت هذه المرحلة بالتخطيط المركزي والتدخل الواسع للدولة في النشاط الاقتصادي، مستغلةً في ذلك الوضعية المريحة لسوق النفط العالمي، ولقد حُكم على هذه التجربة بأنها مكَلفة وقليلة الفعالية ومولدة للتبذير، لذلك كان يجب إعادة رسم السياسة الاقتصادية من خلال تقليص دور الدولة في النشاط الاقتصادي لصالح القطاع الخاص وذلك بإتباع إصلاحات ذاتية مبنية على الأسعار كمؤشرات نسبية، لكن هذه الإصلاحات كانت بطيئة ومحدودة كما أن انهيار أسعار النفط سنة 1986 زاد الطين بلةً مما استدعى تدخل صندوق النقد الدولي من خلال سلسلة من الإصلاحات الاقتصادية العميقة امتدت من سنة 1989 إلى غاية 1998، ثم جاءت مرحلة جديدة ابتداء من سنة 1999 حيث عرفت أسعار النفط بعض الارتفاع وتحسن مؤشرات الاستقرار الاقتصادي الكلي، لذلك فإن الهدف من هذا المبحث هو القيام بصياغة المربع السحري للاقتصاد الجزائري خلال الفترة 1990-2007 مع مقارنة مساحة هذا المربع خلال أهم المراحل التي مر بها الاقتصاد الجزائري وذلك بعد تحليل مؤشرات الاستقرار الاقتصادي الكلي بشكل مفصل.

المطلب الأول: السياسة الاقتصادية الجزائرية خلال مرحلة الاقتصاد المخطط

لقد عاش الاقتصاد الجزائري في الفترة الأخيرة أزمةً كبيرةً على عكس ما كان عليه الحال خلال فترة السبعينات، حيث أنه خلال هذه الفترة أعطى انطباعاً جيداً على أنه نموذج لاقتصاد حديث الاستقلال يسير بخطى حثيثة نحو التقدم، لذلك فالسؤال المطروح هنا: ما هي خصائص السياسة الاقتصادية المتبَعة خلال فترة الاقتصاد المخطط؟ وما هي مكانة سياسة الإنفاق الحكومي من السياسة الاقتصادية؟

1- الأسس النظرية للنموذج التنموي الجزائري خلال مرحلة الاقتصاد المخطط

لقد اختارت دول العالم الثالث نماذج متباينة للتنمية بغية تقليص الهوة بينها وبين دول العالم المتقدم، ويمكننا تقسيم هذه النماذج إلى ثلاثة أنواع؛ فبينما اعتمدت دول أمريكا اللاتينية على نموذج إحلال الواردات من أجل تقليص حجم استيراد المواد المصنَعة وإنتاجها محلياً، نجد أن دول جنوب شرق آسيا اعتمدت النموذج الموجَه نحو التصدير من خلال انفتاحها الكلي على السوق الدولية، والاستثمار الأجنبي، أما النموذج الذي اعتمدته بقية دول العالم الثالث ومن بينها الجزائر فيعتمد على توجيه الجهاز الإنتاجي نحو السوق الداخلي حيث يؤكد على إعطاء الأهمية القصوى للصناعات الثقيلة في برنامج التنمية، والتي تتميز أيضاً أن لها أثارا فاعلة ومحرِضة،[1] ويمثل الجدول التالي توزيع الاستثمارات الحكومية على أهم القطاعات خلال الفترة 1967-1977

الجدول(3-1-6) توزيع الاستثمارات العمومية على أهم القطاعات خلال الفترة 1967-1977

	1969-1967		1973-1970		1977 -1974	
	مليار دينار جزائري	%	مليار دينار جزائري	%	مليار دينار جزائري	%
الزراعة	90،1	7،20	35،4	12	9،8	3،7
الصناعة	90،4	4،53	80،20	3،57	1،74	1،61
قطاعات أخرى	37،2	8،25	15،11	7،30	2،38	6،31
المجموع	17،9	100	30،36	100	2،121	100

thèse de doctorat en science ،libéralisation économique et problèmes de la transition en Algérie،Source: achène ammarouche
p 137 ، 2004، France، université lumière lyon2،économique

يوضح لنا هذا الجدول توجه السلطات الحكومية في تنفيذ برامج التصنيع، حيث تجاوزت حصة القطاع الصناعي نسبة 50% من حجم الاستثمارات الحكومية الكلية، حيث وصلت إلى 3،57 % خلال الفترة 1970-1973، وتجاوزت 61% خلال الفترة 1974-1977، وفي نفس الوقت نلاحظ أن القطاع الزراعي هو الذي دفع ثمن التغيرات، حيث انخفضت حصته من 20% خلال الفترة 1967-1969 إلى 3،7% خلال الفترة 1974-1977، ولقد هدفت إستراتيجية التصنيع إلى إنشاء سوق وطنية تشكل القاعدة الأساسية للتنمية الاقتصادية، وذلك

(1)- أي أنها تستطيع إنشاء صناعات أخرى في محيطها

بتوجيه الجهاز الإنتاجي نحو السوق الداخلية، ولقد أبقت الجزائر على انفتاحها نحو الخارج فيما يتعلق باستيراد التكنولوجيا والتخصص في تصدير المحروقات.[1] ولقد عرفت إستراتيجية التصنيع عدة صعوبات تمثلت أساساً في أن الجهاز الإنتاجي لم يكن يشتغل بكامل طاقته الإنتاجية، ومن جهة ثانية نقص الإطارات والكفاءات التي يمكنها إدارة العملية الإنتاجية بكل فعالية مما اضطر بالحكومة إلى الاستعانة بالخبرات الأجنبية،[2] ولعل السمة المميزة خلال هذه الفترة هي إتباع مخططات تنموية طويلة الأجل، فما هي أهم هذه المخططات؟

2- المخططات التنموية خلال مرحلة الاقتصاد المخطط1967-1979

لقد عرف الاقتصاد الجزائري خلال هذه الفترة ثلاث مخططات تنموية، حيث هدفت إلى مجموعة من الأهداف كان أهمها تحويل الاقتصاد الجزائري إلى اقتصاد نامٍ بالإضافة إلى تدعيم القاعدة الصناعية وضمان النمو الذاتي المعتمد على المصادر المحلية، لذلك تقوم الدراسة من خلال ما يلي بتحليل أهم النتائج الاقتصادية لهذه المخططات وخصائصها العامة، وذلك قبل التطرق إلى توزيع الاستثمارات الحكومية ومصادر تمويلها نظراً لارتباطها الشديد بموضوع الرسالة.

2-1- الاتجاه العام للمخططات التنموية وأهدافها الاقتصادية

امتازت الفترة 1967-1979 بكونها فترة تصنيعٍ وتخطيطٍ مركزي، حيث عرفت الجزائر تنفيذ ثلاث مخططات تنموية سُخرت لها أموال ضخمةٌ بهدف الخروج من التخلف والتبعية، وكانت البداية بالمخطط الثلاثي الأول؛ المخطط الرباعي الأول؛ والمخطط الرباعي الثاني.

2-1-1- المخطط الثلاثي الأول 1967-1969

جاء هذا المخطط بهدف تحضير الوسائل المادية والبشرية لانجاز المخططات التي تليه، وتم التركيز على الصناعات القاعدية المحروقات وافتقر هذه المخطط إلى شروط التخطيط كالشمول، تحديد الأهداف، الدقة... وقد تم تحقيقه بصورة مُرضية، فمن أصل حجم استثمار

(1)-Ahmed Benbitour، **l'expérience algérienne du développement 1962 1991** ، ISGP، Algérie، 1992، p 17

(2) -Ahcene ammarouche، **op.cit.**، p 138

قدره 08،11 مليار دينار جزائري، استهلك منها 16،9 مليار دينار أي بمعدل انجاز قدره 82%، ولقد وُزعت الاستثمارات على ثلاثة مجموعات متجانسة وهي:

- الاستثمارات الإنتاجية المباشرة: 79،6 مليار دينار جزائري موزَعة على الزراعة ب 88،1 مليار دينار جزائري، والصناعة 91،4 مليار دينار جزائري؛
- الاستثمارات شبه الإنتاجية: كالتجارة والمواصلات ب 36،0 مليار دينار جزائري؛
- الاستثمارات غير الإنتاجية،كالمدارس 01،2 مليار دينار جزائري موزَعة على التقنية الاقتصادية 28،0 مليار دينار جزائري البنية التحتية الاجتماعية 73،1 مليار دينار جزائري.[1]

2-1-2- المخطط الرباعي الأول 1970-1073

لقد كان التوجه السائد في هذا المخطط نحو الصناعات الثقيلة، حيث جاء بهدف دعم البناء الاشتراكي وجعل التصنيع في المرتبة الأولى من عوامل التنمية، وقامت المؤسسات العمومية بفتح حسابين أحدهما للاستغلال والآخر للاستثمار، حيث يتم تمويل نفقات الاستغلال بقروض قصيرة الأجل بينما تُموَل نفقات الاستثمار بقروض طويلة الأجل من طرف البنوك التجارية العمومية والخزينة العمومية، ولقد مُنعت المؤسسات العمومية من الاحتفاظ بالتدفقات الصافية لإعادة تشكيل رأسمالها، وقيامها بعملية التمويل الذاتي بهدف مراقبة مواردها المالية، ولقد بلغ حجم الاستثمارات في هذا المخطط 56،68 مليار دينار جزائري، والسبب في هذه الزيادة هو قرار الدولة إنشاء صناعات جديدة تخص المحروقات، الفروع الميكانيكية ولقد سعى هذا المخطط التي تحقيق مجموعة من الأهداف :

- تحقيق معدل نمو سنوي يُقدر ب 9% من الناتج المحلي الخام؛
- تعميم الاستقلال الاقتصادي عن طريق تدعيم وإنشاء الصناعة؛
- تحسين ورفع مستوى المعيشة للسكان عن طريق دعم أسعار المواد الواسعة الاستهلاك وتوجيه الاستهلاك العام والخاص.

---

(1)- عبد الـلـه بلوناس، **المرجع السابق**، ص 30

2-1-3- المخطط الرباعي الثاني 1974-1977

خُصص لهذا المخطط مبلغ 110 مليار دينار جزائري كبرامج استثمارات عمومية، وهو ما يعادل 12 مرة حجم الاستثمارات في المخطط الثلاثي وأربع مرات للمخطط الرباعي الأول، وتتلخص أهم الاتجاهات وأهداف هذا المخطط فيما يلي:

- تدعيم الاستقلال الاقتصادي وبناء اقتصاد اشتراكي عن طريق زيادة الإنتاج وتوسيع التنمية بكامل التراب الوطني؛
- رفع الناتج المحلي الإجمالي عند حلول الآجال الحقيقية ب 40% على الأقل أي بزيادة سنوية مقدارها 10% .

ووصل معدل الاستثمار الحكومي إلى 46% بين عامي 1978-1979 بينما لم يتجاوز 35% سنة 1970 حيث شكلت حصة قطاع الصناعة 62%، وارتفع الاستثمار الإجمالي في الفترة 1969- 1978 بالأسعار الجارية من 3409 مليون دينار إلى 5342 مليون دينار، وهو ما يمثل 52% من الناتج، ولكن رغم الحجم الكبير للاستثمارات فإن النتائج لم تكن في حجم التطلعات وهذا نتيجة للتأخر في الانجاز والبيروقراطية.[1]

2-2- مكانة الإنفاق الحكومي الاستثماري ضمن مخططات التنمية

إن الشيء الملاحَظ في المخططات التنموية السابقة هي تطور حجم الاستثمار العمومي من سنة لأخرى حيث انتقل من 2،9 مليار دينار جزائري خلال المخطط الرباعي الأول إلى 2،30 مليار دينار خلال المخطط الرباعي الثاني، إلا أن السؤال الذي يُطرح في هذا المجال يتعلق بمصادر تمويل هذا الإنفاق الحكومي الاستثماري، حيث أن الإستراتيجية التنموية التي اتبعتها الجزائر تعتمد أساساً على صناعاتٍ ثقيلةٍ تتطلب كثافة رأسمالية كبيرة تتعدى حدود التمويل من مصادر داخلية دون اللجوء إلى الاقتراض الخارجي، ويمكننا تلخيص مصادر تمويل الإنفاق الحكومي الاستثماري خلال الفترة 1970-1977 من خلال الجدول التالي:

---

(1)- محمد بلقاسم، **سياسة تمويل التنمية وتنظيمها في الجزائر**، ديوان المطبوعات الجامعية، الجزار، 1991، ص 246

الجدول(3-1-7) مصادر تمويل الإنفاق الحكومي الاستثماري خلال الفترة 1970-1977

المخطط الرباعي الأول 1970-1973		المخطط الرباعي الثاني 1974-1977	
المصادر	%	المصادر	%
تمويل خارجي	4،23	تمويل خارجي	29
ادخار ميزاني	3،9	ادخار ميزاني	33
موارد الخزينة +ادخار المؤسسات	8،34	موارد الخزينة+ادخار المؤسسات	1،12
تمويل نقدي	5،32	تمويل نقدي	9،25
المجموع	100	المجموع	100

المصدر: عبد اللـه بلوناس، **المرجع السابق**، ص36

نلاحظ من خلال الجدول السابق أن ارتفاع أسعار البترول سنة 1974 أدى إلى تطور الادخار الميزاني من 3،9 % إلى 33% بسبب زيادة الجباية البترولية التي تعتمد على مستوى الأسعار في السوق الدولية، لذلك يمكن اعتباره تمويل خارجي غير مباشر ومن جهة أخرى ارتفعت حصة التمويل الخارجي المباشر إلى 29% ، وبجمع التمويل الخارجي المباشر وغير المباشر نلاحظ أن تراكم رأس المال الثابت لم يولد القدرة على التمويل الداخلي المستقل انطلاقاً من الجهاز الإنتاجي، ونلاحظ كذلك انخفاض ادخار المؤسسات وموارد الخزينة من 34% إلى 12%، وهذا يعود إلى نقص مردودية الشركات الوطنية، وإذا جمعنا كل مكونات التمويل الداخلي فإن حصته انخفضت إلى 38% بعد أن كانت 67%، حيث يمثل التمويل النقدي الحصة الأكبر. وتتجلى أهمية قطاع المحروقات من خلال حصته في الادخار الميزاني، وتمثل صادرات المحروقات 90% من حجم الصادرات الكلية، كما أن قطاع المحروقات يدعم المقدرة الافتراضية للاقتصاد الجزائري في السوق المالية الدولية والجدول التالي يمثل مكانة الريع البترولي في الاقتصاد الجزائري خلال المرحلة الاشتراكية .

الجدول(3-1-8) مكانة الريع البترولي في الاقتصاد الجزائري خلال المرحلة الاشتراكية

G	F	E	D	C	B	A	النسب[1] / السنوات
75	-	5،6	17،0	222	5،70	3،23	1967-1965
45	-	1،3	15،0	304	4،77	5،29	1973-1970
100	-	7،1	13،0	1176	2،93	2،57	1974
96	-	2	-	1078	1،93	5،53	1975
102	6002	95،0	-	1277	95	3،54	1976
102	12180	8،0	09،0	1374	96	8،53	1977
92	21988	7،0	-	1321	1،96	2،47	1978
113	26631	5،0	-	1981	6،97	1،57	1979
171	25940	5،0	-	2771	2،98	2،63	1980
197	22606	5،0	-	3205	2،98	2،64	1981
-	20308	-	-	2991	2،98	4،53	1982
-	18858	-	-	2918	5،98	6،44	1983
-	17500	-	-	2929	7،97	3،43	1984

Source: Amar belhimer، **la dette extérieur de l'Algérie، une analyse critique des politiques d'emprunts et d'ajustement**، Alger،casbah éditions، 1998، p 55

(1) - A: نسبة الجباية البترولية إلى الإيرادات المالية الإجمالية

B: نسبة المحروقات إلى إجمالي الصادرات

C: مداخيل الصادرات المحروقات للفرد الواحد(دينار جزائري)

D: إنتاجية العمل خارج الزراعة والتجارة بدلالة الزمن بالدينار وبالسعر الثابت(1974)

E: نسبة المنتجات النصف مصنعة ومنتجات التجهيز من موارد الصادرات

F: الاقتراض الإجمالي بالمليون دولار

G: شروط التبادل (سنة 1974)

لقد امتازت الفترة الممتدة ما بين 1977- 1979 بالتكوين السريع لرأس المال إذ بلغ معدل الاستثمار الإجمالي 41% من الناتج المحلي الخام، بالإضافة إلى زيادة معدل التشغيل وبلوغ معدل نمو الناتج الخام 7%، إلا أن هناك عدة نقاط ضعف خاصة فيما يتعلق بأدوات التسيير والتخطيط المعتمِدة على الأوامر، واختلالات قطاعية عميقة خلقت نوعاً من التبعية طويلة الأجل، وانطلاقاً من سنة 1986 عرفت أسعار النفط الجزائري انخفاضاً حاداً بالإضافة إلى الانخفاض الموازي لأسعار صرف الدولار الأمريكي[1] وهو ما قاد في الأخير إلى ضرورة القيام بمجموعة من الإصلاحات الاقتصادية التي تستعرضها الدراسة فيما يلي، وقبل ذلك فلا بد من معرفة السبب الخفي للمرض الجزائري.

المطلب الثاني: اختلال الاستقرار الاقتصادي الكلي والإصلاحات الاقتصادية

لقد تحدثت الدراسة في المطلب السابق عن الإستراتيجية التنموية التي اتبعتها الجزائر وتبينت أهمية قطاع المحروقات في تحقيق التنمية الاقتصادية لذلك فقد ارتبط الاقتصاد الجزائري ارتباطاً وثيقاً بعامل تحكمه التغيرات في الأسواق الدولية، ألا وهو النفط ومع حلول سنة 1986 وحدوث ما يُعرف بالصدمة النفطية المعاكسة، تزعزع الاقتصاد الجزائري وظهرت الاختلالات في الاستقرار الاقتصادي الكلي مما استدعى القيام بإصلاحات، حيث أن السياسات الاقتصادية في بداية الثمانينات وجهت حصةً كبيرةً من الاستثمارات نحو القطاعات غير المنتجة، مستغلةً في ذلك تحسن أسعار النفط، وبالتالي فقد مر الاقتصاد الجزائري خلال الفترة 1986-1998 بمرحلة انتقالية.

1- المرحلة الانتقالية للاقتصاد الجزائري 1986-1994

هناك عدة عواملٍ دفعت الاقتصاد الجزائري إلى القيام بالإصلاحات للتحول إلى اقتصاد السوق، ولعل أهم هذه الدوافع هي ارتفاع معدل التضخم وذلك بسبب تزايد الإنفاق الحكومي وتطور كتلة الأجور بالإضافة إلى العجز المتزايد قي الموازنة العامة، أما العوامل الخارجية فتمثلت في ارتفاع المديونية وعبء الدين الخارجي وانخفاض المقدرة الاقتراضية للبلاد، بسبب انخفاض احتياطياتها، ولعل القطرة التي أفاضت الكأس هي انخفاض أسعار البترول سنة

---

(1)- الإيرادات النفطية انخفضت ب 50%

1986، ولقد اهتمت بعض النماذج بتأثير تغيرات أسعار المحروقات على الاقتصادات الوطنية، ولعل أهم هذه النماذج هو ما أُصطلح تسميته بالمرض الهولندي،[1] حيث أن المشكلة الأساسية التي يطرحها هذا النموذج تتمثل في أن رواج الصادرات من المحروقات يؤدي إلى إرخاء القيد الخارجي دون أن يشكل في حد ذاته عامل تنمية، فالتحسن الكبير في شروط التبادل سمح للدول المصدرة للمحروقات بأن تتوفر على موارد مالية معتبرة لكن المفارقة تكمن في أن استخدام هذه الموارد أدى إلى اختلالات خطيرة في أنظمتها الإنتاجية - وهذا ما جرى في حالة الجزائر- حيث يقترح هذا النموذج بديلاً يتمثل في القبول بمستوى رفاهية أدنى مع هيكل إنتاجي متزن،[2] ولعل السؤال الذي يتبادر إلى أذهاننا هنا: **ما علاقة نموذج المرض الهولندي بالاقتصاد الجزائري**؟ وماهي أهم أوجه اختلال الاستقرار الاقتصادي الكلي خلال هذه المرحلة؟ هذا ما ستقوم الدراسة بالإجابة عليه.

1-1- تطبيق نموذج المرض الهولندي على الاقتصاد الجزائري

يمكن تحليل كيفية تكيف الاقتصاد الجزائري مع الصدمات النفطية من خلال مجموعة من العناصر تتمثل في توزيع التشغيل، القيمة المضافة والأسعار النسبية ، لكن الدراسة ستكتفي بدراسة توزيع القيمة المضافة على أهم القطاعات من خلال الجدول التالي:

---

(1)- أو ما يعرف ب Dutch disease أو la maladie hollandaise : هذا النموذج تمت صياغته من طرف R.G Gregory و W.M cordon حيث هدف هذا النموذج إلى شرح أثر الزيادة في حصيلة الصادرات من المواد الأولية على التوزيع القطاعي للإنتاج، وارتبط هذا النموذج بالغاز الطبيعي ولنفط لهولندا وبحر الشمال خلال الصدمتين البتروليتين، ولمزيد من التفاصيل انظر: cordon، **booming sector and Dutch disease economic**، Australian national university- a survey- ، faculty of economic، w p 79، 1982.

(2)- عبد الله منصوري، **السياسات النقدية والجبائية لمواجهة انخفاض كبير في الصادرات - حالة اقتصاد صغير مفتوح**- أطروحة دكتوراه في العلوم الاقتصادية ، جامعة الجزائر، 2006، ص 267

الجدول(3-1-9) توزيع القيمة المضافة على أهم القطاعات خلال الفترة **1969-1985**

	1971	1972	1973	1974	1975	1976	1977	1978	1979	1980	1981	1982	1983	1984
زراعة	4.10	2.8	2.7	7.8	5.10	3.9	2.8	4.8	8.8	3.9	6.10	3.9	4.8	1.7
محروقات	5.36	45	9.44	4.41	5.36	1.36	5.35	35	3.32	2.29	2.26	25	2.25	9.23
صناعة تحويلية	8.11	7.10	7.11	3.10	8.9	11	3.11	2.12	8.12	2.13	2.14	6.14	2.15	8.15
البناء	5.9	6.9	6.9	5.12	8.15	11	6.18	2.19	3.19	20	9.20	6.22	9.22	4.23
الخدمات	8.29	7.24	7.24	3.25	7.25	4.25	7.24	4.23	8.24	7.25	4.25	6.25	5.25	9.24
I [1]	1.17	4.15	4.14	8.18	2.21	1.16	8.23	22	5.22	2.23	6.21	3.24	8.24	4.25
II [2]	8.1	8.1	8.1	2	3.2	8.1	2.2	2	2	2	9.1	2	2	1.2

Source: mémorandum de la banque mondiale.

(1)- حصة القيمة المضافة للسلع القابلة للمتاجرة - حصة السلع غير قابلة للمتاجرة

(2)- حصة القيمة المضافة للسلع غير قابلة للمتاجرة ÷ حصة القيمة المضافة للسلع القابلة للمتاجرة (حيث أن السلع غير قابلة للمتاجرة تتمثل في منتجات قطاعي البناء والخدمات، أما السلع القابلة للمتاجرة فتتمثل في منتجات قطاعي الزارعة والصناعات التحويلية)

يبين الجدول أن حصة قطاع المحروقات عرفت انخفاضاً كبيراً حيث انتقلت من 36% في بداية الفترة إلى 9،23 % نهايتها وهو ما يعني إن هذا القطاع كان بصدد تحويل مداخيله إلى القطاعات الأخرى، أما حصة قطاع الصناعة فقد عرفت ركوداً ملحوظاً بين الصدمتين البتروليتين ومن الملاحظ أيضا زيادة حصة السلع غير القابلة للمتاجرة، البناء والخدمات حيث وصلت إلى 47% سنة 1984 وذلك على حساب قطاع السلع القابلة للمتاجرة،[1] وهذا ما يظهر اختلال الهيكل الإنتاجي حيث أن قطاع السلع غير القابلة للمتاجرة يحوز على ثلاثة أرباع القيمة المضافة الإجمالية، أما حصة السلع القابلة للمتاجرة فكانت حوالي 19%، ولقد تميزت الفترة 1980-1984 تغيراً جذرياً في تخصيص الاستثمارات حيث عرفت الاستثمارات الإنتاجية انتقالاً من 56% سنة 1980 إلى 24% سنة 1984 وهذا لصالح الاستثمار في البنية التحتية التي انتقلت من 30% سنة 1980 إلى 55% سنة 1984 ويُفسر هذا الاختيار بمحاولة تحسين القدرة على الاستيعاب والسماح بتسريع الاستثمارات المنتجة،[2] ولقد انعكس هذا المرض على وضعية الاستقرار الاقتصادي الكلي خاصة فيما يتعلق بالجانب المالي، حيث أنه خلال الفترة الثمانينات نلاحظ أن العجز كان هيكلياً، إذا استثنينا الفترات التي عرفت تحسناً في أسعار النفط وهذا الاختلال الهيكلي يعكس في الحقيقة سياسة تحفز القطاعات غير المنتجة، كما هو موضحٌ في الجدول السابق مع إهمال القطاعات التي تنتج السلع القابلة للاتجار مما أدى إلى انخفاض الوعاء الضريبي،[3] والجدول التالي يوضح لنا تطور مؤشرات الكفاءة المالية في الجزائر خلال الفترة 1980-1990

(1) - Youcef benabdellah; **croissance économique et dutch disease en Algérie**، les cahiers du CREAD. N75. 2006، Algérie، p p 13.

(2) -Ahmed ben bitour، **l' Algérie en troisième millénaire ، défis de potentialités**، édition marinoor، Algérie ، 1998، p63

(3) -Ammar boudharssa، **la ruine de l'économie algérienne sous Chadli**، éditions rahma ، Alger، 1993، p 171

الجدول(3-1-10) تطور مؤشرات كفاءة السياسة المالية في الجزائر خلال الفترة **1980-1990**

السنوات / النسبة[1]	1980	1981	1982	1983	1984	1985	1986	1987	1988	1989	1990
$\frac{RF}{PIB}$	7.41	47	41	7.39	4.43	9.36	2.31	4.30	2.29	4.30	8.31
$\frac{RU}{PIB}$	3.14	3.15	5.15	2.18	7.19	4.16	4.18	0.19	6.18	4.18	5.14
$\frac{IR}{PIB}$	5.19	4.33	3.26	9.23	9.24	5.21	7.13	2.13	6.15	1.19	3.19
$\frac{ID}{PIB}$	5.10	7.11	8.11	5.12	5.13	5.10	5.11	7.11	9.10	2.10	3.9

المصدر: من إعداد الباحث بالاعتماد على الديوان الوطني للإحصائيات.

(1)- RF: الإيرادات الجبائية، RU: الإيرادات العادية ، IR: الضرائب على الدخول، ID: الضرائب على الإنفاق، PIB: الناتج المحلي الإجمالي

نلاحظ من خلال الجدول السابق أن مؤشرات كفاءة السياسة المالية اتجهت نحو الانخفاض خاصة فيما يتعلق بنسبة الإيرادات الضريبية إلى الناتج ونسبة الإيرادات الجبائية [1] إلى الناتج المحلي، وهذا الانخفاض كان انعكاساً للتهرب الضريبي الذي كان يميز النظام الضريبي الجزائري والذي كان مُغطً من قبل السياسة النقدية، حيث أن الخزينة العمومية كثيراً ما لجأت للبنك المركزي للاقتراض من أجل تمويل عجز الموازنة بغية تحقيق استقرارٍ اقتصاديٍ لا يدوم طويلاً، حيث أن السلطات هدفت إلى إنشاء مناصب شغل وهمية من أجل امتصاص البطالة المزمنة والتي كانت كنتيجة لعملية الاستثمار العكسي، [2]و بالتالي فإن اللجوء إلى الاقتراض من البنك المركزي هو الذي سمح بإحداث توازنٍ مالي عطل الانفجار الاجتماعي الذي كان وشيكاً، حيث نلاحظ من خلال الشكل التالي انخفاض نمو القروض للاقتصاد إذا ما قارناها بنمو القروض المقدَمة للدولة، حيث انتقلت حصتها من الكتلة النقدية من 28% في بداية الفترة إلى 1،43% في نهاية الفترة ، بمعنى انتقلت من 33 مليار دينار سنة 1980 إلى 7،167 مليار دينار سنة 1990 بمعدل نمو قدره 8،40% [3] وهذا ما أدى إلى ارتفاع معدلات التضخم بشكلٍ كبيرٍ انطلاقاً من سنة 1990.[4]

---

(1)- تتكون من الضرائب المباشرة، الضرائب غير المباشرة، الضرائب على رقم الأعمال، الحقوق الجمركية، الجباية البترولية، انظر الملحق رقم(2): **الإيرادات النهائية المطبقة في ميزانية الدولة لسنة 2007** صفحة 214

(2)- Désinvestissement وذلك بسبب توجه العمالة إلى القطاعات غير الإنتاجية بسبب ارتفاع معدل الأجر فيها بالمقارنة مع القطاعات الإنتاجية

(3) -Ammar boudharssa، op.cit.; p 173

(4) - انظر تطور معدلات التضخم الصفحة 125

الشكل (3-1-40)

تطور القروض المقدمة للاقتصاد و الدولة في الجزائر خلال الفترة 1980 –

1990 (مليار دينار)

| 1990 | 1989 | 1988 | 1987 | 1986 | 1985 | 1984 | 1983 | 1982 | 1981 | 1980 |

■ قروض مقدمة للدولة ■ قروض مقدمة للاقتصاد

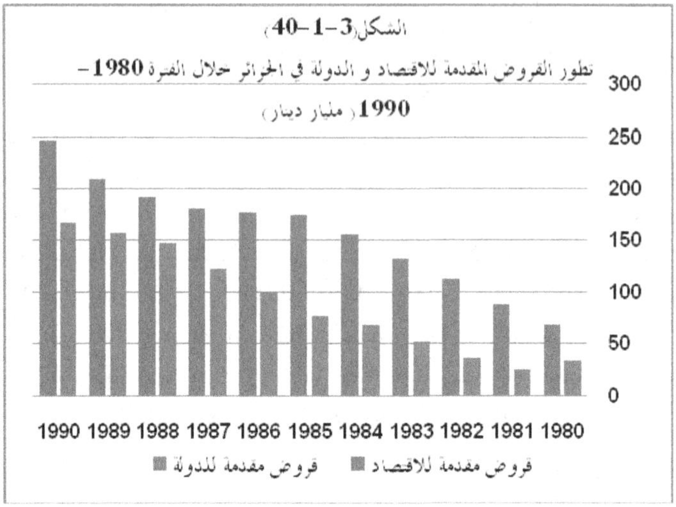

المصدر: من إعداد الباحث بالاعتماد على معطيات من:bulletin statistique de la banque d'Algérie،statistique monétaire 1964°2005 ،
juin 2006

وبالتالي فإن أعراض المرض الهولندي باديةٌ على الاقتصاد الجزائري، حيث مارس حقن الريع البترولي في الاقتصاد أثراً سلبياً على بقية القطاعات، وبالتالي فإن النتيجة التي نخلص إليها هي أن أعراض المرض الهولندي موجودة في الاقتصاد الجزائري وزادت حدتها عند انخفاض أسعار البترول وتقلص الريع البترولي الأمر الذي ساعد على اختلال الاستقرار الاقتصادي الكلي ، والذي اتضح جلياً في وضعية الموازنة العامة التي قامت بتحقيق استقرار اقتصادي هش من خلال الاقتراض من الجهاز المصرفي والقيام بإنشاء مناصب شغل وهمية، هذه الحالة سمحت بتفاقم مشكلة التضخم انطلاقاً من سنة 1990 الأمر الذي ألزم الحكومة القيام بإصلاحات اقتصادية على مراحل. فماهي المراحل التي مرت بها الإصلاحات الاقتصادية في الجزائر؟

2-1- الإصلاحات الاقتصادية في الجزائر خلال الفترة 1989-1994

لقد قام الاقتصاد الجزائري بعدة محاولات لتحقيق الاستقرار الاقتصادي الكلي بمساندة صندوق النقد الدولي وذلك بعد فشل محاولات التصحيح الذاتي بين سنة 1986 وسنة 1989 حيث قامت الجزائر بتوقيع الاتفاق الأول للاستعداد الائتماني من 31 ماي 1989 إلى 30 ماي 1990، وذلك بسبب عجز ميزان المدفوعات، حيث قام الصندوق بتمويل هذا العجز

الناتج عن انخفاض إيرادات الصادرات من المحروقات، وبالمقابل فقد ألزم الصندوق الدولة بضرورة التخلي على السياسة المالية التوسعية لأنها مصدر التضخم والعجز الخارجي،[1] وذلك من خلال ضغط عجز الموازنة وتقليل الإنفاق الحكومي، وتبَني سياسة نقدية صارمة وتخفيض قيمة الدينار ومراجعة دور الدولة في النشاط الاقتصادي،[2] أما الاتفاق الثاني للاستعداد الائتماني فقد تم الإمضاء عليه في جوان 1991 ومدته ثمانية عشر شهراً ويتعلق بتحقيق الاستقرار الاقتصادي حيث يلتزم الصندوق بتقديم قرض قيمته 400 مليون دولار مقابل مواصلة الإصلاحات التي تضمنتها رسالة حسن النية والمتضمنة مواصلة تخفيض قيمة العملة وتحرير الأسعار وضرورة تحقيق فائض في الموازنة والتحكم في التضخم وتنويع الصادرات،[3] أما المحاولة الثالثة لتحقيق الاستقرار فكانت دون تدخل المؤسسات المالية الدولية [4] خلال الفترة 1992-1993 حيث كانت العودة للاقتصاد الإداري، وكانت هذه المرحلة تحت شعار اللاءات الثلاث،[5] حيث أن السياسة الكينزية المطبقة في الجزائر لم تؤتي أكلها خلال الفترة 1992-1993 وحاولت تغطية النقص في الطلب الكلي للعائلات بزيادة الإنفاق الحكومي الذي كان ممَولاً بالاقتراض من الجهاز المصرفي، والنتيجة كانت مخالفة تماماً للأهداف التي يتم البحث عنها، حيث أن قيمة الدينار كانت مبالغٌ في تقييمها، مما قلص إيرادات الصادرات وشجع المستوردين عوض المنتجين، كما أن عجز الموازنة العامة بلغ 7،8% من الناتج المحلي الإجمالي سنة 1993، وفي ظل هذه الظروف كانت النتائج عكس التوقعات حيث نلاحظ انخفاض الصادرات من المحروقات من 9794،10 مليار دولار سنة 1992 إلى 8796،9 مليار

(1)- سنعود للتأكد من هذه الفرضية في الفصل الرابع عند دراسة العجز التوأم في الجزائر انظر الصفحة 195

(2)- لمزيد من التفاصيل انظر: Amar belhimer، **op.cit.**، p 66

(3) -Ahmad dahmani، **l'Algérie a l'épreuve ، économie politique des reformes 1980-1997**، l'harmattan، paris، 1999، p125

(4)- اتبعت الجزائر خلال هذه الفترة الاتجاه غير الأصولي للسياسة الاقتصادية approche hétérodoxe النابعة من اللجنة الاقتصادية لدول الاتحاد الإفريقي CEA تحت قيادة رئيس الحكومة بلعيد عبد السلام الذي يعتبر أب الصناعة الجزائرية، لمزيد من التفاصيل ارجع: Hocine benissad، **Algérie de la planification socialiste a l'économie de marche (1962-2004)**، ENAG EDITION، Alger، 2004; P 160

(5)- **لا** لتخفيض قيمة الدينار، **لا** لإعادة الجدولة ، **لا** للخوصصة

دولار سنة 1993، وذلك بسبب تراجع أسعار المحروقات وفي نفس الوقت سجل ميزان المدفوعات عجزاً قدره -30،4 مليار دولار تم تمويله باستهلاك احتياطات الصرف، كما أن معدل البطالة بلغ 33% سنة 1993،[1] وأمام هذه المعطيات أصبحت الجزائر في وضعية عدم القدرة على الدفع ابتداءاً من سنة 1994، ولقد قامت الجزائر بإبرام اتفاقٍ لتحقيق الاستقرار الاقتصادي كمحاولة ثالثة مدتها 12 شهر(11-أبريل 1994 إلى 31 مارس 1995) وإعادة جدولة الديون العمومية وهدف هذا البرنامج إلى تحقيق معدل نمو قدره 3% سنة 1994 و6% خلال سنة 1995 وذلك بنية استيعاب اليد العاملة كما يهدف البرنامج إلى تخفيض التضخم ومقاربته لمعدل التضخم العالمي بالإضافة إلى استعادة التوازن الخارجي. وبعد انتهاء مدة برنامج الاستقرار الاقتصادي وعلى ضوء النتائج المحصَل عليها والتي نالت رضا الصندوق «البرنامج مع الجزائر خاصة فيما تعلق بالسياسة الميزانية والنقدية، وتحرير التجارة الخارجية تم تنفيذه بدقة»،[2] وهو ما سمح بمواصلة المفاوضات لإبرام اتفاقية التسهيل الموسع لثلاث سنوات لاحقة بالإضافة إلى طلب إعادة جدولة ثانية للديون العمومية وتطبيق برنامجاً للتصحيح الهيكلي للاقتصاد "فالجزائر بإمكانها الخروج من الأزمة شريطة تبنيها سياسات الاقتصاد الكلي والسياسات الهيكلية الضرورية" .

2- الاقتصاد الجزائري تحت مظلة برنامج التصحيح الهيكلي 1995-1998

لقد كانت برامج التصحيح الهيكلي[3] مصحوبة بإعادة جدولة الديون وبمشروطية تسمح بترسيخ مبادئ اقتصاد السوق، أما عن مضمون تلك البرامج فهي تشمل عدة عناصر تشكل حزمة متكاملة للتغيرات الهيكلية المطلوبة، فهي تشمل كافة المجالات السياسية الاقتصادية الداخلية منها والخارجية، وعندما يتم الاتفاق بين المنظمات الدولية والحكومة على برنامج ما

(1) -Algeria، **selects issues and statistical appendix**، Imf staff country report no 98-97، September 1998.

(2) Déclaration du directeur générale du FMI، journal El Watan، N° 1281، 05.01.95.

(3)- تتكون برامج التثبت والتكييف الهيكلي من مكونين أساسين ؛ سياسات التثبيت ويختص بها صندوق النقد الدولي وهي تركز على إدارة جانب الطلب الكلي من خلال سياسات مالية ونقدية انكماشية ؛ وسياسات التكييف الهيكلي ويختص بها البنك العالمي وتركز على تصحيح الهيكل الإنتاجي وإدارة جانب العرض الكلي، وبالتالي فهاتين السياستين هي محصلة تعاون بين الصندوق النقد الدولي والبنك الدولي

يتم ترجمة ذلك في جدول بالتدابير التي تلتزم الدولة باعتمادها ووقت تنفيذها، يتم إكمال البرنامج بمجموعة من معايير الأداء التي تكون الحكومة والمنظمات الدولية مجبرين على احترامهما، والتي تعتبر شرطاً لتسريح أقساط القرض الممنوح، وتتمثل أهداف والإطار الاقتصادي الكلي لبرنامج تسهيل التمويل الموسع المدعوم من صندوق النقد الدولي في الجزائر للفترة 1995-1998 فيما يلي:

- تحقيق معدل نمو سنوي بمقدار 5% من الناتج المحلي خارج المحروقات طوال فترة البرنامج قصد استيعاب الزيادة السنوية للسكان النشطين التي تدور حول نسبة 4%،
- مقاربة معدل التضخم الى المستوى الموجود عليه في الدول الشريكة للجزائر؛
- خفض العجز في الحساب الخارجي الجزائري من 9،6% من الناتج المحلي الخام سنة 95/94 إلى 2،2% سنة 98/97؛
- رفع الادخار الوطني لتمويل الاستثمارات العمومية ب 5،5% من الناتج المحلي ما بين 98/97-95/94 .[1]

ولقد تم تخصيص مبلغ 6،2مليار دولار المقدمة من طرف صندوق النقد الدولي والبنك الدولي بهدف تحقيق الاستقرار الاقتصادي الكلي مقابل تطبيق المشروطية، وذلك بهدف إرجاع التوازنات المالية الداخلية والخارجية، وبالتالي فإن الهدف الرئيسي هو تخفيض معدلات التضخم من خلال إدارة الطلب الكلي بهدف تخفيضه وتوفير الشروط اللازمة لزيادة العرض الكلي، كما أن إرجاع التوازن لميزان المدفوعات كان هدفاً رئيسياً للصندوق، وذلك من أجل دعم الملاءة المالية للدولة تجاه الدائنين،[2] لكن ما يُعاب على هذه البرامج أنه استطاع إدارة الطلب الكلي ودعم الملاءة المالية للدولة دون تحقيق الزيادة في العرض الكلي، وهذا ما ستحاول الدراسة إبرازه من خلال تحليل أهم ما جاءت به مشروطية صندوق النقد الدولي[3] فيما يتعلق بالسياسة المالية والنقدية مع تحليل النتائج التي تمخضت عنها.

---

(1)- عبد المجيد قدي، **المرجع السابق**، ص 293

(2)- Abdelmadjid bouzidi، **les année 90 de l'économie algérienne-les limites des politiques conjoncturelle**، ENAG، Alger، 1999،p37

(3)- لمزيد من التفاصيل حول التدابير المعتمدة ضمن برنامج تسهيل التمويل الموسع في الجزائر انظر الملحق رقم(3) صفحة 215

2-1- السياسة المالية في الجزائر في ظل برامج التصحيح الهيكلي

إن السياسة المالية التوسعية هي السبب الرئيسي في التضخم والعجز الخارجي وتفاقم مشكلة المديونية الخارجية، وبالتالي فقد سعى صندوق النقد الدولي إلى مراقبة السياسة المالية من خلال ضبط الإنفاق الحكومي، حيث أن الاتفاقيات المبرمة مع صندوق النقد الدولي كانت في مجملها تهدف إلى تحقيق فائض في الموازنة العامة، وذلك من خلال تقليص حجم الدين الداخلي وإعادة هيكلة المؤسسات العمومية وتطهير محافظ البنوك العامة، وتكوين ادخار عام يسمح بإنعاش الاقتصاد الوطني في الأجل المتوسط والطويل، حيث أنه في ظل انخفاض ادخار العائلات يُعد الادخار العام هو المحرك الوحيد للعملية الإنتاجية في الاقتصاد،[1] بالإضافة إلى الإلغاء التدريجي لمختلف أشكال الدعم ووضع نظام ضريبي فعال موجَه نحو تدعيم المؤسسات المنتجة ومثبِط لنشاطات المضاربة والنشاطات الخدمية،[2] ومن بين أهم خصائص السياسة المالية لهذه الفترة توسيع الرسم على القيمة المضافة وزيادة الحصيلة الضريبية وإعادة هيكلة معدلات ضريبة الدخل على الأفراد والشركات وزيادة الوعاء الضريبي، فقد خُفض معدل الضريبة على أرباح الشركات من 42%إلى 38% ليصل إلى 30%، [3] أما فيما يتعلق بجانب الإنفاق الحكومي فقد انخفض حجم الإنفاق الجاري خاصة الأجور، المكون الأساسي للإنفاق الجاري، وذلك تجنباً لارتفاع المستوى العام للأسعار، ولقد شهدت سنة 1998 أزمة مالية عصفت بدول جنوب شرق آسيا والتي أثرت على الأسواق المالية الدولية، ما أدى إلى انخفاض الطلب العالمي على النفط وانخفاض الأسعار،[4] وبما أن الجزائر مرتبطة بشكل كبير بتطورات أسعار النفط في السوق العالمية، فقد أثرت عليها هذه الأزمة بشكل واضح، ففي ظل الانخفاض الحاد للموارد من العملة الصعبة قررت الحكومة توقيف جزءٍ مهمٍ من نفقات التجهيز(الإنفاق الرأسمالي)،

(1)- Abdelmadjid bouzidi، ibid.، p 38

(2)- Mustafa mekideche، **l'Algérie entre économie de rente et économie émergente- essai sur la conduite des reformes économiques et perspectives**، **(1986-1999)**، édition dahlab، 2001، p 67

(3)- قايدي لخميسي، **دراسة قياسية للنفقات العمومية في الجزائر- 1970-2006**-، رسالة ماجستير في الاقتصاد والإحصاء التطبيقي، المعهد الوطني للتخطيط والإحصاء ، الجزائر، 2008، ص 60

(4)- انظر الشكل(4-2-67) تطور أسعار النفط خلال الفترة 1990-2007 صفحة 182

بالإضافة إلى تجميد [1] الإنفاق الجاري.[2] ولعل السؤال المهم الذي يطرح نفسه في هذا المجال يتمثل في نتائج هذا البرنامج على المتغيرات المالية؟ هذا ما ستقوم الدراسة بالإجابة عنه من خلال استقراء معطيات الجدول التالي

الجدول(3-1-11) نتائج برنامج التصحيح الهيكلي على متغيرات المالية العامة (نسبةً إلى الناتج المحلي الإجمالي)

	الإيرادات المالية	الجباية البترولية	الإنفاق الحكومي	الإنفاق الجاري	الإنفاق الاستثماري	رصيد الموازنة	رصيد الخزينة العامة	الرصيد الإجمالي للخزينة العامة
-1994 1995	86،31	57،16	12،32	2،24	96،7	26،0-	25،0 -	51،0 -
-1995 1996	8،29	17.7	1،29	22	1،7	7،0	2،0-	3،0
-1996 1997	1،31	9،17	4،29	4،22	7	7،1	1،0-	6،1

المصدر: أنشأ هذا الجدول من خلال معطيات صندوق النقد الدولي ومذكرة للسياسات الاقتصادية للجزائر خلال الفترة 1996-1998

من خلال الجدول السابق نلاحظ سعي الدولة إلى تقليص تطور الإنفاق الحكومي من خلال تخفيض كتلة الرواتب والأجور وتخفيض حجم الطلب الكلي والسماح بتشكيل موارد مالية لازمة لإعادة هيكلة المؤسسات العامة وتطهير البنوك.

2-2- السياسة النقدية في الجزائر في ظل برامج التصحيح الهيكلي

لقد تم التطرق في الفصل الأول إلى الأهمية التي يوليها صندوق النقد الدولي للسياسة النقدية من خلال إدارة العرض النقدي الذي يساهم في تشكل الطلب المحلي، وبالتالي فإن من أهم أهداف السياسة النقدية هي إدارة الطلب الكلي من خلال مراقبة العرض النقدي، حيث أصبح

(1) -Le gel de dépense publique

(2)-Fodil hassam، **chronique de l'économie algérienne - vingt ans de réformes libérales-** l'économiste d'Algérie، Algérie ، 200.، p 20

البنك المركزي الجزائري[1] مؤسسة مستقلة مكلَفة بإدارة السياسة النقدية والنظام البنكي وبالتالي وفي ظل هذا الإطار الجديد تم الاتفاق على مجموعة من الإجراءات كان أهمها:

- تحرير أسعار الفائدة الدائنة والمدينة في حدود سقف قدره 20%؛
- رفع معدل إعادة الخصم إلى 7% سنة 1989 ، 11،5% سنة 1991 ؛
- إنشاء سوق ما بين البنوك كجزء من السوق النقدي؛
- تقليص الزيادة في الكتلة النقدية من 21% سنة 1993 إلى 14% سنة 1994؛
- و ضع سقف لمعدل هامش ربح البنوك التجارية قدره 5%؛[2]

إن الهدف من هذه الإجراءات هو الحفاظ على سعر صرف الدينار الجديد بعد التخفيض ب 40،17% في أفريل 1994 والحد من الضغوط التضخمية والتخفيض من أثر المزاحمة بإعادة ضخ الموارد المالية للاقتصاد، وامتصاص الفائض من السيولة النقدية المتراكمة خلال فترة الاقتصاد المخطط كما أن تخفيض سعر الصرف كان لتدعيم تنافسية الاقتصاد الوطني،[3] ولكن هل تحققت فعلا هذه النتائج؟ هذا ما تم استقراءه من خلال الجدول التالي:

---

(1)- أصبحت تسميته بعد الإصلاحات ببنك الجزائر

(2) -A benbitour، **présentation de programme économique et financière soutenu avec par un accord de confirmation avec le FMI**، journée d'information sur l'accord stand by، avril 1994، p 97

(3) -Abdelmadjid bouzidi، **op.cit.**، p 39

الجدول(3-1-12) نتائج برنامج التصحيح الهيكلي على الوضعية النقدية   (مليار دينار)

	الموجودات الخارجية الصافية	الموجودات الداخلية	القروض الداخلية	القروض للدولة	القروض للاقتصاد	نسبة السيولة %	الكتلة النقدية M2	معدل التضخم %	التداول النقدي\الناتج المحلي الخام	التداول النقدي\ الكتلة النقدية	إعادة التمويل\ إقراض للاقتصاد
1993	9،23	3،601	6،753	1.522	4،231	2،52	2،625	5،20	1،18	8،33	7،12
1994	4،60	3،663	4،774	6،468	8،305	2،52	7،723	0،29	3،16	8،30	5،16
1995	3،26	3،773	2،967	6،401	6،565	7،40	6،799	8،29	7،12	2،31	3،33
1996	9،133	3،781	3،1057	5،280	8،776	7،35	0،915	5،18	3،11	8،31	8،32
1997	3،350	4،799	9،1164	6،423	3،741	9،38	5،1081	7،5	1،12	2،31	6،29
1998	7،280	0،1010	5،1273	2،723	2،906	3،56	5،1592	0،5	0،14	9،24	0،25

p p 66-70، 2004، Alger، GAL édition، **du choc pétrolier de 1986 à la liquidation des banques ALKHALIFA . BCIA، crises financières et faillites des banques algériennes** .**Source:** ghernaout m

إن الشيء الملاحظ من خلال الجدول السابق هو نمو الكتلة النقدية ويرجع ذلك إلى قيام الدولة بالتكفل بالعجز المزمن للشركات العمومية، كما أن الشيء الملاحظ هنا هو انخفاض القروض المقدمة للدولة خلل الفترة 1993-1996 واستقرار نموها خلال الفترة الموالية، أما القروض المقدمة للاقتصاد فقد عرفت توسعاً هاماً، كما أدت صرامة السياسة النقدية إلى انخفاض معدل التضخم من 5،20 سنة 1993 إلى 5% سنة 1998 .و مع نهاية سنة 1998 عرفت مؤشرات الاستقرار الاقتصاد الكلي تحسناً ملحوظًا، فبعد انتهاء برنامج التصحيح والتكييف الهيكلي سنة 1998، أصبح اقتصاد الموازنة العامة الشغل الشاغل للسلطات، حيث تركزت السياسة المالية على محورين أساسيين؛ الاستدامة والنمو، ففي السداسي الأول من سنة 1999 تميزت سياسة الدولة بالحذر ومراقبة تطورات أسعار النفط حتى تصل إلى وضع الاستقرار، وذلك قبل الالتزام ببرامج استثمارية في إطار قانون المالية التكميلي،[1] أما الحصة الكبيرة من نفقات التسيير فكانت لصالح الأجور وتمويل الوظائف الاجتماعية للدولة وتسديد الديون، وهذا ما أدى إلى فقدان الموازنة العامة للدولة لمرونتها، وهو ما يُفسر الصعوبة التي تجدها الحكومة إذا أرادت تخفيض هذا النوع من الإنفاق.[2].

وبالتالي فإن تطبيق برنامج التمويل الموسع عرفت تسجيل تحسن في مؤشرات الاستقرار الاقتصادي الكلي خاصة فيما يتعلق بتوازن الموازنة العامة وإعادة تشكيل احتياطات الصرف وتحسين رصيد ميزان المدفوعات، كما أن معدلات التضخم عرفت انخفاضاً لكن هذا الانخفاض كان على حساب معدلات البطالة التي ارتفعت،[3] كما أن النتائج كانت غير مرضية في مجال الاقتصاد الحقيقي حيث أن إنتاج القطاع الصناعي خارج المحروقات انخفض ب 4،4% سنة 1994 وب 5،0%سنة 1995 وب 6،0% سنة 1996 ليستقر في 1% سنة 1999،[4] والجدول التالي يوضح لنا تطور معدل النمو الاقتصادي خارج قطاع المحروقات بالإضافة معدلات نمو أهم القطاعات الاقتصادية في الجزائر خلال الفترة 1993-1998.

---

(1)- مثلت ميزانية التسيير (الإنفاق الجاري) ما يقارب 962 مليار دينار، أما ميزانية التجهيز فقد كانت 285 مليار دينار ثم زيدت لتصل إلى 290 مليار دينار حيث أن هذه الزيادة ذهبت إلى قطاع البناء والتنمية المحلية programme communaux de développement (P.C.D)

(2) -Fodil hassam، **op cit**، p p 24-25

(3)- انظر المربع السحري للجزائر صفحة 131

4 Mustafa mekideche، **op cit**، p68

الجدول(3-1-13) انعكاس برنامج التمويل الموسع على معدل النمو خارج قطاع المحروقات ومعدلات نمو أهم القطاعات الاقتصادية

	1993	1994	1995	1996	1997	1998
معدل النمو خارج قطاع المحروقات	5،2-	4،0-	7،3	6،2	9،0-	1،5
الصناعة	3،1-	4،4-	4،1-	9،7-	9،3-	6،4
الزراعة	7،3-	0،9-	0،15	5،19	14-	4،11
البناء والأشغال العمومية	0،4-	9،0	7،2	5،4	2	4،2
المحروقات	8،0-	5،2-	1	7	2،5	5،3

p 39 ، **op.cit.**،Source: Abdelmadjid bouzidi

لقد حقق برنامج التمويل الموسع الهدف الأساسي المسطَر وهو تخفيض الاستيعاب بغرض إدارة الطلب الكلي، إلا أن ما يُعاب على هذا البرنامج هو استمرارية هشاشة الاقتصاد الوطني تجاه الصدمات الخارجية نتيجة سيطرت فطاع المحروقات؛ حيث يمثل95% من الصادرات ويساهم في تشكيل 60% من موارد الموازنة ويمثل من 25% إلى 40% من الإنتاج الكلي،[1] وبالتالي فإن برنامج الصندوق نجح في إدارة الطلب الكلي دون المساهمة في تحسين جانب العرض الكلي. ومع حلول سنة 2001 فقد تأكد الاتجاه الجيد لسوق النفط العالمي مما حفز الدولة على صياغة برامج استثمارية طويلة المدى تمثلت في برامج الإنعاش ودعم النمو الاقتصاديين خلال الفترة 2001-2009. فماهي خصائص هذه المرحلة وماهي نتائجها على الاستقرار الاقتصادي الكلي؟

3- الاقتصاد الجزائري خلال مرحلة برامج الإنعاش ودعم النمو الاقتصاديين 2001-2009

لقد شهدت بداية سنة 2001 صياغة برنامج الإنعاش الاقتصادي الثلاثي الذي غطى الفترة 2001-2003، وخُصص له غلاف مالي قدره 525 مليار دينار، كما أن ما يميز هذه الفترة هو الزيادة في الأجور، حيث كثُر الحديث عن انخفاض القدرة الشرائية للمواطن مما اِضطر

1 Hocine benissad، **op.cit.** ، **p p 203-204**

السلطات إلى رفع الكتلة الاجرية، حيث كلفت هذه الزيادة ما يعادل 130 مليار دينار، كما أن الإنفاق الاستثماري زاد بمعدل 20% بالمقارنة مع سنة 2000، ولقد حاولت السلطات تطبيق فكرة تحديد الإنفاق الحكومي والتركيز على فعالية هذا الإنفاق، حيث أن التحدي كان في إدارة هذا الإنفاق وليس في كميته، ولقد عرفت السنة المالية 2002 ارتفاع الإنفاق الحكومي 6،10 % بالمقارنة مع السنة السابقة، كما أن الإنفاق الاستثماري ارتفع ارتفاعاً طفيفاً ب 6 مليار وبلغ 509 مليار دينار، ومن الملاحَظ أن عجز الموازنة بلغ 100 مليار دينار وهو ما يعادل 9،23% من الناتج المحلي، وعرفت هذه السنة تنفيذ جزءٍ كبيرٍ من مخطط الإنعاش الاقتصادي حيث تم استهلاك 380 مليار دينار من الغلاف المالي المقدَر ب 525 مليار دينار التي تم تخصيصها لهذا المخطط.[1] وفي هذا الصدد شملت نشاطات البرنامج خمس مجالات تم توزيع الغلاف المالي عليها كما يوضحه الجدول التالي:

الجدول(3-1-14) تخصيصات برنامج الإنعاش الاقتصادي للفترة 2001-2004

القطاعات	القيمة المخصصة(مليار دينار جزائري)	النسبة(%)
دعم الإصلاحات	47	95،8
الفلاحة والصيد البحري	65	38،12
التنمية المحلية	113	52،21
الأشغال الكبرى	210	00،40
الموارد البشرية	90	14،17
الإجمالي	525	100

المصدر: المجلس الوطني الاقتصادي والاجتماعي

نلاحظ من خلال هذا الجدول أن تخصيص برنامج الإنعاش الاقتصادي تركز على التنمية المحلية والأشغال العمومية الكبرى، حيث بلغت قيمتها 323مليار دينار كما تم تخصيص ما نسبته 95،8 % لدعم الإصلاحات الاقتصادية، ومن خلال هذا البرنامج فقد تم إنشاء 728.500 منصب شغل، منها 477.500 منصب دائم و271.000 منصب مؤقت.[2]

(1) -Fodil hassam، **op cit**، p 61

(2)- **المجلس الوطني الاقتصادي والاجتماعي**

وانطلاقاً من سنة 2005 قامت الجزائر ببعث برنامج لدعم النمو الاقتصادي للفترة 2005-2009 يتضمن محورين أساسيين:

- يتمثل المحور الأول في بعث برنامج استثماري قدره 55 مليار دولار أمريكي، (حوالى 4200 مليار دينار) لغرض تدعيم البنية التحتية وتنشيط القطاعات الاقتصادية؛
- أما المحور الثاني فيسعى إلى التحكم في الإنفاق الجاري بالحفاظ على استقرار كتلة الأجور وإدارة أحسن للدين العام وتخفيض تدريجي للإعانات المقدَمة من قبل الخزينة العمومية.

ولقد تم تسطير إستراتيجية وطنية تسعى إلى إطلاق مجموعة من المشاريع من خلال البحث عن شركاء أجانب لتفعيل هذه المشاريع ومن بين هذه المشاريع ، الطريق السيَّار شرق غرب على مسافة 1200 كيلومتر والذي يقطع الجزائر من الشرق إلى الغرب، تجديد السكك الحديدية، إنشاء مليون وحدة سكنية .... هذه المشاريع تم إطلاقها في إطار البرنامج التكميلي لدعم النمو الاقتصادي PCSC [1] خلال الفترة 2005-2009 وتتمثل أهدافه الرئيسية فيما يلي:

- تطوير البنية التحتية الاقتصادية؛
- تحديث الاقتصاد خاصة في ميدان التكنولوجية الإعلام والاتصال.
- تحسين الظروف المعيشية للمواطن؛

حيث تجاوزت حصة البنية التحتية الاقتصادية 40% من إجمالي الغلاف المالي المخصَص لهذا البرنامج (حوالي 22 مليار دولار، منها 700 مليار دينار (حوالي 2،9 مليار دينار) مخصَصة للنقل، مقابل 600 مليار دينار للأشغال العمومية (حوالي 9،7 مليار دولار) والموارد المائية ب 393 مليار دينار(حوالي 1،5 مليار دولار) أما البناء فقد تم تخصيص مبلغ قدره 555 مليار دينار (ما يعادل 3،7 مليار دولار) وذلك لانجاز مليون وحدة سكنية.

(1) -Programme Complémentaire de Soutien a la croissance

ولقد استخدمت الجزائر في تمويل هذه المشاريع موارد الموازنة العامة والابتعاد عن طرق التمويل الأخرى خاصة الاقتراض من الخارج، إلا أن الاعتماد على موارد الموازنة العامة في بلد مصدر للنفط كالجزائر يطرح عدة تساؤلات حول مدى استمرارية الاعتماد على موردٍ مالي ناضب؛ على الرغم من أن بعض الاقتصاديين يقرون بأنه لا توجد أية مخاطر، حيث أن الجزائر استفادت من ارتفاع أسعار النفط في السوق العالمية، وحتى وإن انخفضت أسعار النفط في العشرية القادمة فإن أثر هذا الانخفاض على إيرادات الموازنة العامة سيعوَض بالاستثمارات المهمة في مجال النفط والغاز، كما أن السياسة المالية المتبَعة في الجزار خلال هذه الفترة تميزت بالحذر حيث تم ادخار الفائض من الإيرادات في صندوق ضبط الإيرادات،[1] والذي تم استخدام موارده من أجل تخفيض الدين الخارجي، والنتيجة انخفاض في الدين الخارجي وارتفاع احتياطات الصرف وهي تغطي سنتين من الواردات.[2]

وبالتالي فإن الهدف من هذا البرنامج هو استغلال ارتفاع أسعار النفط لتحقيق تنمية مستدامة تستفيد منها الأجيال المستقبلية، إلى أن ما يهم هذه الدراسة هو ما مدى تأثير برامج الإنعاش ودعم النمو الاقتصاديين والبرامج التي سبقتها والممثلة في برامج التثبيت والتكييف الهيكلي على الاستقرار الاقتصادي الكلي؟ هذا ما تقوم لدراسة بالإجابة عليه من خلال تحليل مؤشرات الاستقرار الاقتصادي الكلي بشكل مفصل بهدف صياغة المربع السحري للجزائر خلال الفترة 1990-2007.

---

(1)- لقد تم إنشاء هذا الصندوق في إطار قانون المالية التكميلي لسنة 2000 والذي يهدف إلى امتصاص الأثر السلبي لتغيرات أسعار النفط وادخار الفوائض المالية لسنوات ارتفاع أسعاره واستعمالها في السنوات العجاف حيث تلقى هذا الصندوق سنة 2000 مايقدر ب 2،453 مليار دينار، وهي تمثل الفرق بين السعر المرجعي والسعر الحقيقي للبترول وهو يشكل 26% من الناتج المحلي الإجمالي سنة 2005 : لمزيد من التفصيل انظر: Yousef benabdellah; **op.cit.**، p 34

(2)- Daniel solano، **Algérie construire l'avenir**، le MOCI ، N 1706، 9-6-2005. P P 7-10

المبحث الثاني

انعكاس السياسة الاقتصادية على الاستقرار الاقتصادي خلال الفترة 1990-2007

انطلاقاً من منهجية البحث المتبَعة في الجانب النظري فإن الدراسة ستقوم بتقسيم مؤشرات الاستقرار الاقتصادي إلى مؤشرات النمو البطالة، التضخم والتوازن الخارجي ، حيث سيتم تحليل معدلي النمو والبطالة للارتباط الوثيق الموجود بينهما ثم الانتقال إلى تحليل معدل التضخم والتوازن الخارجي للعلاقة الموجودة بينهما كذلك، من خلال المتغيرات النقدية، وفي نهاية هذا الفرع سيتم رسم المربع السحري للاقتصاد الجزائري خلال الفترة 1990- 2007 مع القيام بمقارنة بين الفترة 1990-1994 وهي فترة اتفاقات الاستعداد الائتماني، الفترة 1995-1999 وهي فترة برنامج التصحيح الهيكلي، والفترة الأخيرة والممتدة بين 2000-2007 وهي فترة برامج الإنعاش ودعم النمو الاقتصادي.

المطلب الأول: تطورات معدلات النمو والبطالة

ستركز الدراسة في تحليلها على أهم متغيرات جانب العرض الكلي والمتمثل في تحليل معدل نمو الناتج المحلي الإجمالي بالأسعار الثابتة والذي يُعتمد عليه في تحليل النمو الاقتصادي بسبب استبعاده أثر ارتفاع الأسعار، كما ركزت الدراسة على تطورات معدلات التشغيل ومن خلالها قامت الدراسة باحتساب معدلات البطالة التي كانت متطابقة إلى حد كبير مع الإحصاءات الرسمية، وبالتالي فإن الجدول (3-2-15) سيسمح باستخراج الضلع الأول والثاني للمربع السحري في الجزائر.

1- تحليل تطور النمو الاقتصادي في الجزائر خلال الفترة 1990-2007

يمكن تحليل النمو الاقتصادي في الجزائر من خلال الشكل التالي

الشكل(3-2-41)

تطور معدل النمو الاقتصادي في الجزائر خلال الفترة 1990-2007

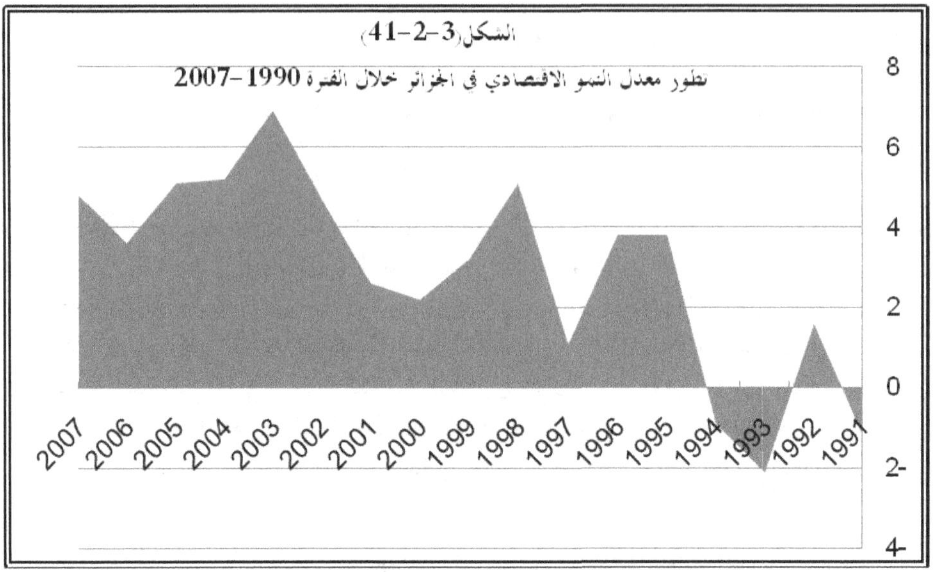

المصدر: من إعداد الباحث بالاعتماد على الجدول(3-2-15)

الجدول(3-2-15) تطور مؤشرات الاستقرار الاقتصادي في جانب العرض الكلي

مليار دينار جزائري

	الناتج المحلي الإجمالي بالأسعار الجارية	الناتج المحلي الإجمالي بالأسعار الثابتة	معدل نمو الناتج المحلي الإجمالي بالأسعار الثابتة%	الناتج القومي الإجمالي	معدل نمو الناتج القومي الإجمالي %	الدخل الوطني المتاح	مستوى التشغيل مليون نسمة	القوة النشطة مليون نسمة	معدل التشغيل %	معدل البطالة %
1990	4.554	353.0	-	535.8	-	464.3	4.47	5.85	3.78	21.7
1991	1.862	348.7	1.2 -	821.4	53.3	705.8	4.85	6.08	7.79	20.3
1992	074.7.1	354.3	1.6	027.8.1	25.1	870.2	4.96	6.31	6.78	21.4
1993	189.7.1	346.8	2.1 -	149.4.1	11.8	925.8	4.27	6.56	0.65	33.0
1994	487.4.1	343.7	0.9 -	429.8.1	24.3	201.1.1	4.32	6.81	4.63	36.6
1995	005.0.2	357.0	3.8	903.4.1	33.1	620.1.1	4.50	7.56	5.59	40.5
1996	570.0.2	370.5	3.8	451.2.2	28.7	040.6.2	5.62	7.81	3.60	39.7
1997	780.2.2	374.6	1.1	656.4.2	8.4	232.8.2	4.71	8.07	60.0	.040
1998	830.2.2	393.7	5.1	715.7.2	2.2	214.6.2	4.85	8.32	7.58	.341
1999	238.2.3	406.3	3.2	090.5.3	13.8	515.1.2	4.89	8.58	6.63	36.4

31.1	9،68	8.15	5.72	338.6،3	27.7	948.2،3	2.2	415.0	098.8،4	**2000**
33.2	8،66	8.56	6.23	482.6،3	4.7	133.8،4	2.6	426.0	235.6،4	**2001**
28.9	1،71	8.76	5.46	701.1،3	5.6	367.2،4	4.7	446.1	455.3،4	**2002**
26.3	7،73	9.30	6.86	363.7،4	16.2	076.8،5	6.9	476.1	236.8،5	**2003**
17.6	4،82	9.46	7.80	100.1،5	15.7	874.1،5	5.2	501.6	127.5،6	**2004**
15.3	7،84	9.49	8.04	293.5،6	21.3	162.5،7	5.1	527.2	498.7،7	**2005**
15.0	85.0	9.96	8.87	200.5،7	12.5	062.1،8	3.6	546.2	391.0،8	**2006**
11.0	89.0	10.10	8.59	034.2،8	14.89	262.9،9	4.8	572.2	513.7،9	**2007**

المصدر- التقرير السنوي 2006 التطور الاقتصادي والنقدي في الجزائر.بنك الجزائر.2007

SOURCE. IMF Country Report No. 07/9March 2007**Algeria: Statistical Appendix**

الديوان الوطني للإحصائيات، الحسابات الاقتصادية. 1990 -2007

World development indicators. the world banks group 2005

معدلات محسوبة من قبل الباحث، معدلات البطالة محسوبة من خلال الباحث من خلال العلاقة: معدل البطالة =1- معدل التشغيل، معدل التشغيل محسوب من خلال العلاقة: مستوى التشغيل/ القوة النشطة

من خلال الشكل السابق نلاحظ أن معدل النمو الاقتصادي مر بعدة مراحل خلال الفترة 1990-2007 ، حيث أن الفترة الأولى الممتدة من سنة 1990 إلى غاية سنة 1994 عرف معدل النمو انخفاضاً ملحوظاً حيث بلغ متوسط معدل النمو خلال هذه الفترة 65،0-% وهذا راجع إلى مخلفات الأزمة التي عصفت بالاقتصاد الجزائري سنة 1986، كما أن هذه المرحلة شهدت انتقال الاقتصاد الجزائري إلى اقتصاد السوق عن طريق الصدمة، وتُرجم هذا الانتقال بتدهور معدلات النمو الاقتصادي ، أما المرحلة الثانية والممتدة من سنة 1995 إلى سنة 2001 فقد شهدت نمواً اقتصادياً متذبذباً حيث ارتفع معدل النمو سنة 1995 إلى 8،3% ثم انخفض إلى 1،1% سنة 1997، حيث بلغ متوسط معدل النمو خلال هذه الفترة 5،4%، وهذا راجع إلى تعاقب الاتفاقيات مع مختلف المؤسسات المالية الدولية، وتعدد الوصفات التي قدمها صندوق النقد الدولي، كما شهدت هذه الفترة انخفاض معدلات الاستثمار ممثلة في التكوين الخام لرأس المال الثابت كنسبة من الناتج إذا ما استثنينا قطاع المحروقات الذي عرف زيادة وهذا ما يوضحه الشكل التالي:

الشكل(3-2- 42)

التكوين الخام لرأس المال الثابت كنسبة من الناتج المحلي خلال الفترة 1994-1998

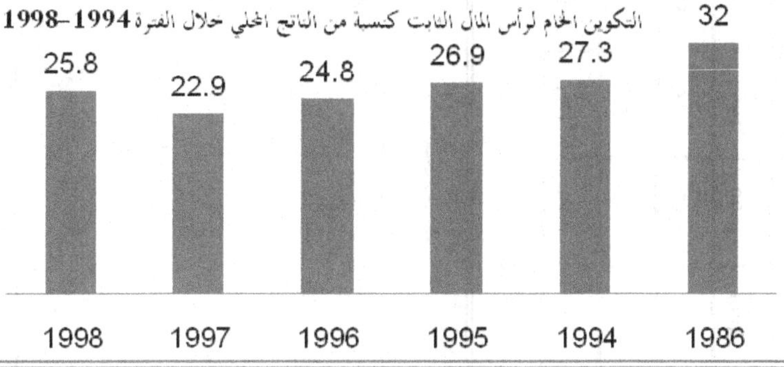

المصدر: من إعداد الباحث بالاعتماد على معطيات من Hocine benissad، op.cit، p 202

وبداية من سنة 2001 عرف معدل النمو الاقتصادي تحسناً ملحوظاً حيث انتقل من 6،2% سنة 2001 إلى 9،6% سنة 2003 وهو أكبر معدل نمو وصلت إليه الجزائر خلال هذه الفترة، وبلغ معدل النمو المتوسط خلال هذه الفترة 05،5% وهذا راجعٌ أساساً إلى تحسن أسعار النفط في السوق الدولية، حيث ظل قطاع النفط مهيمناً على الاقتصاد الجزائري بالمقارنة مثلاً مع قطاع الصناعة والزراعة هو ما يمثله الجدول التالي

الجدول (3-2-16) حصة كل من قطاع المحروقات ، الصناعة والزراعة في الناتج المحلي الإجمالي خلال الفترة 1993-2006 %

	1993	1994	1995	1996	1997	1998	1999	2000	2001	2002	2003	2004	2005	2006
المحروقات	5،21	7،22	6،25	6،28	6،29	23	8،27	8،40	9،33	5،32	5،35	38	1،45	9،45
الصناعة	1،12	5،11	5،10	7،8	5،8	7،9	9،8	3،7	3،7	2،7	6،6	6	2،5	5
الزراعة	9،10	5،9	7،9	8،10	4،9	1،11	6،10	1،8	7،9	2،9	8،9	4،9	7،7	6،7

p 6، march 2008،Source. **Algeria statistical appendix.** IMF country report . no 08-102

الشكل(3 2 43)

حصة كل من المحروقات و قطاعي الزراعة و الصناعة في الناتج المحلي خلال الفترة 1993–2006

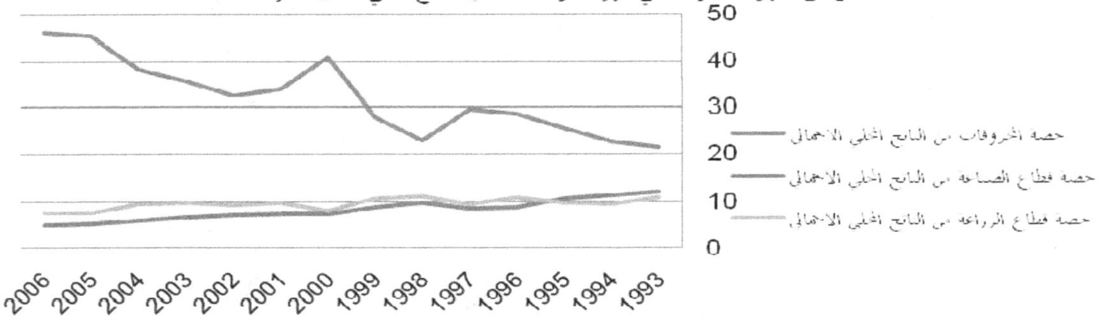

المصدر: من إعداد الباحث

من خلال الشكل السابق نلاحظ أن قطاع المحروقات يمثل في متوسط الفترة 1997- 2002 حوالي 39% من الناتج المحلي الإجمالي على عكس الصناعة التي لا تمثل إلا ما نسبته 6% في المتوسط، أما الزراعة فهي تمثل ما نسبته 8% في المتوسط، وعلى الرغم من التحسن الملحوظ في معدل النمو الاقتصادي خلال الفترة الأخيرة إلا أنه لا يزال هشاً بسبب الاعتماد الشبه كلي على قطاع المحروقات وافتقاده إلى قاعدة متنوعة من مصادر النمو الأخرى التي تجعله مستقراً، وكما رأينا في الجانب النظري فإن هناك ارتباطاً وثيقاً بين مؤشرات الاستقرار الاقتصادي الكلي، حيث أن ارتفاع معدلات النمو يُساهم في تخفيض معدلات البطالة، فكيف هي وضعية مستوى التشغيل ومعدل البطالة في الجزائر خلال الفترة 1990-2007؟

2- تحليل تطورات معدلات البطالة والتشغيل في الجزائر خلال الفترة 1990-2007

لقد لاحظنا من خلال تحليلنا لمعدل النمو الاقتصادي أنه لم يتجاوز 5،5% كمتوسط الفترة 2002-2007 فهل هذا المعدل كافٍ لتخفيض معدل البطالة؟ حيث جاء في بعض الدراسات أنه لا بد من الوصول إلى معدل نمو ما بين 6% إلى 7% ، وللتأكد من هذه الفرضية تقوم الدراسة بتحليل معدل التضخم والبطالة من خلال الشكل التالي

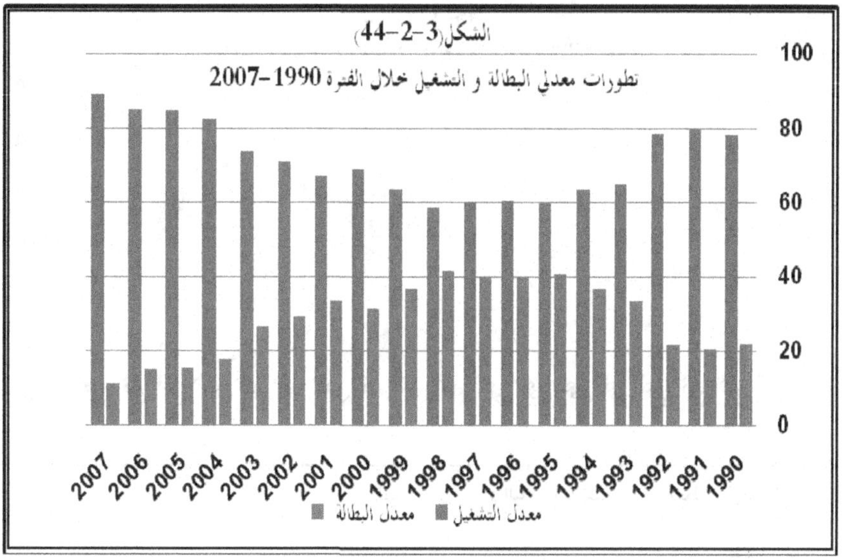

من خلال تحليل معطيات الجدول (3-2-15) نلاحظ تطور القوة العاملة النشيطة ، حيث انتقلت من 85،5 مليون نسمة سنة 1990 إلى 10،10 مليون نسمة سنة 2007، أي بزيادة قدرها 6،72%، وهو ما يمثل الحجم المتزايد من السكان القادرين على العمل على محور الزمن، أما فيما يتعلق بمعدل البطالة فقد عرف منحنى تصاعدي خلال الفترة 1990-1998

حيث ارتفع من 7،21% إلى 41%، وهذا نتيجة الأزمة التي مر بها الاقتصاد الجزائري نتيجة انخفاض أسعار النفط، وعجز جل المؤسسات العمومية وعدم قدرتها على إحداث المزيد من مناصب الشغل بالإضافة إلى سياسة تسريح العمال التي اعتمدتها الدولة تحت ضغط مشروطية صندوق النقد الدولي، حيث تم تسريح أكثر من 500.000 عامل وإغلاق أكثر من ألف مؤسسة ما بين 1994-1998[1] وابتداءاً من سنة 1999 عرفت معدلات البطالة انخفاضاً محسوساً وارتفاعاً في معدلات التشغيل، حيث ارتفع معدل التشغيل من 6،63% سنة 1999 إلى 89% سنة 2007، وهذا راجعٌ بالدرجة الأولى إلى تحسن الوضع الأمني وتحسن الوضعية الاقتصادية نتيجة الارتفاع الطفيف في أسعار النفط، كما سمحت برامج الاستثمار الحكومي بإنعاش الاقتصاد الوطني من خلال مخططي الإنعاش ودعم النمو الاقتصاديين حيث أن برنامج الإنعاش الاقتصادي الممتد خلال الفترة 2001-2003 بلغت قيمته 525 مليار دينار جزائري حيث تم استخدام الإنفاق الحكومي لتفعيل الطلب الكلي بهدف مكافحة الفقر وإحداث فرص العمل وزيادة النمو الاقتصادي،كما أن قطاعي الخدمات والبناء والأشغال العمومية ساهما في إحداث 817.000 منصب شغل ما بين 2001-2003 خاصة في إطار برنامج الإنعاش الاقتصادي [2] الذي تم إطلاقه في جويلية 2001.[3]

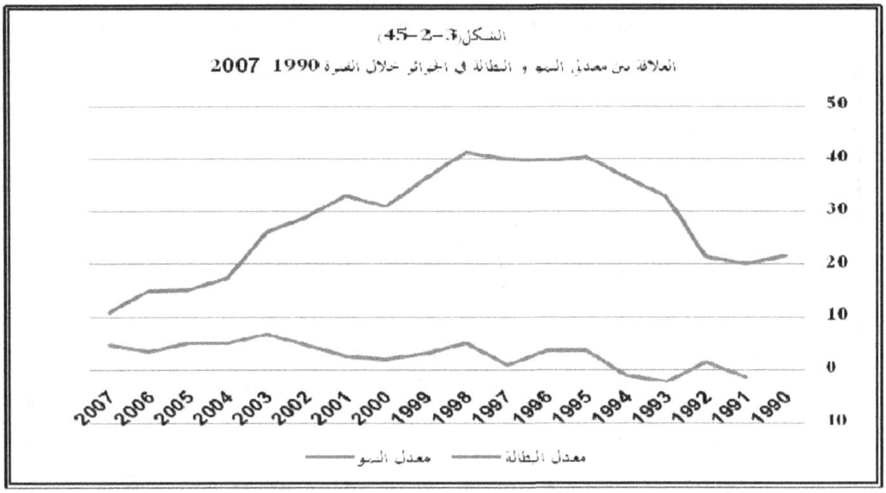

المصدر: من إعداد الباحث بالاعتماد على معطيات الجدول(3-2-15)

---

(1)- شلالي فارس، **دور سياسة التشغيل في معالجة مشكل البطالة في الجزائر - 2001-2004**، أطروحة لنيل شهادة ماجستير من جامعة الجزائر، 2005، ص 70جامعة الجزائر

(2) -Plan de soutien a la relance économique

(3)-Hocine benissad، op.cit.، p p 214-217

يتضح من خلال الشكل السابق طبيعة العلاقة الموجودة بين معدل البطالة ومعدل النمو، حيث نلاحظ أن ارتفاع معدل النمو خلال الفترة 1990-1992 أدى إلى انخفاض معدل البطالة، وبداية من سنة 1992 عرف معدل النمو انخفاضاً صاحبه ارتفاع في معدل البطالة، حيث بلغ أقصى مستوى له سنة 1998 حيث بلغ 3،41% حين بلغ معدل النمو أدنى مستوى له سنة 1997،حيث بلغ 1،1% وهذا دليل على أن انخفاض معدل النمو سنة 1997 كان سبباً في ارتفاع معدلات البطالة سنة 1998 أي السنة التي تليها وما يؤيد هذا التحليل ، أنه في سنة 1998 ارتفع معدل النمو إلى 5% الأمر الذي ساهم في تخفيض معدلات البطالة للسنتين التاليتين بمعدل – 6،24%، ونفس التحليل ينطبق على سنة 2000 حيث أدى انخفاض معدل النمو إلى حدود 2،2% إلى ارتفاع معدل البطالة في السنة التي تليها إلى حدود 33% ،و ابتداء من سنة 2001 أدى تحسن معدلات النمو فوق عتبة 3% إلى تخفيض معدلات البطالة حيث أن بلوغ معدل النمو 2،6% سنة 2003 سمح بتخفيض معدلات البطالة للسنوات الأربع التي تليها بمعدل- 1،58% **وبالتالي فإن النتيجة التي نخلص إليها هنا هي أن معدل النمو الذي يسمح بتقليص معدل البطالة إلى أكثر من النصف يجب أن يكون فوق عتبة 5% لكن بشرط استمرارية تحقيق معدلات فوق هذه العتبة وهو الشرط الذي كان محققاً في الجزائر خلال الفترة 2003-2007 حيث بلغ معدل النمو الوسطي لهذه الفترة 12،5% الأمر الذي سمح بتخفيض معدلات البطالة بنسبة - 1،58%**، وبهذا نكون قد أنهينا تحليلنا المتعلق بمؤشري النمو والبطالة اللذان يشكلان الضلع الأول والثاني لمربع كالدور ويتحتم علينا استكمال الضلعين المتبقيين والمتمثلين في معدل التضخم والتوازن الخارجي.

المطلب الثاني:تطور مؤشرات التضخم والتوازن الخارجي في الاقتصاد الجزائري

تقوم الدراسة من خلال ما يلي بتحليل تطورات معدلات التضخم خلال الفترة 1990-2007، مع إبراز أهم مصادره بالإضافة إلى تحليل العلاقة الموجودة بين معدل التضخم ومعدل البطالة، ومحاولة تطبيق نموذج منحنى فيليبس على الاقتصاد الجزائري، كما تقوم الدراسة بتحليل تطورات التوازن الخارجي الذي يمكن استنتاجه من خلال دراسة أرصدة ميزان المدفوعات، والجدول(3-2-18) يوضح لنا أهم هذه المتغيرات.

1 - تحليل تطور معدل التضخم

لقد كانت معدلات التضخم مكبوتة خلال مرحلة الاقتصاد المخطط، وذلك بسبب القيود المفروضة على الأسعار التي كانت تتحدد بطريقة إدارية حفاظاً على القدرة الشرائية للمواطنين، ومع نهاية عقد الثمانينات أصبحت أغلب النشاطات لا تشتغل بالكفاءة المتعارف عليها دولياً، وهو ما انعكس على التوازنات المالية الداخلية للاقتصاد الجزائري، كما أن العرض الكلي لم يكن قادراً على مسايرة الزيادات المتتالية في الطلب الكلي، مما تولد عليه ضغوط تضخمية داخلية،[1] وبالرجوع إلى الشكل التالي يمكننا تحليل معدل التضخم بتقسيمه إلى ثلاث فترات رئيسية حيث تميزت كل فترة بتطبيق برنامج مختلف عن الفترات الأخرى.

الشكل(3-2-46)

التضخم و مصادره في الجزائر خلال الفترة 1990 –2007

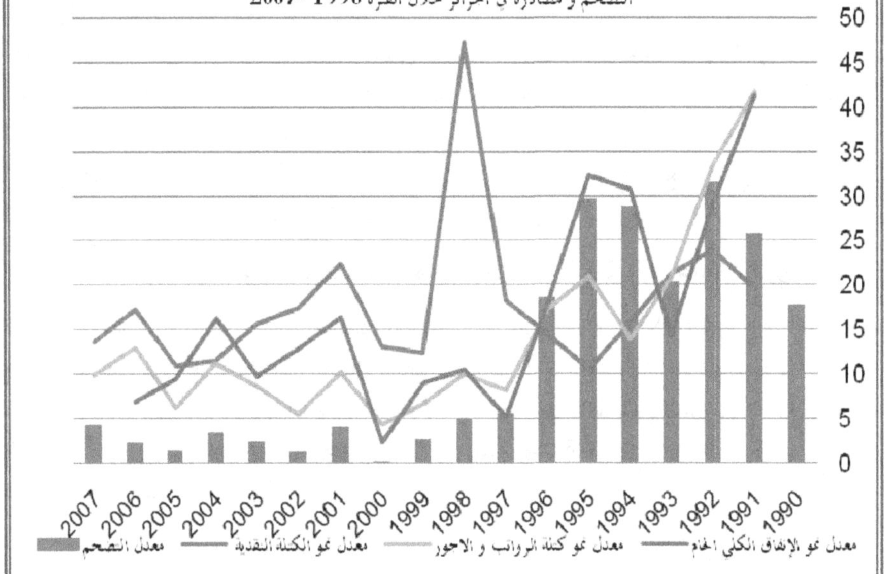

المصدر: من إعداد الباحث بالاعتماد على معطيات الجدول(3-2-17)

- المرحلة الأولى والممتدة من سنة 1990-1994، حيث تم خلال هذه الفترة تنفيذ ثلاث برامج للاستقرار والتثبيت الاقتصادي، وشهدت هذه الفترة ارتفاعاً في معدلات التضخم حيث انتقلت من 8،17% سنة 1990 إلى 31% سنة 1992

(1)- تومي صالح، **النمذجة القياسية للتضخم في الجزائر خلال الفترة 1988-2000**، أطروحة دكتوراه من جامعة الجزائر، فرع القياس الاقتصادي 2002، ص 307

وإلى 29% سنة 1994، حيث بلغ متوسط الزيادة خلال هذه الفترة 25% والسبب في ذلك يعود إلى أن برامج الاستقرار المطبَقة انطوت على سياسات صارمة لإدارة الطلب الكلي وإجراء تخفيض كبير في قيمة العملة بنسبة تزيد عن 60% ، والتحرير الجزئي للأسعار المحلية للسلع والخدمات وأسعار الفائدة، وبالتالي فإن النتيجة المنطقية لهذه السياسات هو ارتفاع معدلات التضخم؛

- المرحلة الثانية وهي مرحلة الإصلاح الهيكلي الممتدة من 1995 إلى غاية سنة 1998 حيث انخفض خلالها معدل التضخم من 29% سنة 1994 إلى 3،0% سنة 2000 أي بمتوسط قدره 38،10%، حيث أن برنامج الإصلاح الهيكلي بدأ يعطي ثماره فيما يتعلق بتخفيض معدلات التضخم حيث أن الهدف الأساسي لبرنامج صندوق الدولي خلال هذه الفترة هو الحد من ارتفاع معدلات التضخم مع السماح بارتفاع معدلات البطالة وهو ما يوضحه الشكل (3-1-50)، حيث نلاحظ من خلال هذا المنحنى أن ارتفاع معدل البطالة ابتداءاً من سنة 1993 صاحبه انخفاضٌ في معدل التضخم، وذلك نتيجة توصيات صندوق القد الدولي التي ألزمت السلطات بتخفيض الطلب الكلي من أجل التحكم في التضخم، وهو ما كان فعلا خلال الفترة 1994-2000؛

- المرحلة الثالثة وهي مرحلة برامج الإنعاش الاقتصادي التي تهدف إلى تخفيض معدلات البطالة مع السماح بمعدلات تضخم مرتفعة نوعاً ما وهو ما يوضحه الشكل (3-2-47)، حيث شهدت معدلات التضخم ارتفاعاً محسوساً مع انخفاض معدلات التضخم؛

الجدول(3-2-17) تطور مؤشرات التضخم ومؤشرات التوازن الخارجي في الجزائر خلال الفترة 1990-2006

	الكتلة النقديةM2 مليار دينار جزائري	معدل نمو الكتلة النقدية	رواتب وأجور مليار دينار	معدل نمو الراتب والأجور	الإنفاق الكلي الخام (مليار دينار)	معدل نمو الإنفاق الكلي الخام	معدل التضخم	رصيد الحساب الجاري (مليار دولار)	رصيد ميزان المدفوعات (مليار دولار)	حساب رأس المال (مليار دولار)	الصادرات من المحروقات (مليار دولار)
1990	348.5	-	180.0	-	564.1	-	17.8	350،1	0.084	1.40-	10.01
1991	416.2	19.42	255.4	41.88	797.9	41.44	25.9	390،2	0.529	1.87-	11.27
1992	515.9	23.95	341.2	33.59	030.0،1	29.08	31.7	290،1	0.067	1.23-	10.98
1993	625.2	21.18	412.5	20.89	177.6،1	14.33	20.5	810،0	0.302	1.03-	9.88
1994	723.7	15.75	469.9	13.91	540.6،1	30.82	29.0	839،1-	4.30-	2.50-	8.60
1995	799.6	10.48	568.7	21.02	039.5.2	32.38	29.8	237،2-	6.20-	3.90-	9.72
1996	915.0	14.43	667.2	17.32	403.6.2	17.85	18.7	248،1	1.12	0.496	12.6
1997	081.5،1	18.19	722.0	8.21	529.9.2	5.25	5.7	450،3	1.16	2.29-	13.18
1998	592.5،1	47.22	794.5	10.04	798.4.2	10.61	5.0	910،0-	1.74-	0.83-	9.77
1999	789.4،1	12.38	847.5	6.67	052.0.3	9.06	2.8	020،0	2.38-	2.4-	11.91
2000	022.5،2	13.02	884.6	4.37	125.0.3	2.40	0.3	142،9	7.57	1.36-	21.06
2001	473.5،2	22.29	975.2	10.24	636.9.3	16.38	4.2	060،7	6.19	0.87	18.53

18.11	0.71-	3.65	359،4	1.4	12.90	106.3.4	5.56	029.5،1	17.30	901.5،2	2002
23.99	1.31-	7.44	808،8	2.6	9.80	508.7.4	8.64	118.7،1	15.60	354.4،3	2003
31.55	1.87-	9.25	116،11	3.6	16.30	243.5،5	11.28	244.9،1	11.43	738.0،3	2004
54.54	4.23-	16.95	183،21	1.6	9.50	741.2،5	6.21	322.3،1	10.93	146.9،4	2005
53.61	11.22-	17.93	29	2.5	7.02	144.6،6	12.96	493.8،1	17.14	857.8،4	2006
59.61	13.38-	20.8	60،30	4.5	19.43	339.0،7	11.96	672.6،1	13.64	520.6،5	2007

المصدر: الديوان الوطني للإحصائيات، إحصائيات 2006

source;ONS: rétrospective des compte économiques de 1963-2004، collections statistiques N°125

لتقرير السنوي 2006، التطور الاقتصادي والنقدي للجزائر، بنك الجزائر، أكتوبر 2007، نسب محسوبة من قبل الباحث

source: Algeria statistical appendix، IMF country report، 2007

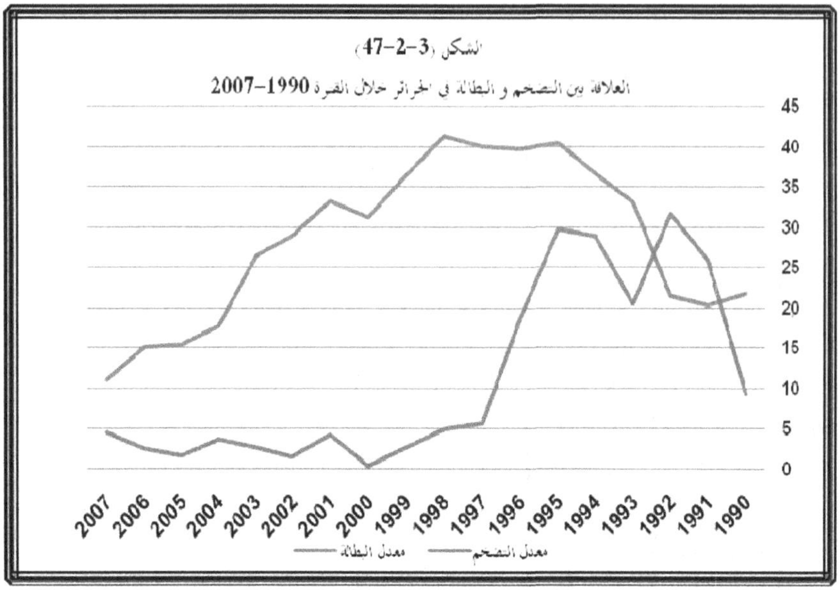

الشكل (3-2-47)

العلاقة بين التضخم و البطالة في الجزائر خلال الفترة 1990-2007

المصدر: من إعداد الباحث بالاعتماد على معطيات الجدول(3-2-15) بالنسبة لمعدل البطالة والجدول(3-2-17) بالنسبة لمعدل التضخم

ويرى بعض المحللين أن أهم العوامل التي تتولد عنها الضغوط التضخمية في الجزائر يمكن حصرها فيما يلي:[1] التوسع في مكونات الإنفاق الكلي الخام؛ الزيادة في تكاليف الإنتاج (والمتمثلة أساساً في زيادة كتلة الرواتب والأجور)؛ زيادة الكتلة النقدية؛ ومن خلال الشكل(3-2-46) نلاحظ الارتباط الوثيق بين تطورات العوامل الثلاثة التي سبق أن ذكرناها وتطورات معدلات التضخم، حيث يعتبر التوسع في الإنفاق الكلي الخام من العوامل المسببة لارتفاع معدلات التضخم، حيث أدى انخفاض معدل نمو الإنفاق الكلي الخام خلال الفترة 1991-1993 بمعدل وسطي قدره-41،65% إلى انخفاض معدل التضخم خلال نفس الفترة ب – 84،20%، أما خلال الفترة 1993-1995 فقد أدى ارتفاع معدل نمو الإنفاق الكلي الخام من 33،14% سنة 1993 إلى 38،32% سنة 1995 إلى ارتفاع معدل التضخم ب 36،45% خلال نفس الفترة، ويُعد الإنفاق الاستهلاكي أحد أهم مكونات الإنفاق الكلي الخام ويُشكل قطاع الأجراء الجزء الأكبر من مستهلكي السلع والخدمات، حيث أن طلبهم المحدَد بواسطة الأجور التي يتقاضونها يؤثر بشكل بالغ الأهمية على المستوى

(1)-Mourad benachnhou، **inflation ، dévaluation، marginalisation**، ، dar ELCHARIFA، Alger، 1993، p5

العام للطلب الكلي، وهذا ما يؤثر بشكل مباشر على الأسعار،[1] وإذا رجعنا إلى نفس الشكل السابق نلاحظ أن اتجاه نمو كتلة الرواتب والأجور يسير بنفس اتجاه نمو معدل التضخم خاصة خلال الفترة 2000 – 2007، حيث أن ارتفاع معدل نمو كتلة الرواتب والأجور من 37،4% إلى 20،10% ما بين 2000 و2001 أدى هذا إلى ارتفاع معدل التضخم من 3،0% إلى 2،4% خلال نفس الفترة، كما أن مقارنة منحنى معدل نمو كتلة الرواتب والأجور مع منحنى معدل نمو الإنفاق الكلي الخام تؤكد لنا أن الرواتب والأجور تعد جزءاً هاماً من مكونات الدخل الوطني، ورافداً أساسياً من روافد الطلب الكلي، كما أن المصدر الثالث الذي يعتبر نتيجة منطقية للمصدرين السابقين في الدول النامية التي تعتمد على الإصدار النقدي، حيث يتجلى لنا من خلال تطور الكتلة النقدية أن اتجاه نمو الكتلة النقدية ارتبط بشكل كبير مع اتجاه نمو بقية المصادر.

2- تطور مؤشرات التوازن الخارجي في الجزائر خلال الفترة 1990-2007

لقد تطرقت الدراسة في الفصل الأول من هذه الرسالة إلى مفهوم التوازن الخارجي والذي يُقصد به التوازن في ميزان المدفوعات وللحكم على مدى تحقق التوازن الخارجي، يجب تحليل التطور الحاصل في رصيد ميزان المدفوعات خلال فترة الدراسة:

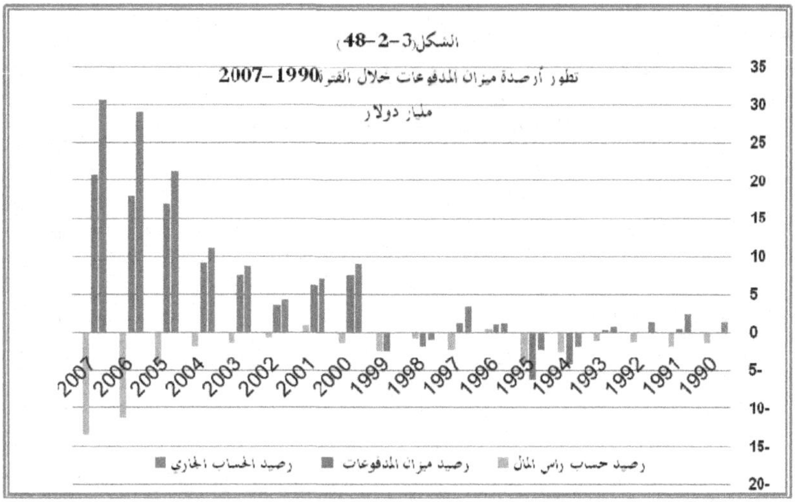

المصدر/ من إعداد الباحث بالاعتماد على معطيات الجدول(3-2-17)

(1)- سنعود لتحليل هذه النقطة بالتفصيل هند دراستنا لأثر الإنفاق الحكومي على فجوة الطلب الكلي انظر الصفحة 186

يمكن تقسيم تحليل لتطور أرصدة ميزان المدفوعات إلى مرحلتين أساسيتين:

- المرحلة الأولى والممتدة من 1990-1999 حيث عرف ميزان المدفوعات عجزاً مزمناً في أغلب السنوات، ويرجع ذلك أساساً إلى العجز في حساب رأس المال، كما يوضحه الشكل السابق، وقد شهدت سنة 1995 أكبر نسبة عجز في ميزان المدفوعات وذلك راجعٌ إلى ارتفاع أقساط المديونية وشلل الاقتصاد الوطني بعد حركة الخصخصة التي شهدتها تلك المرحلة ؛
- المرحلة الثانية والممتدة من سنة 2000- 2007 حيث سجل ميزان المدفوعات فوائض مهمة مع استمرار العجز المسجل في حساب رأس المال، حيث وصل الفائض إلى 93،17 مليار دولار سنة 2006 وهذا راجعٌ أساساً إلى تراكم احتياطات الصرف الناتجة عن ارتفاع أسعار النفط.[1] ويوضح الشكل التالي أن تطور الصادرات من المحروقات ينعكس بصورة واضحة على التطور الحاصل في الحساب الجاري.

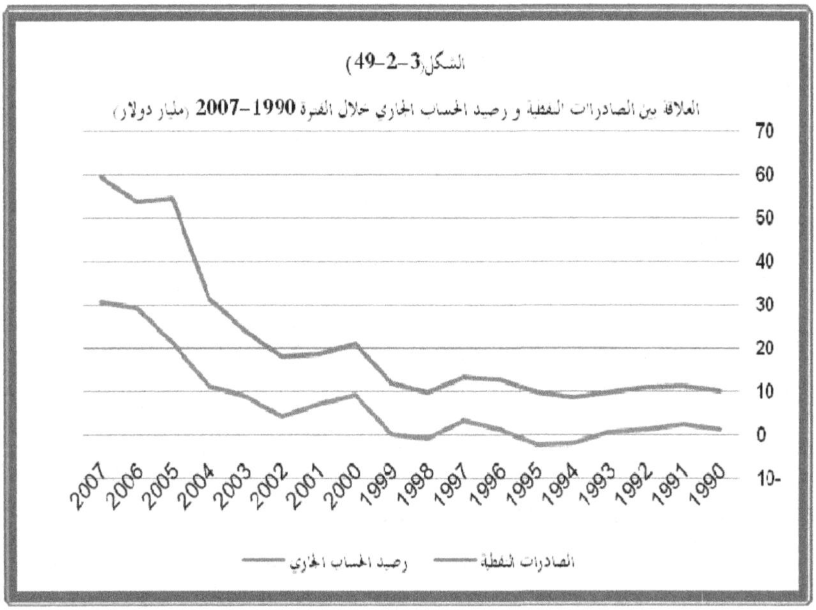

المصدر/ من إعداد الباحث بالاعتماد على معطيات الجدول(3-2-17)

(1)- أمين صيد، **سعر الصرف كأداة لتحقيق التوازن في ميزان المدفوعات- الاقتصاد الجزائري نموذجا-**، رسالة ماجستير في الاقتصاد من جامعة دمشق، 2006، ص 145

وبهذا نكون قد أعطينا نظرة تحليلية على مؤشرات الاستقرار الاقتصادي الكلي الأربعة في الجزائر خلال الفترة 1990-2007 حيث يبين لنا الجدول والشكل التاليين وضعية الاستقرار الاقتصادي الكلي في الجزائر، حيث نلاحظ أن مساحة المربع قد ازدادت خلال الفترة 2000-2007،[1] وهذا راجع إلى تحسن مؤشرات الاستقرار الاقتصادي الكلي، كما أن **النتيجة المهمة التي نخلص إليها هي أن الجزائر خلال الفترة 1990-1998 أعطت الأولوية لمكافحة التضخم على حساب مكافحة البطالة، وهذا سببه مشروطية صندوق النقد الدولي التي تهدف إلى استرداد أموال الصندوق بغض النظر عن بقية المؤشرات، أما المرحلة الثانية فقد أولت السلطات أهمية كبيرة لمكافحة البطالة، وذلك بتنشيط الطلب الكلي عن طريق زيادة الإنفاق الحكومي، من خلال برامج الإنعاش ودعم النمو الاقتصاديين، مع السماح بمعدلات تضخم مرتفعة، وهذا يدفعنا إلى الإقرار بالطرح النظري لمنحنى فيليبس المتضمن العلاقة التبادلية بين التضخم والبطالة على مستوى الاقتصاد الجزائري، حيث أن الدراسة التحليلية التي قامت بها الدراسة تبين اتجاه السلطات الجزائرية للتخلي عن سياسات إدارة الطلب الكلي الهادفة إلى تخفيض معدلات التضخم خلال فترة انتعاش السوق البترولي والسعي إلى تخفيض معدلات البطالة ويتم الرجوع إلى سياسات إدارة الطلب الكلي خلال فترات كساد سوق النفط** من أجل التحكم في معدلات التضخم على الرغم من الآثار السلبية على البطالة.

---

(1)- انظر الشكل(3-2-50) صفحة 131

	1990	1991	1992	1993	1994	1995	1996	1997	1998	1999	2000	2001	2002	2003	2004	2005	2006	2007
معدل النمو	-	1,2-	1,6	2,1-	0,9-	3,8	3,8	1,1	5,1	3,2	2,2	2,6	4,7	6,9	5,2	5,1	3,6	4,8
معدل البطالة	21,7	20,3	21,4	33	36,6	40,5	39,7	40	41,3	36,4	31,1	33,2	28,9	26,3	17,6	15,3	15	11
معدل التضخم	17,8	25,9	31,7	20,5	29	29,8	18,7	5,7	5,0	2,8	0,3	4,2	1,4	2,6	3,6	1,6	2,5	4,5
رصيد ميزان المدفوعات	0,084	0,529	0,067	0,302	4,30-	6,20-	1,12	1,16	1,74-	2,38-	7,57	6,19	3,65	7,44	9,25	16,95	17,93	20,8

الشكل(3-2-50)

تطور وضعية الاستقرار الاقتصادي الكلي في الجزائر خلال الفترة 1990-2007

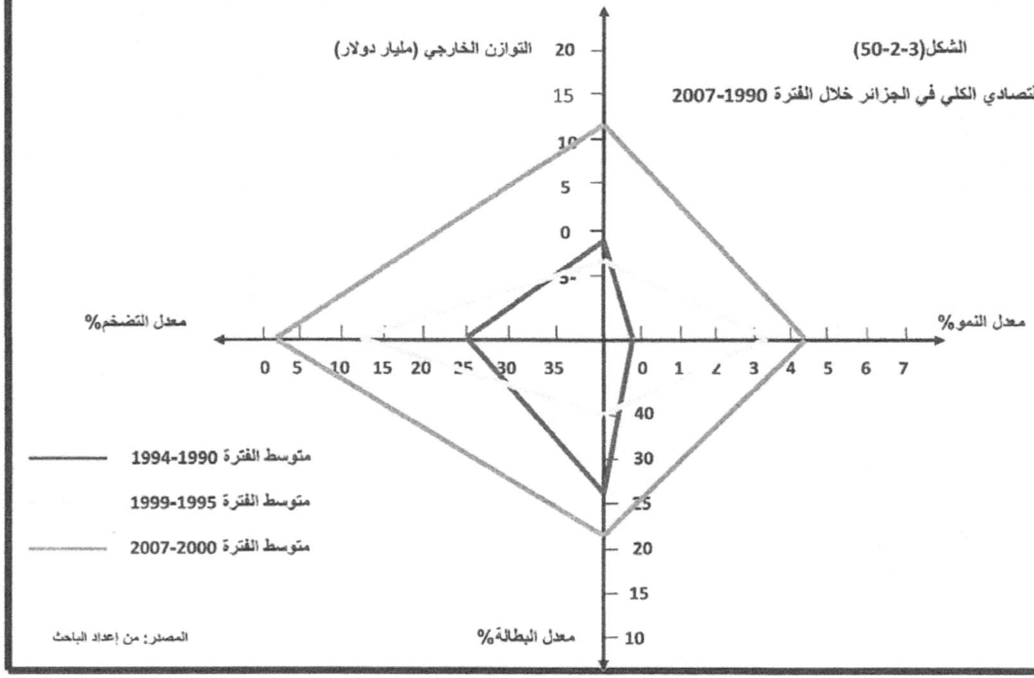

المصدر: من إعداد الباحث

المبحث الثالث
تطور الإنفاق الحكومي في الاقتصاد الجزائري
خلال الفترة 1990-2007

تتناول الدراسة في المبحث الثالث الإنفاق الحكومي من الجانب المالي، حيث سيتم إعطاء نظرة عن التبويب المعتمَد في الجزائر بالإضافة إلى تحليل تطور الإنفاق الحكومي خلال الفترة 1990-2007 وفي مرحلة ثانية تقوم الدراسة بتحليل ظاهرة تزايد الإنفاق الحكومي في الاقتصاد الجزائري من خلال تحليل تطوراته بالأسعار الثابتة، كما سيتم ربطه بالناتج المحلي والناتج القومي، وسيتم أيضا استعمال مؤشر المرونة الدخلية والميل الحدي للإنفاق الحكومي نسبةً إلى الناتج المحلي، وفي مرحلة ثالثة تقوم الدراسة بتحليل مدى انطباق النظريات المفسرة لهذه الظاهرة على الاقتصاد الجزائري والمتمثلة أساساً في قانون فاجنر ونموذج التنمية لروستو موسجريف.

المطلب الأول: الإنفاق الحكومي في الاقتصاد الجزائري

ترتبط عمليات تبويب الإنفاق الحكومي بأهمية القطاع العام، فكلما زادت أهمية هذا الأخير كلما زادت عمليات التبويب تعقيداً، ولقد تطورت عملية التبويب بتطور دور الدولة الاقتصادي، حيث ارتبط التبويب الإداري بدور الدولة التقليدي، ومع تطور الدور الاقتصادي للدولة ظهر هناك التبويب الاقتصادي، وتماشياً مع طبيعة الموضوع ستركز الدراسة على التبويب الاقتصادي للإنفاق الحكومي.

1- التبويب الاقتصادي للإنفاق الحكومي في الجزائر

يكتسي التبويب الاقتصادي للإنفاق الحكومي أهمية كبيرة بالنظر إلى التأثير الكبير لهذا الإنفاق على مؤشرات الاستقرار الاقتصادي الكلي ويُقسم في الاقتصاد الجزائري على الشكل التالي:

1-1- الإنفاق الجاري (نفقات التسيير) والإنفاق الاستثماري (نفقات التجهيز)

تُعرَف نفقات التسيير بأنها ذلك الإنفاق المخصَص لسير النشاط العادي والطبيعي للدولة والتي تسمح بإدارة نشاطات الدولة وتنقسم نفقات التسيير إلى أربعة أبواب تتمثل في :

- أعباء الدين العام والنفقات المحسومة من الإيرادات ؛
- تخصيصات السلطة العمومية؛
- النفقات الخاصة بوسائل المصالح؛
- التدخلات العمومية.[1]

وإلى جانب نفقات التسيير توجد نفقات التجهيز التي تؤدي إلى تنمية الثروة العمومية وتحسين تجهيز الجماعات المحلية وتتكون نفقات التجهيز من الاستثمارات في المنشآت الأساسية الاقتصادية والاجتماعية والإدارية والتي لا تعتبر ذات إنتاجية مباشرة ويُضاف لهذه النفقات إعانات التجهيز الممنوحة لبعض المؤسسات العمومية،[2] وبالتالي فإننا نستنتج أن نفقات التسيير هي نفقات غير منتجة غير أن بعضها يمكن أن يؤدي إلى زيادة الإنتاجية الوطنية، أما نفقات التجهيز فهي عموماً نفقات منتجة إما بصفة مباشرة كنفقات التجهيز الاقتصادي وإما بصفة غير مباشرة كنفقات التجهيز الاجتماعي.

1-2- نفقات المصالح والنفقات التحويلية

يقوم هذه التقسيم على أساس معيار المقابل المباشر للإنفاق الحكومي، حيث تهدف نفقات المصالح إلى مكافأة المنافع والخدمات والأدوات المقدَمة للإدارة، أما النفقات التحويلية فهي تؤَدى بدون مقابلٍ مباشرٍ وتمثل نوعاً من العدالة في توزيع الدخل القومي، فقد أقر المفهوم الحديث للدولة بالوظيفة الاجتماعية للهيئات العمومية، حيث أصبح مقبولاً أن يُجرى الإنفاق الحكومي بدون مقابل من أجل أهداف التنمية الاجتماعية، كالمنح للأشخاص المسنين والمنح العائلية وتعويضات الضمان الاجتماعي.[3]

2- تحليل تطور الإنفاق الحكومي خلال الفترة 1990-2007

أكدت الدراسات المتعلقة بالإنفاق الحكومي الاتجاه العام لنموه في مختلف دول العالم ، فهل ينطبق هذا على واقع الاقتصاد الجزائري؟ هذا ما سنقوم باستنتاجه من خلال تحليلنا لمعطيات

(1)- انظر : القانون 84-17 المؤرخ في 7-7-1984 المتعلق بقوانين المالية
(2)- لعمارة جمال، **منهجية الميزانية العامة للدولة في الجزائر**، دار الفجر للنشر والتوزيع ، الجزائر، 2004، ص 37
(3)- **المرجع نفسه**، ص 38

الجدول (3-2-17)

-1-2 تحليل تطورات الإنفاق الحكومي الكلي بالأسعار الجارية خلال الفترة 1990-2007

يمثل الشكل التالي تطورات الإنفاق الحكومي الكلي في الجزائر خلال الفترة 1990-2007

الشكل(3-3-51)

تطور الانفاق الحكومي الكلي في الجزائر بالأسعار الجارية خلال الفترة 1990-2007

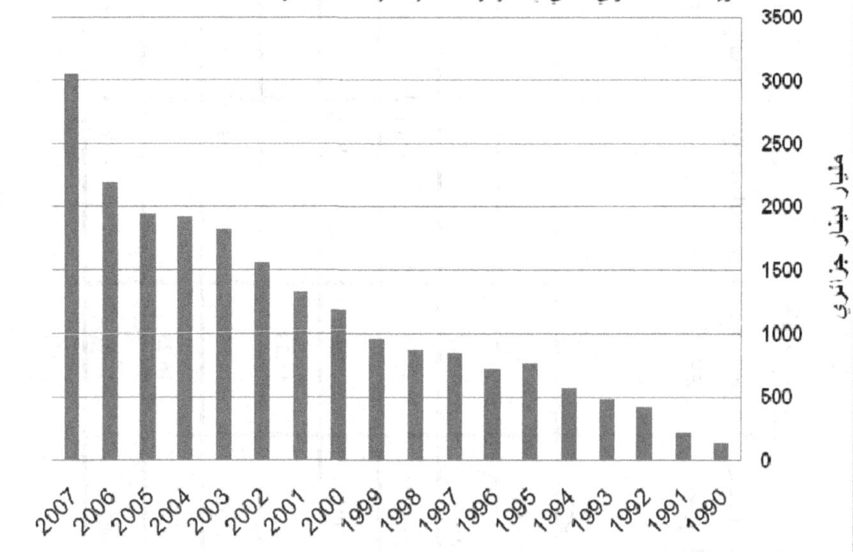

المصدر: من إعداد الباحث بالاعتماد على معطيات الجدول(3-3-18)

الجدول(3-3-18) تطور مؤشرات الإنفاق الحكومي في الجزائر خلال الفترة 1990-2007

	الإنفاق الحكومي الكلي مليار دينار جزائري	معدل نمو الإنفاق الحكومي %	الإنفاق الجاري مليار دينار جزائري	معدل نمو الإنفاق الجاري %	نسبة الإنفاق الجاري إلى الإنفاق الحكومي الكلي%	الإنفاق الاستثماري مليار دينار جزائري	معدل نمو الإنفاق الاستثماري %	نسبة الإنفاق الاستثماري إلى الإنفاق الحكومي %
1990	136.5	-	88.8	-	05،65	47.7	-	34.95
1991	212.1	55.38	153.8	73.19	51،72	58.3	22.22	27.49
1992	420.1	98.06	276.1	79.51	72،65	144.0	146	34.28
1993	476.6	13.44	291.4	5.54	14،61	185.2	28.61	38.86
1994	566.3	18.82	330.4	13.38	34،58	235.9	27.37	41.66
1995	759.6	34.13	473.7	143.3	36،62	285.9	21.19	37.64
1996	724.6	-4.60	550.6	16.23	98،75	174.0	39.13-	24.02
1997	845.1	16.62	643.5	16.87	14،76	201.6	15.86	23.86

24.20	5.05	211.8	80،75	3.15	663.8	3.62	875.7	**1998**
19.45	11.75-	186.9	55،80	16.70	774.7	9.82	961.7	**1999**
27.33	72.23	321.9	67،72	10.52	856.2	22.50	178.1،1	**2000**
27.06	11.02	357.4	94،72	12.54	963.6	12.13	321.0،1	**2001**
29.21	26.72	452.9	79،70	13.91	097.7،1	17.38	550.6،1	**2002**
33.80	35.12	612.0	20،66	9.23	199.1،1	16.80	811.1،1	**2003**
31.03	2.67-	595.6	97،68	10.44	324.4،1	6.01	920.0،1	**2004**
36.80	20.46	717.5	20،63	6.93-	232.5،1	1.56	950.0،1	**2005**
46.39	41.54	015.6،1	61،53	4.74-	174.0،1	12.28	189.6،2	**2006**
48.41	45.46	477.3،1	59،51	34.14	574.9،1	39.40	052.2،3	**2007**

المصدر: الديوان الوطني للإحصائيات ، نسب ومعدلات محسوبة من قبل الباحث

SOURCE: ALGERIA statistical appendix، IMF COUNTRY REPPORT ،No 08-102، march 2008

المجلس الوطني الاقتصادي والاجتماعي، مشروع تقرير الظرف الاقتصادي والاجتماعي لسنة 2003- 2004

journal officiel de la république algérienne، No 85، 2006

نلاحظ من خلال ما سبق المنحى التصاعدي للإنفاق الحكومي الكلي بالأسعار الجارية ، حيث انتقل من 1،212 مليار دينار جزائري سنة 1990 إلى 7،961 مليار دينار سنة 1999، ويمكن تقسيم التحليل إلى ثلاثة مراحل أساسية:

- المرحلة الأولى وهي مرحلة اتفاقات الاستعداد الائتماني الممتدة من 1990 إلى غاية 1995 حيث أن تزايد الإنفاق الحكومي لم يكن بشكل كبير حيث تضاعف ثلاثة مرات خلال هذه الفترة، وبلغ أقصى حداً له سنة 1995، حيث سجل ما يساوي 6،759 مليار دينار، ويرجع هذا في الأساس إلى تزايد نسب الإنفاق على الرواتب والأجور وإلى تسديد المديونية العمومية؛
- المرحلة الثانية (1995-1999) وهي مرحلة الإصلاحات الهيكلية المدعومة من قبل صندوق النقد الدولي الرامية إلى تقليص الإنفاق الحكومي ورفع أشكال الدعم المقدَمة من طرف الدولة، وهذا يُفسر المنحى المنخفض لتزايد الإنفاق الحكومي في الشكل السابق، حيث بلغ معدل نمو الإنفاق الحكومي خلال هذه الفترة 25% فقط وهي نسبة منخفضة إذا ما قارناها بالفترة السابقة ؛
- المرحلة الثالثة(2000-2007) وهي مرحلة برامج الإنعاش ودعم النمو الاقتصاديين حيث نلاحظ زيادة متسارعة للإنفاق الحكومي الذي انتقل من 7،961 مليار دينار سنة 1999 إلى 1920 مليار دينار سنة 2004 وإلى 2،3052 مليار دينار سنة 2007، أي بمعدل زيادة وسطية قدرها 159% وما يُفسِر هذا التزايد هو تحسن أسعار النفط وقيام السلطات بتسطير برامج الإنعاش ودعم النمو الاقتصادي التي تقوم على أساس ضخ موارد مالية ضخمة في الاقتصاد.[1] بقي الآن أن نحلل تطور مكونات هذا الإنفاق والمتمثلة في الإنفاق الجاري والإنفاق الاستثماري.

2-2- تحليل تطورات الإنفاق الجاري والاستثماري بالأسعار الجارية

يمثل الشكل التالي تطورات حصة كل من الإنفاق الجاري والاستثماري في الإنفاق الحكومي خلال الفترة 1990-2007

(1)- انظر المبحث الأول من هذا الفصل صفحة 117

الشكل(3-3-52)

تطورات معدل نمو الانفاق الحكومي و نسبة كل من الانفاق الجاري و الاستثماري الى الانفاق الحكومي في الجزائر خلال الفترة 1990-2007

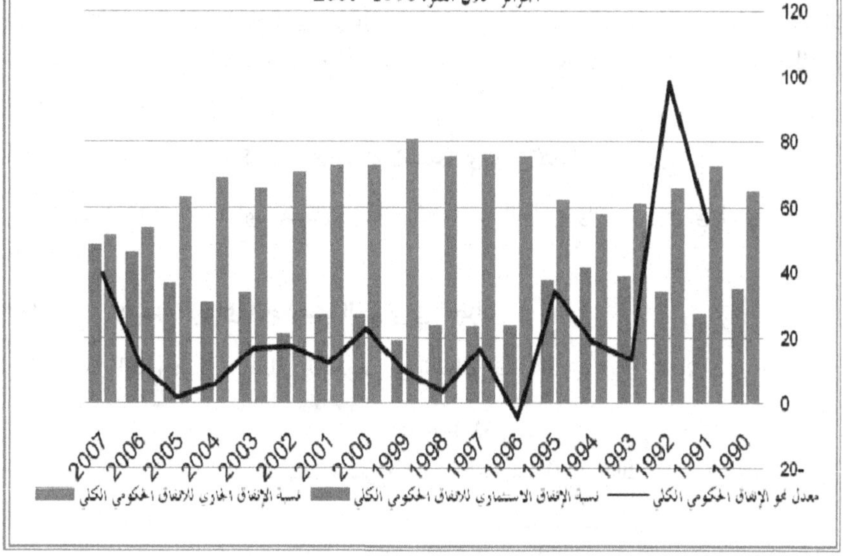

مصدر: من إعداد الباحث بالاعتماد على معطيات الجدول(3-3-18)

من خلال تحليل الشكل السابق نلاحظ أنه خلال فترة الإصلاحات الهيكلية زادت حصة الإنفاق الجاري كنسبة من الإنفاق الحكومي الكلي، حيث انتقلت من 58% سنة 1994 إلى 76% سنة 1997 وإلى 80% سنة 1999 وفي المقابل فقد انخفضت حصة الإنفاق الاستثماري حيث انتقلت من 41% سنة 1994 إلى 23% سنة 1997 وإلى 19% سنة 1999، وهذا راجعً أساساً إلى برنامج الإصلاح الهيكلي المدعوم من قبل صندوق النقد الدولي الذي فرض مشروطية تهدف إلى تقليص دور الدولة الاقتصادي وفتح المجال أمام القطاع الخاص، الأمر الذي أثر على هيكل الإنفاق الحكومي في الجزائر، وابتداءاً من سنة 2000 عرف هيكل الإنفاق الحكومي تغيراً ملحوظاً لصالح الإنفاق الاستثماري، حيث ارتفعت حصته من 19% سنة 1999 إلى 29% سنة 2001 وإلى 48% سنة 2007، حيث بلغ معدل نمو الإنفاق الاستثماري خلال الفترة 2000-2007 ما يقارب 300%، وفي المقابل نلاحظ انخفاض حصة الإنفاق الجاري حيث انتقلت من 80% سنة 1999 إلى 51% سنة 2007، وهذا مع ارتفاع معدل نمو الإنفاق الحكومي كما أن الشيء الملاحظ هو أن الإنفاق الجاري يتم استهلاكه كلياً على عكس الإنفاق الاستثماري، ويعود ذلك إلى محدودية الطاقة

الاستيعابية.[1] كما أن الشيء الملاحَظ من خلال الشكل السابق هو الجمود النسبي للإنفاق الجاري وذلك يعود إلى صعوبة تقليصه على عكس الإنفاق الاستثماري الذي عرف تزايداً خلال الفترة 1990-1995 حيث انتقلت حصته من 27% سنة 1990 إلى 41% سنة 1994، وبعد فترة الإصلاحات الهيكلية التي عرفت انخفاضاً في الإنفاق الاستثماري عاد إلى الارتفاع بمعدل أكثر من الإنفاق الجاري وذلك بسبب تنفيذ مشاريع البنية التحتية والمشاريع الأخرى التي تمت في إطار برنامج دعم الإنعاش الاقتصادي .

3- هيكل الإنفاق الحكومي الجاري والاستثماري في الاقتصاد الجزائري

يمثل الجدول (3-3-19) تطور هيكل الإنفاق الحكومي الجاري والاستثماري في الجزار خلال الفترة 1993-2007

3-1- هيكل الإنفاق الحكومي الجاري في الجزائر

يمثل الشكل التالي هيكل الإنفاق الحكومي في الجزائر خلال الفترة 1993-2007

الشكل(3-3-53)

هيكل الانفاق الحكومي الجاري في الجزائر خلال الفترة 1993-2007

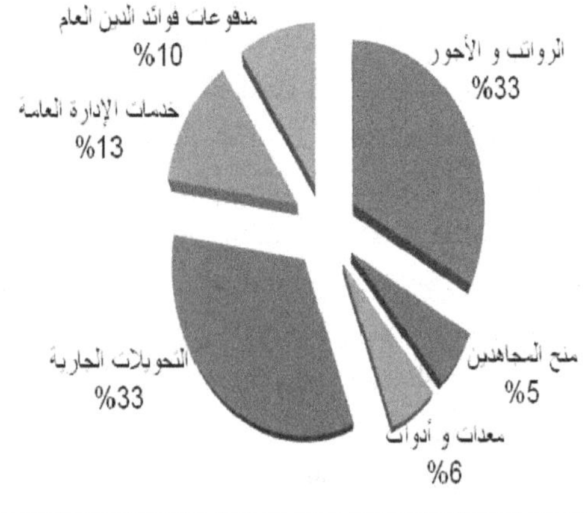

المصدر: من إعداد الباحث بالاعتماد على معطيات الجدول(3-3-19)

(1) -**Rapport sur l'évolution économique et monétaire en Algérie** ، banque d'Algérie، juin 2007، p 75

	الإنفاق الحكومي الجاري (مليار دينار جزائري)						الإنفاق الحكومي الاستثماري (مليون دينار جزائري)									
	الرواتب والأجور	منح المجاهدين	معدات وأدوات	التحويلات	خدمات الإدارة	مدفوعات فوائد الدين العام	الزراعة والصيد البحري	الري والموارد المائية	الصناعة والطاقة	السياحة	البنية التحتية الاقتصادية	البناء	التربية والتعليم	البنية التحتية الاجتماعية	البنية التحتية الإدارية	التهيئة العمرانية
1993	5،121	10	7،16	7،113	9،39	27	21،2	01،12	48،5	1	28،17	14،4	74،14	27،4	90،5	19،19
1994	7،151	8،12	2،18	9،120	3،42	1،41	75،2	70،12	10،5	-	00،15	10،7	55،15	35،6	70،8	25،18
1995	5،187	6،15	4،29	7،149	4،55	2،62	05،2	07،14	25،6	0	82،17	74،4	36،19	60،7	27،10	23،19
1996	8،222	9،18	7،34	3،185	69	89	10،4	57،17	75،5	8	15،22	36،8	17،24	68،8	6،12	90،20
1997	2،245	25	5،43	4،220	74	4،109	66،6	61،22	86،6	0	76،26	56،9	51،28	93،7	50،14	25،21
1998	6،268	9،37	5،47	1،199	2،75	8،110	46،7	80،29	62،8	11	62،23	60،52	50،33	85،8	20،23	70،20
1999	1،286	9،59	6،53	7،248	9،81	4،126	56،6	60،31	55،8	13	06،30	70،60	17،35	18،9	90،22	05،23
2000	6،289	7،57	6،54	292	92	3،162	53،8	81،33	96،5	5	95،34	31،65	11،39	89،11	87،26	84،29
2001	4،315	4،54	3،46	8،276	6،114	5،147	33،20	12،38	44،6	126	90،53	24،78	76،53	49،17	12،31	05،36
2002	9،339	8،73	5،68	3،334	6،137	2،137	06،27	37،75	60،7	54	72،65	40،88	95،55	40،27	43،28	11،41
2003	5،324	2،63	8،58	5،395	4،161	114	77،15	26،67	90،5	13	76،71	93،74	03،60	51،31	50،30	09،43
2004	9،386	2،69	7،71	1،457	5،176	2،15	47،8	05،89	225	2	86،79	99،65	88،61	81،30	30،21	87،27
2005	6،416	8،79	76	1،410	5،187	2،73	12	113	250	40	4،181	56	78	32	01،32	34
2006	8،447	5،92	7،95	7،517	6،215	6،68	09،11	85،132	125	4	6،210	50،87	40،78	50،30	30،37	3،39
2007	1،522	2،105	8،62	8،664	4،243	3،74	-									

الجدول(3-3-19) هيكل الإنفاق الحكومي في الجزائر خلال الفترة 1993-2007

source: Algeria: Statistical Appendix IMF Country Report No. 08/102March 2008، 22
Algeria: Statistical Appendix IMF Country Report No01/163 September 2001، p 20
Algeria: Statistical Appendix IMF Country Report No07/95 march 2007،p 22
Algeria: Statistical Appendix IMF Country Report No98/87 September 1998، p 53

يتضح من خلال الشكل السابق أن الإنفاق الحكومي الجاري ينقسم إلى ستة أبواب رئيسية، حيث يأتي في المرتبة الأولى الرواتب والأجور والتحويلات الجارية[1] بحصة تقارب 33% لكل منهما، يليهما في ذلك خدمات الإدارة العامة ب 13% ثم مدفوعات فوائد الدين العام ب 10%، المعدات والدواب ب 6% ومنح المجاهدين ب 5%، ويتضح جلياً من خلال هذا الشكل الأهمية النسبية لكل من الرواتب والأجور والتحويلات الجارية في الإنفاق الحكومي الجاري، وهذا يعني نظرياً أن زيادة الإنفاق الجاري من خلال زيادة الرواتب والأجور والتحويلات الجارية سيؤدي إلى زيادة الطلب الكلي الذي يساهم في تحريك العجلة الاقتصادية وزيادة الناتج المحلي من خلال آلية المضاعف، حيث ستقوم الدراسة باختبار هذه الفرضية على الاقتصاد الجزائري في الفصل الرابع من هذه الرسالة.[2]

3-2- هيكل الإنفاق الحكومي الاستثماري في الجزائر

يمثل الشكل التالي هيكل الإنفاق الحكومي الاستثماري في الجزائر خلال الفترة 1993-2007

الشكل(3-3-54)

هيكل الانفاق الحكومي الاستثماري في الجزائر خلال الفترة 1993-2006

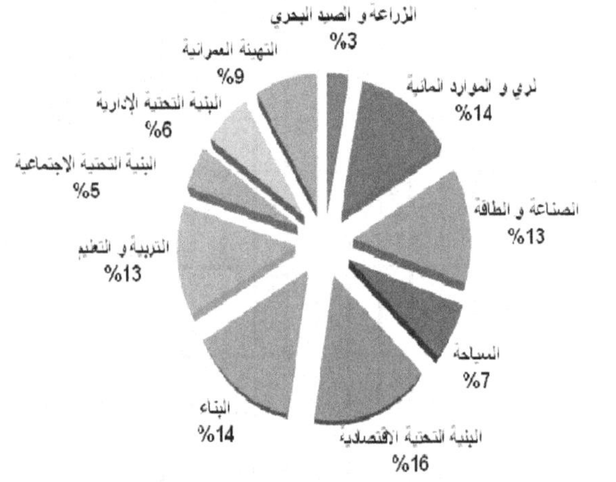

المصدر: من إعداد الباحث بالاعتماد على معطيات الجدول(3-3-19)

---

(1)- تتكون التحويلات الجارية من تحويلات لدعم النشاط التعليمي والثقافي، صندوق الكوارث الطبيعية، دعم المنتجات الغذائية، الصندوق الخاص بالتضامن الوطني، صندوق دعم تشغيل الشباب

(2)- انظر الفصل الرابع صفحة 158

يتضح من خلال الشكل السابق أن الإنفاق الحكومي الاستثماري ينقسم إلى عشرة أبواب رئيسية، حيث أنه خلال الفترة 1993-2006 بلغت حصة البنية التحتية الاقتصادية 16% من إجمالي الإنفاق الحكومي الاستثماري، يليها قطاع البناء والري والموارد المائية ب 14%، ثم قطاع الصناعة والطاقة بحصة قدرها 13%، كما أن قطاع التربية والتعليم كانت له حصة كبيرة نسبياً حيث بلغت 13% من إجمالي الإنفاق الاستثماري، أما بقية القطاعات كالزراعة والسياحة والتهيئة العمرانية فقد كانت حصصها ضعيفة خلال هذه الفترة بالمقارنة مع بقية القطاعات، ولقد جاء هذا التقسيم تماشياً مع طبيعة السياسة الاقتصادية المتبَعة، وتلبيةً لاحتياجات الجزائر من مشاريع الإسكان والبنية التحتية وتحديث المرافق العامة وترقية مستوى التعليم، وذلك لتحقيق تنمية شاملة لجميع القطاعات الاقتصادية الإنتاجية والخدمية، وهذا ما يؤكد دور الإنفاق الحكومي على الاستثمارات الثابتة في عمليات التنمية الاقتصادية والاجتماعية. **وبالتالي فإن النتيجة التي نخلص إليها هي أن الإنفاق الحكومي عرف تزايداً بالقيم المطلقة وبالأسعار الجارية، لكن هذا التزايد عرف تذبذباً بسبب الإصلاحات الاقتصادية المدعومة من قبل صندوق النقد الدولي التي فرضت على الدولة تقليص الإنفاق الحكومي خاصة الاستثماري منه، وانطلاقاً من سنة 1999 استعادت الدولة دورها الاقتصادي والذي تجلى في تسارع معدلات نمو الإنفاق الاستثماري على حساب الإنفاق الجاري**، وانطلاقاً مما أشارت إليه الدراسة في الفصل الأول من هذه الرسالة فإنه لا يمكن الحكم على ظاهرة تزايد الإنفاق الحكومي من خلال القيم المطلقة وبالأسعار الجارية ، لذلك فإن الدراسة ستقوم بتحليل تزايد الإنفاق الحكومي بالأسعار الثابتة بالإضافة إلى ربط هذا التزايد بمؤشرين مهمين في الاقتصاد وهما الناتج المحلي والناتج القومي.

المطلب الثاني: تحليل ظاهرة تزايد الإنفاق الحكومي في الاقتصاد الجزائري خلال الفترة 1990-2007

إن تحليل تطور حجم الإنفاق الحكومي في أية دولة يكشف عن ظاهرة اتجاه تلك النفقات إلى التزايد عاماً بعد عام، حيث اعتبر الكثير من الاقتصاديين أن هذا التزايد هو عبارة عن قانون في المدى الطويل،[1] لذلك ولمعرفة التزايد الحقيقي للإنفاق الحكومي في الاقتصاد الجزائري، تقوم الدراسة بتحليل هذا التزايد بالأسعار الثابتة، ومن أجل وصل هذا التزايد بالتطور الاقتصادي

(1)- سامي عبد الرحيم الزيود، **الإنفاق العام وأثره على الاقتصاد الأردني**، رسالة مقدمة لنيل شهادة الماجستير، الجامعة الأردنية ، الأردن، 1989، ص 60

فسيتم ربطه بتطور الناتج المحلي والناتج القومي، بالإضافة إلى استعمال مؤشر المرونة الدخلية والميل الحدي للإنفاق الحكومي نسبةً إلى الناتج المحلي في التحليل.

1- تحليل ظاهرة تزايد الإنفاق الحكومي بالأسعار الثابتة

لقد أظهر الشكل (3-3-51) أن الإنفاق الحكومي بالأسعار الجارية قد تزايد، حيث انتقل من 5،136 مليار دينار سنة 1990 إلى 7،961 مليار دينار سنة 1999، حيث تضاعف بستة مرات، ومن أجل الوصول إلى حقيقة هذا التزايد لا بد من دراسة الإنفاق الحكومي بالأسعار الثابتة على اعتبار أن سنة الأساس هي 1990، حيث نلاحظ أن هناك تذبذباً خلال الفترة 1990-2000 حيث انتقل من 138 مليار دينار سنة 1992 إلى 104 مليار سنة 1996 ثم عاد إلى الارتفاع ليصل سنة 1999 إلى 120 مليار دينار وابتداءاً من سنة 2001 عرف الإنفاق الحكومي تزايداً ملحوظاً حيث انتقل من 86،132 سنة 2001 ليصل إلى 57،183 مليار دينار سنة 2007، أما فيما يتعلق بالإنفاق الجاري فقد عرف انخفاضاً طفيفاً خلال فترة الإصلاحات الهيكلية، حيث تراوح خلال الفترة 1993-1999 ما بين 99،84 مليار دينار و20،97 مليار دينار، وهذا دليلٌ على صعوبة تقليص الإنفاق الحكومي الجاري على عكس الإنفاق الاستثماري الذي انخفض خلال نفس الفترة من 98،53 مليار دينار إلى 45،23 مليار دينار، وانطلاقاً من سنة 1999 عرف كل من الإنفاق الجاري والإنفاق الاستثماري تزايداً ملحوظاً، لكن الشيء الملاحَظ أن تزايد الإنفاق الاستثماري كان بمعدلات أكبر من الإنفاق الجاري، وهذا ما يبينه الجدول التالي، حيث بلغ معدل النمو الوسطي لهذا الأخير خلال الفترة 2001-2007 ما نسبته 53،2 % بينما بلغ معدل النمو الوسطي للإنفاق الاستثماري خلال نفس الفترة 49،16%، وهذا دليل على استعادة الدولة لدورها الاقتصادي بعدما تخلت عنه خلال فترة الإصلاحات الهيكلية، **وبالتالي فإن ظاهرة تزايد الإنفاق الحكومي موجودة في الاقتصاد الجزائري خلال الفترة 1990-2007 باستثناء فترة الإصلاحات المدعومة من قبل صندوق النقد الدولي، لأن مشروطية هذا الأخير ألزمت الدولة بالتقليص من إنفاقها الأمر الذي ساهم في تشكيل المنحى التنازلي للإنفاق الحكومي بأنواعه خلال الفترة 1995-1999و هذا ما يوضحه الجدول والشكل التاليين.**

الجدول(3-3-20) تطورات الإنفاق الحكومي في الجزائر بالأسعار الثابتة خلال الفترة 2007-1990(100=1990)

معدل نمو الإنفاق الاستثماري	الإنفاق الاستثماري مليار دينار	معدل نمو الإنفاق الجاري	الإنفاق الجاري مليار دينار	معدل نمو الإنفاق الحكومي	الإنفاق الحكومي مليار دينار	المكمش[1] سنة أساس 1990	
-	7.47	-	8.88	-	5.136	100	1990
56.50-	58.23	95.29-	20.62	15.37-	79.85	23.247	1991
31.101	47.47	33.46	02.91	42.61	49.138	33.303	1992
17.13	98.53	67.6-	94.84	18.0	75.138	05.343	1993
98.0	51.54	12.10-	34.76	69.5-	85.130	76.432	1994
62.6-	90.50	47.10	34.84	36.3	25.135	62.561	1995
72.50-	08.25	89.5-	37.79	76.22-	46.104	65.693	1996
39.8	16.27	23.9	70.86	99.8	86.113	17.742	1997
46.8	46.29	49.6	33.92	97.6	80.121	94.718	1998
04.20-	45.23	27.5	20.97	93.0-	66.120	99.796	1999
97.38	59.32	82.10-	68.86	14.1-	28.119	66.987	2000
17.10	94.35	65.0-	11.86	38.11	86.132	27.994	2001
15.26	34.45	63.27	91.109	85.16	25.155	72.998	2002
07.22	35.55	32.1-	45.108	51.5	81.163	60.1105	2003
86.11-	78.48	03.0-	41.108	01.4-	24.157	59.1221	2004
40.3	44.50	07.20-	65.86	80.12-	10.137	30.1422	2005
04.31	10.66	81.11-	41.76	95.3	52.142	25.1536	2006
46.34	88.88	96.23	72.94	80.28	57.183	65.1662	2007

المصدر: من إعداد الباحث بالاعتماد على معطيات الجدول(3-3-19)

(1)- تـم احتسـاب المكمـش déflateur مـن طـرف الباحـث عـلى أسـاس العلاقة déflateur= x 100

PIB nominal
PIB reels

الشكل(3-3-55)

تطور الانفاق الحكومي بالاسعار الثابتة في الجزائر خلال الفترة 1990-2007(مليار دينار)

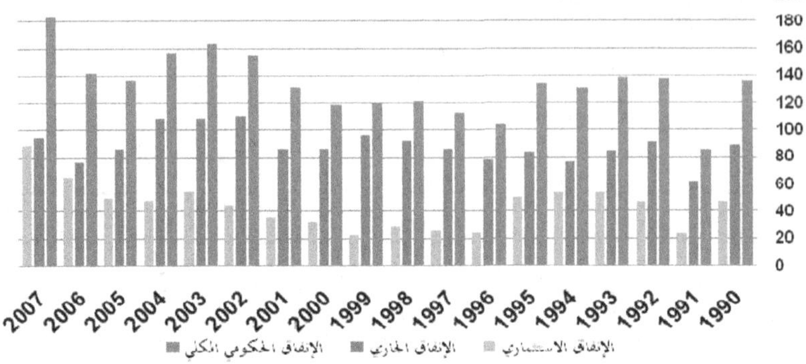

المصدر: من إعداد الباحث بالاعتماد على معطيات الجدول(3-3-20)

إلا أن تحليل الإنفاق الحكومي بالقيم المطلقة لا يكفي لبيان الأهمية النسبية للإنفاق الحكومي، لذلك لا بد أن ننسب الإنفاق الحكومي لمؤشرات التطور الاقتصادي للدولة، ولعل أهم هذه المؤشرات: الناتج المحلي والناتج القومي.

2- الإنفاق الحكومي كنسبة من الناتج المحلي والناتج القومي

يمثل الجدول التالي نسبة الإنفاق الحكومي بكل أنواعه إلى الناتج المحلي والناتج القومي، حيث شكل ما نسبته 62،24% من الناتج المحلي الإجمالي سنة 1990 ليرتفع سنة 1994 إلى 38،07%، ومع بداية فترة الإصلاحات سنة 1994 انخفض دور الدولة في النشاط الاقتصادي والذي تمثل لنا في صورة انخفاض نسبة الإنفاق الحكومي الكلي إلى الناتج المحلي حيث انتقلت هذه النسبة من 38% سنة 1994 إلى 29% 1999، وهذا راجع دائماً إلى السياسة المالية الصارمة التي اتبعتها الدولة والتي كانت مبنية على أساس تخفيض الإنفاق الحكومي، وانطلاقاً من سنة 1999 عرفت الأهمية النسبية للإنفاق الحكومي بالمقارنة مع كل من الناتج المحلي والناتج القومي ارتفاعاً ملحوظاً حيث وصلت سنة 2003 إلى 34%، وعلى الرغم من الانخفاض في الإنفاق الحكومي الذي شهدته سنوات 2004 و2005 إلا أن الاتجاه العام لها كان التزايد كما يوضحه الشكل (3-3-55) حيث أن هذا التزايد ليس مستمراً بل يتم بصورة متقطعة، وهذا ما يثبت فرضية بيكوك- وايزمان [1] التي توضح أن الإنفاق الحكومي يتزايد بصورة متقطعة وعلى فترات غير مستمرة، وأُعتبر هذا مأخذاً على قانون فاجنر.

(1)- انظر الفصل الأول ص 6

الجدول (3-3-21) أهمية الإنفاق الحكومي نسبةً إلى الناتج القومي الإجمالي والناتج المحلي الإجمالي في الجزائر خلال الفترة 1990-2007

	الأهمية نسبةً إلى الناتج المحلي الإجمالي %			الأهمية نسبةً إلى الناتج القومي الإجمالي %		
	الإنفاق الحكومي	الإنفاق الجاري	الإنفاق الاستثماري	الإنفاق الحكومي	الإنفاق الجاري	الإنفاق الاستثماري
1990	62،24	01،16	60،8	47،25	57،16	9،8
1991	60،24	84،17	76،6	82،25	72،18	1،7
1992	08،39	69،25	39،13	87،40	86،26	01،14
1993	06،40	49،24	56،15	46،41	35،25	11،16
1994	07،38	21،22	85،15	60،39	10،23	5،16
1995	88،37	62،23	25،14	90،39	88،24	02،15
1996	19،28	42،21	77،6	56،29	46،22	1،7
1997	39،30	14،23	25،7	81،31	22،24	59،7
1998	93،30	45،23	48،7	24،32	44،24	8،7
1999	69،29	92،23	77،5	11،31	06،25	05،6
2000	74،28	88،20	85،7	83،29	68،21	15،8
2001	18،31	75،22	43،8	95،31	31،23	64،8
2002	80،34	63،24	16،10	50،35	13،25	37،10
2003	40،34	78،22	62،11	67،35	61،23	06،12
2004	33،31	61،21	72،9	68،32	45،22	23،10
2005	00،26	43،16	56،9	22،27	20،17	02،10
2006	09،26	99،13	10،12	15،27	56،14	59،12
2007	08،32	55،16	52،15	95،32	00،17	94،15

المصدر:من إعداد الباحث

يتضح من خلال الجدول السابق إنه خلال الفترة 1990-1995، نلاحظ أن الأهمية النسبية لكل من الإنفاق الجاري والاستثماري ارتبطت بصفة كبيرة مع الأهمية النسبية للإنفاق الحكومي الكلي، حيث بلغت حصة الإنفاق الجاري الوسطية من الناتج المحلي خلال الفترة 1990-1995 نسبة 64،21 %، أما الإنفاق الاستثماري فساهم ب 40،12% ، وخلال الفترة 1995-1999، نلاحظ انخفاض في نسبة الإنفاق الاستثماري إلى الناتج المحلي والقومي، حيث سُجلت نسبة وسطية قدرها 85،5% أما الإنفاق الجاري فقد عرف جموداً نسبياً خلال هذه الفترة مثلما يوضحه الشكل التالي، حيث سجلنا نسبة وسطية قدرها 56،22% خلال الفترة 1996-2000 وهي نسبة تقارب النسبة التي تحصلنا عليها في الفترة السابقة، أما خلال الفترة 1999-2007 فقد عرف الإنفاق الاستثماري نمواً ملحوظاً ومتسارعاً بالمقارنة مع الإنفاق الجاري حيث بلغت أهميته الوسطية خلال هذه الفترة 16،11% بمعدل نمو سنوي مركب خلال الفترة 2002-2007 مقدَر ب 75،52% أما الإنفاق الجاري فقد عرف معدل نمو سنوي مركب خلال نفس الفترة مقدر ب - 80،30% وهو ما يؤكد زيادة الأهمية النسبية للإنفاق الاستثماري بالمقارنة مع الإنفاق الجاري، ومن خلال تحليلنا السابق نستنتج أن ظاهرة تزايد الإنفاق الحكومي نسبة إلى الناتج المحلي موجودة في الاقتصاد الجزائري، حيث أنها بلغت 76،41% كأقصى حد لها سنة 1993 .[1]

(1)- سنعود إلى هذه النقطة بالتفصيل عند دراسة أثر الإنفاق الحكومي على المستوى العام للأسعار انظر الصفحة 186

الشكل(3-3-56)

الانفاق الحكومي كنسبة من الناتج المحلي الاجمالي في الجزائر خلال الفترة 1990-2007

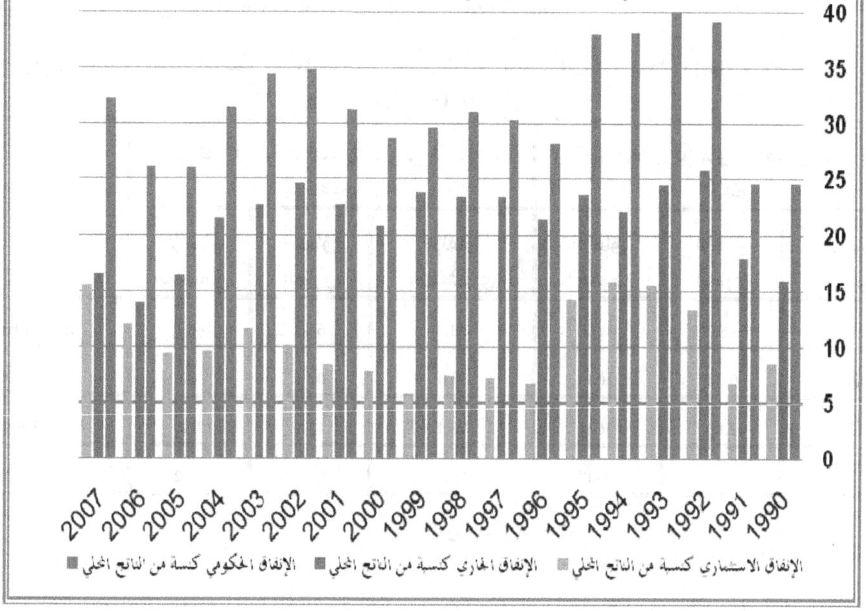

المصدر: من إعداد الباحث بالاعتماد على معطيات الجدول(3-3-21)

3- مؤشر المرونة الدخلية والميل الحدي للإنفاق الحكومي نسبةً إلى الناتج المحلي

استخدم موسجريف مؤشر المرونة الدخلية[1] للإنفاق الحكومي والميل الحدي له نسبةً إلى الناتج المحلي في تحليل ظاهرة تزايد الإنفاق الحكومي، حيث يُفسَر مقياس المرونة الدخلية للإنفاق الحكومي على أنه إذا كان أكبر من الواحد الصحيح فهذا يعني أن الإنفاق الحكومي يزداد بمعدلات نمو تفوق معدلات نمو الناتج المحلي، أما مؤشر الميل الحدي[2] للإنفاق الحكومي نسبةً إلى الناتج المحلي فيقيس الزيادة في الإنفاق الحكومي نسبةً إلى الزيادة في الناتج المحلي، ويُظهِر معامل المرونة الدخلية للإنفاق الحكومي مدى استجابة هذا الإنفاق للتغيرات في الناتج المحلي، وما إذا كان هذا الإنفاق يرتبط بصورة منتظَمة بالتغيرات في الناتج المحلي، فهو بذلك

---

(1)- تم احتسابها وفق العلاقة التالية: المرونة الدخلية = التغير النسبي في الإنفاق الحكومي/ التغير النسبي في الناتج المحلي الإجمالي $E=\frac{\Delta G/G}{\Delta Y/Y}$

(2)- تم احتسابه وفق العلاقة التالية: $M = \Delta G/\Delta Y$

يقيس العلاقة بين متغيرين هما التغير النسبي في الإنفاق الحكومي والتغير النسبي في الناتج المحلي. أما مؤشر الميل الحدي للإنفاق الحكومي فيبين ذلك الجزء من الزيادة في الناتج المحلي التي تذهب كإنفاق حكومي، حيث أنه كلما ارتفع الميل الحدي دل ذلك على زيادة الإنفاق الحكومي بمعدل أكبر من زيادة الناتج المحلي، والجدول التالي يقيس المرونة الدخلية والميل الحدي للإنفاق الحكومي للجزائر نسبةً إلى الناتج الحلي خلال الفترة 1990-2007

الجدول(22-3-3) المرونة الدخلية للإنفاق الحكومي والميل الحدي له نسبةً إلى الناتج المحلي الإجمالي في الجزائر خلال الفترة 1990-2007

الميل الحدي للإنفاق الحكومي نسبةً إلى الناتج			المرونة الدخلية للإنفاق الحكومي نسبةً إلى الناتج			
الإنفاق الاستثماري	الإنفاق الجاري	الإنفاق الحكومي	الإنفاق الاستثماري	الإنفاق الجاري	الإنفاق الحكومي	
21.0	25.0	46.0	34.2	61،1	86،1	1994-1990
08.0-	0.24	16.0	56.0-	03،1	42.0	1999-1995
13.0	23.0	36.0	73،1	11،1	26،1	2004-2000
38.0	16.0	54.0	03.4	06،1	15.2	2007-2005

المصدر : من إعداد الباحث

من خلال الجدول السابق نلاحظ أن معامل المرونة خلال الفترة 1990-1994 بلغ 86،1، وهذا يعني أنه إذا زاد الناتج المحلي الإجمالي بمعدل 1% فإن الإنفاق الحكومي يزيد ب 86،1%، ثم انخفض هذا المعامل خلال الفترة 1995-1999 ليصل إلى 42،0 وهذا يدل على حساسية منخفضة للإنفاق الحكومي تجاه التغير النسبي في الناتج المحلي خلال هذه الفترة، ثم ارتفعت هذه المرونة لتصل أقصى حد لها خلال الفترة 2005-2007 حيث بلغت 15،2 وهذا دليل على حساسية كبيرة للإنفاق الحكومي تجاه التغير في الناتج المحلي خلال هذه الفترة، أما الإنفاق الجاري فقد عرف جموداً نسبياً، حيث تراوحت المرونة ما بين 06،1 – 61،1 وهذا دليل على صعوبة التقليص من الإنفاق الجاري رغم السياسة المالية الصارمة المطبّقة خلال

الفترة 1995-1999، وبخصوص الإنفاق الاستثماري فبعد أن عرف مرونة سالبة خلال الفترة 1995-1999، وذلك كنتيجة لمشروطية صندوق النقد الدولي القاضية بتقليص الإنفاق الحكومي بصفة عامة والإنفاق الاستثماري بصفة خاصة، هذا الأخير أظهر استجابة عالية للتغيرات في الناتج المحلي خلال الفترة 2005-2007، حيث بلغت المرونة 03،4 وهذا دليل على استرجاع الدولة لدورها الاقتصادي خلال هذه الفترة، وهذا راجعٌ أساساً لبرنامج الإنعاش الاقتصادي ودعم النمو الاقتصاديين،[1] أما فيما يتعلق بالميل الحدي للإنفاق الحكومي فنلاحظ من خلال الجدول أنه بلغ 46،0 خلال الفترة 1990-1994، وهذا يعني أنه إذا زاد الناتج المحلي بمعدل دينار واحد فإن ذلك يؤدي إلى زيادة الإنفاق الحكومي ب 46،0 دينار حيث انخفض هذا الميل خلال الفترة 1995-1999 ليصل إلى 16،0 ثم ارتفع مجدداً خلال الفترة 2005-2007، ليصل إلى 54،0 وهذا ما يعكس اتجاه الإنفاق الحكومي نحو التزايد، كما أن الشيء الملاحَظ أن الميل الحدي للإنفاق الجاري يفوق الميل الحدي للإنفاق الاستثماري، وهذا يعني أن الجزء الأكبر من الزيادة في الإنفاق الحكومي الناتجة عن زيادة الناتج تذهب كإنفاقٍ جارٍ، ماعدا خلال المرحلة 2005-2007 حيث فاق الميل الحدي للإنفاق الاستثماري نظيره من الإنفاق الجاري مما يعكس زيادة الأهمية النسبية للإنفاق الاستثماري، وبالتالي فقد أثبتت المؤشرات السابقة التي قامت الدراسة بتحليلها وجود ظاهرة تزايد الإنفاق الحكومي في الاقتصاد الجزائري:

- فخلال المرحلة الأولى 1990-1994 تزايد الإنفاق الحكومي بشقيه الجاري والاستثماري حيث عرفت الكتلة الأجرية زيادة ب20% ما يمثل 2%من الناتج؛
- المرحلة الثانية 1995-1999 حيث عرف الإنفاق الحكومي تراجعاً ملحوظاً خاصة في شقه الاستثماري وذلك بسبب تخلي الدولة عن الإدارة المباشرة للمؤسسات العمومية مما ساهم في تقليص الإنفاق الحكومي؛
- المرحلة الثالثة 2000-2007 حيث عرفت توسعاً كبيراً في الإنفاق الحكومي خاصة الاستثماري منه حيث تم توجيه جزء كبير منه لقطاع البناء والأشغال العامة.

---

(1)-Fodil HASSAN، op.cit. ،p58

ومن المتوقع نظرياً أن تؤدي الزيادة في الإنفاق الحكومي إلى الزيادة في الطلب الكلي الذي يؤدي إلى الزيادة في الناتج، فهل هذا ينطبق على الاقتصاد الجزائري؟ هذا ما ستقوم الدراسة بالإجابة عنه في الفصل الرابع من هذه الرسالة، ولكن قبل هذا لا بد من تقصي أسباب هذه الزيادة في الإنفاق الحكومي من خلال تطبيق قانون فاجنر ونماذج التنمية على الاقتصاد الجزائري.

المطلب الثالث: تفسير أسباب ظاهرة تزايد الإنفاق الحكومي في الاقتصاد الجزائري

تقوم الدراسة من خلال ما يلي باستخدام نماذج التحليل الكلي لتفسير أسباب ظاهرة تزايد الإنفاق الحكومي في المدى الطويل وتحليل النمط الزمني للإنفاق الحكومي وتوضيح المتغيرات الكلية التي ساهمت في نموه، وإن كانت الدراسة قد ذكرت في الفصل الأول الأساس النظري لقانون فاجنر فإنها ستحاول فيما يلي اختبار مدى انطباقه على الاقتصاد الجزائري باستخدام بعض الأساليب الإحصائية والقياسية، كما ستقوم بتطبيق نماذج التنمية لروستو على واقع الاقتصاد الجزائري باعتبارها أشمل من قانون فاجنر.

1- تطبيق نموذج فاجنر على الاقتصاد الجزائري خلال الفترة 1990-2007

لقد قام العديد من الاقتصاديين بدراسة صحة قانون فاجنر، غير أن نتائج هذه البحوث لم تكن متطابقة، فبينما ترى بعض الدراسات صحة هذا النموذج، تشكك دراسات أخرى في صحته، ولعل أهم مصادر هذا الاختلاف نابعٌ من عدم وضوح العلاقة الرياضية التي يستخدمها القانون،[1] حيث أن خلاصة هذا القانون كما رأينا في الفصل الأول أن الإنفاق الحكومي ينمو بمعدل أكبر من معدل النمو الاقتصادي، أو بصيغة أخرى معدل نمو نصيب الفرد من الإنفاق الحكومي يكون أكبر من معدل نمو نصيب الفرد من الناتج المحلي.[2] لذلك فإن الدراسة ستقسم تحليل انطباق قانون فاجنر على الاقتصاد الجزائري إلى قسمين؛ قسم خاص بالتحليل الإحصائي وقسم خاص بالتحليل القياسي.

1-1- التحليل الإحصائي لانطباق قانون فاجنر على الاقتصاد الجزائري

تمكنت الدراسة من الحصول على هذا الجدول بتطبيق قانون فاجنر على الاقتصاد الجزائري خلال الفترة 1990-2007

(1)- حمد بن محمد آل الشيخ، **العلاقة بين الإنفاق الحكومي والنمو الاقتصادي في قانون فاجنر- شواهد دولية-** ، مجلة جامعة املك سعود، المجلد 14 ، السعودية، 2002، ص 136

(2)- انظر الفصل الأول من هذه الرسالة، صفحة 5

الجدول(3-3-23) النتائج الإحصائية لتطبيق قانون فاجنر على الاقتصاد الجزائري خلال الفترة 1990-2007

	عدد السكان[1] مليون نسمة	الإنفاق الحكومي كنسبة من الناتج المحلي[2]	معدل نمو الحجم النسبي للقطاع العام %	نصيب الفرد من الإنفاق الحكومي دينار جزائري	معدل نمو نصيب الفرد من الإنفاق الحكومي%	نصيب الفرد من الناتج المحلي الاحتمالي دينار جزائري	معدل نمو نصيب الفرد من الناتج المحلي %	المرونة[3]
1990	022،25	62،24	-	1،5455	-	5،22156	-	-
1991	643،25	60،24	08،0-	2،8271	62،51	3،33619	73،51	99،0
1992	271،26	08،39	86،58	1،15991	33،93	2،40908	68،21	30،4
1993	894،26	06،40	50،2	7،17717	79،10	6،44236	13،8	32،1
1994	496،27	07،38	96،4-	7،20595	24،16	1،54095	28،22	72،0
1995	060،28	88،37	49،0-	5،27070	43،31	0،71454	08،32	97،0
1996	566،28	19،28	58،25-	8،25365	29،6 -	0،89967	90،25	24،0-
1997	045،29	39،30	80،7	2،29096	70،14	4،95720	39،6	30،2
1998	507،29	93،30	17،1	7،29677	99،1	3،95926	21،0	47،9
1999	965،29	69،29	00،4-	1،32094	14،8	0،108066	65،12	64،0
2000	416،30	74،28	19،3-	9،38732	68،20	0،134748	69،24	83،0
2001	879،30	18،31	48،8	8،42779	44،10	6،137167	79،1	83،5
2002	357،31	80،34	61،11	8،49449	59،15	1،142083	58،3	35،4
2003	848،31	40،34	14،1-	9،56866	99،14	8،165278	32،16	91،0
2004	364،32	33،31	92،8-	1،59325	32،4	7،189330	55،14	29،0
2005	906،32	00،26	01،17-	7،59259	11،0-	4،227879	36،20	005،0-
2006	481،33	09،26	34،0	2،65398	35،10	7،250619	97،9	03،1
2007	096،34	08،32	95،22	8،89517	88،36	8،279026	33،11	25،3

المصدر: من إعداد الباحث

(1)- الديوان الوطني للإحصائيات الجزائر
(2)- يعتبر الإنفاق الحكومي كنسبة من الناتج المحلي الإجمالي مؤشراً على الحجم النسبي للقطاع الحكومي ، انظر: موسوجريف، **المرجع السابق**، ص 140
(3)- المرونة= $\frac{\text{نسبة التغير في نصيب الفرد من الإنفاق الحكومي}}{\text{نسبة التغير في نصيب الفرد من الناتج المحلي الإجمالي}} = \frac{\text{معدل نمو نصيب الفرد من الإنفاق الحكومي}}{\text{معدل نمو نصيب الفرد من الناتج المحلي الإجمالي}}$

إن الفرضية الأساسية لقانون فاجنر تقوم على أساس أن معدل نمو نصيب الفرد من الإنفاق الحكومي يكون أكبر من معدل نمو نصيب الفرد من الناتج وبالرجوع إلى معطيات الاقتصاد الجزائري الممَثلة في الجدول السابق نلاحظ أنه خلال الفترة 1990-1993 كان معدل نمو نصيب الفرد من الإنفاق الحكومي أكبر من معدل نمو نصيب الفرد من الناتج، حيث بلغ الأول 33،93% سنة 1992 في حين بلغ الثاني لنفس السنة 68،21%، وإذا استخدمنا تحليل المرونات نلاحظ أنها بلغت 30،4 وهي تمثل نسبة الزيادة في نصيب الفرد من الإنفاق الحكومي إلى نسبة الزيادة في نصيب الفرد من الناتج، وفي هذه الحالة إذا زاد نصيب الفرد من الناتج ب 1% فإن نصيب الفرد من الإنفاق الحكومي يزيد ب 30،4%، حيث أبدى معدل نمو نصيب الفرد من الإنفاق الحكومي استجابة وحساسية مرتفعة تجاه التغير النسبي لنصيب الفرد من الناتج المحلي، وبالتالي فإن قانون فاجنر ينطبق على الفترة 1990-1993 والتي عرفت القيام بمجموعة من الإصلاحات الذاتية التي تطلبت زيادة حجم الإنفاق الحكومي للنهوض بالاقتصاد من خلال زيادة الأجور بغية تحفيز الطلب الكلي الذي يؤدي إلى زيادة الناتج المحلي الإجمالي، إلا أن هذه الفرضية لم تتحقق في الفترة التي تلت سنة 1994، إذ أن معظم الزيادة في الطلب الكلي الناتجة عن زيادة الإنفاق الحكومي ذهبت إلى الواردات خاصة فيما يتعلق بالمواد الغذائية ومعدات التجهيز[1] الأمر الذي أدى إلى تسرب كبير في العملة الوطنية، وزيادة العجز في ميزان المدفوعات، مما تتطلب الرجوع من جديد إلى صندوق النقد الدولي خلال الفترة 1994-1998.

أما الفترة 1994-1998 فقد عرفت برنامج الإصلاح الهيكلي الذي تميز بصرامة كبيرة في الإنفاق الحكومي الأمر الذي انعكس على معدلات نمو نصيب الفرد من الإنفاق الحكومي بالمقارنة مع نصيب الفرد من الناتج المحلي، حيث نلاحظ خلال هذه الفترة وفي غالبية السنوات كان معدل نمو نصيب الفرد من الناتج المحلي أكبر من معدل نمو نصيب الفرد من الإنفاق الحكومي، حيث أنه في سنة 1996 بلغ معدل نمو نصيب الفرد من الإنفاق الحكومي - 29،6% في حين بلغ معدل نمو نصيب الفرد من الناتج المحلي 9،25% كما أن مرونة نصيب الفرد من الإنفاق الحكومي بلغت - 24،0 وهذا ما يعكس حساسية ضعيفة تجاه التغير

(1)- انظر الفصل الرابع صفحة 197

النسبي لنصيب الفرد من الناتج المحلي، وبالتالي فإن قانون فاجنر لا ينطبق على الاقتصاد الجزائري خلال الفترة 1994-1998؛

نلاحظ خلال الفترة 1999-2007 تذبذباً في معدلات نصيب الفرد من الناتج والإنفاق الحكومي فما عدا سنوات 2001-2002-2006-2007 التي فاقت فيها معدلات معدلات نمو نصيب الفرد من الإنفاق الحكومي معدلات نمو نصيب الفرد من الناتج حيث بلغت المرونات خلال هذه السنوات على الترتيب5،83-4،35-1،03-3،25 فإن بقية السنوات عرفت مرونات أقل من الواحد الصحيح، وبالتالي فإن انطباق قانون فاجنر خلال الفترة 1999-2007 هو انطباق جزئي، والشكل التالي يوضح لنا انطباق قانون فاجنر على الاقتصاد الجزائري خلال الفترة 1999-2007.

الشكل(3-3-57)

انطباق قانون فاجنر على الاقتصاد الجزائري خلال الفترة 1990-2007(%)

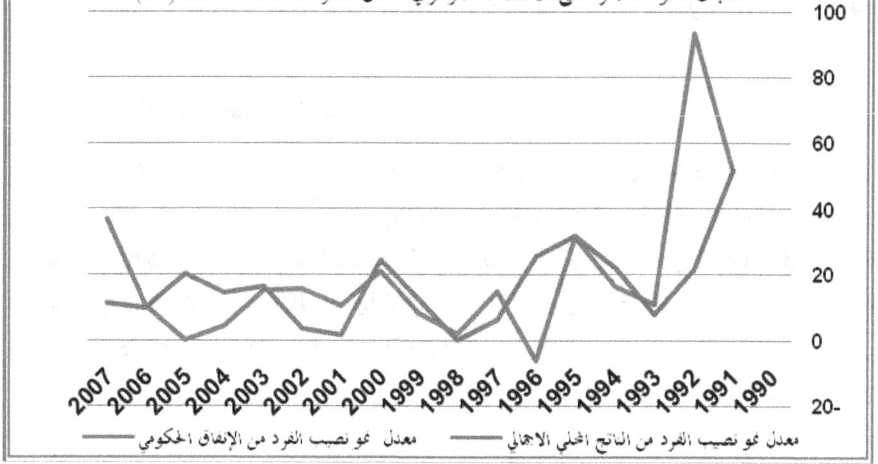

المصدر: من إعداد الباحث بالاعتماد على معطيات الجدول(3-3-23)

1-2- التحليل القياسي لانطباق قانون فاجنر على الاقتصاد الجزائري

يربط قانون فاجنر بين الإنفاق الحكومي ومستوى النشاط الاقتصادي ، حيث تستخدم الدراسة نصيب الفرد من الإنفاق الحكومي **PEI** كمؤشر على تطور الإنفاق الحكومي، ونصيب الفرد من الناتج المحلي **GDPI** كمؤشر على مستوى النشاط لاقتصادي، وسنعتبر أن

نصيب الفرد من الإنفاق الحكومي هو دالة في نصيب الفرد من الناتج المحلي الإجمالي: $PEI = f(GDPI)$ وبالتالي فان الدراسة ستقوم باستخراج معادلة الانحدار باستخدام طريقة المربعات الصغرى الاعتيادية لنموذج انحدار خطي ذي متغيرين وتكون المعادلة على الشكل التالي: $PEI = \alpha + \beta . GDPI \ldots\ldots\ldots (1)$.

ولعل أهم الأسباب التي دفعتنا لاستخدام هذا النموذج هو مميزاته المثالية التي تسمح لنا بالحكم على جودة النموذج من خلال بعض المعايير ،[1] وعند تقدير المعادلة (1) باستخدام طريقة المربعات الصغرى من خلال برنامج SPSS تحصلنا على النتائج التالية[2]:

$$PEI = 2940.3 + 0.284 . GDPI.$$

(571،18) (352،1)

$$R = 0{,}956 \quad R^2 = 0{,}953 \quad R^2adj = 0{,}950 \quad F = 344{,}894 \quad D - W = 1{,}425$$

أ- الدلالة الإحصائية لنموذج

يعكس هذا النموذج قوة العلاقة الارتباطية بين نصيب الفرد من الإنفاق الحكومي كمتغير تابع ونصيب الفرد من الناتج المحلي الإجمالي كمتغير مستقل، وهذا ما يوضحه معامل الارتباط- R - الذي بلغ 956،0 كما أن معامل التحديد- R^2 - [3] يشير إلى أن 3،95% من التغيرات في نصيب الفرد من الإنفاق الحكومي تعود إلى التغيرات في نصيب الفرد من الناتج المحلي الإجمالي ونلاحظ أن هذا النموذج ذو دلالة إحصائية وهذا يتضح لنا من

---

(1)- وليد السيفو، **الاقتصاد القياسي التحليلي بين النظرية والتطبيق**، دار مجدلاوي، الأردن، 2003، ص 85

(2)- انظر الملحق رقم (4): نتائج تطبيق قانون فاجنر على الاقتصاد الجزائري خلال الفترة 1990-2007، صفحة 217

(3)- كلما زادت قيمة معامل التحديد دل ذلك على أن المتغير المستقل – نصيب الفرد من الناتج النحلي الإجمالي- هو السبب الرئيسي في تغيرات نصيب الفرد من الإنفاق الحكومي – المتغير التابع- ويشير معامل التحديد إلى أثر مساهمة المتغيرات المستقلة على سلوكية المتغير التابع، لمزيد من التفاصيل انظر: JULIE PALANT، **SPSS survival manual**، open university press، PHELADELPHIA، USA، 2001، p 145

خلال اختبار فيشر حيث أن P-value كانت معدومة، كما أن الشيء الملاحظ هو عدم وجود ارتباط ذاتي في النموذج حيث بلغت قيمة D-W 452،1 [1]

ب- التفسير الاقتصادي للنموذج

وإذا رجعنا إلى تحليل معادلة الانحدار نلاحظ أن معامل الانحدار بلغ 284،0 وهذا يعني أنه إذا زاد نصيب الفرد من الناتج بدينار واحد فإن نصيب الفرد من الإنفاق الحكومي سيزيد ب 284،0 دينار وهذا يتنافى مع فحوى قانون فاجنر الذي ينص على أن الزيادة في نصيب الفرد من الناتج المحلي الإجمالي ستؤدي إلى زيادة أكبر في نصيب الفرد من الإنفاق الحكومي، وعلى الرغم من انطباق هذا القانون على واقع الدول المتقدمة إلا أن العديد من الباحثين شكك في هذه الفرضية خاصة فيما يتعلق بالدول النامية حيث أثبتت الاختبارات القياسية غياب هذه العلاقة في الدول النامية بالشكل الذي أشار إليه فاجنر، وتفسير ذلك راجع إلى أن التطور الاقتصادي بشكل عام هو عملية مركبة لا يمكن حصرها فقط في تطور نصيب الفرد من الناتج المحلي الإجمالي، حيث أن مفعول قانون فاجنر ينطبق على الدول المتقدمة نظراً لزيادة الضرائب التي تمول الإنفاق الحكومي، في حين تنخفض الضرائب في الدول النامية، وبالتالي فإن ضعف معامل الانحدار الذي تحصلنا عليه يمكن أن يفَسر على أن نصيب الفرد من الناتج المحلي الإجمالي ليس المقياس والمؤشر الأمثل للتطور الاقتصادي في الدول النامية، فنصيب الفرد من الناتج المحلي يعكس لنا مظهراً واحداً من مظاهر التطور الاقتصادي، وعليه فإن الدول النامية تحتاج إلى مؤشرات أكثر دقة وأكثر دلالة من نصيب الفرد من الناتج المحلي الإجمالي،[2] **وفي ضوء ما سبق من تحليل فإنه يمكننا القول بأن مستوى النشاط الاقتصادي الممَثل بنصيب الفرد من الناتج المحلي الإجمالي يساهم في زيادة نصيب الفرد من الإنفاق الحكومي، ولكن ليس بالشكل الذي أشار إليه فاجنر، وهذا دليل على أنه هناك عوامل أخرى كان لها دور في زيادة الإنفاق الحكومي،** لذلك تقوم الدراسة بإدراج نموذج أشمل من نموذج فاجنر والذي يتمثل في نموذج التنمية لكل من روستو-موسجريف.

(1)- يستدل على عدم وجود ارتباط ذاتي في النموذج بمقارنة القيمة التي تحصلنا عليها وهي 452،1 مع قيمتي Dl وdu الجدولية حيث بلغت du=1،28 وdl=1،13 فإذا كانت القيمة المحتسَبة أكبر من du فهذا دليل على عدم وجود ارتباط ذاتي- وهو ما ينطبق على حالتنا هذه- أما إذا كانت أقل من dl فهذا دليل على وجود ارتباط ذاتي، لمزيد من التفصيل انظر: وليد السيفو، **المرجع السابق**، ص 223

(2)- رياض المومني، محمد البيطار، **النفقات العامة في الأردن وعلاقتها بالتطور الاقتصادي 1967-1987** ، مؤتة للبحوث والدراسات ، المجلد السابع، العدد الرابع،الأردن، 1992، ص59

2- تطبيق نموذج التنمية روستو- موسجريف على الاقتصاد الجزائري لتفسير تزايد الإنفاق الحكومي

إن تحليل روستو- موسجريف يربط تزايد الإنفاق الحكومي مع مراحل التنمية الاقتصادية، وذلك بإدراج مجموعة من العوامل وهو بذلك نموذج أشمل من نموذج فاجنر، ولخص روستو مراحل التنمية في خمسة مراحل: مرحلة المجتمع التقليدي؛ مرحلة ما قبل الانطلاق مرحلة السير في طريق النضج؛ مرحلة النضوج، مرحلة الاستهلاك الكبير، وهذه المراحل الخمس عُرفت بنظرية مراحل النمو الاقتصادي لروستو،[1] المرحلة الأولى وهي مرحلة المجتمع التقليدي التي تتسم بانخفاض الإنتاجية ومعدلات الادخار وسيطرت القطاع الزراعي وتخلف التكنولوجية، أما المرحلة الثانية وهي مرحلة توفير شروط الانطلاق والتي تُعرف بمرحلة ما قبل الانطلاق والتي تتميز بزيادة الاستثمارات العامة المنتجة إلى أكثر من 10% من الناتج المحلي، وظهور القطاع الصناعي كقطاع رائد في التنمية وتظهر هناك الحاجة ملحة إلى إقامة مشاريع البنية التحتية مما يتطلب زيادة الإنفاق الحكومي بصفة عامة والاستثماري بصفة خاصة، أما المرحلة الثالثة وهي مرحلة السير في طريق النضوج والتي تتميز بنمو الاستثمار الحكومي الذي يكون مكملاً لنمو الاستثمار الخاص وعندما يصل الاقتصاد إلى مرحلة النضوج يرى روستو أن هيكل الإنفاق سوف يتغير من الإنفاق على خدمات البنية الاقتصادية إلى إنفاق لتحقيق الرفاهبة الاقتصادية والاجتماعية، ويكون الاقتصاد بذلك قد بلغ مرحلة الاستهلاك الكبير وهي المرحلة الخامسة،[2] ونلاحظ أن هذا النموذج أدخل عدة متغيرات كمؤشرات على التنمية الاقتصادية على عكس نموذج فاجنر، حيث استعمل الاستثمار العام، الاستثمار الخاص، القطاع الصناعي، الإنتاجية، الإنفاق الحكومي، معدلات الادخار... وإذا كانت الدول المتقدمة قد عرفت انتظاماً في الانتقال من مرحلة إلى أخرى فقد شهدت الجزائر اضطرابا واضحا في هذا المجال، وإذا ما حاولنا إسقاط هذه المراحل على مسار الاقتصاد الجزائري منذ الاستقلال، نلاحظ أن الجزائر بعد الاستقلال عاشت مرحلة المجتمع التقليدي حيث تراجع النمو الاقتصادي وانعدمت الرؤية المستقبلية للاقتصاد الوطني وغياب مفهوم الدولة الاقتصادي، والاستمرار في تنفيذ مشروع قسنطينة الموروث عن الاستعمار،[3] وانطلاقاً من سنة 1967 عرفت الجزائر أولى

---

(1)- عبد الرحيم الزيود، **المرجع السابق**، ص 20

(2)- جمعة احمد الزيادات، **الإنفاق الحكومي وأثره على الاستثمار الخاص في الأردن**، رسالة ماجستير، جامعة آل البيت ، الأردن، 2000، ص 24

(3) - Mustafa baba Ahmad، **l'Algérie entre splendeurs et pesanteurs**، éditions marinoor، Algérie ، 1997، pp25-26

خططها،[1] ولعل الشيء الذي يهمنا في هذا المجال يتمثل في مدى انطباق خصائص المرحلة الثانية وهي مرحلة ما قبل الانطلاق التي أشار إليها روستو على الاقتصاد الجزائري، حيث أن المتتبع لمسار الاقتصاد الجزائري يلاحظ أن الجزائر قفزت فوق هذه المرحلة وانتقلت مباشرة إلى مرحلة السير في طريق النضوج حيث تم إهمال إقامة مشاريع البنية التحتية بالموازاة مع إقامة قطاع صناعي رائد في التنمية، حيث تم إتباع سياسة تنموية سريعة وذاتية تعتمد على الصناعات الثقيلة، وهذا ما يتجلى لنا بوضوح من خلال الخطط التنموية التي سبق وأن حللناها، والجدول التالي يوضح لنا أن الأهداف المسطَرة في هذه الخطط لم تعطي الأهمية الكبيرة لإقامة البنية التحتية

الجدول(3-3-24) حجم الاستثمارات وأولويات الخطط التنموية(67-77)

المخطط	الفترة	الأهداف الرئيسية والوسائل	حجم الاستثمار المخطط(مليار دج)
الثلاثي التمهيدي	(67- 69)	استثمارات موجهة للجهات المحرومة ويندرج في إطار الكفاح ضد التفاوت الجهوي	9.7
الرباعي الأول	(70-73)	انطلاق برنامج التصنيع وسن التخطيط بإنشاء كتابة الدولة للتخطيط	36.7
الرباعي الثاني	(74-77)	- تثمين الموارد الطبيعية، - إتقان تقنيات التخطيط، - تحديد الآجال - تكثيف النسيج الصناعي، - دمج قطاعات الاقتصاد،	120.8

Source:A.Benachenhou، **l'expérience algérienne de planification et de développement** (1962-82) Algérie: opu، 1982، p.48

المرحلة الثالثة التي سماها روستو بمرحلة السير في طريق النضوج والتي شهدتها الجزائر خلال السبعينيات وبداية الثمانينات والتي تتميز نظرياً بنمو الاستثمار الحكومي الذي يكون مكملاً لنمو الاستثمار الخاص، إلا أن هذا لم يكن محققاً في الاقتصاد الجزائري وذلك بسبب عدم توفير المحيط والبنية الصحية التي ينمو فيها القطاع الخاص بالإضافة إلى أن النهج الذي كانت تتبعه الجزائر هو النهج الاشتراكي الذي يحد من نشاط القطاع الخاص، وإذا ما قارنا تطور نصيب القطاع الخاص من الإنتاج الوطني والقطاع العام نلاحظ تراجع القطاع الخاص بالمقارنة مع القطاع العام وهذا ما يوضحه الجدول التالي:

(1)- انظر المبحث الأول من هذا الفصل صفحة 106

الجدول(3-3-25) نصيب كل من القطاع الخاص والقطاع العام في الإنتاج

	الناتج الداخلي خام (مليون دج)		معدل التطور %	الناتج الداخلي الخام (مليون دج)		معدل التطور %
القطاع	1969	1973	73/69	1973	1978	78/73
المؤسسات العمومية	5872	15655	266.60	15655	52948	338.54
القطاع الخاص	12602	14877	18.02	14877	36500	245.33

Source;benachnhou.A، op، cit،p 16.

حيث نلاحظ أن مساهمة القطاع الخاص في الناتج كانت أكبر من حصة القطاع العام إلى غاية 1973 حيث انتقلت حصة القطاع الخاص من 45% سنة 1967 إلى 50% سنة 1978 ، وبعد دخول الجزائر في النفق المظلم بداية من سنة 1986 وقيامها بإصلاحات اقتصادية لاستعادة توازناتها الاقتصادية الكلية خلال الفترة 1991- 1998 عادت الجزائر إلى مرحلة ما قبل الانطلاق سنة 1999 التي قفزت عليها بداية السبعينات، حيث تم إعطاء الأولوية لتشكيل بنية تحتية قوية تسمح ببناء قطاع خاص قوي إلى جانب القطاع العام، مستغلة في ذلك ارتفاع أسعار النفط، والشكل التالي يوضح لنا هذا الاتجاه:

الشكل(3-3-58) تخصيص الموارد ضمن برامج الإعمار في الجزائر خلال الفترة 2001-2004

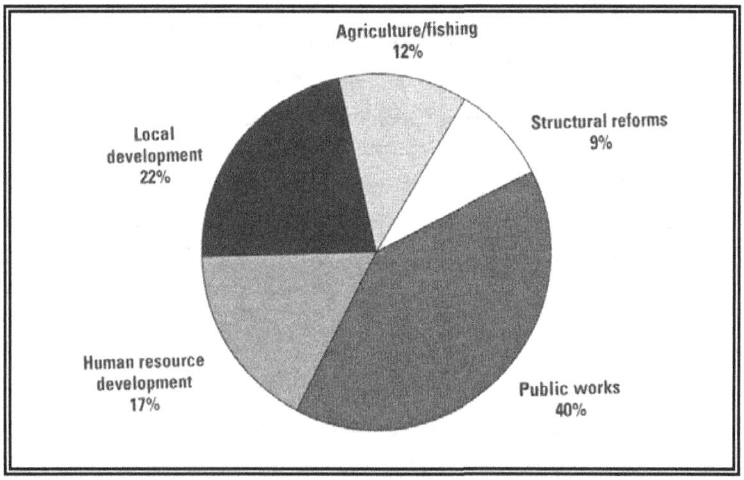

المصدر: خالد عبد القادر،**إدارة الموارد الطبيعية والسياسة المالية**، معهد السياسات الاقتصادية، صندوق النقد العربي، دورة إدارة الاقتصاد الكلي وقضايا مالية الحكومة، أبو ظبي 2006

حيث نلاحظ من خلال هذا الشكل أن الجزائر خصصت الجزء الأكبر من برنامج الإنعاش الاقتصادي إلى الأشغال العامة والبنية التحتية بنسبة 40% يليها في ذلك التنمية المحلية، ب 22% وذلك بغية توفير المتطلبات الأساسية لنمو القطاع الخاص وبالتالي فإن الجزائر خلال الفترة 1999-2004 كانت تمر بمرحلة ما قبل الانطلاق حسب روستو، وانطلاقاً من سنة 2004 دخلت الجزائر في مرحلة السير في طريق النضوج أين يكون الاستثمار الحكومي مكملا للاستثمار الخاص

الشكل(3-3-59)

تطور الانتاج الوطني الخاص و العام في الجزائر خلال الفترة 2001-2007 (مليار دينار جزائري)

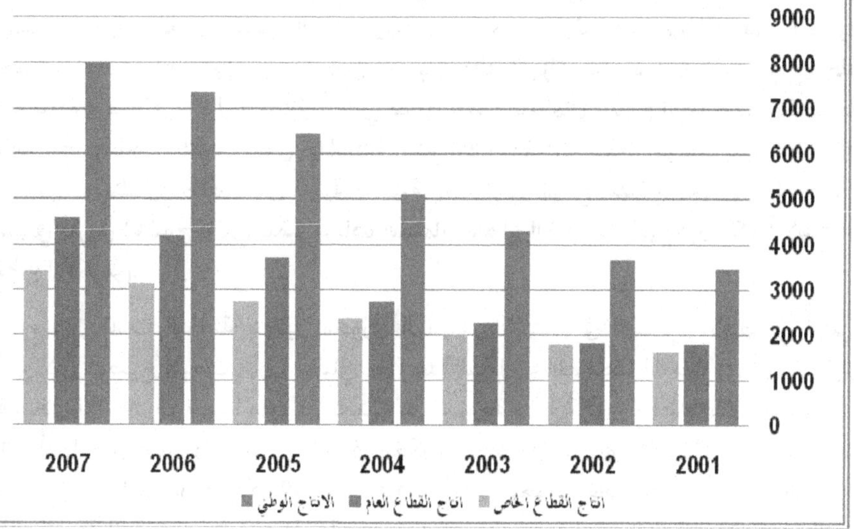

المصدر: من إعداد الباحث بالاعتماد على معطيات الديوان الوطني للإحصائيات

نلاحظ من خلال الشكل السابق أن إنتاج القطاع الخاص تزايد مع تزايد إنتاج القطاع العام حيث بلغ معدل نمو إنتاج القطاع العام خلال الفترة 2001-2004 ما يُقدر ب 50% في حين بلغ معدل نمو إنتاج القطاع الخاص خلال نفس الفترة 44% وهذا ما يدل على أن نمو إنتاج القطاع العام كان مكملا لنمو إنتاج القطاع الخاص.

إن النتيجة التي نخلص إليها هي أن الجزائر خلال مسارها التنموي منذ الاستقلال قد تخطت خطوة مهمة بداية السبعينات والمتمثلة في مرحلة ما قبل الانطلاق والتي تهدف إلى توفير البنية التحتية اللازمة للتنمية الاقتصادية ودخلت ابتداءاً من سنة 1967 في خطة

تنمية قائمة على أساس الصناعات الثقيلة وظهرت نتيجة هذه الاختيار ابتداءاً من سنة 1986 وظهور الأزمة الاقتصادية، وبعد استكمال الإصلاحات الاقتصادية الهيكلية عادت الجزائر إلى مرحلة ما قبل الانطلاق التي تجاوزتها من قبل ابتداءاً من سنة 1999 وانطلاقاً من سنة 2004 دخلت الجزائر في مرحلة السير في طريق النضوج. وبالتالي فقد كان نموذج التنمية أشمل من قانون فاجنر في تفسير أسباب زيادة الإنفاق الحكومي، وذلك من خلال ربطها بمراحل نمو الاقتصاد الوطني والسياسة الاقتصادية المتبَعة، ففي المرحلة الثانية والمسماة بمرحلة ما قبل الانطلاق يزيد الإنفاق الحكومي الاستثماري على البنية التحتية وذلك بغية توفير المناخ الملائم لنمو القطاع الخاص، الذي يصبح مكملاً للإنفاق الحكومي الاستثماري في المرحلة الثالثة والتي تُعرف بمرحلة السير في طريق النضوج، أما في مرحلة النضوج سينخفض الإنفاق الحكومي الاستثماري تاركاً المجال للقطاع الخاص وينصب اهتمام الدولة على الإنفاق على الرفاهية الاقتصادية والاجتماعية، وإذا أخذنا بعين الاعتبار حالة الجزائر نلاحظ أنها تعيش في المرحلة الانتقالية من مرحلة ما قبل الانطلاق - التي بدأتها عقب استكمال برنامج الإصلاحات الاقتصادية المبرَمة مع صندوق النقد الدولي والمنتهية سنة 1998 وتميزت هذه المرحلة بزيادة الإنفاق الحكومي الاستثماري خاصة على البنية التحتية بغية توفير المناخ للقطاع الخاص - إلى مرحلة السير في طريق النضوج والتي تتميز بزيادة استثمار القطاع الخاص والذي يكون مكملاً لاستثمار القطاع الحكومي.

وبعد أن قامت الدراسة بتحليل محورَي الدراسة والمتمثلين في الاستقرار الاقتصادي الكلي، والذي كان موضوع المبحث الأول والثاني من هذا الفصل، وخلُص هذا المبحث إلى أن الاستقرار الاقتصادي الكلي عرف تحسناً ملحوظاً انعكس على مساحة مربع كالدور خاصة خلال الفترة 2000-2007، أما المحور الثاني والمتمثل في الإنفاق الحكومي فقد كان موضوع المبحث الثالث من هذا الفصل وخلُصنا إلى أن الإنفاق الحكومي عرف ارتفاعاً ملحوظاً خاصة خلال الفترة 2000-2007 وذلك كنتيجة للبرامج الاستثمارية المسَطرة من قبل الدولة والمتمثلة في برامج الإنعاش ودعم النمو الاقتصاديين؛ يتبادر إلى أذهاننا في هذا الصدد تساؤل مهم يتعلق بتأثير سياسة الإنفاق الحكومي على الاستقرار الاقتصادي الكلي، بصيغة أخرى ما مدى مساهمة سياسة الإنفاق الحكومي في توسيع مساحة مربع كالدور المتعلق بالاقتصاد

الجزائري؟ وماهي الآثار الايجابية والسلبية لهذه السياسة على هذا المربع إذا ما أخذنا بعين الاعتبار أن تحقيق أهداف الاستقرار الاقتصادي الممثَلة في مربع كالدور السحري مجتمعةً تكتنفها صعوبة بالغة يواجهها صانعو السياسة الاقتصادية في الجزائر؟ وللإجابة على هذا التساؤل سوف يتم تخصيص الفصل الرابع من هذه الرسالة إلى دراسة أثر سياسة الإنفاق الحكومي على أضلاع مربع كالدور الممثلة للاستقرار الاقتصادي الكلي.

خلاصة الفصل الثالث

يعاني الاقتصاد الجزائري كباقي الاقتصادات النامية من اختلال في مسار التنمية بالإضافة إلى لا هيكلية الجهاز الإنتاجي والاعتماد الشبه الكلي على الصادرات النفطية لتوفير الإيرادات اللازمة لسير العجلة الاقتصادية، هذه الخصائص أثرت بشكل واضح على الاستقرار الاقتصادي الكلي الذي جعلته مرهون بمتغير غير تحكمي يخضع لتقلبات سوق النفط العالمي، وهذا ما جعل مساحة مربع كالدور المتعلق بالاقتصاد الجزائري تخضع للتغيرات في سوق النفط العالمي، فخلال انحصار الإيرادات النفطية خلال الفترة 1990-1994 ضاقت مساحة المربع حيث شهد الاقتصاد الجزائري معدلات تضخم وبطالة مرتفعة بالإضافة إلى معدل نمو سالب وعجز في الحساب الجاري لميزان المدفوعات، أما خلال الفترة 1995-1999 استمرت أسعار النفط في الانخفاض وتبنت الجزائر برامج التثبيت والتكيف الهيكلي التي اعتمدت سياسة إدارة الطلب الكلي من أجل خفض الاستيعاب وتخفيض معدلات التضخم غير مكترثين بمعدلات البطالة، وانعكس هذا على مساحة مربع كالدور التي شهدت توسعاً طفيفاً ولكنه غير متوازن، ففي حين انخفض معدل التضخم الوسطي لهذه الفترة وزاد معدل النمو شهدت معدلات البطالة ارتفاعاً كبيراً، كما استمر العجز في الحساب الجاري، أما خلال الفترة 2000-2007 عرفت مساحة المربع توسعاً متوازناً حيث حقق الاقتصاد الجزائري معدلات تضخم وبطالة متدنيين بالإضافة إلى معدلات نمو فاقت 4% وسجل الحساب الجاري فائضاً يفوق 10 مليار دولار وهذا دليل على تحسن الاستقرار الاقتصادي الكلي.

وتناولت الدراسة في المبحث الثالث من هذا الفصل الإنفاق الحكومي كجزء من السياسة الاقتصادية في الاقتصاد الجزائري حيث توصلت الدراسة إلى أن الإنفاق الحكومي زاد بالقيم المطلقة إلا أنه عرف تذبذباً بالأسعار الحقيقية ونسبةً إلى الناتج خاصة خلال الفترة 1995-

1999 وذلك كنتيجة لبرامج التصحيح الهيكلي لصندوق النقد الدولي، وانطلاقاً من سنة 1999 استعاد الإنفاق الحكومي اتجاهه المتزايد نسبةً إلى الناتج المحلي وذلك كنتيجة للبرامج الاستثمارية التي أطلقتها الحكومة للفترة 2001-2009، ولقد استعملت الدراسة عدة نظريات لتفسير تزايد الإنفاق الحكومي، حيث تم تطبيق قانون فاجنر على الاقتصاد الجزائري واتضح أنه لا ينطبق على واقع الاقتصاد الجزائري بسبب عدم إلمامه بجميع العوامل المؤثرة على زيادة الإنفاق الحكومي واكتفائه بنصيب الفرد من الناتج المحلي كمؤشر على النشاط الاقتصادي، مما تتطلب تطبيق نموذج أشمل تمثل في نموذج التنمية لروستو وموسجريف الذي أعطى تفسيراً منطقياً لتزايد الإنفاق الحكومي في الاقتصاد الجزائري حسب المراحل التي مر بها

الفصل الرابع

سياسة الإنفاق الحكومي وأثرها على الاستقرار الاقتصادي الكلي في الاقتصاد الجزائري

Chapter four

The Government Expenditure Policy

and its Effects on Macro Economic Stabilization in Algerian Economy

تمهيد

لقد كان الهدف من الفصل الثالث إعطاء صورة واضحة عن المحور الأول لهذه الدراسة والمتمثل في الاستقرار الاقتصادي الكلي في الاقتصاد الجزائري، وكيفية تأثير السياسة الاقتصادية المتبَعة خلال مختلف المراحل التي بها الاقتصاد الوطني على مؤشرات الاستقرار الاقتصادي الكلي والتي تتجلى لنا في وضعية مربع السياسة الاقتصادية ، كما تناول الفصل السابق الإنفاق الحكومي في الاقتصاد الجزائري كجزء من الاقتصادية من خلال تحليل تطوراته وتقسيماته ومحاولة تفسير أسباب تزايده أو انخفاضه خلال مختلف المراحل وبالتالي فإن كل المعطيات أصبحت متوفرة لدراسة الأثر الذي تتركه سياسة الإنفاق الحكومي على الاستقرار الاقتصادي الكلي وستسعى الدراسة في هذا الإطار إلى الإجابة عن تساؤل مهم يشكل لب هذه الرسالة ويتمثل في ما مدى مساهمة سياسة الإنفاق الحكومي قي تحقيق الاستقرار الاقتصادي الكلي في الجزائر؟ مستخدمين في سبيل الإجابة عن هذا التساؤل بعض الأساليب القياسية والمتمثلة أساساً في طريقة المربعات الصغرى الاعتيادية وذلك لاستخراج معادلات الانحدار بين الإنفاق الحكومي كمتغير تحكمي مستقل وبين متغيرات الاستقرار الاقتصادي الكلي، مع إعطاء التفسير الاقتصادي لكل معادلة وهذا ما سيسمح بتأكيد الفرضيات التي طرحناها في بداية هذه الدراسة أو رفضها، مع إمكانية التنبؤ بأثر سياسة الإنفاق الحكومي في المستقبل، بالإضافة إلى بعض الطرق الرياضية خاصة من أجل احتساب مضاعف الإنفاق الحكومي في الاقتصاد الجزائري واشتقاق المضاعفات الأخرى المتعلقة بالتشغيل، الاستهلاك والاستثمار، دون أن ننسى الطرق الإحصائية التي تعد ضرورية لتحليل العلاقة الموجودة بين المتغيرات الأساسية في الدراسة والتي تعد كتمهيد وتوطئة لاستعمال الأساليب القياسية، ولذلك فإن الهدف الرئيسي من هذا الفصل هو تشكيل نموذج يأخذ بعين الاعتبار خصائص الاقتصاد الجزائري مع محاولة تكييف النماذج النظرية مع المعطيات الداخلية الجزائرية.

لذلك فإن هذا الفصل مقسم إلى ثلاثة مباحث، خُصص المبحث الأول لدراسة أثر سياسة الإنفاق الحكومي على مكونات العرض الكلي من خلال دراسة أثر هذه السياسة على النمو الاقتصادي ومستوى التشغيل وذلك بعد استعراض مكونات العرض الكلي وأهم القطاعات التي

تساهم في النمو الاقتصادي في الجزائر، أما المبحث الثاني فخُصص لدراسة أثر سياسة الإنفاق الحكومي على مجملات الطلب الكلي والمتمثلة في الاستهلاك الكلي والاستثمار الكلي، بينما خُصص المبحث الثالث لدراسة أثر الإنفاق الحكومي على المستوى العام للأسعار والتوازن الخارجي.

المبحث الأول

تحليل أثر سياسة الإنفاق الحكومي على مكونات العرض الكلي

بات من المعروف وفقاً للمنطلقات الحديثة للتحليل الاقتصادي أن الزيادة في الإنفاق الحكومي تشكل طلباً إضافياً إلى جانب الطلب الخاص على السلع والخدمات، هذا الطلب الإضافي يعتبر دخلاً لمن يتلقاه حيث يخصص جزءٌ منه للاستهلاك آخر للاستثمار اللذان يؤديان إلى زيادة الطلب الكلي ومن ثم زيادة مستوى التشغيل والناتج اللذان يعتبران من المكونات الأساسية للعرض الكلي،[1] لذلك تقوم الدراسة من خلال ما يلي بتحليل أثر سياسة الإنفاق الحكومي على معدل النمو ومستوى التشغيل في الجزائر خلال الفترة 1990-2007

المطلب الأول: أثر سياسة الإنفاق الحكومي على معدل النمو الاقتصادي في الجزائر

يمثل الشكل التالي العلاقة الموجودة بين الإنفاق الحكومي والناتج المحلي الإجمالي في الجزائر

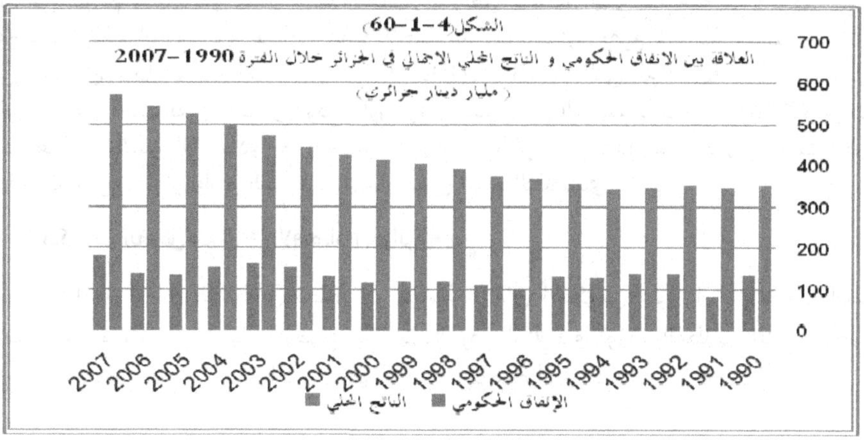

المصدر: من إعداد الباحث بالاعتماد على معطيات الجداول (3-2-16) و(3-3-19)

(1)- رياض المؤمن، **أثر النفقات العامة على الناتج القومي في الأردن**، مجلة البحوث الاقتصادية، المجلد الثالث، العدد الثاني، ليبيا، 1991، ص 49

يتضح لنا من خلال الشكل السابق العلاقة الموجودة بين الإنفاق الحكومي والناتج المحلي الإجمالي، حيث أن الزيادة في الإنفاق الحكومي ساهمت إلى حدٍ كبير في زيادة الناتج المحلي الإجمالي، حيث بلغ معدل نمو الناتج المحلي خلال الفترة 1990-1995 ما مقداره 55،261% في حين بلغ معدل نمو الإنفاق الحكومي خلال نفس الفترة 48،456% ، أما خلال الفترة 1996-2000 فقد بلغ معدل نمو الناتج المحلي 48،50% في حين بلغ معدل نمو الإنفاق الحكومي خلال نفس الفترة 58،62% ، أما خلال الفترة 2001-2007 فقد بلغ معدل نمو الناتج المحلي؛ 2،132% وفيما يتعلق بمعدل نمو الإنفاق فقد بلغ 2،131% ، من خلال هذا التحليل نلاحظ التقارب الموجود بين معدلات نمو الإنفاق الحكومي ومعدلات نمو الناتج المحلي الإجمالي بالأسعار الجارية، خاصة خلال الفترة 2005-2007، وهذا دليل على العلاقة الوثيقة الموجودة بين الإنفاق الحكومي والناتج المحلي الإجمالي ، حيث أكدت الأدبيات الاقتصادية هذا الطرح مع وجود بعض الاختلافات، كما تم الإشارة إليه في الجانب النظري، فبينما أشارت النظرية العامة لكينز أن الزيادة في الإنفاق الحكومي تؤدي إلى الزيادة في الناتج المحلي الإجمالي بمقدار مضاعف مع فرض مرونة الجهاز الإنتاجي ، ذهب بومول وتوبين من خلال نظرية الحافظة المالية إلى اعتبار أن تأثير الإنفاق الحكومي على الناتج المحلي مرتبط بطريقة تمويل هذا الإنفاق، أما ميلتون فريدمان ومسلمان فأكدا نفس الاتجاه الذي ذهب إليه أنصار نظرية الحافظة المالية، حيث تكون سياسة الإنفاق الحكومي ذات أثر توسعي إذا تم تمويلها من خلال الإصدار النقدي.[1] ولعل التساؤل الذي يُطرح في هذا المجال، أين هو موقع الاقتصاد الجزائري من كل هذا؟ للإجابة على ها التساؤل تقوم الدراسة بتقسيم التحليل إلى تحليل في الأجل القصير آخذةً بعين الاعتبار مختلف النظريات التي أشرنا إليها آنفاً، وإلى تحليل طويل الأجل آخذةً بعين الاعتبار نموذج بارو. وقبل ذلك تقوم الدراسة باستعراض أهم القطاعات المساهمة في النمو الاقتصادي في الاقتصاد الجزائري. ولكن قبل هذا تقوم الدراسة باستعراض مكونات العرض الكلي وأهم القطاعات المساهمة في النمو الاقتصادي.

1- مكونات الغرض الكلي في الاقتصاد الجزائري

تقوم الدراسة قبل البداية في تحليل أثر سياسة الإنفاق الحكومي على كل من معدل النمو الاقتصادي ومستوى التشغيل بتوضيح مكونات العرض الكلي، والتوزيع القطاعي للناتج المحلي الإجمالي بالأسعار الجارية، بالإضافة إلى معرفة مدى مساهمة أهم القطاعات الاقتصادية في نمو

(1)- الزيود، **المرجع السابق**، ص 115

الناتج المحلي الإجمالي بالأسعار الحقيقية، يمثل الجدول التالي التوزيع القطاعي لنمو الناتج المحلي الإجمالي الحقيقي في الجزائر خلال الفترة 1993-2007

الجدول(4-1- 26) التوزيع القطاعي لنمو الناتج المحلي الإجمالي الحقيقي في الجزائر خلال الفترة 1993-2007

%

	معدل النمو الاقتصادي	قطاع المحروقات	قطاع الزراعة	القطاع الصناعي الحكومي	القطاع الصناعي الخاص	قطاع البناء والأشغال العمومية	قطاع التجارة	قطاع خدمات الإدارة العامة
1993	2.1-	0.8-	3.7-	2.2-	1.3-	4-	3.7-	3
1994	9.0-	2.5-	11.1-	7.5-	0.1	0.9	1.7	3.5
1995	3.8	4.4	15	1.7-	0.4	2.7	3.3	3.5
1996	3.8	6.3	21.3	13.4-	0	4.5	3	3
1997	1.1	6.0	13.5-	7.6-	5	2.5	2.4	3
1998	5.1	4.0	11.4	9.2	5	2.4	5.4	2.5
1999	3.2	6.1	2.7	0.8-	8	1.4	3.1	2.5
2000	2.2	4.9	5.0-	2.1-	5.3	5.1	2.1	3
2001	2.6	1.6-	13.2	1.0-	3	2.8	3.8	2
2002	4.7	3.7	1.3-	1.0-	6.6	8.2	5.3	3
2003	6.9	8.8	19.7	3.5-	2.9	5.5	4.2	4.5
2004	5.2	3.3	3.1	1.3-	2.5	8	7.7	4
2005	5.1	5.8	1.9	4.4-	1.7	7.1	6	3
2006	3.6	2.5-	4.9	2.2-	2.1	11.6	6.5	3.1
2007	4.8	0.9-	5.0	6.5-	3.2	9.8	6.8	6.5

source **Algeria: Statistical Appendix** IMF Country Report No. 08/102March 2008 ،

Algeria: Statistical Appendix IMF Country Report No01/163 September 2001

Algeria: Statistical Appendix IMF Country Report No07/95 march 2007 ،

Algeria: Statistical Appendix IMF Country Report No98/87 September 1998

يتضح لنا من خلال الجدول السابق أن القطاعات التي ساهمت بشكل كبير في النمو

الاقتصادي خلال الفترة 1993-2007 بالإضافة إلى قطاع المحروقات تمثلت في قطاع التجارة الذي عرف نمواً ملحوظاً حيث انتقل من 7،1% سنة 1994 ليصل إلى 7،7% سنة 2004 و8،6% سنة 2007 ، كما أن قطاع البناء والأشغال العمومية عرف معدلات متزايدة؛ فبعد أن كان سالباً سنة 1993 فقد عرف ارتفاعاً متزايداً وانتقل من 7،2% سنة 1995 إلى 6،11% سنة 2006، ومن الملاحَظ أيضا أن قطاع الزراعة عرف نمواً متذبذباً حيث شهد معدلات سالبة سنوات 1994-1997-2000-2002 أما القطاع الصناعي الحكومي فقد شهد معدلات نمو سالبة على طول الخط وهذا على عكس القطاع الصناعي الخاص الذي عرف معدلات نمو متزايدة حيث انتقل من -3،1% سنة1993 ليصل إلى 6،6% سنة 2002 و3،2% سنة 2007، أما قطاع خدمات الإدارة العامة فقد تراوحت معدلات نموه ما بين 5،2% و5،6% خلال الفترة المذكورة والجدول والشكل التاليين يوضحان لنا هذا الاتجاه

الجدول ا4-1-27) التوزيع القطاعي للناتج المحلي الإجمالي بالأسعار الجارية في الجزائر خلال الفترة 1993-2007 (مليار دينار جزائري)

	قطاع المحروقات	قطاع الزراعة	قطاع الصناعة	قطاع البناء والأشغال العمومية	قطاع التجارة	قطاع الخدمات العامة
1995-1993	7،1087	9.456	2،518	8،500	8،1074	3.575
1998-1996	2192	848	728	820	1829	1031
2001-1999	9.3960	1،1072	7.887	9،1021	1.2428	2،1299
2004-2002	7.5665	4،1511	8،1064	1،1363	6.3418	9،1654
2007-2005	5،11395	6،1935	8،1271	1،2053	6.5141	6،2100

المصدر: من إعداد الباحث بالاعتماد على :

Algeria: Statistical Appendix IMF Country Report No01/163 September 2001

Algeria: Statistical Appendix IMF Country Report No07/95 march 2007

Algeria: Statistical Appendix IMF Country Report No98/87 September 1998

الشكل (4-1-61)

التوزيع القطاعي للناتج المحلي الاجمالي بالاسعار الجارية في الجزائر خلال الفترة 1993-2007

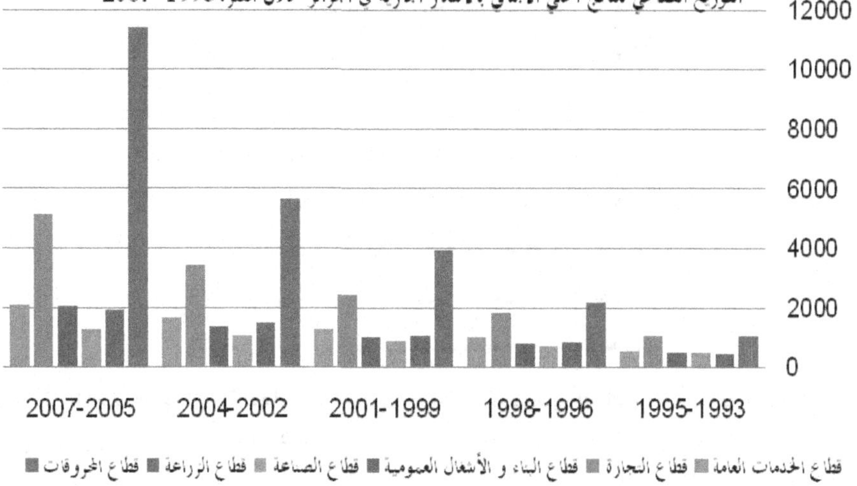

المصدر: من إعداد الباحث

2- أثر سياسة الإنفاق الحكومي على نمو الناتج المحلي في الأجل القصير

تقوم الدراسة من خلال ما يلي بتطبيق نموذج مضاعف الإنفاق الحكومي على الاقتصاد الجزائري ومعرفة مدى انطباق النظرية الكينزية على الاقتصاد الجزائري، ثم في نقطة موالية تقوم الدراسة بإدخال طريقة التمويل في النموذج والمتمثلة في المتغير النقدي واختبار مدى انطباق نظرية الحافظة المالية والنظرية النقدية على الاقتصاد الجزائري، وفي نقطة أخرى تقوم الدراسة بتكييف النظرية الاقتصادية مع خاصية مهمة للاقتصاد الجزائري والمتمثلة في الاعتماد على الإيرادات النفطية لتمويل الإنفاق الحكومي، وتجدر الإشارة إلى أن الدراسة ستستخدم بعض الأساليب القياسية لاختبار انطباق النظرية الاقتصادية على الاقتصاد الجزائري.

2-1- استخدام نموذج مضاعف الإنفاق الحكومي لتحليل أثر سياسة الإنفاق الحكومي على النمو الاقتصادي

يمكن تقدير الآثار النهائية التي تتركها الزيادة الأولية في الإنفاق الحكومي على الناتج المحلي الإجمالي من خلال حساب قيمة مضاعف الإنفاق الحكومي، وتنبع أهمية دراسة مضاعف الإنفاق الحكومي من كون هذا الإنفاق يشكل جزءاً هاماً من الطلب الكلي الذي بدوره يحدد

مستوى الناتج المحلي الإجمالي، حيث يتكون النموذج[1] من المعادلات التالية:

$$Y = C + I + Gc + (X - Mr) \quad \text{.........} (1)$$

$$C = C0 + cYd \quad \text{.........} (2)$$

$$Yd = Y - T \quad \text{.........} (3)$$

$$T = T0 + t1Y + t2Gc \quad \text{.........} (4)$$

$$I = I0 - i1R + i2Y - i3T \quad \text{.........} (5)$$

$$Mr = Mr0 + mr1Y + mr2Ex \quad \text{.........} (6)$$

$$Md = Md0 + L1Y - L2R \quad \text{.........} (7)$$

$$Ms = Md \quad \text{.........} (8)$$

Y: الناتج المحلي الإجمالي بالأسعار الثابتة C: الإنفاق الاستهلاكي الخاص Yd: الدخل المتاح I: إجمالي الاستثمار R: سعر الفائدة

T: الإيرادات الضريبية Gc: الإنفاق الحكومي الاستهلاكي X:الصادرات Mr:الواردات Ex:سعر الصرف

Ms: عرض النقود، Md: الطلب على النقود ، $C0$ ، $T0$ ، $I0$ ، $Mr0$ ، $Md0$: ثوابت النموذج c ، $t1$ ، $t2$ ، $i1$ ، $i2$ ، $i3$ ، $mr1$ ، $mr2$ ، $L1$ ، $L2$:معلمات النموذج يتكون هذا النموذج من ثمان معادلات منها خمس معادلات سلوكية وهي المعادلات(2)،(4)،(5)،(6)،(7)، أما بقية المعدلات فهي معادلات تعريفية، ولتقدير قيمة مضاعف الإنفاق الحكومي تم الربط ما بين السوق السلعي والسوق النقدي من خلال سعر الفائدة بالتعويض عن سعر الفائدة في معادلة الطلب على النقود - المعادلة رقم (7)- في معادلة الاستثمار رقم(5) ومن ثم تعويض بقية المعادلات في المعادلة رقم (1) ومنها يمكن التوصل إلى المعادلة التالية:

$$Y = \frac{1}{h}[k] \quad , h = 1 - c(1 - t1) + i1\frac{L1}{L2} - i2 + i3t1 + mr1 \quad \text{.........} (9)$$

---

(1)- النموذج الذي استخدم في هذه الدراسة هو نموذج معدَل للاقتصادي bhattacharya حيث تم تطوير هذا النموذج ليشمل قطاع التجارة الخارجية بالإضافة إلى السوق النقدي وسوق السلع

$$k = C0 - cT0 - ct2G + I0 + \frac{i1}{L2} Ms - i1 \frac{Md0}{L1} - i3t0 - i3t2G + G + X - Mr0 - mr2Ex$$

و بإجراء تفاضل بين Y، و G أمكن الوصول إلى قيمة مضاعف الإنفاق الحكومي كما يلي:

$$\frac{\Delta Y}{\Delta G} = \frac{1 - ct2 - i3t2}{1 - c(1 - t1) + i1\frac{L1}{L2} - i2 + i3t1 + mr1} \ldots\ldots\ldots\ldots (10)$$

من خلال المعادلة (10) يمكننا استخلاص النتائج التالية:

- تتناسب قيمة مضاعف الإنفاق الحكومي طردياً مع الميل الحدي للاستهلاك c؛
- تتناسب قيمة مضاعف الإنفاق عكسياً مع الميل الحدي للاقتطاع الضريبي $t1$؛
- تتناسب قيمة مضاعف الإنفاق الحكومي عكسياً مع القيمة $i1\frac{L1}{L2}$؛ [1]
- تتناسب قيمة المضاعف طردياً مع القيمة $i2$؛
- تتناسب قيمة المضاعف عكسياً مع $mr1$؛

من أجل احتساب قيمة مضاعف الإنفاق الحكومي في الجزائر تم تقدير المعلمات والثوابت في المعدلات السلوكية التي وردت في النموذج باستخدام طريقة المربعات الصغرى ولقد تم التخلص من أثر ارتفاع الأسعار على أرقام المتغيرات الاقتصادية الواردة بقسمة هذه الأرقام على الرقم القياسي لأسعار المستهلك على اعتبار أن سنة الأساس هي سنة 1989،[2] باستثناء سعر الفائدة الحقيقي الذي تم الحصول عليه من خلال المعادلة التالية:(معدل الفائدة الاسمي - معدل التضخم) وكانت النتائج على الشكل التالي[3]:

$$C = 60{,}822 + 0{,}697 . Yd \ldots\ldots\ldots\ldots (2)$$

(603،2) (844،10)

---

(1)- تمثل هذه القيمة أثر المزاحمة التي تطرقنا إليها في الجنب النظري والتي سنعود إليها عند دراستنا للأثر على الاستثمار الخاص انظر الصفحة 186

(2)- انظر الملحق رقم(5):**قاعدة البيانات المستعملة في احتساب قيمة مضاعف الإنفاق الحكومي في الجزائر خلال الفترة 1990-2007**، صفحة 218

(3)- انظر الملحق رقم(6): **نتائج تقدير المعادلات السلوكية اللازمة لاحتساب قيمة مضاعف الإنفاق الحكومي في الجزائر خلال الفترة 1990-2007**، صفحة 220

$$R = 0,938 \quad R^2 = 0,880 \quad R^2adj = 0,870 \quad F = 117,398 \quad D - W = 2,209$$

$$.T = -18,330 + 0,221.Y - 0,044.G \ldots\ldots\ldots\ldots (4)$$

(-2614.) (6813.) (-0742.)

$$.R = 0,965 \quad R^2 = 0,932 \quad R^2adj = 0,923 \quad F = 102,307 \quad D - W = 1,678$$

$$.I = -407,044 - 3,576.R + 1,275.Y + 1,092.T \ldots (5)$$

(-10127.) (-5420.) (4939.) (0937.)

$$.R = 0,986 \quad R^2 = 0,972 \quad R^2adj = 0,967 \quad F = 164,747 \quad D - W = 2,829$$

$$.Mr = 0,487 + 0,21.Y - 0,109.Ex \ldots\ldots\ldots\ldots (6)$$

(0272.) (4151.) (-682.)

$$.R = 0,873 \quad R^2 = 0,761 \quad R^2adj = 0,729 \quad F = 23,920 \quad D - W = 0,732$$

$$.Md = -732,713 + 2,652.Y - 2,893.R \ldots\ldots\ldots\ldots (7)$$

) (-10526.) (16738.) (-2.115

$$R = 0,979 \quad R^2 = 0,959 \quad R^2adj = 0,953 \quad F = 174,990 \quad D - W = 0,894$$

أ- تحليل معادلة الاستهلاك رقم (2)

يتضح لنا من خلال نظرة سريعة على المعادلات السلوكية أن معظم إشارات المعاملات جاءت موافقة مع النظرية الاقتصادية ، حيث تشير المعادلة رقم (2) إلى قوة العلاقة الارتباطية ما بين الاستهلاك والدخل المتاح حيث بلغ معامل الارتباط المتعدد R ما قيمته 938،0 أما معامل التحديد R^2 فيبين أن 88% من التغيرات في الاستهلاك ترجع إلى التغيرات في الدخل المتاح، أما اختبار ستيودنت وفيشر F تشير إلى معنوية المعالم المقدرة، واختبار دربن واطسنD-W يشير إلى عدم وجود ارتباط ذاتي،[1] أما التفسير الاقتصادي لهذه المعادلة فيعني أن الميل الحدي للاستهلاك في الجزائر بلغ 697،0 وهذا يعني أنه إذا زاد الدخل المتاح بمعدل

(1)- بلغت قيمة دربن واطسن عند مستوى معنوية 5% وعدد المشاهدات 18 وعدد المعالم 2 DU=1.53 وDL=1.04 وما دام أن قيمة دربن واطسن المحسوبة اكبر من DU فإن هذا يؤكد عدم وجود ارتباط ذاتي في هذه المعادلة وسيتم تطبيق هذه القاعدة في بقية النماذج المطبقة في هذه الدراسة

دينار واحد فإن 697،0 منها تذهب إلى الاستهلاك الخاص.

ب- تحليل معادلة الإيرادات الضريبية رقم (4)

تُظهر هذه المعادلة قوة العلاقة الارتباطية بين الإيرادات الضريبية كمتغير تابع والناتج المحلي الإجمالي والإنفاق الحكومي الاستهلاكي كمتغيرات مستقلة، وهذا ما يشير إليه معامل الارتباط المتعدد R الذي بلغ 965،0، كما يشير معامل التحديد إلى أن 93% من التغيرات في الإيرادات الضريبية يمكن تفسيرها بالتغيرات في الناتج المحلي والإنفاق الحكومي الاستهلاكي، أما التفسير الاقتصادي لهذه المعادلة فيبين أن الميل الحدي للاقتطاع الضريبي في الجزائر بلغ 221،0، وهذا يعني أنه إذا زاد الناتج المحلي بدينار واحد فإن الإيرادات الضريبية ستزداد ب **221،0**، دينار أما إذا زاد الإنفاق الحكومي الاستهلاكي بدينار واحد فإن الإيرادات الضريبية ستنخفض ب 044،0.

ت- تحليل معادلة الاستثمار رقم (5)

تشير هذه المعادلة إلى قوة العلاقة الارتباطية ما بين المتغيرات المستقلة والمتغير التابع وهذا ما يتجلى لنا في قيمة معامل الارتباط المتعدد الذي بلغ 986،0، كما يشير معامل التحديد إلى أن 2،97% من التغيرات في الاستثمار يمكن تفسيرها بالتغيرات في سعر الفائدة الحقيقي والناتج المحلي الإجمالي والإيرادات الضريبية أما اختبار دربن واطسن فيشير إلى عدم وجود ارتباط ذاتي، أما التفسير الاقتصادي للمعادلة (5) فتعني أنه إذا زاد سعر الفائدة الحقيقي بمعدل 1% فان الاستثمار سينخفض ب 576،3% أما إذا زاد الناتج بواحد دينار فسوف يزيد الاستثمار ب 275،1 دينار .

ث- تحليل معادلة الواردات رقم (6)

تشير هذه المعادلة إلى أن هناك علاقة ارتباطية قوية بين الواردات والناتج المحلي الإجمالي وسعر الصرف، حيث بلغ معامل الارتباط المتعدد 873،0 أما معامل التحديد فيبين أن 1،76% من التغيرات في الواردات يمكن تفسيرها بالتغيرات في الناتج المحلي والتغيرات في سعر الصرف، ويشير اختبار دربن واطسن إلى عدم وجود ارتباط ذاتي. أما التفسير الاقتصادي لهذه المعادلة فيبين أن الميل الحدي للاستيراد قد بلغ 21،0 مما يعني أنه إذا زاد الناتج القومي الإجمالي بمعدل دينار واحد فإن الواردات سوف تزيد ب 21،0، أما معامل الانحدار ما بين الواردات من السلع والخدمات وسعر الصرف الحقيقي فيشير إلى أنه إذا ارتفع سعر صرف الدينار مقابل

الدولار ب 1% فان الواردات ستنخفض ب 109،0% وهذا يتنافى مع النظرية الاقتصادية التي جاء بها Marshall-learner والتي تقول بأن التخفيض في قيمة العملة ستؤدي في الأجل القصير إلى زيادة أسعار الواردات وانخفاض أسعار الصادرات مما يُكسب الصادرات الوطنية تنافسية في السوق الدولية الأمر الذي يؤدي في الأجل المتوسط إلى زيادة الصادرات وانخفاض الواردات،[1] إلا أن هذا الأمر لا ينطبق على الاقتصاد الجزائري الذي يعتمد في صادراته على النفط الذي تحكمه التغيرات في سوق النفط العالمي، كما أن غياب تنافسية السلع الوطنية لا يساعد على انطباق هذه النظرية.

ج- تحليل معادلة الطلب على النقود رقم (7)

تشير هذه المعادلة إلى العلاقة القوية الموجودة بين الطلب على النقود كمتغير تابع والناتج المحلي وسعر الفائدة الحقيقي كمتغيرات مستقلة، وهذا ما يبينه معامل الارتباط المتعدد الذي بلغ 979،0 أما معامل التحديد فيبين أن 9،95% من التغيرات في الطلب على النقود يمكن تفسيرها بالتغيرات في الناتج المحلي وسعر الفائدة الحقيقي، ويشير اختبار دربن واطسن إلى عدم وجود ارتباط ذاتي، أما التفسير الاقتصادي لهذه المعادلة فيشير إلى أنه إذا زاد الناتج المحلي بمعدل دينار واحد فإن الطلب على النقود لغرض المعاملات سيزيد ب 652،2 دينار، أما إذا انخفض سعر الفائدة الحقيقي ب 1% فإن الطلب على النقود بغرض المضاربة سوف يزيد ب 895،2%و هو ما يتوافق مع النظرية الاقتصادية.

بعد تحليل المدلول الاقتصادي للمعادلات السلوكية للنموذج توفرت لنا المعطيات اللازمة لاحتساب مضاعف الإنفاق الحكومي . وذلك بتعويض قيم المعلمات المحسوبة في المعادلة رقم (10)

$$\frac{\Delta Y}{\Delta G} = \frac{1-[0{,}697x(-0{,}044)]-[1{,}092x(-0{,}044)]}{1-0{,}697(1-0{,}221)+(-9{,}567)\frac{2{,}652}{(-2{,}895)}-1{,}276+1{,}092x0{,}221+0{,}21}$$

$$\frac{\Delta Y}{\Delta G} = \frac{1-(-0{,}030)-(-0{,}048)}{1-0{,}542+3{,}276-1{,}276+0{,}241+0{,}21} = 0{,}37$$

ويُستدل من قيمة المضاعف أن الزيادة في الإنفاق الحكومي الاستهلاكي بمقدار 100 مليون دينار سوف يترتب عليها زيادة لاحقة في الناتج المحلي الإجمالي بمقدار 37 مليون دينار جزائري، وهي تعتبر قيمة متدنية بالمقارنة مع المفهوم النظري للمضاعف والذي يقوم على أن أي زيادة في الإنفاق الحكومي سوف يترتب عنها زيادة في الناتج بمقدار مضاعف،

(1)- لمزيد من التفصيل انظر: René SANDRETTO. **Finance internationale**، IEP. Lyon، quatrième année، section inter،2005

والسؤال الذي يًطرح هنا لماذا لم تحدث تغيرات كبيرة في الناتج المحلي كنتيجة لزيادة الإنفاق الحكومي؟ أو بصيغة أخرى ما هي الأسباب الكامنة وراء انخفاض قيمة المضاعف؟ للإجابة عن هذا التساؤل كان لابد من الرجوع إلى العوامل الموضوعية التي تحد من سريان مفعول المضاعف والتي من بينها عدم توفر الاقتصاد الجزائري على آليات السوق بالإضافة إلى ضعف مرونة الهيكل الإنتاجي ووجود تسربات من الدخل،كما أنه من الملاحَظ انخفاض حجم القطاع الخاص في الاقتصاد الجزائري وعدم تفعيل آليات السوق، بالإضافة إلى وجود ادخار أو اكتناز كبير لدى الأفراد كما أن محفزات الاستثمار للقطاع الخاص مازالت في أدنى مستوياتها، حيث أن القطاع الخاص لا يُقدِم على إقامة المشاريع بالإضافة إلى وجود تسرب كبير عن طريق الواردات،[1] وتجدر الإشارة إلى أن طريقة التمويل لها أثرها الواضح في تحديد الآثار النهائية التي يتركها الإنفاق الحكومي، لذلك تقوم الدراسة فيما يلي بإدخال طريقة التمويل لإبراز الفعالية الحقيقية لسياسة الإنفاق الحكومي.

2-2- إدخال طريقة التمويل لاختبار فعالية سياسة الإنفاق الحكومي على نمو الناتج المحلي

تستخدم الدراسة نموذج سانت لويس st Louis model والذي قام بتطويره جوردن وأندرسن في بيان طريقة التمويل وأثرها على الفعالية المرجوة لسياسة الإنفاق الحكومي على الناتج، حيث أخذ هذا النموذج الإنفاق الحكومي G كمتغير يمثل السياسة المالية عرض النقود M كممثل عن السياسة النقدية، وتقوم الدراسة بتكييف هذا النموذج مع معطيات الاقتصاد الجزائري بإضافة الإيرادات النفطيةOT كمتغير ثالث، يمثل القطاع الخارجي ويأخذ النموذج الشكل التالي:

$$Yt = \varepsilon + b.Mt + c.Gt + d.OTt.$$

لقد تم تقدير معالم هذا النموذج في الجزائر خلال الفترة 1990-2007 وبفحص المعلمات المقدرة تبين وجود معلمات غير معنوية إحصائيا ولا تأخذ إشارتها الصحيحة المتوقَعة اقتصادياً، وهي معلمة عرض النقود وباستخدام أسلوب استبعاد المتغيرات غير المعنوية إحصائياً- stepwise –[2] تم إعادة التقدير والتوصل إلى المرحلة النهائية والتي كانت نتائجها على

(1)- انظر الصفحة 197 من هذا الفصل

(2)- تتضمن إدخال المتغيرات واحدا بعد الآخر بخطوات متسلسلة إلى النموذج واستبعاد المتغيرات التي تصبح غير مؤثرة بوجود باقي المتغيرات ، لمزيد من التفاصيل انظر: حسين علي نجيب، **تحليل ونمذجة البيانات باستخدام الحاسوب – تطبيق شامل لحزمة SPSS**- الأهلية للنشر والتوزيع، الطبعة الأولى، عمان، 2006، ص ص 368-370

الشكل التالي:[1]

$$.Y = 345.426 + 1,612.G + 1,611.OT$$

(997،2) (208،7) (281،8)

$R = 0.997 \quad R^2 = 0,993 \quad R^2adj = 0,993 \quad F = 1127.3 \quad D - W = 1.092$

أ- الدلالة الإحصائية للنموذج

يشير هذا النموذج إلى قوة العلاقة الارتباطية بين الناتج المحلي الإجمالي كمتغير تابع وكل من الإنفاق الحكومي والإيرادات النفطية كمتغيرات مستقلة، وهذا ما يٌظهره معامل الارتباط المتعدد R الذي بلغ 997،0 ، كما يشير هذا النموذج إلى أن 3،99% من التغيرات في الناتج راجعة إلى التغيرات في الإنفاق الحكومي والتغير في الإيرادات النفطية، وهذا ما يوضحه معامل التحديد أو معامل الجودة المطابقة، كما أن اختبار فيشر وستيودنت يبينان معنوية الدلالة الإحصائية لهذا النموذج.[2]

ب- التفسير الاقتصادي لهذا النموذج

يبين هذا النموذج أن الإيرادات النفطية لها أثر كبير على الناتج المحلي الإجمالي بالمقارنة مع بقية المتغيرات ويتجلى لنا ذلك من خلال معامل الانحدار الذي بلغ 386،1 وهذا يعني أنه إذا زادت الإيرادات النفطية بمعدل دينار واحد فإن الناتج القومي سيزداد ب 611،1 كما أن معامل انحدار الإنفاق لحكومي يتقارب إلى حد كبير من معامل انحدار الإيرادات النفطية حيث بلغ معامل انحداره 612،1 والذي يعني أن زيادة الإنفاق الحكومي بمقدار دينار ستؤدي إلى زيادة الناتج بمقدار 612،1،[3] ومن الواضح أيضاً من خلال هذا النموذج أن تأثير التغير في

(1)- انظر الملحق رقم (7): نتائج تطبيق نموذج سانت لويس المكيَف على الاقتصاد الجزائري خلال الفترة 1990-2007 ، صفحة 223

(2)- يمكننا التأكد من معنوية المتغيرات بالنظر إلى القيمة sig في الملحق رقم (7)

(3)- تختلف هذه النتيجة عن النتيجة التي توصلنا إليها سابقا عند احتسابنا لمضاعف الإنفاق الحكومي وذلك بسبب اعتمادنا هنا على الأسعار الجارية ، على عكس المضاعف الذي اعتمدنا فيه على الأسعار الثابتة بالإضافة إلى أن الدراسة أدخلت عند احتساب قيمة المضاعف كل معادلات التوازن الاقتصادي

الإيرادات النفطية أسرع من تأثير بقية المتغيرات يليه في ذلك الإنفاق الحكومي، ولبيان ذلك يمكننا استخدام تحليل بيتا،[1] حيث بلغ معامل بيتا للإيرادات النفطية 540،0 أما بالنسبة للإنفاق الحكومي فقد بلغ 47،0، وهذا ما يؤكد أن تأثير الإيرادات النفطية على الناتج المحلي هي الأسرع يليها في ذلك تأثير الإنفاق الحكومي.[2] ونستنتج من خلال هذا التحليل أن تقارب معامل الانحدار لكل من الإنفاق الحكومي والإيرادات النفطية دليلٌ واضحٌ على أن الارتباط الوثيق بينها، مما يعني أن الجزائر تعمد بشكل كبير على الإيرادات النفطية في تمويل الإنفاق الحكومي.

لقد قامت الدراسة من خلال ما سبق بتوضيح أي المتغيرات الأكثر تأثيراً على الناتج المحلي، إلا أن التساؤل الذي يًطرح هنا ماهي طريقة التمويل الأكثر فعالية ما بين الإيرادات النفطية والإصدار النقدي والتي ساهمت في تشكيل معامل الانحدار الخاص بالإنفاق الحكومي قدره 144،1؟ يمكن الإجابة عن هذا التساؤل من خلال دراسة العلاقة بين الإنفاق الحكومي كمتغير تابع والإيرادات النفطية والإصدار النقدي كمتغيرات مستقلة حيث تكون معادلات الانحدار على الشكل التالي:

$$G = a + b.OT.$$

$$G = a1 + b1.M.$$

لقد جاءت نتائج التقدير على الاقتصاد الجزائري خلال الفترة 1990-2007 على الشكل التالي[3]:

---

(1)- يًطلق عليها سرعة التأثير أي أنها تفسر سرعة تأثير المتغير المستقل على المتغير التابع لمزيد من التفصيل انظر، علي كنعان، **آثار الإنفاق العام على بعض المتغيرات الاقتصادية في سورية**، أسبوع العلم السادس والثلاثين، جامعة حلب، 1996، ص 3

(2)- يتم احتساب معامل بيتا وفق العلاقة التالية:

$beta\ coefft = reg\ coefft \times {S.DV(X)}/{S.DV(Y)}$ حيث أن $S.DV$ هي الانحراف المعياري

حيث يمثل $reg\ coefft$ معامل الانحدار بين المتغير المستقل X والمتغير التابع Y أما $S.DV$ فتمثل الانحراف المعياري لكل من المتغير التابع والمستقل، أما في هذه الدراسة فقد تم الاعتماد على برنامج SPSS انظر الملحق الإحصائي رقم (7)

(3)- انظر الملحق رقم (8): نتائج اختبار فعالية سياسة الإنفاق الحكومي أخذا بعين الاعتبار طريقة التمويل في الجزائر خلال الفترة 1990-2007 ، 224

$$.G = 362.540 + 0.824.OT \dots\dots\dots\dots\dots (1)$$

(3980،) 11767،)

$$.R = 0{,}947 \quad R^2 = 0{,}896 \quad R^2adj = 0{,}89 \quad F = 138{,}452 \quad D-W = 1{,}351.$$

$$G = 179.936 + 0.468.M \dots\dots\dots\dots\dots (2)$$

(3128،) (21453،)

$$.R = 0{,}983 \quad R^2 = 0{,}966 \quad R^2adj = 0{,}964 \quad F = 460{,}218 \quad D-W = 1{,}361$$

أ- الدلالة الإحصائية للنموذج

يشير النموذج السابق إلى العلاقة الارتباطية القوية الموجودة بين الإنفاق الحكومي كمتغير تابع وكل من العرض النقدي والإيرادات النفطية كمتغيرات مستقلة، إلا أن هذه العلاقة كانت أكثر قوة بالنسبة للمعادلة الثانية التي بلغ فيها معامل الارتباط 983،0 أما بالنسبة للمعادلة المتعلقة بالإيرادات النفطية فقد بلغ معامل الارتباط 947،0 وهذا ما يدل على قوة العلاقة الارتباطية بين الإنفاق الحكومي والعرض النقدي، وما يؤكد حديثنا هذا هو معامل التحديد الذي يشير في المعادلة الثانية إلى أن 6،96% من التغيرات في الإنفاق الحكومي راجعة إلى التغيرات في العرض النقدي في مقابل 89% بالنسبة للإيرادات النفطية، ويشير اختبار دربن واطسن إلى انعدام الارتباط الذاتي. كما أن متغيرات النموذج لها دلالة إحصائية مقبولة ويظهر ذلك من خلال القيمة sig في الملحق رقم(8)

ب- التفسير الاقتصادي للنموذج

بلغ معامل الانحدار للمعادلة الأولى 824،0، أما الثانية فقد بلغ 468،0 وهذا يعني أنه إذا زادت الإيرادات النفطية والعرض النقدي بمعدل واحد دينار فإن هذا سيؤدي إلى زيادة في الإنفاق الحكومي ب 824،0 دينار و468،0 دينار على الترتيب، ولمعرفة سرعة تأثير المتغيرات المستقلة فإن الدراسة استخدمت معامل بيتا، حيث بلغ معامل بيتا بالنسبة للإيرادات النفطية 947،0 أما بالنسبة للعرض النقدي فقد بلغ 983،0 وهذا يؤكد أن سرعة تأثير العرض النقدي على الإنفاق الحكومي أكبر من سرعة تأثير الإيرادات النفطية، وهذا راجع أساساً إلى أن العرض النقدي متغير تحكمي يمكن للسلطات النقدية استخدامه استجابة لسياسة الإنفاق الحكومي وذلك في إطار السياسة النقدية المصاحبة لسياسة الإنفاق الحكومي، وذلك بغية التأثير

على الناتج، وهذا على عكس الإيرادات النفطية التي تتحكم فيها عوامل خارجية خارجة عن سيطرت الدولة.

كنتيجة لما سبق فإن الدراسة تستنتج أن طريقة التمويل الأساسية التي يستخدمها الاقتصاد الجزائري لتمويل الإنفاق الحكومي تتمثل في الإيرادات النفطية يليها في ذلك العرض النقدي إلا أن استخدام العرض النقدي له أثر سريع على الإنفاق الحكومي ومنه على الناتج بالمقارنة مع الإيرادات النفطية، وهذا ما أوضحه تحليل بيتا، لذلك فإن الأداة الأكثر فعالية هي الأداة التي يمكن التحكم فيها في إطار السياسة الاقتصادية، والتي تحقق نتائج سريعة تتمثل في العرض النقدي فيما يُعرف بالسياسة النقدية المصاحبة لسياسة الإنفاق الحكومي،[1] لذلك وللتأكد من هذه الفعالية لا بد من احتساب مضاعف الإنفاق الحكومي المموَل عن طريق زيادة العرض النقدي ومقارنته بمضاعف الإنفاق الحكومي السابق، الذي يمثل العمل المالي البحت.

3-2- تحليل أثر السياسة النقدية المصاحبة لسياسة الإنفاق الحكومي على الناتج المحلي

وفقاً لما تراه المنطلقات الحديثة في التحليل الاقتصادي فإن لجوء الحكومة إلى تمويل نفقاتها من خلال زيادة العرض النقدي سيترتب عنه آثار توسعية على الناتج القومي وذلك لأن التمويل بالعجز يترك أثرين على الناتج أحدهما يعود إلى الزيادة الايجابية التي تتركها الزيادة في الإنفاق الحكومي على الناتج والآخر يتأتى عبر الأثر الايجابي الذي تتركه زيادة العرض النقدي على الناتج،[2] ولبحث أثر السياسة النقدية المصاحبة لسياسة الإنفاق الحكومي في الجزائر تفترض الدراسة أن المصدر الوحيد للتغير في عرض النقود في الجزائر يتأتى من خلال توجه الحكومة نحو تمويل إنفاقه بالإصدار النقدي الجديد أو الاقتراض من الجهاز المصرفي،[3] وانطلاقاً من المعادلة رقم (9) في نموذج مضاعف الإنفاق الحكومي، وبافتراض ثبات المتغيرات المستقلة الأخرى

---

(1)- انظر الفصل الثاني صفحة 91

(2)- بالرغم من الآثار الايجابية المشار إليها فإن هذه الوسيلة قد تسبب ظهور تضخم يضر بالاقتصاد نظراً لضعف وعدم مرونة الجهاز الإنتاجي ، سنعود لهذه النقطة عند دراستنا لأثر الإنفاق الحكومي على التضخم انظر الصفحة 191

(3)- رياض المؤمن، **المرجع السابق**، ص 61

باستثناء عرض النقود Ms والإنفاق الحكومي G فإن أثر السياسة النقدية المصاحبة لسياسة الإنفاق الحكومي على نمو الناتج المحلي يُعبر عنه على الشكل التالي:

$$\frac{\Delta Y}{\Delta Ms}+\frac{\Delta Y}{\Delta G}=\frac{1-ct2-i3t2+V}{1-c(1-t1)+i1\frac{L1}{L2}-i2+i3t1+mr1}=0,795$$

وهذه القيمة تعني أن زيادة الإنفاق الحكومي المموَل بزيادة العرض النقدي بمقدار 100 مليون دينار ستؤدي إلى زيادة لاحقة في الناتج بمقدار 5،79 مليون دينار جزائري وبمقارنة هذه النتيجة بمضاعف الإنفاق الحكومي الذي حُسب سابقاً نجد أن السياسة النقدية المصاحبة لسياسة الإنفاق الحكومي تترك أثاراً ايجابية أكثر من العمل المالي البحت، ولكن هذا يبقى دون المستوى الذي أشار إليه كينز **وبالتالي فإن الدراسة خلُصت إلى أن الاقتصاد الجزائري يعتمد بصفة كبيرة على الإيرادات النفطية في تمويل الإنفاق الحكومي كما أن السياسة النقدية المصاحبة لسياسة الإنفاق الحكومي لها أثر كبير في رفع قيمة مضاعف الإنفاق الحكومي بالمقارنة مع العمل المالي البحت وبالتالي فإن المصدر الأكثر استعمالاً في الاقتصاد الجزائري لتمويل الإنفاق الحكومي هي الإيرادات النفطية - معامل انحدار مقدَر ب 386،1- إلا أن ما يُعاب على هذا المصدر هو صعوبة التحكم فيه باعتباره يخضع لمعطيات السوق العالمي للنفط، كما أن استعمال الإصدار النقدي في تمويل الإنفاق الحكومي يرفع من قيمة المضاعف من 370،0 إلى 795،0، إلا أن ما يُعاب عليه هو إمكانية إحداثه لضغوط تضخمية.**.و يتبادر إلى أذهاننا تساؤل مهم حول أثار الإنفاق الحكومي على النمو الاقتصادي في الأجل الطويل؟ وما مدى تأثير كل نوع من أنواع الإنفاق الحكومي سواء كان جارياً أم استثمارياً على الناتج في الأجل الطويل؟

3- أثر سياسة الإنفاق الحكومي على النمو الاقتصادي في الأجل الطويل(تطبيق نموذج بارو)

يُعد ASCHAUR (1989) من بين أوائل الاقتصاديين الذين درسوا مساهمة إنتاجية رأس المال الحكومي في النمو الاقتصادي ثم تلتها دراسة بارو (1990) والتي سمحت بتوضيح الدور الايجابي الذي يمكن أن يلعبه التدخل الحكومي في النشاط الاقتصادي، وتهدف الدراسة من خلال هذا العنصر إلى توسيع دالة الإنتاج بإضافة الإنفاق الحكومي وتوضيح مدى مساهمته بمختلف أنواعه في النمو الاقتصادي على المدى الطويل في الاقتصاد الجزائري، وتستعمل

الدراسة في هذا السياق الإطار التحليلي المنبثق عن معادلة النمو التي أنشأها بارو،[1] والتي تعتمد على دالة الإنتاج Cobb-douglas لذلك ستقوم الدراسة من خلال ما يلي بتحليل أثر الإنفاق الحكومي الكلي على الناتج المحلي في الأجل الطويل مع محاولة إبراز مدى تأثير كل نوع من أنواع الإنفاق الحكومي.

3-1- أثر الإنفاق الحكومي الكلي على النمو الاقتصادي في الأجل الطويل

تقوم الدراسة بتحليل أثر الإنفاق الحكومي الكلي على النمو الاقتصادي في الجزائر خلال الفترة 1990-2007 حيث تنطلق من فرضية أن **الإنفاق الحكومي الكلي يساهم إيجاباً في الناتج المحلي الإجمالي في الأجل الطويل**، وبالتالي فإن الهدف هو إثبات أو رفض هذه الفرضية انطلاقاً من نموذج قياسي، يكون على الشكل التالي[2]:

$$Yt = At.Kt^{\alpha}.Lt^{\beta}.Gt^{\delta}.$$

Y: الناتج المحلي الإجمالي، A: الإنتاجية الكلية لعناصر الانفتاح K: مخزون رأس المال

L: العمل G: الإنفاق الحكومي

و للقيام باستخراج معادلة الانحدار لا بد من خطية النموذج باستخدام اللوغاريتم النيبري،[3] فتصبح المعادلة على الشكل التالي:

$$\ln Yt = \ln At + \alpha.\ln Kt + \beta.\ln Lt + \delta.\ln Gt.$$

و باستخدام برنامج SPSS قامت الدراسة بتقدير معلمات هذا النموذج وبفحص المعلمات المقدرة في النموذج تبين أن معلمة رأس المال المقدرة لا تتمتع بمعنوية إحصائية ولا تأخذ إشارتها الصحيحة المتوقعة اقتصادياً وباستخدام أسلوب استبعاد المتغيرات غير المعنوية إحصائياً واقتصادياً تم إعادة تقدير النموذج وكانت النتائج على الشكل التالي[4]:

$$\ln Yt = 1,204 + 0,654.\ln Lt + 0,827.\ln Gt.$$

---

(1)- انظر الفصل الثاني صفحة 64

(2)- جلول بن عناية، **أثر النفقات العامة على النمو الاقتصادي- دراسة قياسية حالة الجزائر-** رسالة ماجستير المعهد الوطني للتخطيط والإحصاء، الجزائر، 2005، ص 127

(3)- انظر الملحق رقم(9): قاعدة البيانات المستعملة في تطبيق نموذج بارو على الاقتصاد الجزائري خلال الفترة 1990-2007، صفحة 226

(4)- انظر الملحق رقم(10): نتائج تطبيق نموذج بارو على الاقتصاد الجزائر خلال الفترة 1990-2007، صفحة 227

(4.661) (3.227) (13.581)

$$R = 0,989 \quad R^2 = 0,979 \quad R^2adj = 0,976 \quad F = 347,265 \quad D - W = 1,036$$

أ- الدلالة الإحصائية للنموذج

يشير هذا النموذج إلى العلاقة الارتباطية القوية بين الناتج المحلي الإجمالي وكل من مستوى التشغيل والإنفاق الحكومي، وهذا ما تجلى في قيمة معامل الارتباط المتعدد R الذي بلغ 989،0، كما يشير هذا النموذج إلى أن 9،97% من التغيرات في الناتج المحلي الإجمالي في الأجل الطويل تُعزى إلى الإنفاق الحكومي والعمالة ، والذي يشير إليه معامل التحديد، كما يُظهر هذا النموذج عدم وجود ارتباط ذاتي من خلال اختبار دربن واطسن.

ب- التفسير الاقتصادي للنموذج

يبين هذا النموذج أن الإنفاق الحكومي يؤثر بشكل كبير على الناتج المحلي الإجمالي في الأجل وهذا ما توضحه قيمة معامل الانحدار الذي بلغ 827،0 وهذا يعني أنه إذا زاد الإنفاق الحكومي بمقدار واجد دينار فإننا نتوقع زيادة الناتج المحلي بقيمة 827،0 دينار، ويُعد معامل انحدار الإنفاق الحكومي أكبر من معامل انحدار العمالة الذي بلغ 654،0، كما أن الشيء الملاحظة في هذا النموذج هو عدم معنوية معلمة مخزون رأس المال، والسبب في ذلك راجع إلى ضعف مخزون رأس المال خلال فترة الدراسة بسبب الأزمة التي عصفت بالاقتصاد الجزائري، ويتضح لنا من خلال هذا النموذج أن تأثير الإنفاق الحكومي في الأجل الطويل أكثر سرعة من تأثير العمالة وهذا يتضح لنا من خلال قيمة بيتا، وهذا يعني أن **الناتج المحلي في الأجل الطويل يتأثر بشكل سريع بالتغيرات في الإنفاق الحكومي ويفوق تأثير التغيرات في العمالة. وبالتالي فإننا نقبل الفرضية التي قمنا بطرحها سابقاً والمتمثلة في أن الإنفاق الحكومي يساهم إيجاباً في الناتج المحلي الإجمالي في الأجل الطويل،** حيث يؤثر الإنفاق الحكومي على استغلال بعض الموارد الطبيعية كاستصلاح الأراضي .... كما أن الإنفاق على البنية التحتية يساهم في توفير المناخ الملائم للاستثمار ويؤدي تقديم الإعانات الإنتاجية في قطاع معين دون غيره أو في منطقة معينة دون غيرها إلى تطوير القطاعات والمناطق التي تستهدفها الدولة، بالإضافة إلى ذلك فإن الإنفاق على الخدمات الصحبة والاجتماعية للعاملين في منطقة معينة يساعد أصحاب المصانع والمؤسسات بالتوجه إلى هذا الإقليم،[1] لكن التساؤل الذي يطفو إلى السطح؛ ما هو المكون

(1)- علي كنعان، اقتصاديات المال والسياستين المالية والنقدية، المرجع السابق، ص ص 165-166

الأكثر مساهمةً في التأثير على الناتج المحلي الإجمالي في الأجل الطويل من بين مكونات الإنفاق الحكومي الأساسية؟

2-3- أثر الإنفاق الجاري والاستثماري على النمو الاقتصادي في الأجل الطويل

تنطلق الدراسة من نفس المعادلة السابقة مع تغيير الإنفاق الحكومي الكلي بالإنفاق الجاري Gc والاستثماري Gi،

$$\ln Y_t = \ln A_t + \alpha . K_t + \beta . \ln L_t + \delta . \ln G_{ct} \ldots\ldots\ldots\ldots (1)$$

$$\ln Y_t = \ln A_t + \alpha . K_t + \beta . \ln L_t + \delta . \ln G_{it} \ldots\ldots\ldots\ldots (2)$$

قامت الدراسة بتقدير هاتين المعادلتين باستخدام برنامج SPSS وتطبيق طريقة استبعاد المتغيرات غير المعنوية إحصائيا، فكانت النتائج على الشكل التالي:[1]

$$\ln Y = 1{,}822 + 0{,}906 . \ln L + 0{,}792 . \ln Gc \ldots\ldots\ldots (1)$$

(6326،) (5864،) (16641،)

$$R = 0{,}993 \quad R^2 = 0{,}986 \quad R^2 adj = 0{,}984 \quad F = 511{,}806 \quad D\ W = 1{,}500$$

$$\ln Y = 2{,}486 + 1{,}081 . \ln L + 0{,}710 . \ln Gi \ldots\ldots\ldots (2)$$

(3878،) (1849،) (4722،)

$$R = 0{,}946 \quad R^2 = 0{,}895 \quad R^2 adj = 0{,}873 \quad F = 39{,}869 \quad D - W = 0{,}597$$

أ- <u>الدلالة الإحصائية للنموذج</u>

تشير المعادلة (1) و(2) إلى قوة العلاقة الارتباطية بين المتغيرات المستقلة والمتغير التابع، حيث بلغ معامل الارتباط المتعدد لمعادلة (1) 993،0 وبلغ بالنسبة للمعادلة (2) 946،0 كما نلاحظ من خلال معامل التحديد أن 98،6% من التغيرات في الناتج المحلي راجعة إلى التغيرات في كل من الإنفاق الجاري، العمالة ، أما معامل التحديد للمعادلة رقم(2) فقد بلغ 89،5% ، ونلاحظ أن كل المتغيرات ذات دلالة إحصائية ما عدا مخزون رأس المال Kt .

---

(1)- انظر الملحق رقم (10): **نتائج تطبيق نموذج بارو على الاقتصاد الجزائر خلال الفترة 1990-2007**، صفحة 227

ب- التفسير الاقتصادي للنموذج

الشيء الذي يهمنا في هذا المجال هو مدى مساهمة كل من الإنفاق الجاري والاستثماري في الناتج المحلي في الأجل الطويل حيث نلاحظ أن هناك تقارب بين معاملات الانحدار لكل من الإنفاق الجاري والاستثماري، حيث بلغ بالنسبة للأول 792،0 والذي يعني أنه إذا زاد الإنفاق الجاري بدينار واحد فإن الناتج المحلي سيزيد ب 792،0 دينار أما بالنسبة للإنفاق الاستثماري فقد بلغ 710،0 كما أن الشيء الملاحَظ أن معامل بيتا لكلا المتغيرين متساوٍ تقريبا حيث بلغ للإنفاق الجاري ما قيمته 774،0، وبالنسبة للإنفاق الاستثماري 776،0.

لقد كان الهدف من هذا الفرع هو اختبار العلاقة بين مساهمة حجم الإنفاق الحكومي والنمو الاقتصادي باستخدام مجموعة من الأدوات القياسية وكانت النتائج مقبولة من الناحية الإحصائية ومن الناحية الاقتصادية، **ووجدت الدراسة أن الإنفاق الحكومي يساهم بشكل كبير في الناتج المحلي الإجمالي في الأجل الطويل كما أن النتائج القياسية كانت متقاربة لكل من الإنفاق الجاري والاستثماري وهذا دليل على مساهمة كل منهما في النمو على المدى المتوسط والطويل، وهو ما يؤكد الطرح النظري لهذه الرسالة من أن الإنفاق الحكومي يؤدي إلى زيادة المقدرة الإنتاجية من خلال تأثير الإنفاق الجاري على اليد العاملة والتعليم والصحة، كما يؤدي الإنفاق الاستثماري إلى التأثير على النمو أيضاً من خلال تأثيره على رأس المال والفن الإنتاجي والبنية التحتية .**

المطلب الثاني: تحليل أثر سياسة الإنفاق الحكومي على مستوى التشغيل

يُعتبر الإنفاق الحكومي أحد أدوات السياسة الاقتصادية التي يمكن للدولة الاعتماد عليها من أجل زيادة معدلات التشغيل، حيث أن زيادة معدلات نمو الناتج المحلي يترتب عنها زيادة في مستوى التشغيل، ولقد بين بعض الاقتصاديين أن الحكومة من خلال قيامها بالإنفاق الحكومي تعمل على خلق فرص عمل جديدة خاصة عند إنشائها لمشاريع استثمارية تتطلب المزيد من اليد العاملة علاوة على دورها في تنشيط الفعاليات الاقتصادية في حالة قصور إنفاق القطاع الخاص من خلال السياسة المالية التعويضية، ومن ثم زيادة مستوى التشغيل، وتقوم الدراسة بتحليل أثر سياسة الإنفاق الحكومي على مستوى التشغيل في الجزائر من خلال تحليل الأثر المباشر القصير الأجل لهذا الإنفاق على مستوى التشغيل ثم تحليل الأثر غير المباشر الطويل الأجل لهذه السياسة على مستوى التشغيل.

1- تحليل الأثر المباشر لسياسة الإنفاق الحكومي على مستوى التشغيل

تسعى الدولة من خلال سياسة الإنفاق الحكومي إلى تأمين فرص عمل جديدة للعمال العاطلين عن العمل وذلك من خلال قطاع الخدمات - الإنفاق الجاري- حيث تسعى الدولة إلى توسيع الخدمات الصحية والتعليمية وهذا ما يتطلب توظيف عمال وموظفين جدد بالإضافة إلى توسيع حجم الخدمات العامة في الدوائر والمحافظات والبلديات، كما تقوم الدولة باستثمارات في القطاع الصناعي - الإنفاق استثماري- وهذا ما يساهم في توفير اليد العاملة،[1] وهذا ما يبين أن الإنفاق الحكومي بنوعيه يساهم في زيادة معدل التشغيل، وما يميز القوة العاملة الجزائرية أنها تركزت في قطاع الإدارة العامة حيث انتقلت من 51،36% من مجموع القوة العاملة سنة 1990 إلى 02،38% سنة 1996 ، ثم عرفت هذه النسبة تذبذباً خلال الفترة 1997-2002 ما بين 29،37% و35،37% ، ثم عرفت هذه النسبة انخفاضاً ملحوظاً منذ سنة 2004، وانتقلت من 64،34% إلى 55،32% ، وهذا ما يبرز دور الحكومة في توفير فرص العمل للراغبين في العمل في مؤسسات الحكومة المختلفة

ويُظهر الجدول التالي عدم التوازن في توزيع القوة العاملة بين القطاعات المختلفة، وبعكس هذا الجدول صفة هيكلية لازمت الاقتصاد الجزائري خلال فترة الدراسة والمتمثلة في سيطرت القطاعات الخدمية، وهذا ما يوضحه الجدول التالي.

---

(1)- علي كنعان، **آثار الإنفاق العام على بعض المتغيرات الاقتصادية**، المرجع السابق، ص 10

الجدول(4-1-28)   القوة العاملة الجزائرية موزعة حسب النشاط الاقتصادي(خارج قطاع الزراعة)

	صناعة		بناء وأشغال عمومية		تجارة وخدمات ونقل		إدارة عامة		المجموع	
	بالآلاف	%	بالآلاف	%	بالآلاف	%	بالآلاف	%	بالآلاف	%
1990	670	**56،18**	683	**92،18**	938	**99،25**	.3181	**51،36**	.6093	100
1991	615	**51،17**	588	**74،16**	1001	**28.51**	.3071	**37.22**	.5113	100
1992	782	**48،20**	613	**06،16**	1062	**28،27**	.3601	**36،35**	.8173	100
1993	532	**46،16**	659	**35،20**	876	**05،27**	.1711	**16،36**	.2383	100
1994	528	**16**	667	**19،20**	896	**13،27**	.2111	**67،36**	.3023	100
1995	519	**17،15**	678	**81،19**	932	**24،27**	.2921	**76،37**	.4213	100
1996	502	**39،14**	705	**21،20**	954	**35،27**	.3261	**02،38**	.4873	100
1997	487	**75،13**	723	**42،20**	987	**88،27**	.3431	**93،37**	.5403	100
1998	493	**40،13**	740	**11،20**	030،1	**28**	415،1	**44،38**	3.678	100
1999	493	**27،13**	743	**01،20**	057،1	**46،28**	420،1	**24،38**	3.713	100
2000	826	**56،15**	617	**62،11**	.8851	**51،35**	.9791	**29،37**	.3075	100
2001	503	**99،12**	803	**74،20**	109،1	**64،28**	456،1	**61،37**	.8713	100
2002	504	**52،12**	860	**37،21**	157،1	**75،28**	503،1	**35،37**	4.024	100
2003	510	**21،12**	907	**71،21**	269،1	**38،30**	490،1	**68،35**	4.176	100

2004	523	**98،11**	980	**45،22**	349،1	**91،30**	512،1	**64،34**	4.364	100
2005	523	**52،11**	050،1	**13،23**	439،1	**70،31**	527،1	**64،33**	4.539	100
2006	523	**04،11**	160،1	**48،24**	510،1	**87،31**	542،1	**55،32**	4.737	100
2007	522	**59،10**	1.261	**58،25**	1589	**23،32**	1.557	**58،31**	4.929	100

نسب محسوبة من قبل الباحث

Source; IMF Country Report No. 07/9March 2007Algeria: Statistical Appendix

office nationale des statistique. Rétrospective statistique 1970-2002. Edition 2005

Rapport sur l'évolution économique et monétaire en Algérie ، banque d'Algérie، juin 2007

وتتجلى لنا أهمية قطاع الإدارة العامة في التأثير على مستوى التشغيل من خلال كتلة الرواتب والأجور، حيث بلغت كتلة الرواتب والأجور للإدارة العامة سنة 1992 مقدار 4،149% مليار دينار بمعدل نمو 44% عن السنة السابقة وهي تمثل 78،43% من مجموع كتلة الرواتب والأجور الكلية، ويمكن تقسيم فترة الدراسة إلى ثلاث مراحل أساسية مر بها الاقتصاد الجزائري، فخلال الفترة 1990-1994 بلغ معدل النمو الوسطي لكتلة الرواتب والأجور للإدارة العامة 84،29%، وانتقلت مساهمتها كنسبة من كتلة الرواتب والأجور الكلية من 05،41% سنة 1990 إلى 84،43% سنة 1994، أما خلال الفترة 1995-1999 فقد بلغ معدل النمو الوسطي 56،17%، أما حصتها من إجمالي كتلة الرواتب والأجور فقد انتقلت من 83،44% سنة 1995 إلى 32،46% سنة 1999، أما التفسير الاقتصادي لانخفاض معدل نمو كتلة الرواتب والأجور للإدارة العامة خلال هذه الفترة فهو راجعٌ إلى برامج التثبيت والتكييف الهيكلي التي أبرمتها الجزائر مع المؤسسات المالية والنقدية الدولية، والتي ألزمت الحكومة بتقليص الإنفاق الحكومي وعلى الرغم من ذلك بقيت حصة كتلة الرواتب والأجور للإدارة العامة مرتفعة مقارنة مع بقية القطاعات، والجدول التالي يوضح لنا هذا .

الجدول(4-1-29) توزيع كتلة الرواتب والأجور حسب النشاط الاقتصادي في الجزائر خلال الفترة **1990-2007**

	كتلة الرواتب والأجور الكلية			كتلة الرواتب والأجور للإدارة العامة			كتلة والرواتب والأجور خارج الإدارة العامة		
	المبلغ (مليار دينار)	معدل النمو	النسبة إلى الناتج	المبلغ (مليار دينار)	معدل النمو	النسبة إلى كتلة الرواتب الكلية	المبلغ (مليار دينار)	معدل النمو	النسبة إلى كتلة الرواتب الكلية
1990	180.0	-	46.32	9.73	-	05.41	1.106	-	50.58
1991	255.4	88.41	62.29	3.103	78.39	44.40	2.152	26.43	56.59
1992	341.2	59.33	74.31	4.149	62.44	78.43	9.191	08.26	22.56
1993	412.5	89.20	67.34	1.178	21.19	17.43	4.234	14.22	83.56
1994	469.9	91.13	95.31	2.206	77.15	88.43	7.263	5.12	12.56
1995	568.7	02.21	36.28	0.255	66.23	83.44	8.313	99.18	17.55
1996	667.2	32.17	96.25	9.303	17.19	54.45	3.363	77.15	46.54
1997	722.0	21.8	76.27	1.331	2.27	85.45	0.391	62.7	15.54
1998	794.5	04.10	07.28	5.364	08.10	87.45	1.430	10	13.54
1999	847.5	67.6	17.26	6.392	70.7	32.46	0.455	78.5	68.53
2000	884.6	37.4	58.21	9.404	13.3	77.45	7.479	42.5	23.54
2001	975.2	24.10	02.23	5.453	12	50.46	9.515	54.7	50.53
2002	1029.5	56.5	10.23	3.489	89.7	52.47	0.540	67.4	48.52
2003	1118.7	64.8	36.21	7.551	75.12	31.49	567	5	69.50
2004	1244.9	28.11	31.20	595	84.7	95.47	9.649	62.14	05.52
2005	1322.3	21.6	63.17	4.632	28.6	82.47	9.689	15.6	18.52
2006	8.1493	96.12	80.17	5.681	81.7	62.45	3.812	74.17	38.54

: source: office nationale des statistique. Rétrospective statistique 1970-2002. Edition 2005. p 66

IMF Country Report No. 07/9March 2007Algeria: Statistical Appendix. p 17

الشكل(4-1-62)

أثر نموالكتلة الاجرية الكلية و الكتلة الأجرية للإدارة العامة على مستوى التشغيل في الجزائر

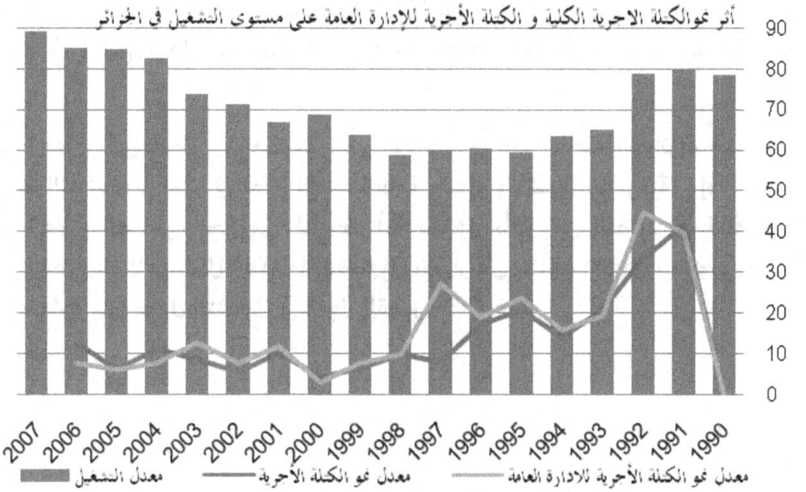

المصدر: من إعداد الباحث بالاعتماد على معطيات الجدول(4-1-27)

نلاحظ من خلال هذا الشكل أن انخفاض الكتلة الأجرية للإدارة العامة ابتداءاً من سنة 1991 أدى إلى انخفاض معدلات التشغيل وهذا ما يبينه الأثر الذي يتركه هذا الوجه من أوجه الإنفاق الحكومي على مستوى التشغيل، وانطلاقاً من سنة 1994 عرف نمو كتلة الرواتب والأجور للإدارة العامة تذبذباً صاحبه أيضاً تذبذباً في معدلات التشغيل وابتداء من سنة 1999 عرفت كتلة الرواتب والأجور ارتفاعاً محسوساً حيث بلغ معدل النمو الوسطي خلال الفترة 1999-2006 لكتلة الرواتب والأجور للإدارة العامة 17،8% الأمر الذي ساهم في ارتفاع معدلات التشغيل.

الطريقة الثانية التي يمكن للدولة أن تؤثر على مستوى التشغيل يكون من خلال الاستثمارات في القطاع الصناعي الحكومي ، حيث نلاحظ من خلال الجدول التالي أن معدل نمو كتلة الرواتب والأجور للقطاع الصناعي الحكومي عرفت انخفاضاً محسوساً حيث انتقل من 47،20% سنة 1991 إلى 07،12% سنة 1996 وهذا راجعٌ بالدرجة الأولى إلى سياسة الخصخصة التي اتبعتها الدولة خلال هذه الفترة إلا أن الشيء الملاحَظ هنا هو تراجع كتلة الرواتب والأجور للقطاع الصناعي الحكومي، كنسبة من مجموع الرواتب والأجور للقطاع الصناعي ككل حيث تراوحت ما بين 82% سنة 1990 إلى 60% سنة 2005، ويعود هذا

التراجع دائماً إلى برامج التثبيت والتكييف الهيكلي المبرمة مع المؤسسات المالية والنقدية الدولية، وذلك خلال الفترة 1990-1998 كما يرجع هذا التراجع إلى بروز القطاع الخاص وزيادة حجم مساهمته في الناتج المحلي واهتمام الحكومة بالبنية التحتية على حساب القطاع الصناعي الحكومي.

وبشكل عام **يمكن القول أن الحكومة تعتبر موظِفاً كبيراً لليد العاملة الجزائرية حيث أن أكثر من نصف اليد العاملة تتركز في قطاع الإدارة العامة والبناء والأشغال العمومية، وإذا أخذنا بعين الاعتبار القطاع الصناعي الحكومي فنلاحظ أنه يساهم بأكثر من النصف في كتلة الرواتب والأجور للقطاع الصناعي ككل،[9] هذا ما يدفعنا إلى الإقرار بأن سياسة الإنفاق الحكومي تترك آثاراً ايجابية مباشرة على معدل التشغيل في الأجل القصير.**

الجدول(4-1-30)   مساهمة القطاع الصناعي الحكومي في كتلة الرواتب والأجور للقطاع الصناعي (مليون دينار جزائري)

	الصناعات البلاستيكية		الصناعة الغذائية		الصناعة النسيجية		صناعة الجلود		صناعة الورق		صناعة متنوعة		مجموع الصناعة		معدل نمو كتلة الرواتب والأجور للقطاع الصناعي الحكومي	حصة كتلة الرواتب والأجور للقطاع الصناعي الحكومي
	قطاع خاص	قطاع عام	قطاع خاص	قطاع عام	قطاع خاص	قطاع عام	قطاع خاص	قطاع عام	قطاع خاص	قطاع عام	قطاع خاص	قطاع عام	قطاع خاص	قطاع عام		
1990	0.352	7، 3252	9.903	4، 4354	7.695	8، 6142	6.234	5.690	6.348	7، 1562	155	5.740	8.2689	6.12963	-	81.82
1991	2.498	4، 7202	1، 5381	2، 6575	0.778	9، 1903	7.239	1.746	4.400	7، 4612	9.204	8.841	3.3659	1.15618	47.20	01.81
1992	0.466	2، 7473	1، 1631	7، 8187	0.606	5، 0154	5.308	6.914	1.460	0، 1813	5.261	1.983	2.3265	1.20660	28.32	35.86
1993	2.492	7، 9173	4، 3771	9، 6368	5.786	1، 3824	8.266	8.983	3.461	7، 4144	7.196	1، 3571	9.3580	3.23692	67.14	87.86
1994	7.570	9، 5574	4، 9471	1، 60610	3، 0281	6، 9114	7.371	6، 1761	1.627	2، 1174	2.270	4، 5351	9.4814	8.26904	55.13	82.84
1995	3.605	9، 4725	8، 3042	8، 20512	5.934	9، 0405	7.283	1، 3251	4.802	2، 5864	3.390	4، 8801	5321	3.30512	40.13	15.85
1996	0.621	1، 9444	7، 0453	4، 08213	1، 3821	0، 4026	0.325	6، 2381	8.584	6، 5835	8.159	5، 9442	4.6118	2.34195	07.12	82.84
1997	1.745	5، 8726	1، 6105	4، 60614	7، 4292	7، 9694	3.251	1.85	3، 1991	4، 4823	5.473	9، 9851	10709	32002	41.6-	92.74
1998	5، 5671	1، 9236	5، 0789	2، 84915	3، 8361	2، 9304	2.318	7، 5401	8.727	1، 6853	0.484	0، 0252	3.14012	3.34953	22.9	38.71
1999	8، 7831	3، 1956	7، 18011	0، 05217	8، 3152	0، 2534	7.340	1.936	9، 9491	4، 2643	6.500	9، 0432	5.18071	7.33744	45.3-	12.65
2000	6، 7861	0، 1977	5، 9934	5، 16116	9، 5022	8، 6993	0.391	3.875	2، 0342	2، 1763	8.463	6، 0722	12172	4.33182	66.1-	16.73
2001	5، 7221	0، 5837	2، 9885	8، 99615	1، 4872	1، 6674	4.469	4.893	2، 4842	6، 6254	9.494	9، 7432	3.13646	8.36509	02.10	79.72
2002	7، 8821	1، 7998	9، 7927	1، 74314	7، 6872	4، 3484	5.596	1.451	5، 8122	6، 9524	4.513	0، 4792	7.16285	3.35773	01.2-	71.68
2003	3، 9401	8، 6897	0، 1988	0، 62514	2، 9982	8، 0374	9.558	6.439	9، 9452	6، 9014	5.582	9، 7442	8.17223	7.34438	73.3-	60.64
2004	0، 2062	7، 3908	1، 9148	2، 94613	3، 2353	0، 4653	5.614	4.478	4، 1813	9، 3225	3.670	3، 8842	6.18821	5.34487	14.0	69.64
2005	0، 1724	3، 2797	6، 4149	1، 14813	2، 4603	8، 6253	9.624	9.522	2، 2423	9، 1585	6.681	2، 0453	5.21595	5.32780	94.4-	28.60

المصدر/ نسب محسوبة من قبل الباحث: Rétrospéctive des comptes économiques de 1963 à 2004" Collections Statistiques N° 125

2- تحليل الأثر غير المباشر لسياسة الإنفاق الحكومي على مستوى التشغيل

لقد أوضحت الدراسة في المبحث الثاني من الفصل الثالث طبيعة العلاقة الموجودة بين معدل البطالة ومعدل النمو في الجزائر خلال فترة الدراسة،[1] ووصلت إلى نتيجة مهمة مفادها أن معدل النمو في الناتج المحلي هو المتحكم الأساسي في معدلات البطالة، وقامت الدراسة في بداية المبحث باحتساب قيمة مضاعف الإنفاق الحكومي،[2] في الاقتصاد الجزائري خلال الفترة 1990-2007 وفي هذه المرحلة من البحث ستقوم الدراسة بدمج التحليلين السابقين لتوضيح الأثر غير المباشر لسياسة الإنفاق الحكومي على مستوى التشغيل وذلك باستخدام مضاعف التشغيل الذي وضعه كل من بيكوك وشاو Peacok-Shaw، [3] واللذان افترضا أن مستوى التشغيل هو دالة في قيمة الناتج المحلي الإجمالي والتي تعادل الطلب الكلي عند مستوى التشغيل الكامل ومعدل الإنتاجية الحدية $f(N)$ إلى متوسط الإنتاجية لعنصر العمل Na ومقلوب معدل الأجر $\frac{1}{w}$

$$N = P.Q\left[\frac{f(N)}{Na}\right]\left[\frac{1}{w}\right] \dots\dots\dots\dots\dots\dots (1)$$

N: مستوى التشغيل $P.Q$: قيمة الناتج المحلي

و يمكننا التعبير عن $P.Q$ ب Y: $N = Y\left[\frac{f(N)}{Na}\right]\left[\frac{1}{w}\right] \dots\dots\dots\dots (2)$.

و بالرجوع إلى نموذج مضاعف الإنفاق الحكومي والمعادلة رقم (9) والتي تعطي قيمة Y

$$Y = \frac{1}{k}[K] \dots\dots\dots\dots\dots\dots\dots\dots (3)$$

و بافتراض أن $Na = f(N)$ و $\varepsilon = \frac{1}{w}$ نحصل على المعادلة التالية:

$$N = Y\left[\frac{1}{k}[K]\right].\varepsilon \dots\dots\dots\dots\dots\dots\dots\dots (4)$$

و بإجراء تفاضل جزئي ما بين G وN نحصل على مضاعف التشغيل كما يلي:

$$\frac{\Delta N}{\Delta G} = \frac{1-\alpha t2-\beta t2}{k}.[\varepsilon]$$

---

(1)- انظر المبحث الثاني من الفصل الأول صفحة 124

(2)- انظر الصفحة 158 من هذا المبحث

(3)- الزيود، **المرجع السابق**، ص 153

من خلال تحليل مضاعف الإنفاق الحكومي وجدنا أنه مساوٍ ل 37،0 لذلك فإن مضاعف التشغيل يكون على الشكل التالي:

$$\frac{\Delta N}{\Delta G} = 0,37.[s]$$

وهذا أكبر دليل على أن مستوى التشغيل يتوقف على أثر الإنفاق الحكومي على الناتج المحلي، ومن هنا ومادام أن أثر الإنفاق الحكومي على الناتج منخفض فإن ذلك سوف ينعكس كأثر غير مباشر على مستوى التشغيل في الجزائر، وبالتالي فإن الإنفاق الحكومي يترك أثراً مباشراً كبيراً على التشغيل في الجزائر نتيجة ارتفاع نسبة قوى العمالة التي تستوعبها الحكومة، إلا إن الأثر غير المباشر للإنفاق الحكومي على مستوى التشغيل يتسم بأنه منخفض كنتيجة لانخفاض قيمة مضاعف الإنفاق الحكومي، وذلك بسبب انخفاض إنتاجية العمال في القطاع العام، حيث أن القطاع الخاص لا يزال في بداية تشكله.

المبحث الثاني

تحليل أثر سياسة الإنفاق الحكومي على مجملات الطلب الكلي

تقوم الدراسة من خلال هذا المبحث بتحليل أثر سياسة الإنفاق الحكومي على كل من الاستهلاك الكلي والاستثمار الكلي من خلال تحليل الأثر المباشر ومعرفة مدى تأثير الإنفاق الحكومي على الاستهلاك الخاص، والتحليل غير المباشر باستخدام تحليل لوفل المشتق من نموذج المضاعف، وفي نقطة موالية تقوم الدراسة بتحليل الأثر المباشر وغير المباشر لسياسة الإنفاق الحكومي على كل من الاستثمار الكلي والاستثمار الخاص. وقبل دراسة أثر سياسة الإنفاق الحكومي على كل من الاستهلاك الكلي والاستثمار الكلي تقوم الدراسة باستعراض مكونات الطلب الكلي الأساسية، حيث ننطلق من متطابقة الدخل الشهيرة Y=C+I+(X-M) كما يوضحه الشكل التالي:

الشكل (4-2-63)

مكونات الطلب الكلي كنسبة من الناتج المحلي في الجزائر خلال الفترة 1990-2007

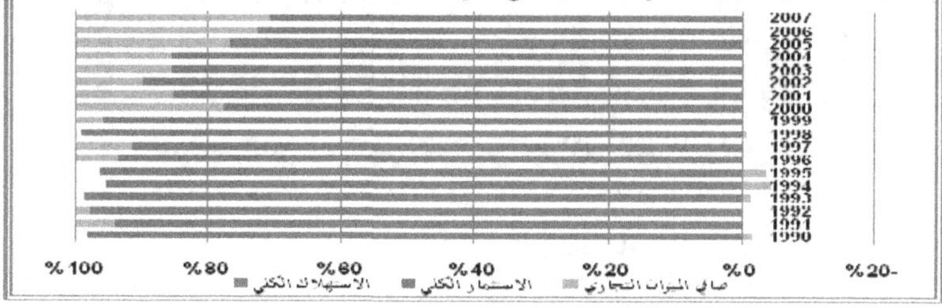

September 2001، march 2007،SOURCE Statistical Appendix IMF Country Report No. 08/102March 200887 September 1998

المطلب الأول: تحليل أثر سياسة الإنفاق الحكومي على الاستهلاك الكلي

تستخدم الدولة الإنفاق الحكومي للتأثير على الاستهلاك والادخار فإذا احتاجت الظروف الاقتصادية زيادة الاستهلاك وجب على الحكومة زيادة الإنفاق الجاري عن طريق زيادة الضرائب على الدخول المرتفعة، أما إذا تطلبت الظروف الاقتصادية زيادة الادخار تقوم الدولة بفرض ضرائب غير مباشرة الأمر الذي يشجع على زيادة الادخار،[1] وتقوم الدراسة بتحليل هذه الآثار عبر ثلاثة محاور أساسية.

1- تحليل الأثر المباشر لسياسة الإنفاق الحكومي على الاستهلاك الكلي

يشكل الاستهلاك الحكومي جزءاً مهماً من إجمالي الاستهلاك الكلي في الجزائر خلال الفترة 1990-2007 حيث تراوحت نسبته من إجمالي الاستهلاك الكلي ما بين 31،23% و40،25% خلال الفترة 1990-1993، ثم انخفض قليلاً خلال الفترة 1994-1998 حيث وصلت مساهمته إلى ما يعادل 29،23% وانطلاقاً من سنة 1999 عرفت حصته تزايداً ملحوظاً حيث وصلت إلى 78،26% سنة 2003، أما أقصى مساهمة له فقد شهدتها سنة 2007 بما يعادل 31،31% وهذا راجع إلى برامج الإنعاش والدعم النمو الاقتصاديين التي شهدتها الفترة 2001-2007، والتي استخدمت الإنفاق الحكومي كأداة رئيسية لدعم الاستهلاك ومنه الناتج المحلي الإجمالي والجدول التالي يوضح لنا هذا الاتجاه.

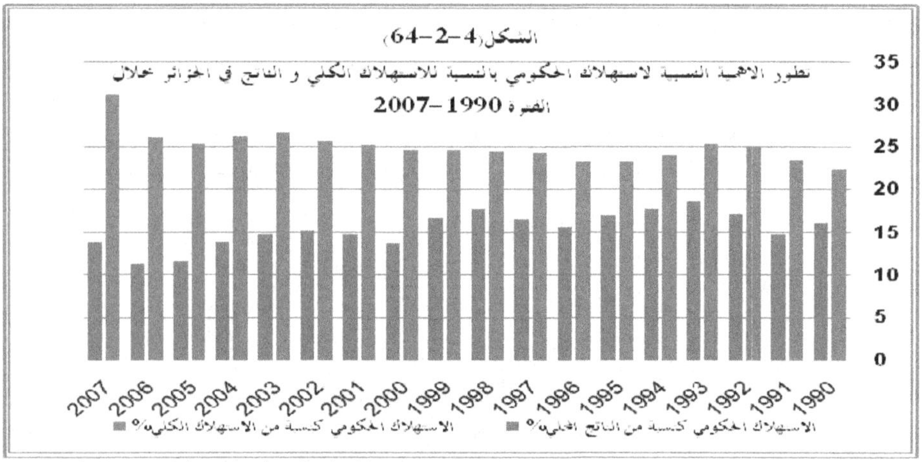

المصدر: من إعداد الباحث بالاعتماد على معطيات الجدول السابق

---

(1)- علي كنعان، **الإنفاق العام وأثره على بعض المتغيرات الاقتصادية** ، المرجع السابق، ص 7

الجدول(4-2-31) تطور حجم الاستهلاك الحكومي وأهميته بالنسبة إلى الاستهلاك الكلي والناتج المحلي في الجزائر خلال الفترة 1990-2007

	الاستهلاك الحكومي مليار دينار جزائري	الاستهلاك الخاص مليار دينار جزائري	الاستهلاك الكلي[1] مليار دينار جزائري	الناتج المحلي الإجمالي مليار دينار جزائري	الاستهلاك الحكومي كنسبة من الاستهلاك الكلي%	الاستهلاك الحكومي كنسبة من الناتج المحلي%
1990	90.1	313.6	403.7	554.4	31،22	25،16
1991	128.2	419.0	547.2	862.1	42،23	87،14
1992	184.8	548.3	733.1	074.7،1	20،25	19،17
1993	221.2	636.4	870.3	189.7،1	40،25	59،18
1994	263.9	825.6	101.4،1	487.4،1	96،23	74،17
1995	340.2	097.4،1	455.0،1	005.0،2	38،23	96،16
1996	405.4	316.8،1	740.4،1	570.0،2	29،23	77،15
1997	459.8	386.7،1	890.1،1	780.2،2	32،24	53،16
1998	503.6	525.0،1	060.3،2	830.5،2	43،24	79،17
1999	543.6	635.0،1	214.3،2	238.2،3	54،24	78،16
2000	560.1	672.0،1	274.3،2	098.8،4	62،24	66،13
2001	624.6	847.7،1	472.3،2	235.6،4	26،25	74،14
2002	2،683	988.3،1	654.9،2	455.3،4	73،25	33،15
2003	777.5	125.0،2	902.5،2	263.8،5	78،26	77،14
2004	846.9	358.0،2	216.0،3	127.5،6	33،26	82،13
2005	865.7	527.0،2	414.7،3	498.6،7	35،25	54،11
2006	954.4	688.9،2	643.3،3	391.0،8	19،26	37،11
2007	318.9،1	893.2،2	212.1،4	513.7،9	31،31	86،13

المصدر: من إعداد الباحث بالاعتماد على معطيات الجداول السابقة

(1)- مأخوذ من الديوان الوطني للإحصائيات الجزائر

ويظهر التأثير المباشر للإنفاق الحكومي على الاستهلاك الخاص من خلال ما تدفعه الحكومة من أجور ومرتبات لعمالها وموظفيها ويخصص هؤلاء الجزء الأكبر من هذه الدخول للاستهلاك، وينعكس التزايد في حجم الإنفاق على الرواتب والأجور على الزيادة في الاستهلاك، إذ يُقدَر أن 7،69%[1]، من هذه الأجور تذهب إلى الاستهلاك الخاص، ويبين الجدول التالي مقدار ما يذهب من هذه الدخول إلى الاستهلاك الخاص والأهمية النسبية له نسبةً إلى الاستهلاك الكلي، حيث تزايد خلال الفترة 1990-1995 من 46،125 مليار في سنة 1990 إلى 38،396 مليار دينار سنة 1995، أي تضاعف حوالي مرتين، أما خلال الفترة 1996-2000 فقد ارتفع مقدار ما يذهب من الرواتب والأجور إلى الاستهلاك الخاص من 03،465 مليار دينار إلى 616 مليار دينار، أما الأهمية النسبية لمقدار ما يذهب من الرواتب والأجور فقد بلغت قيمة وسطية قدرها 07،38% من إجمالي الاستهلاك الخاص، ومن هنا يتضح أن الإنفاق الحكومي على الرواتب والأجور ينعكس بصفة مباشرة على زيادة الاستهلاك الخاص والجدول التالي يعطينا صورة أكثر وضوحاً.

الجدول(4-2-32) الأهمية النسبية لمقدار ما يذهب من الأجور والرواتب إلى الإنفاق الاستهلاكي الخاص في الجزائر خلال الفترة 1990-2007

	كتلة الرواتب والأجور (1) مليار دينار جزائري	الميل الحدي للاستهلاك[2] (2)	مقدار ما يذهب من الرواتب والأجور إلى الاستهلاك الخاص (3)=(2)x(1)	الاستهلاك الخاص (4) مليار دينار جزائري	نسبة ما يخصص من الرواتب والأجور إلى الإنفاق الاستهلاكي (5)=100x(4)/(3) %
1990	180.0	697،0	125.46	313.6	00،40
1991	255.4	697،0	178.01	419.0	48،42
1992	341.2	697،0	237.81	548.3	37،43
1993	412.5	697،0	287.51	636.4	17،45
1994	469.9	697،0	327.52	825.6	67،39

(1)- وهي قيمة الميل الحدي للاستهلاك

(2)- تم احتسابه في نموذج مضاعف الإنفاق الحكومي انظر سابقاً.

1995	568.7	697،0	396.38	097.4،1	11،36
1996	667.2	697،0	465.03	316.8،1	31،35
1997	722.0	697،0	503.23	386.7،1	28،36
1998	794.5	697،0	553.76	525.0،1	31،36
1999	847.5	697،0	590.70	635.0،1	12،36
2000	884.6	697،0	616.56	672.0،1	87،36
2001	975.2	697،0	679.71	847.7،1	78،36
2002	029.5،1	697،0	717.56	988.3،1	08،36
2003	118.7،1	697،0	779.73	125.0،2	69،36
2004	244.9،1	697،0	867.69	358.0،2	79،36
2005	1322.3	697،0	921.64	527.0،2	47،36
2006	8،1493	697،0	041.17،1	688.9،2	71،36
2007	6،1672	697،0	165.80،1	893.2،2	29،40

المصدر: من إعداد الباحث بالاعتماد على معطيات الجدول(4-1-27)و(4-2-29) نسب محسوبة من قبل الباحث

ومن الملاحظ أن هناك أنواعاً أخرى من الإنفاق الحكومي تترك أثاراً مباشرة على الاستهلاك الخاص كالنفقات التحويلية، إلا أنه من الصعب تتبع أثر كل نوع من أنواع الإنفاق الحكومي على الاستهلاك الخاص، لذلك فإنه من المناسب استخدام نموذج المضاعف للتحليل.

2- استخدام نموذج المضاعف لتحليل الأثر غير المباشر لسياسة الإنفاق الحكومي على الاستهلاك الخاص

سيتم الاعتماد على تحليل لوفل mc.LOVELL الذي يرى بأن أثر الإنفاق الحكومي على الاستهلاك الخاص يتوقف على مدى تأثير هذا الإنفاق على الناتج المحلي الإجمالي، وسوف يتم الاعتماد على النموذج الذي تم استخدامه لاحتساب قيمة مضاعف الإنفاق الحكومي، حيث توصلت الدراسة إلى المعادلة التالية:[1]

$$Y = \frac{1}{k}[k] \text{..} (1)$$

حيث وُجد من التحليل السابق أن مضاعف الإنفاق الحكومي كان مساوياً ل 37،0 ولإبراز

(1)- انظر نموذج مضاعف الإنفاق الحكومي صفحة 158

أثر هذه الزيادة في الإنفاق الحكومي على الاستهلاك الخاص يمكننا الاعتماد على التحليل التالي:

$$\frac{\Delta C}{\Delta G} = \frac{\Delta C}{\Delta Yd} X \frac{\Delta Yd}{\Delta G} \ldots\ldots\ldots\ldots\ldots\ldots\ldots (2)$$

$$\frac{\Delta Y}{\Delta G} = \frac{\Delta Yd}{\Delta y} X \frac{\Delta Y}{\Delta G} \ldots\ldots\ldots\ldots\ldots\ldots\ldots (3)$$

و بالرجوع إلى معادلات نموذج مضاعف الإنفاق الحكومي وُجد أن

$$C = C0 + cYd \ldots\ldots\ldots\ldots\ldots\ldots\ldots (4)$$

$$Yd = Y - T \ldots\ldots\ldots\ldots\ldots\ldots\ldots (5)$$

$$T = T0 + t1Y + t2G \ldots\ldots\ldots\ldots\ldots\ldots\ldots (6)$$

و بإجراء تفاضل جزئي في المعادلة (4) ما بين C وYd نحصل على :

$$\frac{\Delta C}{\Delta Yd} = c \ldots\ldots\ldots\ldots (7)$$

و بالتعويض عن قيمة T في المعادلة رقم (5) نحصل على:

$$Yd = Y - T0 - t1Y - t2G \ldots\ldots\ldots\ldots\ldots\ldots (8)$$

$$Yd = (1 - t1)Y - t0 - t2G \ldots\ldots\ldots\ldots\ldots\ldots (9)$$

و بإجراء تفاضل في المعادلة (9) ما بين Yd وY نحصل على

$$\frac{\Delta Yd}{\Delta Y} = (1 - t1) = S \ldots\ldots\ldots (10)$$

و بتعويض المعادلات (7) و(10) في المعادلة (2) نحصل على

$$\frac{\Delta C}{\Delta G} = \frac{\Delta C}{\Delta Yd} . \left[\frac{\Delta Yd}{\Delta y} . \frac{\Delta Y}{\Delta G}\right] = c.S.\frac{1-ct2-i3t2}{h} \ldots\ldots\ldots\ldots (11)$$

تعبر المعادلة (11) عن مضاعف الاستهلاك الناتج عن زيادة الإنفاق الحكومي، حيث أن زيادة الناتج المحلي نتيجة زيادة الإنفاق الحكومي ستؤدي إلى زيادة الدخل المتاح، ومادام أن الاستهلاك الخاص دالة في الدخل المتاح فإن الزيادة في هذا الأخير سوف تنعكس على الاستهلاك الخاص وبتعويض قيم المعلمات المحتسَبة في نموذج مضاعف الإنفاق الحكومي،[1] في المعادلة (11) فإننا نحصل على مضاعف الاستهلاك كما يلي:

$$\frac{\Delta C}{\Delta G} = 0,697 x 0,779 x 0,37 = 0,20$$

(1)- لقد وُجد أن $c = 0,697$ و$t1 = 0,221$ و$\frac{\Delta Y}{\Delta G} = 0,37$

وكنتيجة لما سبق تحليله فإن الإنفاق الحكومي **يترك آثاراً مباشرة على الاستهلاك الخاص من خلال ما تقدمه الدولة من رواتب وأجور بالإضافة إلى الإنفاق لتحويلي وآثاراً غير مباشرة من خلال أثر هذا الإنفاق على الناتج المحلي عبر مضاعف الإنفاق الحكومي، والذي يتسم بأنه منخفض في الاقتصاد الجزائري وذلك بسبب ضعف قيمة مضاعف الإنفاق الحكومي.**

المطلب الثاني: تحليل أثر سياسة الإنفاق الحكومي على الاستثمار الكلي في الجزائر

لقد تم الحديث في الإطار النظري لهذه الرسالة عن أثر سياسة الإنفاق الحكومي على الاستثمار الكلي والاستثمار الخاص[1] وستتطرق الدراسة من خلال هذا الفرع إلى تحليل الأثر الذي تتركه سياسة الإنفاق الحكومي على الاستثمار الكلي في الاقتصاد الجزائري، وذلك عبر ثلاث محاور رئيسية؛ يتمثل المحور الأول في تحليل الأثر المباشر لسياسة الإنفاق الحكومي على الاستثمار الكلي، ويتمثل المحور الثاني في تحليل الأثر غير المباشر - أثر مضاعف الإنفاق الحكومي- لهذه السياسة، أما المحور الثالث فتقوم الدراسة بتحليل أثر سياسة الإنفاق الحكومي على الاستثمار الخاص- تحليل أثر المزاحمة-

1- تحليل الأثر المباشر لسياسة الإنفاق الحكومي على الاستثمار الكلي

يتجلى لنا التأثير المباشر للإنفاق الحكومي على الاستثمار الكلي بصورة واضحة من خلال الإنفاق الحكومي الاستثماري الذي شكل نسبةً مرتفعةً من إجمالي الاستثمار الكلي وهذا ما يُظهره الجدول والشكل التاليين .

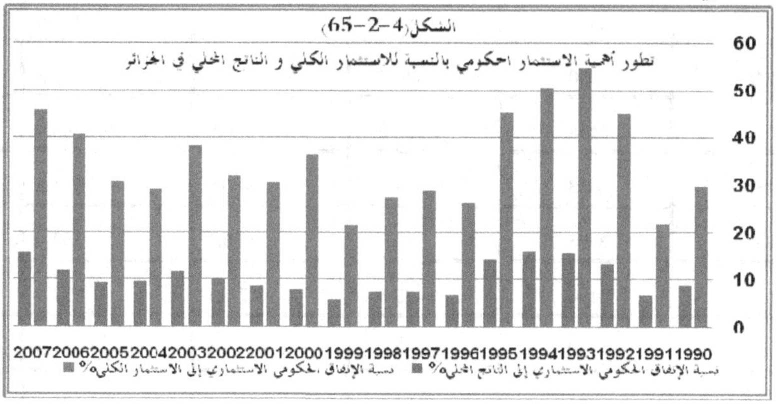

المصدر: من إعداد الباحث بالاعتماد على معطيات الجدول (4-2-31)

---

(1)- انظر الفصل الثاني صفحة 78

الجدول(4-2-33) تطور حجم الاستثمار الحكومي وأهميته النسبية إلى الاستثمار الكلي والناتج المحلي في الجزائر خلال الفترة 1990-2007

	الإنفاق الحكومي الاستثماري مليار دينار جزائري	الاستثمار الكلي مليار دينار جزائري	الناتج المحلي الإجمالي مليار دينار جزائري	نسبة الإنفاق الحكومي الاستثماري إلى الاستثمار الكلي%	نسبة الإنفاق الحكومي الاستثماري إلى الناتج المحلي%
1990	47.7	160.2	554.4	2977،	860،
1991	58.3	266.8	862.1	2185،	676،
1992	144.0	319.8	074.7،1	4502،	1339،
1993	185.2	339.2	189.7،1	5459،	1556،
1994	235.9	467.6	487.4،1	5044،	1585،
1995	285.9	632.3	005.0،2	4521،	1425،
1996	174.0	661.1	570.0،2	2631،	677،
1997	201.6	699.0	780.2،2	2884،	725،
1998	211.8	770.0	830.5،2	2750،	748،
1999	186.9	866.0	238.2،3	2158،	577،
2000	321.9	886.0	098.8،4	3633،	785،
2001	357.4	164.6،1	235.6،4	3068،	843،
2002	452.9	417.6،1	455.3،4	3194،	1016،
2003	612.0	606.1،1	263.8،5	3810،	1162،
2004	595.6	038.4،2	127.5،6	2921،	972،
2005	717.5	324.1،2	498.6،7	3087،	956،
2006	015.6،1	501.3،2	391.0،8	4060،	1210،
2007	477.3،1	220.3،3	513.7،9	4587،	1552،

المصدر: من إعداد الباحث

نلاحظ من خلال الشكل والجدول السابقين أن حجم الاستثمار الحكومي قد ارتفع من 7،47 مليار دينار سنة 1990 ليصل إلى 3،1477 مليار دينار سنة 2007 حيث شهدت هذه المرحلة تذبذباً في نموه حيث تضاعف خمس مرات خلال الفترة 1990-1995 ويعود السبب في ذلك إلى مباشرة الحكومة إصلاحات ذاتية تطلبت الزيادة في الإنفاق الاستثماري الحكومي لتغطية انخفاض الإنفاق الاستثماري القطاع الخاص نتيجة الأزمة التي كان يعيشها الاقتصاد الجزائري، وهنا يظهر الدور المباشر للإنفاق الحكومي الاستثماري في التأثير على إجمالي الاستثمار عن طريق التعويض عن النقص الذي يحصل في استثمارات القطاع الخاص، وبالتالي تحريك الفعاليات الاقتصادية إلا أن سياسة الإصلاحات الذاتية فشلت في مسعاها نتيجة ضعف موارد الدولة التي كانت تعتمد على الإيرادات النفطية بشكل كبير والتي تدهورت خلال هذه الفترة، الأمر الذي أدى إلى الرجوع إلى المؤسسات المالية والنقدية الدولية للقيام بإصلاحات كبيرة ألزمت الدولة بالتقليص من إنفاقها الحكومي خاصة الإنفاق الاستثماري، وهذا ما تجلى لنا بوضوح من خلال الشكل السابق حيث انتقل الإنفاق الحكومي الاستثماري من 9،285 مليار دينار إلى 9،186 مليار دينار أي بمعدل نمو سنوي يُقدر ب -62،34%، ومع انتهاء برنامج صندوق النقد الدولي للتصحيح الاقتصادي دخلت الجزائر في مرحلة جديدة ابتداءاً من سنة 1999 التي عرفت انتعاشاً في أسعار النفط التي دفعت الدولة إلى القيام ببرامج استثمارية كبيرة في إطار برنامج الإنعاش الاقتصادي ودعم النمو الاقتصادي، حيث شهد الإنفاق الحكومي الاستثماري تزايداً ملحوظاً حيث انتقل من 9،321 مليار دينار سنة 2000 ليصل إلى 3،1477 مليار دينار سنة 2007 أي بمعدل نمو سنوي قدره 9،358% وهذا دليل على الأهمية التي أعطتها الدولة لبرامج الاستثمار الحكومي، أما إذا قمنا بتحليل الأهمية النسبية للإنفاق الحكومي الاستثماري بالنسبة للاستثمار الكلي نلاحظ أنه لا يزال يشغل حيزاً كبيراً ماعدا خلال الفترة 1996-1999 حيث تراوحت النسبة ما بين 21،26% و58،21% ، ثم ما لبثت هذه النسبة أن ارتفعت مجدداً خلال الفترة الموالية لتصل إلى حدود 87،45% سنة 2007 وهذا دليل على الأثر السلبي الذي يتركه الإنفاق الحكومي الاستثماري على الاستثمار الخاص فيما يُعرف بأثر المزاحمة، ويبقى الآن تحليل الأثر غير المباشر لسياسة الإنفاق على الاستثمار الكلي من خلال نموذج المضاعف.

2- تحليل الأثر غير المباشر لسياسة الإنفاق الحكومي على الاستثمار الكلي

يساهم الإنفاق الحكومي بشكل مباشر وغير مباشر في زيادة الناتج المحلي، فالإنفاق الحكومي يولد دخولاً جديدة في حالات الإنفاق الجاري ويؤدي إلى زيادة الإنتاج في حالات

الإنفاق الاستثماري،[1] ولقد تناولت الدراسة في الجانب النظري أن زيادة الإنفاق الحكومي الاستهلاكي يترتب عليه زيادة في الطلب الفعلي الذي بدوره يؤدي إلى زيادة الاستثمار، ولكن هذا يكون بفرض مرونة الجهاز الإنتاجي، وفيما يتعلق بوضعية الجزائر فإنه لا يُتوقع تحقق هذا الأثر بسبب عدم مرونة الجهاز الإنتاجي من جهة ومن جهة أخرى فإنه يتم إشباع معظم الطلب الاستهلاكي عن طريق الاستيراد، لذلك لا يُتوقع أن يكون أثر الإنفاق الحكومي على الاستثمار كبيراً، ومن أجل التأكد من هذه الفرضية سوف يتم استخدام نموذج مضاعف الإنفاق الحكومي الذي سبقت الإشارة إليه، حيث أن معادلة الاستثمار في هذا النموذج كانت على الشكل التالي:

$$I = I0 - i1R + i2Y - i3T \ldots\ldots\ldots\ldots (1)$$

و بإجراء مفاضلة جزئية ما بين المتغيرين I و G نحصل على المعادلة التالية:

$$\frac{\Delta I}{\Delta G} = \frac{\Delta I}{\Delta Y} x \frac{\Delta Y}{\Delta G} \ldots\ldots\ldots\ldots (2)$$

نقوم في المعادلة (1) بإجراء مفاضلة ما بين I وY نجد أن:

$$\frac{\Delta I}{\Delta Y} = i2 \ldots\ldots\ldots\ldots (3)$$

و قد تم التوصل إلى قيمة مضاعف الإنفاق الحكومي في النموذج السابق:

$$\frac{\Delta Y}{\Delta G} = 0.37 \ldots\ldots\ldots (4)$$

و بتعويض المعادلتين (4) و(3) في المعادلة (2) نجد أن $\frac{\Delta I}{\Delta G} = i2x0.37$.

ولقد أظهرت نتائج تقدير المعادلات السلوكية في نموذج المضاعف أن قيمة $i2 = 1,275$ وبالتالي فإن قيمة مضاعف الاستثمار يكون على الشكل التالي:

$$\frac{\Delta I}{\Delta G} = 1,275x0,37 = 0,471$$

وهذا يعني أن زيادة الإنفاق الحكومي الاستهلاكي بمعدل دينار واحد سيؤدي من خلال أثر هذا الإنفاق على الناتج إلى زيادة الاستثمار بمعدل 471،0 ،و يعود السبب في هذا الانخفاض إلى انخفاض معامل انحدار ما بين الاستثمار والناتج من جهة وإلى انخفاض قيمة مضاعف الانخفاض الحكومي من جهة أخرى، وهو ما يثبت الفرضية التي تم طرحها سابقاً بأنه لا يُتوقع تحقيق أثر كبير للإنفاق الحكومي الاستهلاكي على الاستثمار للأسباب التي ذكرناها سابقا، ويبقى الآن أن نحلل أثر الإنفاق الحكومي على الاستثمار الخاص .

---

(1)- علي كنعان، **الإنفاق العام وأثره على بعض المتغيرات الاقتصادية** ، المرجع السابق، ص4

3- تحليل أثر سياسة الإنفاق الحكومي على الاستثمار الخاص- أثر المزاحمة-

لقد تم التطرق في الإطار النظري لهذه الرسالة أن الأثر الذي يتركه الإنفاق الحكومي على الاستثمار الخاص يتوقف على طبيعة الإنفاق، توزيعه وطريقة تمويله، ونجد أن الإنفاق الحكومي الاستثماري في الجزائر يلعب دوراً مهماً في توفير المناخ المناسب للمستثمرين في القطاع الخاص، وذلك من خلال إقامة الهياكل الأساسية والبنية التحتية، حيث ونتيجة لضخامة هذه المشاريع وانعدام ربحيتها فإن القطاع الخاص يحجم عنها، وبالتالي فإن الفرضية الأولى التي نطرحها هي أن **الاستثمار الحكومي لا ينافس الاستثمار الخاص ولكن يعتبر مكملاً له،**[1] أما الإنفاق الجاري فعادة ما يموَل من الإيرادات المحلية وهذا ما يفرض أعباء على القطاع الخاص ومزاحمته على الموارد المتاحة، وبالتالي فإن الفرضية الثانية التي نطرحها **هي أن الإنفاق الجاري يزاحم الاستثمار الخاص على الموارد المتاحة،** فما مدى انطباق هاتين الفرضيتين على الاقتصاد الجزائري؟ وهذا علماً أن الدراسة وجدت أن أثر المزاحمة في الجزائر بلغ 275،3،[2] فمن المسئول عن أثر المزاحمة؟ هل هو الإنفاق الجاري أم الإنفاق الاستثماري؟ الشكل التالي يمثل العلاقة الموجودة بين كل من الإنفاق الجاري والاستثماري الحكومي والاستثمار الخاص في الجزائر وأثر الإيرادات النفطية خلال الفترة 1990-2007.

الشكل(4-2-66)

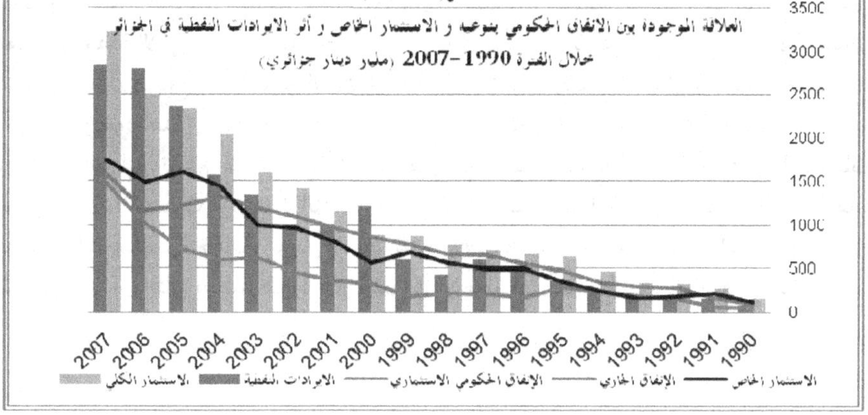

المصدر: من إعداد الباحث بالاعتماد على الجدول (4-2-31)

---

(1)- جوشوا غرين، **محددات الاستثمار الخاص في اقل البلدان نموا**، مجلة التمويل والتنمية، المجلد 27، العدد 4، ديسمبر، 1990، ص 41

(2)- انظر نموذج مضاعف الإنفاق الحكومي صفحة 158

نلاحظ من خلال هذا الشكل العلاقة الموجودة بين كل من الإنفاق الحكومي بنوعيه والاستثمار الخاص في الجزائر خلال الفترة 1990-2007، فإذا أخذنا بعين الاعتبار الإنفاق الحكومي الاستثماري والاستثمار الخاص نلاحظ العلاقة التبادلية الموجودة بينهما حيث أن ارتفاع أحدهما يؤدي إلى انخفاض الأخر، وتعتمد الدراسة على تقسيم فترة الدراسة إلى أربعة مراحل مر بها الاقتصاد الجزائري:

أ- الفترة 1990-1994:

لقد شهدت هذه الفترة قيام الحكومة بإبرام اتفاقات استعداد ائتماني مع صندوق النقد الدولي تخللتها إصلاحات ذاتية قامت بها الحكومة دون اللجوء إلى الصندوق، وهذا ما يفسر نمو الإنفاق الحكومي الاستثماري بمعدل كبير نسبياً خلال هذه الفترة، حيث بلغ معدل نموه 54،394% مقابل معدل نمو للاستثمار الخاص قدره 20،106%، كما أن الشيء الملاحَظ خلال هذه الفترة استمرار انخفاض الإيرادات النفطية وهو ما حكم على هذه البرامج بالفشل مما أدى إلى لجوء الجزائر إلى اتفاق التمويل الموسع مع صندوق النقد الدولي والبنك العالمي خلال الفترة 1995-1999.

ب- الفترة 1995-1999:

إن إبرام الجزائر لبرامج التثبيت والتكييف الهيكلي فرضت عليها إدارة الطلب الكلي من خلال تخفيض الإنفاق الحكومي بصفة عامة والإنفاق الاستثماري بصفة خاصة، وهو ما انعكس على معدل نمو هذا الأخير الذي سجل معدلاً سالباً خلال هذه الفترة يُقدر ب 62،34-% وهذا مقابل تسجيل معدل مرتفع نسبياً لنمو الاستثمار الخاص، إذا ما قارناه بالاستثمار الحكومي حيث بلغ 04،96% ويعود هذا الارتفاع إلى أن برامج الإصلاح الاقتصادي المدعومة من قبل المؤسسات المالية والنقدية الدولية تدعم نمو القطاع الخاص من خلال سياسات الخصخصة وإغلاق المؤسسات العمومية، كما استمرت الإيرادات النفطية في الانخفاض حيث سجلت أدنى مستوى لها خلال هذه الفترة وذلك بسبب انخفاض أسعار النفط سنة 1998 حيث بلغ سعر برميل النفط 9،12 دولار للبرميل والشكل التالي يعطينا صورة أكثر وضوحا عن تطورات أسعار النفط خلال فترة الدراسة

الشكل(4-2-67)

تطور اسعار النفط الجزائري خلال الفترة 1990-2007(دولار للبرميل)

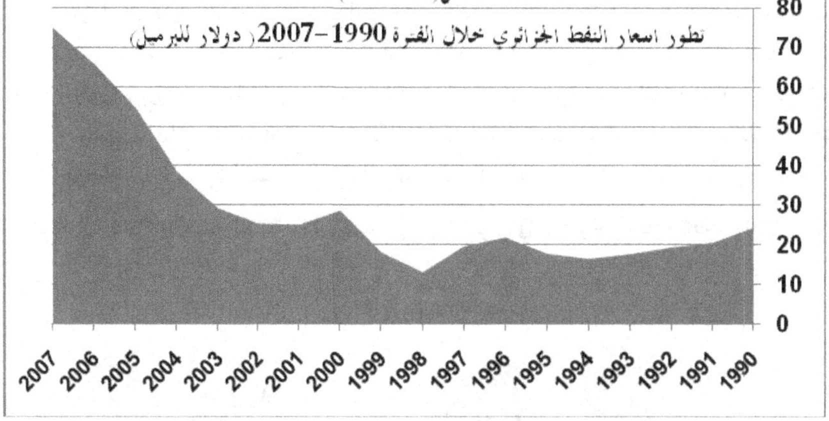

المصدر:من إعداد الباحث بالاعتماد على معطيات م Algeria: :Statistical Appendix IMF Country Report No. 08/102March 2008 M. ghernaout. opcit.p65

ت- الفترة 2000-2003

انطلاقاً من الشكل السابق نلاحظ أن أسعار النفط عرفت تطوراً ملحوظاً انطلاقاً من سنة 1999 وهذا ما انعكس على إيرادات الجزائر من النفط التي عرفت ارتفاعاً محسوساً خلال الفترة 1999-2006، وهذا ما أثر إيجاباً على نمو كل من الإنفاق الحكومي الاستثماري والاستثمار الخاص حيث بلغ معدل نمو الأول 12،90% أما الثاني فقد بلغ معدل نموه 22،76% حيث أن نموهما كان متكاملاً وهذا راجع أساساً إلى تحسن الإيرادات النفطية وهذا ما يؤكد انعدام أثر المزاحة في هذه الفترة بسبب توفر الموارد المالية.

ث- الفترة 2004-2007

لقد عرفت الجزائر خلال هذه الفترة تسطير برامج دعم النمو الاقتصادي التي تطلبت موارد مالية ضخمة حيث استغلت الدولة ارتفاع الإيرادات النفطية ومولت المشاريع الاستثمارية التي تركزت أساسا في مشاريع البنية التحتية واستثمارات القطاع الصناعي الحكومي وهذا ما أثر سلباً على استثمارات القطاع الخاص التي بلغ معدل نموها خلال هذه الفترة ما يقدر ب 81،20% وهذا مقابل 148% بالنسبة لاستثمار القطاع الحكومي وهو ما يؤكد على وجود أثر مزاحمة خلال هذه الفترة.

إن النتيجة التي نخلص إليها بعد هذا التحليل أن أثر الاستثمار الحكومي على الاستثمار الخاص

مرتبط بعنصرين أساسين:

- يتمثل الأول في تطورات الإيرادات النفطية والتي تعتمد عليها الدولة بشكل كبير في تمويل الإنفاق الحكومي الاستثماري حيث أنه في حالة كانت الإيرادات النفطية منخفضة بسبب تراجع أسعار النفط، فإن مزاحمة الإنفاق الحكومي الاستثماري للاستثمار الخاص يكون كبيراً وهذا ما تجلى لنا خلال الفترة الأولى، وهذا باستثناء الفترة الثانية التي تأثرت ببرامج الإصلاح الاقتصادي المدعومة من قبل المؤسسات المالية الدولية، والجدول التالي يوضح لنا الأهمية النسبية للإيرادات النفطية كمصدر لتمويل الإنفاق الحكومي

الشكل(4-2-68) الأهمية النسبية لمصادر تمويل الإنفاق الحكومي في الجزائر خلال الفترة 1990-2007%

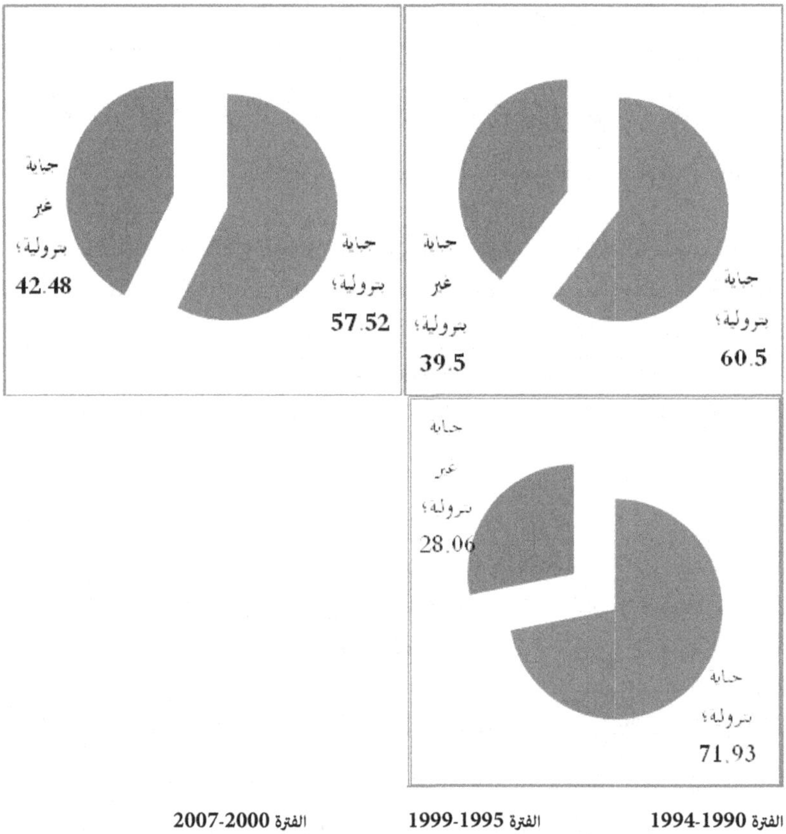

المصدر: من إعداد الباحث بالاعتماد على معطيات منM. ghernaout. opcit.p65 ;

- أما الثاني فيتمثل في برامج الاستثمارات الحكومية التي تتطلب موارد ضخمة وبالتالي فهي تزاحم الاستثمار الخاص على الموارد المالية وهو ما كان خلال الفترة الأولى والرابعة، حيث سطرت الحكومة برنامج الإصلاحات الذاتية خلال الفترة الأولى وبرنامج دعم النمو الاقتصادي خلال الفترة الثانية.

نلاحظ من خلال هيكل الإنفاق الحكومي الاستثماري [1] أن الدولة خصصت مبالغ مالية ضخمة للبنية التحتية الاقتصادية حيث انتقلت من 2،17مليار دينار سنة 1993 إلى 6،210 مليار دينار سنة 2006، أما قطاع الصناعة والطاقة فانطلاقًا من سنة 2004 نلاحظ تخصيص مبالغ ضخمة لهذا القطاع حيث خُصص له مبلغ 225 مليار دينار سنة 2004 ، ووصل إلى 250 مليار دينار سنة 2005 وهو ما يبرر ارتفاع أثر المزاحمة الكبير الذي تحصلنا عليه، وبالتالي فإن **النتيجة التي نخلص بها من هذا التحليل هي أن اثر المزاحمة في الاقتصاد الجزائري مرهون بتطورات أسعار النفط التي تحكم حجم الإيرادات النفطية التي تعتبر الممول الأساسي للإنفاق الحكومي في الجزائر سواء كان جاريا أم استثماريا، فإذا انخفضت الإيرادات النفطية نتيجة انخفاض أسعار النفط فإن أثر المزاحمة سيكون كبير، وهو ما شهدته الجزائر خلال الفترة الأولى، كما أن اثر المزاحمة مرهون أيضا ببرامج الاستثمار الحكومي التي تقوم بها الدولة حيث تحتاج إلى مبالغ مالية ضخمة وهو ما يولد أثر مزاحمة كبير وهذا على الرغم من ارتفاع الإيرادات النفطية الناتجة عن تحسن أسعار النفط، وهذا ما شهدته الجزائر خلال الفترة 2004 -2007** ، وبالتالي فإن الفرضيتان اللتان تم طرحهما تنتفيان في الاقتصاد الجزائري للأسباب التي سبق وأن ذكرناها.

ويمكن توضيح هذا الاتجاه من خلال تحليل العلاقة بين معدل نمو الإنفاق الاستثماري والذي يتجلى لنا في التراكم الإجمالي لرأس المال الثابت والإنفاق الحكومي، [2]و الشكل التالي يوضح تطور تراكم رأس المال الثابت والإنفاق الحكومي:

---

(1)- انظر الصفحة رقم 138

(2)- عبد الكريم البشير ، **الفعالية النسبية للسياستين المالية والنقدية في الجزائر**، الملتقى الدولي للسياسة الاقتصادية في الجزائر:الواقع والأفاق، جامعة بوبكر بلقايد تلمسان، 29-30 ديسمبر2004

الشكل(4-2- 69) العلاقة بين الإنفاق الحكومي الكلي تراكم رأس المال الثابت في الجزائر خلال الفترة 1990-2007

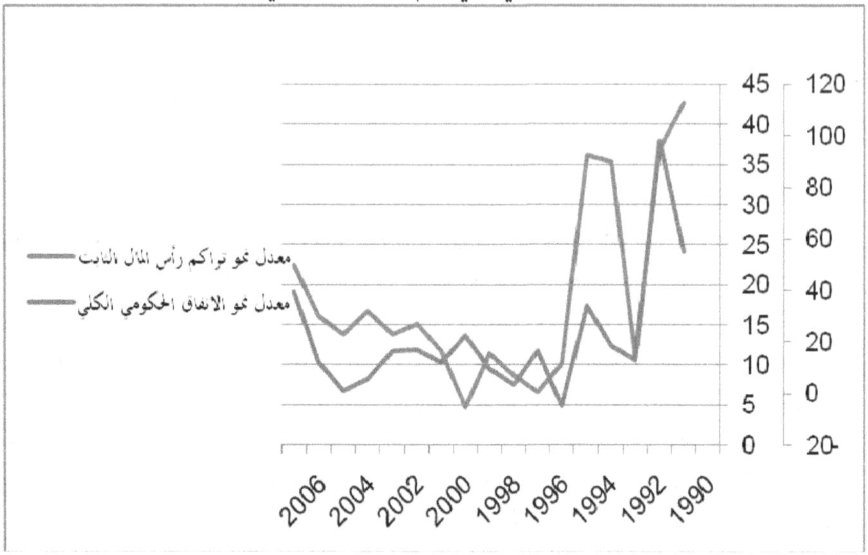

المصدر: من إعداد الباحث

يتضح من خلال الشكل السابق أثر المزاحمة خاصةً خلال الفترة 1996-2004 حيث أن التطورات العكسية لكل من الإنفاق الحكومي الكلي وتراكم رأس المال الثابت تبين أن زيادة الإنفاق الحكومي تؤدي إلى تقليص تراكم رأس المال الثابت وتفسير ذلك أن الفترة 1996-2001 شهدت انخفاض الإيرادات النفطية بسبب تدني أسعار النفط مما ساهم في وجود أثر مزاحمة كبير، وانطلاقاً من سنة 2001 وعلى الرغم من تحسن الإيرادات النفطية بسبب تحسن وضعية سوق النفط العالمي لا يزال الأثر العكسي للإنفاق الحكومي على تراكم رأس المال الثابت واضحاً من خلال الشكل السابق، ومرد ذلك إلى أن الدولة قامت بتسطير البرنامج الثلاثي لإنعاش الاقتصادي للفترة 2001-2004 والذي اهتم بتشكيل البنية التحتية[1] مستغلةً في ذلك ارتفاع أسعار النفط في ظل ضعف القطاع الخاص، إلا أنه انطلاقاً من سنة 2004 نلاحظ أن هناك تناغم بين منحنى معدل نمو تراكم رأس المال ومعدل نمو الإنفاق الحكومي الكلي وهذا راجع إلى انتعاش القطاع الخاص إلى جانب القطاع العام بسبب برامج البنية

(1)- انظر الفصل الثالث صفحة رقم 117

التحتية التي سطرتها الدولة في المخطط السابق،[1] و هذا ما وفر الظروف الملائمة لنمو القطاع الخاص حتى وإن كانت هذه الظروف غير مكتملةً بعد، وتحاول الدراسة فيما يلي إبراز أثر كل من الإنفاق الجاري والإنفاق الاستثماري على نمو تراكم رأس المال الثابت في الجزائر من خلال الشكلين التاليين:

الشكل(4-2-70) تطور معدل نمو تراكم رأس المال الثابت وكل من الإنفاق الجاري والاستثماري في الجزائر خلال الفترة 2007-1990

-أ-

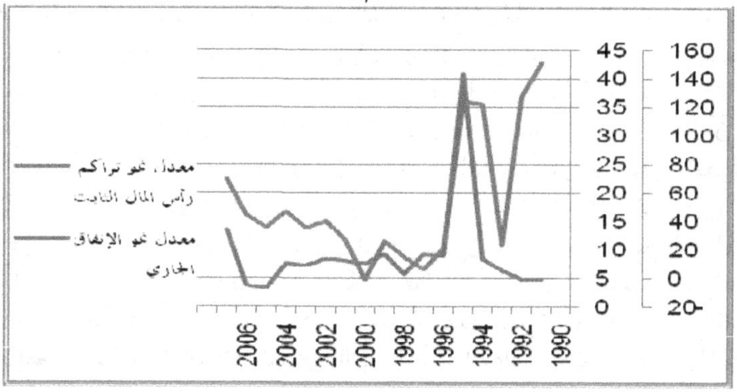

-ب-

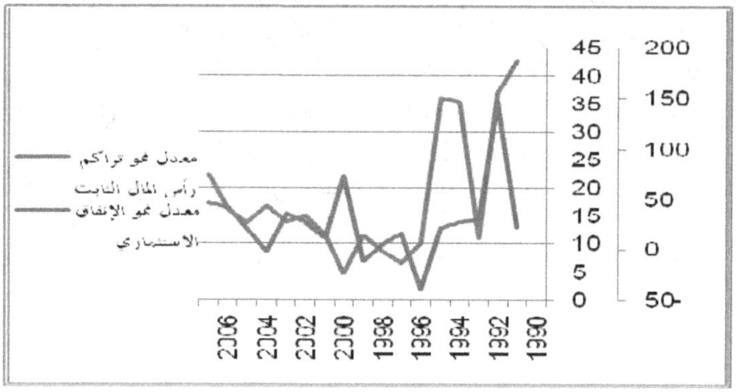

المصدر: من إعداد الباحث

(1)- كنا قد اشرنا سابقا في الفصل الثالث أن الجزائر ي مرحلة انتقالية من مرحلة ما قبل الانطلاق التي تتميز بضعف القطاع الخاص واهتمام الدولة بالبنية التحتية إلى مرحلة النضوج التي تتميز بنمو القطاع الخاص بصفة متسارعة إلى جانب الإنفاق الحكومي، انظر الفصل الثالث صفحة رقم 148

نلاحظ من خلال الشكل-أ- العلاقة العكسية الموجودة بين معدل نمو تراكم رأس المال الثابت ومعدل نمو الإنفاق الاستثماري خاصة خلال الفترة 1996-2004 حيث أن زيادة الإنفاق الحكومي الاستثماري أدت إلى انخفاض تراكم رأس المال الثابت والعكس صحيح، وهذا ما يؤكد على أن العنصر المسئول عن أثر المزاحمة في الجزائر خلال الفترة هذه الفترة هو الإنفاق الحكومي الاستثماري، وهذا راجع خلال الفترة 1996-1999 إلى برنامج التثبيت التكييف الهيكلي التي ألزمت الدولة بتخفيض الإنفاق الحكومي خاصة الاستثماري منه للسماح بنمو القطاع الخاص، إلا أن هذا البرنامج لم يفلح في تحفيز القطاع الخاص بسبب ضعف البنية التحتية التي تسمح بنمو هذا القطاع، وهذا ما تم تغطيته من خلال البرنامج الثلاثي للإنعاش لاقتصادي الذي خصص مبلغاً مهماً للبنية التحتية، حيث نلاحظ أن 27% من هيكل الإنفاق الحكومي الاستثماري خُصصت للبنية التحتية بشتى أنواعها،[1] وهذا في ظل ضعف القطاع الخاص، إلا أنه انطلاقاً من سنة 2004 نلاحظ أن زيادة معدل نمو تراكم رأس المال ترافق مع زيادة معدل نمو الإنفاق الاستثماري، إلا أن الأول كان بمعدلات متسارعة أكثر من الثاني، وهذا إن دل على شيء فإنما يدل على أن الجزائر تعيش فعلاً في بداية مرحلة النضوج أين يكون الإنفاق الاستثماري الحكومي مكملاً للإنفاق الاستثماري الخاص.

نلاحظ من خلال الشكل -ب- أن العلاقة الموجودة بين معدل نمو تراكم رأس المال الثابت ومعدل نمو الإنفاق الجاري هي علاقة طردية خلال معظم فترات الدراسة ماعدا خلال الفترة 1995-1999حيث أن انخفاض الإنفاق الجاري أدى إلى زيادة معدل نمو تراكم رأس المال الثابت، وهذا راجع إلى برامج التثبيت والتكييف الهيكلي التي ألزمت الدولة بتخفيض الإنفاق الجاري لرفع معدل نمو تراكم رأس المال الثابت.

إن النتيجة التي تم التوصل إليها من خلال هذا التحليل هي أن أثر المزاحمة لا يمكن تطبيقه على الاقتصاد الجزائري بمفهومه النظري الكامل لعدة أسباب أهمها ضعف القطاع الخاص الذي لا يستجيب للتغيرات في أسعار الفائدة حيث أن تطور هذا القطاع مرتبط بمدى توفر البنية التحتية التي تتكفل بها الدولة وهذا ما قامت به الجزائر انطلاقا من سنة 2001 حيث خصصت أكثر من 40% من الغلاف المالي للبرنامج الثلاثي للإنعاش الاقتصادي لدعم البنية التحتية، وهذا ما أعطى دفعة قوية لقطاع الخاص انطلاقاً من سنة 2004، كما أن اعتماد الجزائر على الإيرادات النفطية بصفة كبيرة في تمويل الإنفاق الحكومي يقلص من تأثير المزاحمة خاصة فيما يتعلق بالإنفاق الجاري.

(1)- انظر الفصل الثالث صفحة 138

المبحث الثالث

تحليل أثر سياسة الإنفاق الحكومي على المستوى العام للأسعار والتوازن الخارجي في الجزائر

إن دراسة التضخم تحظى بأهمية كبيرة نظراً لأثره السلبي على التنمية الاقتصادية، وتُعد سياسة الإنفاق الحكومي إحدى أدوات السياسة الاقتصادية الفعالة في التحكم في معدلات التضخم، وبالتالي فإن الوقوف على دور الإنفاق الحكومي في تفسير حدوث التضخم في الجزائر بستحق أهمية خاصة تنبع من إمكانية استخدام الإنفاق الحكومي في الحد من ارتفاع المستوى العام للأسعار، وسيتم التطرق إلى تحليل أثر سياسة الإنفاق الحكومي على مستويات الأسعار عبر دراسة أثر هذا الإنفاق على إحداث فجوة الطلب الكلي المحلي، ثم دراسة أثره على إحداث الفجوة التضخمية النقدية في إطار السياسة النقدية المصاحبة لسياسة الإنفاق الحكومي، كما ستقوم الدراسة من خلال هذا المبحث بدراسة أثر سياسة الإنفاق الحكومي على الحساب الجاري مع محاولة تطبيق فرضية العجز التوأم على الاقتصاد الجزائري ومعرفة العوامل المؤثرة والمتحكمة في كل من عجز الموازنة وعجز الحساب الجاري، بالإضافة إلى إبراز أثر الإنفاق الحكومي على الواردات.

المطلب الأول: تحليل أثر سياسة الإنفاق الحكومي على المستوى العام للأسعار

تقوم الدراسة من خلال هذا المطلب بدراسة مساهمة الإنفاق الحكومي في تشكيل فجوة الطلب الكلي المحلى باستخدام التحليل الإحصائي والتحليل القياسي، بالإضافة إلى محاولة التعرف على مساهمة كل من الإنفاق الحكومي الجاري والاستثماري في إحداث الفجوة التضخمية، وفي نقطة موالية تتعرض الدراسة إلى أثر السياسة النقدية المصاحبة لسياسة الإنفاق الحكومي في إحداث الفجوة التضخمية النقدية، من خلال تحليل بعض المؤشرات والمتمثلة أساسا في القروض الممنوحة إلى الحكومة.

1- أثر سياسة الإنفاق الحكومي على إحداث فجوة الطلب الكلي المحلي

سيتم تحليل دور سياسة الإنفاق الحكومي في التأثير على المستوى العام للأسعار من خلال دراسة الفجوة التضخمية الناتجة عن فائض الطلب المحلي، بحيث أنه إذا زاد مجموع الإنفاق

القومي بالأسعار الجارية على الناتج المحلي الإجمالي بالأسعار الثابتة فإن الفرق يشكل فائض طلب محلي وهذا الفائض ينعكس بدوره في ارتفاع الأسعار الجارية، وهذا المقياس يشدد في جوهره على المنطلقات الأساسية لنظرية كينز في الطلب الفعال،[1] في تحديد المستوى العام للأسعار.[2] وتعتمد الدراسة على التحليل الإحصائي والتحليل القياسي لبيان أثر سياسة الإنفاق الحكومي على المستوى العام للأسعار.

1-1- التحليل الإحصائي لأثر سياسة الإنفاق الحكومي على إحداث فجوة الطلب الكلي المحلي

يمكن اعتبار نسبة إجمالي فائض الطلب المحلي إلى قيمة الناتج المحلي بالأسعار الثابتة بمثابة مقياس للحجم النسبي للفجوة التضخمية فكلما كبرت هذه النسبة دل ذلك على حدوث ضغط متزايد على الموارد المحلية، مما يعرض الأسعار للارتفاع، ولتحليل الفجوة التضخمية الناتجة عن زيادة الطلب الكلي المحلي في الجزائر ومعرفة مدى مساهمة الإنفاق الحكومي بأنواعه في الفجوة التضخمية، سيتم الاعتماد على مؤشر إجمالي فائض الطلب المحلي الذي تطرقت إليه الدراسة في الجانب النظري،[3] وبتطبيق هذه المعادلة على الاقتصاد الجزائري خلال الفترة 1990-2007 ظهرت النتائج كما هي ممثلة في الجدول التالي:

---

(1)- والتي تقر بأنه إذا لم يترتب عن الزيادة في الطلب الكلي الفعال زيادة مناظرة في حجم الائتمان، انصب الأثر كله على الزيادة في الإنفاق زيادة تتناسب مع زيادة الطلب الفعال، وهذا ما يؤدي إلى حالة تضخم حقيقي

(2)- أحمد حمد السمان، **أبعاد مشكلة التضخم في ظل طفرة الفوائض النفطية 1975-1980**، مجلة آفاق اقتصادية، العدد الرابع والثلاثون، السنة التاسعة، ابريل 1988، ص 112

(3)- انظر الفصل الأول صفحة 28

الجدول(4-3-36) فائض الطلب المحلي الإجمالي ونسبته إلى الناتج المحلي الجمالي (بالأسعار الثابتة) في الجزائر خلال الفترة 1900-2007

	الناتج المحلي الإجمالي بالأسعار الثابتة (1)	إجمالي الإنفاق الاستهلاكي بالأسعار الجارية (2)	إجمالي الإنفاق الاستثماري بالأسعار الجارية (3)	الإنفاق القومي الإجمالي بالأسعار الجارية (4)=(3)+(2)	إجمالي فاض الطلب المحلي (5)=(1)-(4)	الفجوة التضخمية (6)=(1)/(5) %
1990	353.0	403.7	160.2	1،564	211.1	59.80
1991	348.7	547.2	266.8	9،797	449.2	128.82
1992	354.3	733.1	319.8	1030	675.7	190.71
1993	346.8	870.3	339.2	6،1177	830.8	239.56
1994	343.7	1014،1	467.6	6،1540	196.9،1	348.23
1995	357.0	455.0،1	632.3	5،2039	682.5،1	471.28
1996	370.5	740.4،1	661.1	6،2403	033.1،2	548.74
1997	374.6	890.1،1	699.0	9،2529	155.3،2	575.36
1998	393.7	060.3،2	770.0	4،2798	404.7،2	610.79
1999	406.3	214.3،2	866.0	0،3052	645.7،2	651.16
2000	415.0	274.3،2	886.0	0،3125	710.0،2	653.01
2001	426.0	472.3،2	164.6،1	9،3636	210.9،3	753.73
2002	446.1	654.9،2	417.6،1	3،4106	660.2،3	820.48
2003	476.1	902.5،2	606.1،1	7،4508	032.6،4	847.00
2004	501.6	216.0،3	038.4،2	5،5243	741.9،4	945.35
2005	527.2	414.7،3	324.1،2	2،5741	214.0،5	988.99
2006	546.2	643.3،3	501.3،2	6،6144	598.4،5	024.97،1
2007	572.2	212.1،4	220.3،3	4،7432	860.2،6	198.91،1

المصدر: من إعداد الباحث

نلاحظ من خلال الجدول السابق أن إجمالي فائض الطلب المحلي في الجزائر قد عرف ارتفاعاً متزايداً خلال فترة الدراسة، حيث عرف معدل نمو سنوي خلال الفترة 1990-1994

معدل 466%، أما خلال الفترة 1995-1999 فقد انخفض معدل نمو فائض الطلب المحلي وبلغ 24،57% ،و هذا كنتيجة لبرامج إدارة الطلب الكلي التي أشرف عليها صندوق النقد الدولي، وانطلاقاً من سنة 1999 فقد استرجعت معدلات نمو فائض الطلب المحلي الإجمالي اتجاهها المتسارع، حيث بلغ معدل نموها خلال الفترة 1999-2007 معدل 153% وهذا بعد انتهاء فترة برامج إدارة الطلب الكلي، والتي امتدت من سنة 1995 إلى غاية 1998، وإذا اعتبرنا أن نسبة إجمالي فائض الطلب إلى الناتج المحلي بالأسعار الثابتة كمؤشر على وجود فجوة تضخمية في الاقتصاد فنلاحظ أن هذه النسبة قد انتقلت من 80،59% سنة 1990 إلى 23،348% سنة 1994، وإلى 35،945% سنة 2004.

وللتعرف على تأثير الإنفاق الحكومي في رفع مستويات الأسعار يجب معرفة حجم مساهمة هذا الإنفاق في تكوين فائض الطلب الإجمالي والجدول التالي يوضح هذا.

الجدول(4-3-37) حجم ونسبة مساهمة الإنفاق الحكومي في إجمالي فائض الطلب المحلي في الجزائر خلال الفترة 1990-2007

	إجمالي فائض الطلب المحلي	الإنفاق الحكومي الاستهلاكي		الإنفاق الحكومي الاستثماري		مجموع الإنفاق الحكومي	
		حجم المساهمة	%	حجم المساهمة	%	حجم المساهمة[1]	%
1994-1990	363.7،3	750.71	31،22	441.73	13،13	4،1192	45،35
1999-1995	921.3،10	211.90،3	40،29	902.94	26،8	6،3548	49،32
2004-2000	355.6،18	843.39،4	38،26	082.81،2	34،11	2،6926	73،37
2007-2005	672.6،17	642.24،3	60،20	936.92،2	61،16	1،6579	22،37

المصدر: من إعداد الباحث بالاعتماد على معطيات الجداول السابقة، نسب محسوبة من قبل الباحث بالاعتماد على برنامج الإكسل، الوحدة مليار دينار ماعدا النسب

(1)- حجم المساهمة = (مجموع الإنفاق الحكومي/ مجموع الإنفاق الكلي) x مجموع فائض الطلب المحلي

الشكل(4-3-71)

نسبة مساهمة الانفاق الحكومي بنوعيه في اجمالي فائض الطلب المحلي في الجزائر خلال الفترة

1990-2007(%)

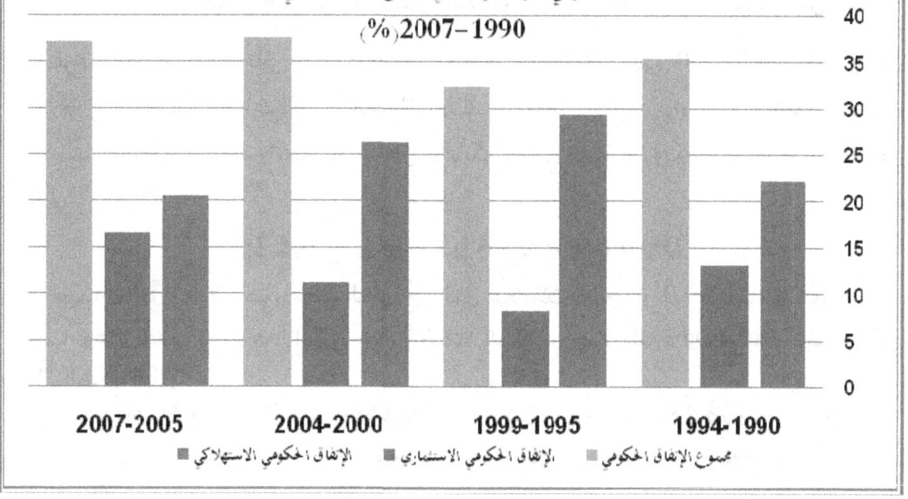

المصدر: من إعداد الباحث

يتضح من خلال الجدول والشكل السابقين أن حجم مساهمة الإنفاق الحكومي الإجمالي في فائض الطلب الإجمالي انتقل من 4،1192مليار دينار في الفترة 1990-1994 إلى 6،3548 مليار دينار في الفترة 1995-1999، أي بمعدل نمو قدره 197% وانتقل إلى 1،6579 مليار دينار في الفترة 2005-2007، وانتقلت نسبته من فائض الطلب المحلي الإجمالي من 45،35% إلى 22،37%، ولقد كانت معظم هذه المساهمة ناتجة عن الإنفاق الجاري حيث انتقلت مساهمة هذا الأخير من 31،22% إلى 40،29% خلال الفترتين الأولتين، ثم انخفضت لتصل إلى 60،20% خلال الفترة 2005-2007 هذا الانخفاض كان لصالح الإنفاق الاستثماري الذي وإن انخفض خلال الفترة 1995-1999 – بفعل برامج الإصلاح الاقتصادي المدعومة من قبل صندوق النقد الدولي الداعية إلى تقليص الإنفاق الحكومي الاستثماري- فقد استعاد مكانته وانتقلت مساهمته في فائض الطلب المحلي من 34،11% خلال الفترة 2000-2004 إلى 61،16% خلال الفترة 2005-2007، وهذا راجع إلى برامج الاستثمار الحكومي التي أطلقتها الدولة خلال الفترتين الأخيرتين. وبالتالي فإن النتيجة التي نخلص إليها أن الإنفاق الحكومي سواء كان جارياً أو استثمارياً يساهم في إحداث فائض الطلب المحلي الإجمالي بنسبة وسطية قدرها 72،35% خلال فترة الدراسة، ومن ثم فإنه يساهم في رفع معدلات التضخم في الجزائر.

2-1- التحليل القياسي لأثر سياسة الإنفاق الحكومي على إحداث فجوة الطلب الكلي المحلي

تقوم الدراسة بالتنبؤ بأثر كل من الإنفاق الخاص والحكومي على فائض الطلب المحلي Dx كمتغير تابع، ولقد تم اعتبار كل من الاستهلاك الحكومي Cg ، والاستهلاك الخاص Cp ، والاستثمار الحكومي Ig، والاستثمار الخاص Ip ،كمتغيرات مستقلة ويكون النموذج على الشكل التالي:

$$Dx = \alpha + a.Cg + b.Cp + c.Ig + d.Ip.$$

حيث a، b، c، d، هي معالم النموذج وتمثل معاملات الانحدار للمتغيرات المستقلة، وα : ثابت، وعند تقدير معالم هذا النموذج في الاقتصاد الجزائري خلال الفترة 1990-2007 كانت النتائج على الشكل التالي[1]:

$$Dx = -433{,}185 + 2{,}495.Cg + 1{,}016.Cp + 1{,}950.Ig - 1{,}130.Ip.$$

(-2936،) (8299،) (2725،) (4801،) (-2894،)

$$R = 0{,}995 \quad R^2 = 0{,}990 \quad R^2adj = 0{,}986 \quad F = 306{,}515 \quad D - W = 1{,}443$$

أ- الدلالة الإحصائية للنموذج

يشير هذا النموذج إلى قوة العلاقة الارتباطية الموجودة بين المتغيرات المستقلة والمتغير التابع، وهذا ما يشير إليه معامل الارتباط المتعدد الذي بلغ 995،0، كما يشير معامل التحديد إلى أن 99% من التغيرات في إجمالي فائض الطلب المحلي راجعة إلى التغيرات في المتغيرات المستقلة الموجودة في النموذج، كما أن جميع المتغيرات كانت ذات دلالة إحصائية مقبولة.

ب- التفسير الاقتصادي للنموذج

يتضح لنا من خلال تحليل معاملات الانحدار في هذا النموذج إلى العلاقة الانحدارية القوية

(1)- انظر الملحق رقم (11) : **نتائج اختبار اثر سياسة الإنفاق الحكومي في إحداث فائض الطلب المحلي الإجمالي في الجزائر خلال الفترة** 1990-2007، صفحة 230

الموجودة بين الاستهلاك الحكومي وفائض الطلب المحلي الإجمالي، حيث بلغ معامل الانحدار 495،2، وهذا يعني أنه كلما زاد الاستهلاك الحكومي بمقدار واحد دينار فإن فائض الطلب المحلي سيزيد ب 495،2 وهذا دليل على الأثر الكبير الذي تتركه زيادة الاستهلاك الحكومي على فائض الطلب المحلي الإجمالي ومساهمته- أي الاستهلاك الحكومي- في تغذية الضغوط التضخمية، المتغير الذي يلي الاستهلاك الحكومي في قوة علاقته الانحدارية بفائض الطلب المحلي هو الاستثمار الحكومي الذي بلغ معامل انحداره 950،1 وتفسير ارتفاع قيمة هذا المعامل أن الاستثمار الحكومي في الجزائر وُجه خلال الفترة الأخيرة إلى البنية التحتية، والتي لا تؤثر على الناتج المحلي الإجمالي في الأجل القصير، وبالتالي فإنه يساهم في زيادة فائض الطلب المحلي الإجمالي مما يغذي الضغوط التضخمية، أما فيما يتعلق بالاستهلاك الخاص فقد بلغ معامل انحداره 016،1 وهذا يعني أنه إذا زاد الاستهلاك الخاص بواحد دينار فإن فائض الطلب المحلي الإجمالي سوف يزيد ب 016،1 دينار، حيث يساهم الاستهلاك الخاص بنسبة كبيرة نسبياً في تغذية الضغوط التضخمية، خاصة أن الدراسة أثبتت اعتماد الاستهلاك الخاص على الرواتب والأجور التي تعد أهم مكون من مكونات الإنفاق الحكومي الجاري،[1] وفيما يخص الاستثمار الحكومي فقد كان معامل انحداره سالباً ويقدر ب - 130،1 وهذا يعني أنه إذا زاد الاستثمار الخاص بواحد دينار فإن هذا سوف يؤدي إلى انخفاض فائض الطلب المحلي بمقدار 130،1 وتفسير ذلك أن الاستثمار الخاص يساهم بشكل كبير في زيادة الناتج المحلي الإجمالي بالأسعار الثابتة في الأجل القصير، حيث أن الاستثمار الخاص لا يؤدي إلى زيادة فائض الطلب المحلي الإجمالي وهو ما يقلص الفجوة التضخمية. أما عن سرعة تأثير التغيرات في الإنفاق الحكومي والخاص فقد قامت الدراسة باستخدام معامل بيتا الذي بين أن الإنفاق الحكومي الاستهلاكي يؤثر بشكل أسرع من بقية المتغيرات حيث بلغت قيمة معامل بيتا لهذا المتغير 579،0 يليه في ذلك الاستهلاك الخاص بمعامل قدره 494،0 ثم الاستثمار الحكومي ب 375،0، ويُفسَر هذا بأن الاستهلاك الخاص يدخل بصفة مباشرة وسريعة في الدورة الاقتصادية على عكس الاستثمار الحكومي الذي يكون دخوله في الدورة الاقتصادية بشكل بطيء.

وكنتيجة لما سبق تحليله فإن الدراسة أثبتت أن الاستهلاك الحكومي له أثر كبير على فائض الطلب الإجمالي المحلي واتضح ذلك من خلال معامل الانحدار، وهذا يؤكد فرضية أن هذا

(1)- انظر الجدول (3-3-19) صفحة 137

النوع من الإنفاق يمكن أن يغذي الفجوة التضخمية كما أن سرعة ومدى تأثيره على فائض الطلب الإجمالي كانا كبيرين، واتضح ذلك من خلال معامل بيتا ومعامل المرونة وجاء في المرتبة من حيث الأثر؛ الاستثمار الحكومي بمعامل انحدار قدره 950،1 إلى أن سرعة ومدى تأثيره كانا أقل بالمقارنة مع الاستهلاك الخاص وهذا راجع إلى بطء دخول الاستثمار الحكومي في الدورة الاقتصادية، كما أن الاستهلاك الخاص مرتبط بشكل كبير بالإنفاق الحكومي الجاري من خلال الرواتب والأجور، وبقي الآن تحديد أثر السياسة النقدية المصاحبة لسياسة الإنفاق الحكومي على المستوى العام للأسعار .

2- أثر السياسة النقدية المصاحبة لسياسة الإنفاق الحكومي على المستوى العام للأسعار في الجزائر

تقوم الدراسة في هذا الفرع بتحليل دور الإنفاق الحكومي في زيادة عرض النقود في الجزائر في إطار السياسة النقدية المصاحبة ومدى مساهمتها في إحداث الفجوة التضخمية النقدية التي تؤدي إلى ارتفاع الأسعار كنتيجة مباشرة، وتستخدم الدراسة مجموعة من المؤشرات التي تم التطرق إليها في الجانب النظري، [1] وتعتمد الدراسة على المفهوم الضيق والواسع لعرض النقود M_1، M_2، [2] وبصفة عامة فقد عرفت معدلات التضخم ارتفاعاً خلال الفترة 1990-1995 وذلك بسبب اختلال التوازن بين الكتلة النقدية والإنتاج الحقيقي ويعود ذلك إلى سببين رئيسين:

- زيادة تكلفة الواردات الناتجة عن عملية تخفيض الدينار الجزائري؛
- ارتفاع في الرواتب والأجور، حيث نلاحظ ارتفاع الأجر القاعدي الأدنى ب 700% من 1993 إلى 2001.[3]

وكانت الدراسة قد حصرت مصادر التضخم في ثلاث عناصر وهي الكتلة النقدية، الرواتب والأجور والإنفاق الكلي الخام والجدول التالي يوضح لنا تطور حجم عرض النقود بالمفهوم الضيق والواسع خلال الفترة 1990-2007

(1)- انظر الفصل الأول صفحة 28

(2)- M_1= النقد المتداول+ ودائع تحت الطلب و M_2= M_1+شبه النقود(ودائع لأجل)

(3)- M. ghernaout، **op.cit.**، p 15

الجدول(4-3- 38) تطور حجم عرض النقود بالمفهوم الضيقM1 وبمفهومه الواسع M2 في الجزائر خلال الفترة 1990- 2007

	عرض النقود بالمفهوم الضيقM1		عرض النقود بالمفهوم الواسع M2	
	الحجم(مليار دينار)	معدل النمو السنوي %	الحجم(مليار دينار)	معدل النمو السنوي%
1990	275.2	-	348.5	-
1991	325.9	42،18	416.2	42،19
1992	369.7	43،13	515.9	95،23
1993	443.2	88،19	625.2	21.18
1994	476.0	40،7	723.7	75،15
1995	519.1	05،9	799.6	48،10
1996	589.1	48،13	915.0	43،14
1997	671.6	14	081.5،1	19،18
1998	826.4	04،23	592.5،1	22،47
1999	905.2	53،9	789.4،1	38،12
2000	048.2،1	79،15	022.5،2	02،13
2001	238.5،1	15،18	473.5،2	22.29
2002	416.3،1	35،14	901.5،2	30،17
2003	630.4،1	11،15	354.4،3	60،15
2004	160.6،2	50،32	738.0،3	43،11
2005	417.4،2	88،11	146.9،4	93،10
2006	167.6،3	03،31	857.8،4	14،17
2007	233.6،4	65،33	520.6،5	64،13

نسب محسوبة من قبل الباحث

statistique monétaire ،Source: bulletin statistique de la banque d'Algérie juin 2006،

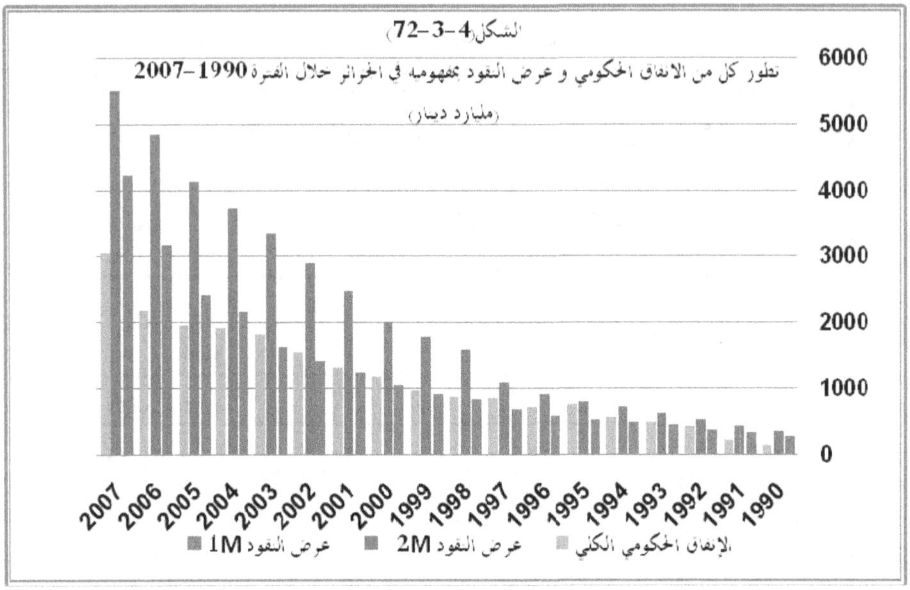

الشكل(4-3-72)
تطور كل من الانفاق الحكومي و عرض النقود بمفهوميه في الجزائر خلال الفترة 1990-2007
(مليارد دينار)

المصدر: من إعداد الباحث

يتضح من خلال الجدول السابق تطور العرض النقدي بمفهوميه في الاقتصاد الجزائري خلال الفترة 1990-2007حيث شهدت الفترة 1990-1994 معدل نمو سنوي للعرض النقدي بالمفهوم الضيق يقدر ب 78،14% أما M2 فقد عرفت معدل نمو يقدر ب 07،20% وقد عرفت سنة 1995 معدلات نمو منخفضة للعرض النقدي ككل، حيث بلغ معدل نمو M1 ما يقدر ب05،9% أما M2 فقد بلغ معدل نموها 48،10%، وذلك بسبب انطلاق برامج التثبيت والتكييف الهيكلي بالإضافة إلى انخفاض الودائع تحت الطلب بسبب استمرار ترجع أسعار النفط خلال هذه الفترة، وانطلاقاً من سنة 1999 شهدت معدلات نمو M1 وM2 ارتفاعاً نسبياً حيث بلغ معدل النمو الوسطي ل M2 خلال الفترة 2000-2007 ما يُقدر ب 08،15% وهذا نتيجة الانتعاش الذي عرفه الاقتصاد الوطني انطلاقاً من سنة 1999 والتي عرفت ارتفاعاً في أسعار النفط وارتفاع احتياطات الصرف التي تعتبر الغطاء الذي يتم على أساسها الإصدار النقدي، [1] ونلاحظ من خلال الشكل السابق العلاقة الموجودة بين الإنفاق الحكومي والعرض النقدي، وبعد هذا العرض الموجز لتطور عرض النقود وُجد أنه من المناسب

---

(1)- Rapport 2006، **évolution économiques et monétaires en Algérie**، juin 2006، p128

الوقوف على سرعة تداول النقود في الاقتصاد الجزائري والتي تُظهرها المعادلة الكمية للنقود وبتطبيق هذه المعادلة على الاقتصاد الجزائري خلال الفترة 1990-2007 يتم تشكيل الجدول التالي:

الجدول(4-3-39) قياس سرعة تداول النقود في الاقتصاد الجزائري حسب M1و M2 خلال الفترة 1990-2007

	الناتج المحلي الإجمالي الأسعار الجارية(مليار دينار) (1)	عرض النقود M1 مليار دينار (2)	عرض النقودM2 مليار دينار (3)	سرعة تداول النقودV1 (4)=(2)/(1)	سرعة تداول النقودV2 (5)=(3)/(1)	متوسط السرعتين(V1 وV2 (6)
1990-1994	168.3،5	890.0،1	629.5،2	7،2	9،1	3،2
1995-1999	423.6،13	511.4،3	178.0،6	8،3	1،2	9،2
2000-2004	154.0،24	494.0،7	588.4،11	2،3	0،2	6،2
2005-2007	403.4،25	585.0،5	525.3،14	5،4	7،1	1،3

المصدر: من إعداد الباحث بالاعتماد على معطيات الجدول(**4-3-28**)

نلاحظ من خلال هذا الجدول أن سرعة تداول النقود V_1 خلال الفترة 1990-1994 بلغت 7،2 ثم ارتفعت لتصل إلى 2،3 في الفترة 2000-2004 وإلى 5،4 خلال الفترة 2005-2007 ونلاحظ أن سرعة تداول النقود المتوسطة بالإضافة إلى V_1و V_2 بقيت ثابتة خلال الفترة 1995-2004 مما يعني أن ارتفاع الأسعار خلال هذه الفترة لم يكن يُعزى إلى زيادة سرعة تداول النقود وإنما راجعٌ إلى أسباب أخرى متعلقة بالطلب الكلي، كالرواتب والأجور،[1] والإنفاق الكلي الخام، وانطلاقاً من سنة 2005 انخفضت سرعة تداول النقود إلى 7،1 وهذا ما كان له أثر محسوس على انخفاض معدلات التضخم.

(1)- وما يثبت تحليلنا هذا يمكن استنتاجه من خلال الملاحظة التحليلية للمنحنى (مصادر التضخم) حيث نلاحظ أن منحنى معدل نمو الكتلة النقدية لم يكن يتماشى مع معدل التضخم خلال الفترة 1995-2005 وهذا ما يصَدق تحليلنا لثبات سرعة تداول النقود

أما عن دور الإنفاق الحكومي في تشكيل الفجوة التضخمية النقدية في الاقتصاد فيكون من خلال أثر هذا الإنفاق على زيادة عرض النقود، ومن خلال إلقاء نظرة على الوضع النقدي للجهاز المصرفي في الجزائر يمكن تحديد نسبة صافي ديون الحكومة إلى مجموع الائتمان المصرفي الممنوح، خلال الفترة 1990-2007 وهو ما يبينه الجدول التالي:

الجدول(4-3- 40) تطور حجم الائتمان المصرفي الممنوح للحكومة من الجهاز المصرفي في الجزائر خلال الفترة **1990-2007**

	ديون على الحكومة[1] (1) مليار دينار	رصيد الموازنة مليار دينار	سعر البرميل من النفط دولار/للبرميل	ودائع الحكومة (2) مليار دينار	قروض للحكومة (3) مليار دينار	موجودات الجهاز المصرفي (4) مليار دينار	ديون الحكومة كنسبة من موجودات الجهاز المصرفي (5)=100x(4)/(1) %	صافي ديون الحكومة (6)=(2)-(1) مليار دينار	صافي ديون الحكومة كنسبة من موجودات الجهاز المصرفي =100x(4)/(6) % (7)
1990	143.6	7.17	2.24	221.6	167	668.3	48.21	379.137	55.20
1991	132.6	8.32	4.20	42.8	9.159	.2005.1	19.13	18.124	35.12
1992	191.0	1.8	2.19	17.8	1.174	.9111.1	17.17	83.182	44.16
1993	574.2	4.-70	5.17	04.93	2.522	.8286.1	62.44	16.481	39.37
1994	460.1	7.-27	3.16	04.48	6.468	.1701.1	04.27	06.412	22.24
1995	397.3	8.11	6.17	29.54	6.401	.1078.2	11.19	01.343	50.16
1996	318.2	2.100	7.21	9.101	5.280	.7403.2	23.13	3.216	99.08

(1)- تتكون من سندات الخزينة وقروض للخزينة العامة والتي أصبحت قيمتها مساوية للصفر انطلاقا من نوفمبر 2007 ، انظر bulletin statistique trimestrielle de la banque d'Algérie، juin 2008، p 2

38،13	5،344	51،17	.7573،2	6،423	2،106	5،19	5،81	450.7	**1997**
11،23	7،704	11،25	.8048،3	2،723	61	9،12	4،-101	765.7	**1998**
66،21	14،751	41،23	.8467،3	9،847	96،60	9،17	2،-11	812.1	**1999**
03،14	9،580	70،22	.8137،4	5،677	4،358	5،28	400	939.3	**2000**
96،09	3،463	59،19	.9649،4	7،569	7،447	9،24	5،184	911.0	**2001**
38،08	2،469	02،21	.1593،5	7،578	4،508	2،25	6،52	977.6	**2002**
61،04	23،293	94،14	.0359،6	4،423	17،657	29	1،256	950.4	**2003**
40،-02	9،-178	46،12	.2427،7	59،20-	4،1104	5،38	4،323	925.5	**2004**
98،-13	58،-1220	26،11	.1726،8	2،939-	7،2203	6،54	6،1030	983.1	**2005**
-91،13	-10،1640	83،14	785.5،11	1،1304-	3،3388	7،65	2،1187	748.2،1	**2006**
-08،18	-80،2571	65،6	222.3،14	1،2193-	2،3518	9،74	8،595	946.4	**2007**

المصدر: الحقول(1)(2)(3)(4) من bulletin statistique de la banque d'Algérie ،bulletin statistique monétaire ،juin 2006، bulletin trimestrielle 2008

بقية الحقول من احتساب الباحث

يبين الجدول السابق أن مطلوبات الجهاز المصرفي من الحكومة آخذة بالازدياد حيث بلغ حجم الديون المترتبة على الحكومة سنة 1990 ما يُقدر ب 6،143 مليار دينار وارتفع ليصل إلى 1،460 مليار دينار أي بمعدل نمو قدره 220% وكان ذلك كنتيجة منطقية لانخفاض مداخيل البلاد من المحروقات حيث تم اللجوء إلى الاقتراض من الجهاز المصرفي لتمويل عجز الموازنة وهذا ما يوضحه رصيد الموازنة الذي انخفض وحقق عجزا خلال السنوات 1993-1994 ب 2،70 مليار دينار و7،27 مليار دينار ، أما خلال الفترة 1995-1999 فنلاحظ انتقال ديون الحكومة من 3،397 مليار دينار إلى 1،812 مليار دينار ومن الملاحظ خلال هذه الفترة الانخفاض الشديد في أسعار النفط التي وصلت إلى 9،12 دولار/برميل سنة 1998، وهو ما ساهم في ظهور عجز موازنة قدره -4،101 مليار دينار وبالتالي فإننا نستنتج أن الدولة تقوم بتغطية انخفاض أسعار النفط من خلال الاقتراض من الجهاز المصرفي، وانطلاقاً من سنة 2000 وإلى غاية 2005 نلاحظ أن ديون الحكومة بقيت متراوحة بين 3،939 مليار دينار 12،983 مليار دينار بمعدل نمو قدره 4% فقط، كما أن رصيد الموازنة حقق فائضا وصل إلى 2،1187 مليار دينار وما يُبرر عدم اللجوء إلى الاقتراض بصفة كبيرة من الجهاز المصرفي مع الحفاظ على فائض رصيد موازنة هو التحسن الذي شهدته أسعار النفط خلال الفترة 2000-2005 حيث انتقل سعر البرميل من 5،28 دولار إلى 7،74 دولار للبرميل سنة 2007 .

وبالتالي فإن النتيجة التي توصلت إليها الدراسة هي أن الحكومة تعتمد في تمويل عجز الموازنة على مداخيل النفط وهي تؤثر بشكل كبير على رصيد الموازنة وفي حالة انخفاض أسعار النفط فإن الدولة تلجأ إلى الإصدار النقدي كبديل عن مداخيل النفط خلال الفترة 1996-2000 وانطلاقاً من سنة 2000 عرف نمو ديون الحكومة من الجهاز المصرفي استقراراً وذلك كنتيجة لتحسن أسعار النفط كما يوضحه الشكل التالي، كما أن قروض الحكومة من الجهاز المصرفي لها أهمية كبيرة حيث انتقلت من 167 مليار دينار سنة 1990 ووصلت إلى 9،847 مليار دينار سنة 1999 وهذا ما يدفعنا إلى القول بأن السياسة النقدية المصاحبة لسياسة الإنفاق الحكومي تؤدي إلى حدوث ضغوط تضخمية لكنها تأتي في الدرجة الثانية بعد الإيرادات النفطية التي يُعتمد عليها بشكل كبير في تمويل عجز الموازنة، والشكل التالي يوضح لنا هذا التحليل بشكل أكثر دقة.

الشكل(4-3-73)

تطور رصيد الموازنة العامة و علاقته بالايرادات النفطية و ديون الحكومة من الجهاز المصرفي في الجزائر خلال الفترة 1990-2007(مليار دينار جزائري)

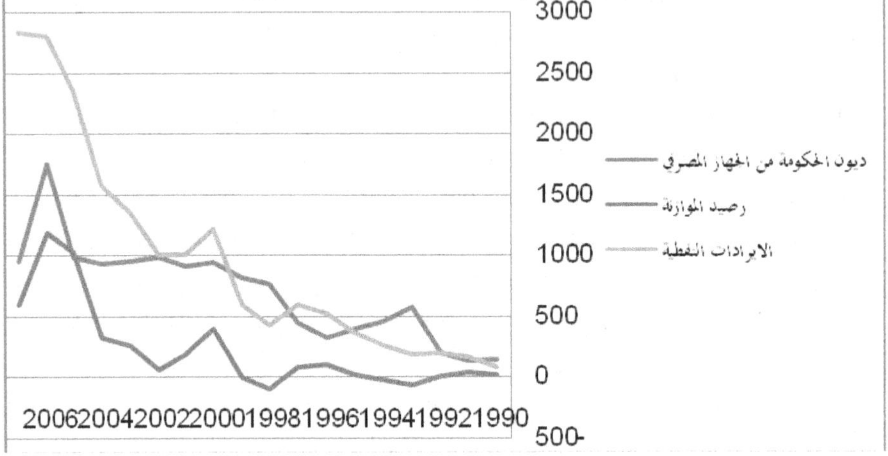

المصدر: من إعداد الباحث بالاعتماد على معطيات الجدول(4-3-40)

المطلب الثاني: تحليل فعالية سياسة الإنفاق الحكومي في تحقيق الاستقرار الاقتصادي الخارجي في الجزائر

إن نموذج الدخل/ الإنفاق يؤكد على حساسية المتغيرات الاقتصادية الكلية لسياسة الإنفاق الحكومي، ففي اقتصاد صغير ومفتوح حيث الإنتاج محدود يُقابَل بحرية انتقال رؤوس الأموال، ينعكس أثر عجز الموازنة على النشاط الاقتصادي، حيث تؤثر آلية استصدار السندات الحكومية على تصرفات الوحدات الاقتصادية من خلال تأثير الثروة، وتؤدي إلى زيادة حجم المستوردات وارتفاع سعر الفائدة حيث سعر الفائدة المرتفع الذي يؤدي بدوره إلى تدفق رؤوس الأموال[1] والتي تؤدي إلى تحسن سعر صرف العملة الوطنية، الأمر الذي يؤدي بدوره إلى انخفاض حجم الصادرات وانخفاض قدرة الاقتصاد على المنافسة، وبالتالي إحداث عجز في الحساب الجاري، أما إذا افترضنا ثبات أسعار الصرف فإن التغير في سعر الفائدة يمكن أن يؤدي إلى تكافؤ سعر الفائدة المحلي والأجنبي وفي هذه الحالة تؤدي السياسة المالية التوسعية إلى زيادة في الإنتاج والتشغيل، بسبب غياب تأثير سعر الفائدة، ويتبع ذلك تأثير قوي على الحساب الجاري بسبب الزيادة في

(1)- انظر الفصل الثاني صفحة 95

الاستيراد الناشئة عن ارتفاع الدخل، وعليه فإن الأساس في نموذج الدخل / الإنفاق هو أن رصيد الموازنة مع سعر الفائدة وشروط التجارة تفسر الجزء الأكبر من رصيد الحساب الجاري.

ولقد تم انتقاد نموذج الدخل / الإنفاق من قبَل أنصار النماذج الديناميكية أمثال BARRO ، OBSTFIELD، FRENKEL، RAZIN حيث يؤكد هؤلاء على أن من أساسيات التحليل الديناميكي أن الإنفاق الحقيقي الخاص والحساب الجاري لا يتأثران بآلية تمويل الإنفاق الحكومي ويعتمدون في ذلك على نظرية التعادل الريكاردي،[1] حيث يرون أن مستوى الإنفاق الحكومي هو المؤثر الفعال على عجز الحساب الجاري وليس طريقة التمويل، حيث أنه إذا أرادت الحكومة تمويل عجز الموازنة عن طريق إصدار السندات فسيلجأ الأفراد إلى زيادة ادخارهم الخاص بالقيمة نفسها على اعتبار أن السندات لا تمثل ثروة جديدة بل تمثل ضرائب مستقبلية، وضمن هذا الإطار يجب الملاحظة بأنه من الممكن أن يُحدث الإنفاق الحكومي تغيرات في الحساب الجاري، وذلك بسحب مصادر تمويل كانت ستذهب إلى القطاع الخاص، وعليه فإن الأساس في هذا النموذج الديناميكي هو أن التغيرات في الإنفاق الحكومي المفاجئة مع سعر الفائدة تفسر الجزء الأكبر من تذبذبات الحساب الجاري.[2] لذلك ستقوم الدراسة بإظهار أثر سياسة الإنفاق الحكومي على الحساب الجاري، بالإضافة إلى تطبيق نموذج العجز التوأم على الاقتصاد الجزائري، وفي نقطة موالية ستقوم الدراسة بتحليل العلاقة الموجودة بين الإنفاق الحكومي والواردات وذلك بغية إيجاد تفسير معقول لانخفاض قيمة مضاعف الإنفاق الحكومي المحسوب في هذه الدراسة.

1- أثر سياسة الإنفاق الحكومي على الحساب الجاري في الاقتصاد الجزائري

تهدف الدراسة من خلال هذا الفرع إلى دراسة أثر سياسة الإنفاق الحكومي على الحساب الجاري في ميزان المدفوعات، ونلاحظ من خلال الشكل العلاقة الموجودة بين رصيد الموازنة العامة وتطورات الإنفاق الحكومي ورصيد الحساب الجاري نسبةً إلى الناتج في الجزائر خلال

---

(1)- انظر الصفحة 77

(2)- منهل مطر شوتر، **عجز الحساب الجاري وعلاقته بعجز الموازنة، دراسة تطبيقية 1969-1995**، مجلة آفاق اقتصادية، المجلد 21، العدد 82، الإمارات العربية المتحدة، 2000، ص 114

الفترة 1993-2006، حيث نلاحظ علاقة الارتباط الوثيقة بين رصيد الموازنة العامة ورصيد الحساب الجاري حيث نلاحظ أنه في سنوات 1994-1995-1998-1999 سجل كل من الحساب الجاري والموازنة العامة عجزاً توأماً، وهو ما يبين طبيعة التأثير بينهما وهذا على عكس بقية السنوات، والتي سجلت فائضاً في كل من الموازنة العامة والحساب الجاري، ومن الملاحظ أيضا أن انخفاض الإنفاق الحكومي ابتداء من سنة 1995 أدى إلى تحقيق فائض في كل من الموازنة العامة والحساب الجاري في السنوات 1996-1997، كما أن ارتفاع نسبة الإنفاق الحكومي إلى الناتج المحلي ابتداء من سنة 2000 أدى إلى انخفاض رصيد كل من الموازنة العامة والحساب الجاري، كما أن انخفاض نسبة الإنفاق الحكومي إلى الناتج المحلي ابتداء من سنة 2003 أدى إلى تحسن في رصيد كل من الموازنة العامة والناتج المحلي، ويلاحَظ من خلال الشكل أن الإيرادات النفطية مرتبطة بشكل كبير بكل من رصيد الموازنة العامة ورصيد الحساب الجاري، وبالتالي فإن فرضية العجز/الفائض التوأم موجودة في الجزائر، كما أن الإنفاق الحكومي والإيرادات النفطية يعتبران المحددان الرئيسيان لهذا العجز/الفائض.

الجدول(4-3-41) نسبة رصيد الموازنة العامة والحساب الجاري والإنفاق الحكومي إلى الناتج المحلي في الجزائر خلال الفترة 1993-2006

	نسبة رصيد الموازنة إلى الناتج المحلي	نسبة رصيد الحساب الجاري إلى الناتج المحلي	نسبة الإنفاق الحكومي إلى الناتج المحلي	نسبة الإيرادات النفطية إلى الناتج المحلي
1993	1،-6	6،1	06،40	55،15
1994	9،-1	3،-4	07،38	32،17
1995	6،0	6،-5	88،37	89،17
1996	4	7،2	19،28	22،20
1997	4	2،7	39،30	31،21
1998	58،-3	9،-1	94،30	04،15
1999	34،-0	0	69،29	16،18
2000	75،9	8،16	74،28	59،29
2001	4،3	8،12	18،31	64،23
2002	2،0	6،7	8،34	62،22
2003	8،7	13	58،34	77،25
2004	9،6	1،13	33،31	63،25
2005	9،11	7،20	26	37،31
2006	6،13	2،25	09،26	35،33
2007	26،6	13،22	08،32	79،29

المصدر : من إعداد الباحث بالاعتماد على معطيات الجداول السابقة

الشكل(4-3-74)

تطور العلاقة بين رصيد الموازنة العامة و رصيد الحساب الجاري و أثر الايرادات النفطية في الجزائر خلال

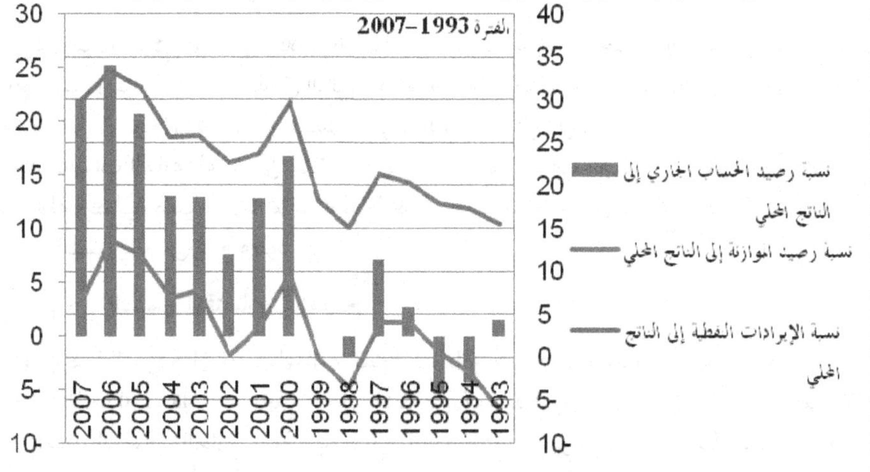

المصدر: من إعداد الباحث بالاعتماد على معطيات الجدول السابق

وتستخدم الدراسة الأسلوب القياسي الكمي من أجل تأكيد أثر كل من عجز الموازنة[1] والإيرادات النفطية على رصيد الحساب الجاري، وسيتم دراسة العلاقة بين نسبة رصيد الحساب الجاري إلى الناتج CA كمتغير تابع ونسبة رصيد الموازنة العامة إلى الناتج BS كمتغير مستقل $CA = a + b.BS$. و بتطبيق هذا النموذج على الاقتصاد الجزائري باستخدام برنامج *SPSS* كانت النتائج على الشكل التالي[2]:

$$CA = 3,129 + 1,489.BS$$

(1.896)

(6.015)

$R = 0,856 \quad R^2 = 0,736 \quad R^2adj = 0,715 \quad F = 136,186 \quad D-W = 1,975$

(1)- قامت الدراسة باحتساب معامل الارتباط بين نسبة الإنفاق الحكومي إلى الناتج ونسبة رصيد الموازنة إلى الناتج وكان مساويا ل -0،71 وهذا يدل على العلاقة العكسية الموجودة بينهما، حيث انه كلما زاد الإنفاق الحكومي انخفض رصيد الموازنة العامة والعكس صحيح.

(2)- انظر الملحق رقم (12): **نتائج اختبار أثر سياسة الإنفاق الحكومي على الحساب الجاري لميزان المدفوعات في الجزائر خلال الفترة 1993-2006**، صفحة 231

أ- <u>الدلالة الإحصائية للنموذج</u>

يشير هذا النموذج إلى وجود علاقة ارتباطيه قوية بين نسبة رصيد الحساب الجاري إلى الناتج كمتغير تابع ونسبة رصيد الموازنة العامة إلى الناتج كمتغير مستقل وهذا ما يشير إليه معامل الارتباط الذي بلغ 858،0 ،كما أن معامل التحديد أو معامل الجودة للنموذج يشير إلى أن 6،73% من التغيرات الناتجة في رصيد الحساب الجاري يُفسَر من خلال التغيرات في رصيد الحساب الجاري، ومن الواضح أن النموذج ذو دلالة إحصائية مقبولة وهذا ما تبينه قيمة فيشر التي كانت أكبر من القيمة الجدولية كما أن اختبار دربن واطسن يشير إلى عدم وجود ارتباط ذاتي.

ب- <u>التفسير الاقتصادي للنموذج</u>

يبين هذا النموذج أن رصيد الموازنة العامة لها تأثير كبير على رصيد الحساب الجاري حيث بلغ معامل الانحدار 489،1 وهذا يعني أنه إذ زادت نسبة رصيد الموازنة العامة من الناتج بواحد بالمائة فإن رصيد الحساب الجاري سوف يزداد ب 489،1 وهذا ما يؤكد وجود فرضية العجز التوأم أو الفائض التوأم بمعنى أنه إذا زاد / انخفض رصيد الموازنة العامة بواحد دينار فإن رصيد الحساب الجاري سوف يزيد / ينخفض مستقبلاً، وكما تبين من خلال الشكل السابق أن الإيرادات النفطية هي المؤثر الأساسي على رصيد الموازنة العامة ومنه على رصيد الحساب الجاري حيث أن معامل الارتباط بين نسبة رصيد الموازنة العامة إلى الناتج ونسبة الإيرادات النفطية إلى الناتج بلغ 943،0.

وبالتالي فإن هذا النموذج يؤكد انطباق فرضية العجز التوأم على الاقتصاد الجزائري بمعنى أن رصيد الموازنة العامة يؤثر على الحساب الجاري وفق علاقة طردية[1]، أما الإنفاق الحكومي فقد أثبتت الدراسة الإحصائية والقياسية الأثر السلبي والعكسي الذي تخلفه على الحساب الجاري، بمعنى أنه إذا زاد الإنفاق الحكومي فإن هذا سيؤدي إلى زيادة العجز التوأم. ومن أجل تخفيض هذا الأثر لا بد من تحقيق نوع من التفاعل والتنسيق بين سياسة الإنفاق الحكومي وسياسة الصرف الأجنبي، كما أن سياسة الإنفاق الحكومي تؤثر كذلك

---

(1)- ويكون هذا وفق آلية معينة تطرقنا إليها في الفصل الثاني انظر الصفحة 112

على الواردات، حيث أن الدراسة افترضت أن من بين أهم أسباب انخفاض قيمة مضاعف الإنفاق الحكومي هو زيادة التسرب عن طريق الواردات، فكيف يؤثر الإنفاق الحكومي على الواردات؟ وما هي طبيعة العلاقة بين الإنفاق الحكومي وهيكل الواردات.

2- أثر سياسة الإنفاق الحكومي على الواردات

تحاول الدراسة من خلال هذا العنصر تحليل الأثر الذي تتركه سياسة الإنفاق الحكومي على الواردات من خلال إبراز العلاقة بين الإنفاق الحكومي بشقيه الجاري والاستثماري والواردات، بالإضافة إلى إبراز هيكل الواردات والعلاقة الموجودة بينه وبين هيكل الإنفاق الحكومي، والجدول التالي يوضح تطورات كل من الإنفاق الحكومي والواردات في الجزائر خلال الفترة 1990-2007

الجدول(4-3-42) تطور كل من الإنفاق الحكومي والواردات في الجزائر خلال الفترة 1990-2007

	الإنفاق الحكومي الكلي مليار دينار	معدل نمو الإنفاق الحكومي الكلي%	الإنفاق الجاري مليار دينار	معدل نمو الإنفاق الجاري %	الإنفاق الاستثماري مليار دينار	معدل نمو الإنفاق الاستثماري %	الواردات مليار دينار	معد نمو الواردات %
1990	.5136	-	88.8	-	7،47	-	87.0	-
1991	212.1	38،55	153.8	19،73	3،58	22،22	139.2	01،60
1992	420.1	06،98	276.1	51،79	0،144	146	188.5	40،35
1993	476.6	44،13	291.4	54،5	2،185	61،28	205.0	74،8
1994	566.3	82،18	330.4	38،13	9،235	37،27	340.1	79،65
1995	759.6	13،34	473.7	3،143	9،285	19،21	513.1	08،51
1996	724.6	60،4-	550.6	23،16	0،174	13،39-	498.3	89،2-
1997	845.1	62،16	643.5	87،16	6،201	86،15	501.5	65،0
1998	875.7	62،3	663.8	15،3	8،211	05،5	552.3	12،10
1999	961.7	82،9	774.7	70،16	9،186	75،11-	610.6	55،10
2000	178.1،1	22.50	856.2	52،10	9،321	23،72	690.4	05،13
2001	321.0،1	13،12	963.6	54،12	4،357	02،11	764.8	78،10
2002	550.6،1	38،17	097.7،1	91،13	9،452	72،26	957.0	12،25
2003	811.1،1	80،16	199.1،1	23،9	0،612	12،35	047.4،1	44،9
2004	920.0،1	01،6	324.4،1	44،10	6،595	67،2-	314.3،1	48،25
2005	950.0،1	56،1	232.5،1	93،6-	5،717	46،20	493.6،1	63،13
2006	189.6،2	28،12	174.0،1	74،4-	6،1015	54،41	558.5،1	34،4
2007	052.0،3	40،39	574.0،1	14،34	0،1477	46،45	828.0،1	29،17

المصدر: من إعداد الباحث بالاعتماد على معطيات الجدول(**3-3-19**)

وموقع الديوان الوطني **للإحصائيات168 rétrospective statistique ، 1970-2002، ONS، édition 2005، p**

الجزائر www.ons.dz تاريخ الدخول: 25-2-2009

1-2- أثر الإنفاق الحكومي بشقيه الجاري والاستثماري على الواردات

يمثل الشكل التالي العلاقة الموجودة بين معدل نمو الإنفاق الحكومي الكلي ومعدل نمو الواردات:

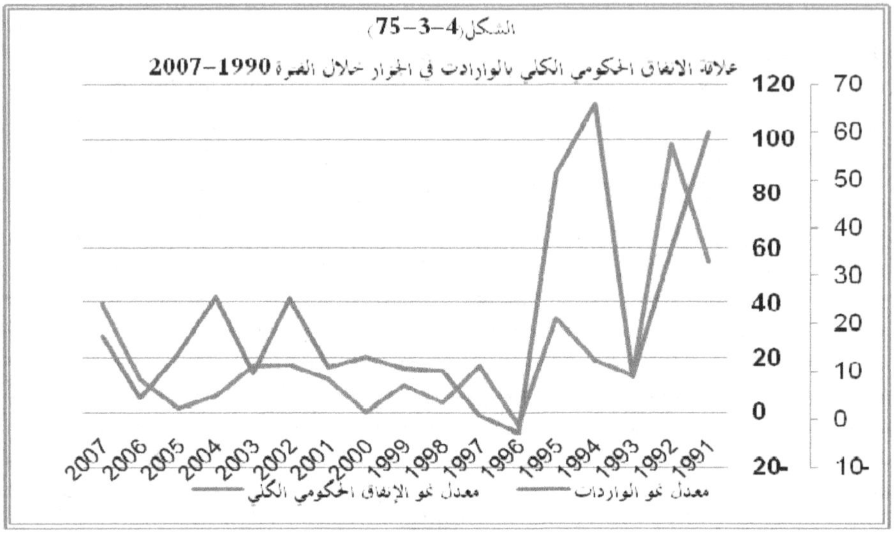

الشكل(4-3-75)

علاقة الإنفاق الحكومي الكلي بالواردات في الجزائر خلال الفترة 1990–2007

المصدر: من إعداد الباحث بالاعتماد على معطيات الجدول(4-3-42)

نلاحظ من خلال الشكل السابق العلاقة الموجودة بين الإنفاق الحكومي والواردات حيث أدى ارتفاع معدل نمو الإنفاق الحكومي من 13،44% إلى 34،13% خلال الفترة 1993-1995 إلى ارتفاع في معدل نمو الواردات من 8،74% إلى 51،08% خلال نفس الفترة السابقة، كما أن انخفاض معدل نمو الإنفاق الحكومي الكلي سنة 1996 ب -4،60% أدى إلى انخفاض في الواردات بمعدل -2،89 % خلال نفس السنة، وهذا يعني أن جزءا كبيراً من الإنفاق الحكومي يتسرب خارج الاقتصاد الوطني على شكل واردات وهذا ما يُفسر انخفاض مضاعف الإنفاق الحكومي الذي تم احتسابه،[1] حيث تطرقت الدراسة في الجانب النظري إلى العوامل التي تُضعف من قيمة مضاعف الإنفاق الحكومي ووجدت أن زيادة حجم الواردات يعتبر من بين أهم العوامل التي تُضعف من عمل آلية المضاعف ولمعرفة الأثر الذي يتركه الإنفاق الحكومي على الواردات تقوم الدراسة بصياغة نموذج يكون فيه الإنفاق الحكوميG هو المتغير

(1)- انظر الصفحة رقم 158

المستقل والوارداتMr هي المتغير التابع، وفق العلاقة التالية: $Mr = a + bG$.

و باستخدام برنامج SPSS قامت الدراسة بتقدير معالم النموذج في الاقتصاد الجزائري خلال الفترة 1990-2007 وكانت النتائج عل الشكل التالي[1] :

$$Mr = -30{,}389 + 0{,}660G.$$

(22.087) (0.732)

$$R = 0{,}984 \quad R^2 = 0{,}968 \quad R^2adj = 0{,}966 \quad F = 487{,}818 \quad D - W = 1{,}339$$

أ- الدلالة الإحصائية للنموذج

يشير هذا النموذج إلى قوة العلاقة الارتباطية بين الإنفاق الحكومي كمتغير مستقل والواردات كمتغير تابع، وهذا ما يشير إليه معامل الارتباط الذي بلغ 0،98 كما أن معامل التحديد يشير إلى أن 96،8% من التغيرات في حجم الواردات راجعة إلى التغيرات في الإنفاق الحكومي، كما أن اختبار فيشر يشير إلى معنوية النموذج حيث أن قيمة F المحسوبة كانت أكبر من القيمة الجدولية.

ب- التفسير الاقتصادي للنموذج

لقد بلغ معامل الانحدار في المعادلة السابقة 0،66 وهو ما يعني أنه إذا زاد الإنفاق الحكومي ب 100 مليون دينار فإن هذه الزيادة ستؤدي إلى زيادة الواردات بمقدار 66 مليون دينار وهذا دليل على العلاقة الكبيرة الموجودة بين الإنفاق الحكومي والواردات حيث أن مقداراً كبيراً من الإنفاق الحكومي يتسرب خارج الاقتصاد الوطني مما يساهم في تخفيض قيمة المضاعف. إلا أن التساؤل الذي يتبادر إلى أذهاننا هو ما مدى مساهمة كل من الإنفاق الجاري والإنفاق الاستثماري في تغذية الواردات؟ يمثل الشكل التالي علاقة الإنفاق الجاري بالواردات في الجزائر خلال الفترة 1990- 2007

---

(1)- انظر الملحق(13): نتائج اختبار أثر سياسة الإنفاق الحكومي على الواردات في الاقتصاد الجزائري خلال الفترة 1990-2007، 232

الشكل(4-3-76) علاقة الإنفاق الحكومي الجاري والاستثماري بالواردات في الاقتصاد الجزائري خلال الفترة 1990-2007

-ب- -أ-

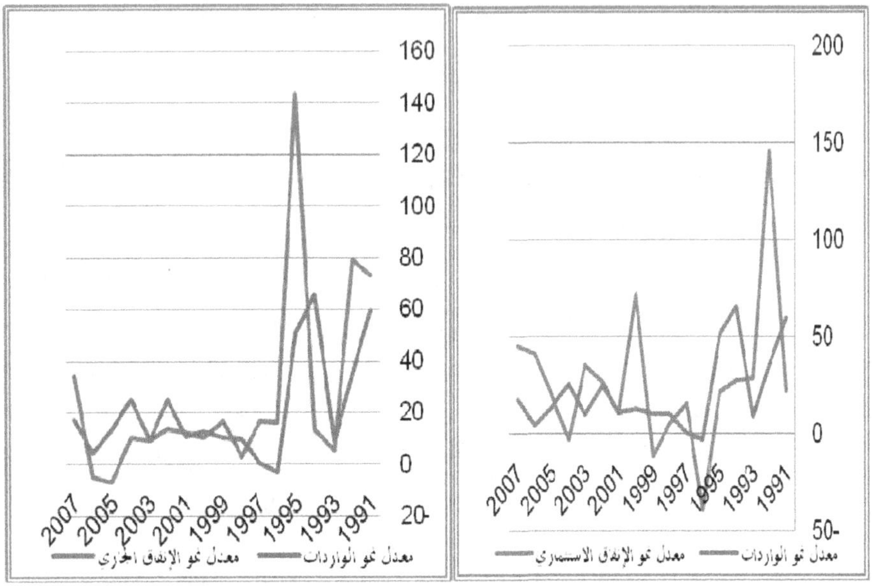

المصدر: من إعداد الباحث بالاعتماد على معطيات الجدول(4-3-42)

نلاحظ من خلال الشكل السابق الارتباط الوثيق بين منحنى تطور معدلات نمو الإنفاق الحكومي الجاري ومنحنى تطور الواردات في الجزائر خلال الفترة 1990-2007 حيث نلاحظ أن انخفاض معدل نمو الإنفاق الجاري من 51،73% إلى 54،5% ما بين 1990-1993 أدى إلى انخفاض الواردات من 01،60% إلى 74،8 % خلال نفس الفترة ، ومن الملاحظ أن اتجاه تطور كل من الإنفاق الجاري والواردات كان انعكاساً لبرامج الإصلاحات الاقتصادية التي سطرتها الدولة والتي سبق وأن قامت الدراسة بتحليلها نلاحظ من خلال الشكل العلاقة الموجودة بين كل من الواردات والإنفاق الحكومي الاستثماري حيث أن انخفاض الإنفاق الاستثماري سنة 1996 ب -23،39% أدى إلى انخفاض في الواردات لنفس السنة ب-89،2%

وبصورة عامة فان التسرب الكبير للإنفاق الحكومي عن طريق الواردات يساهم في ضعف قيمة مضاعف الإنفاق الحكومي والتي قامت الدراسة باحتسابها ، حيث أن زيادة الإنفاق الحكومي الجاري والاستثماري سيؤدي إلى زيادة حجم الواردات اللازمة لسد الطلب المحلي

المتزايد على السلع والخدمات الاستهلاكية أو السلع الإنتاجية وبالتالي يزداد خروج رأس المال، أي يزداد التسرب من دورة الدخل والذي يؤدي بدوره إلى تخفيض قيمة مضاعف الإنفاق الحكومي، ناهيك عن المستوى المتدني لأداء المنشاة الحكومية وتضخم حجم الجهاز الإنتاجي في الجزائر. ومن أجل تأكيد النتائج المتحصل عليها لا بد من ربط الإنفاق الحكومي بهيكل الواردات والتي تقوم الدراسة بالتطرق إليها فيما يلي.

2-2- هيكل الواردات في الجزائر وعلاقتها بالإنفاق الحكومي

يمثل الجدول التالي هيكل الواردات في الجزائر خلال الفترة 1992-2006

الجدول(4-3-43) هيكل الواردات في الجزائر خلال الفترة 1992-2006 مليار دينار

	مواد غذائية	مواد طاقوية	مواد أولية	منتجات خام	منتجات نصف مصنعة	تجهيزات زراعية	تجهيزات صناعية	مواد استهلاكية	مجموع الواردات
1992	916،46	699،2	899،11	820،1	347، 43	148،1	851،54	863، 25	**547،188**
1993	787،50	908،2	303، 12	586، 1	391، 48	291،1	879،59	885، 27	**034،205**
1994	238،102	017، 2	127، 20	950،6	124،74	005،1	193،93	485، 40	**142، 340**
1995	282،131	608،5	094،34	547،3	111، 113	963،1	081،140	502، 83	**192،513**
1996	451،142	036،6	515، 24	760، 2	929، 97	241،2	534،165	855، 56	**325،498**
1997	859، 146	629،7	475، 22	350،6	292،90	236،1	549،163	186، 63	**579،501**
1998	780،148	394،7	103،27	626،4	162،101	531،2	290،183	469، 77	**358،552**
1999	730،153	247، 10	591،19	660،11	095، 103	832، 4	499،214	015،93	**673،610**
2000	777، 181	725، 9	386، 18	810،13	573، 124	395، 6	963،230	794،104	**425، 690**
2001	024،184	707،10	268،29	462،7	896، 143	983، 11	818،264	701،112	**862،764**
2002	391،218	551،11	569،41	119، 3	183،186	812، 11	501،352	910،131	**039، 957**
2003	283،207	795،8	996، 49	350،3	100،221	958، 9	509،383	447،163	**441، 0471**
2004	428،259	082،12	471، 51	711، 4	313، 262	999، 11	186،512	206،200	**399، 3141**
2005	207،263	536، 15	002، 47	101، 8	932،299	723، 11	175،620	966،227	**644، 4931**
2006	026،276	748،17	448،52	779،8	387، 358	968، 6	446،619	736،218	**540، 5581**

المصدر: موقع الديوان الوطني **للإحصائيات الجزائرwww.ons.dz تاريخ الدخول: 25-2-2009**

لقد توصلت الدراسة من خلال التحليل السابق إلى العلاقة الكبيرة الموجودة بين الإنفاق الحكومي الجاري والاستثماري على الواردات في الاقتصاد الجزائري، ومن خلال تحليلنا لمعطيات الجدول السابق نلاحظ أن واردات الجزائر من التجهيزات الصناعية والزراعية كانت منخفضة بالمقارنة مع مجموع الواردات من المواد الغذائية والاستهلاكية خلال الفترة 1992-2000 حيث بلغ مجموع الواردات من التجهيزات الزراعية والصناعية 999،35 مليار دينار سنة 1992 مقابل 779،72 مليار دينار بالنسبة للمواد الغذائية والسلع الاستهلاكية، وفي سنة 2000 وصلت واردات الجزائر من التجهيزات الزراعية والصناعية 358،237 مليار دينار مقابل 57،286 مليار دينار بالنسبة للمواد الغذائية والسلع الاستهلاكية، وانطلاقاً من سنة 2002 وكنتيجة للبرامج الاستثمارية الكبرى المسطرة من قبل الدولة والتي رجحت كفة الواردات لصالح مجموع التجهيزات الصناعية والزراعية حيث بلغت سنة 2002 ما قيمته 313،364 مليار دينار مقابل 301،350 مليار دينار لصالح المواد الغذائية والسلع الاستهلاكية، لتصل سنة 2006 إلى 414،626 مليار دينار بالنسبة للتجهيزات الصناعية والزراعية مقابل 762،494 مليار دينار بالنسبة للمواد الاستهلاكية، وهذا ما يعكس اهتمام الدولة باستيراد التجهيزات الصناعية والزراعية اللازمة لبرامج الإنعاش الاقتصادي، والشكل التالي يوضح لنا العلاقة بين الإنفاق الاستثماري والواردات من التجهيزات الصناعية والزراعية:

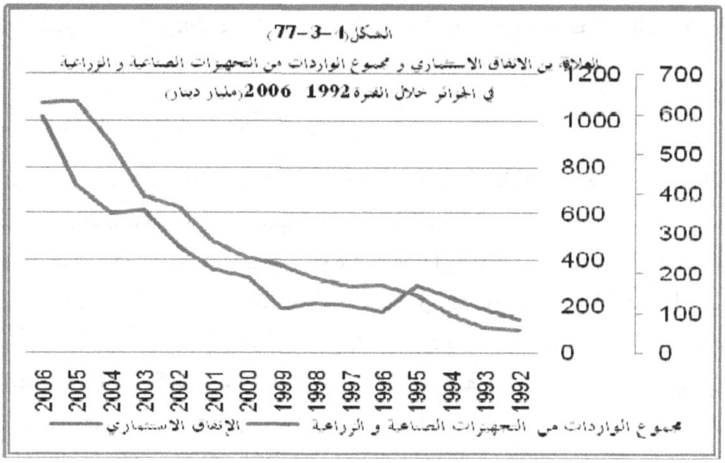

المصدر: من إعداد الباحث بالاعتماد على

معطيات الجداول(4-3-42) و(4-3-43)

و للتأكد من هذا الطرح قامت الدراسة بصياغة نموذج يقيس العلاقة الموجودة بين الإنفاق الحكومي الاستثماري والواردات من التجهيزات الصناعية والزراعية INVM وفق المعادلة التالية:

$$INVM = a + bGi$$

قامت الدراسة تقدير معلمات هذا النموذج في الاقتصاد الجزائري خلال الفترة 1992-2006 فكانت النتائج على الشكل التالي:

$$.INVM = 6,304 + 0,711Gi$$

) 485،) (9188،(0

$$.R = 0,935 \quad R^2 = 0,874 \quad R^2adj = 0,864 \quad F = 69,964 \quad D - W = 1,46$$

أ- الدلالة الإحصائية للنموذج

يشير هذا النموذج إلى قوة العلاقة الارتباطية بين الإنفاق الاستثماري ومجموع الواردات من التجهيزات الزراعية والصناعية حيث بلغ معامل لارتباط 935،0 أما معامل التحديد فيشير إلى أن 4،87% من التغيرات في الواردات من التجهيزات ابصناعية والزراعية راجعة إلى التغيرات في الإنفاق الحكومي الاستثماري .

ب- الدلالة الاقتصادية للنموذج

يتضح لنا من خلال المعادلة السابقة أن معامل الانحدار بلغ 711،0 وهذا يعني أنه إذا زاد الإنفاق الحكومي الاستثماري ب 100 مليون دينار فإن الواردات من التجهيزات الصناعية والزراعية تزيد ب 1،71 مليون دينار وهي تدل على قوة العلاقة الموجودة بين الإنفاق الحكومي والواردات من التجهيزات الصناعية والزراعية، ونستنتج مما سبق أن مقداراً كبيراً من الإنفاق الحكومي سواء كان جارياً أم استثمارياً يتسرب إلى الخارج على شكل واردات سواء كانت تلك الواردات على شكل مواد غذائية وسلع استهلاكية أو على شكل تجهيزات صناعية وزراعية وهذا ما أدى إلى انخفاض قيمة مضاعف الإنفاق الحكومي التي بلغت 37،0، وهذا على الرغم من الآثار الايجابية التي تتركها التجهيزات الصناعية والزراعية على الإنتاج الوطني في الأجل الطويل.

خلاصة الفصل الرابع

تطرقت الدراسة في الفصل الثالث إلى دراسة أثر سياسة الإنفاق الحكومي على الاستقرار الاقتصادي الكلي، من خلال تحليل أثره على مكونات العرض الكلي المتمثلة في معدل النمو ومستوى التشغيل، وعلى مجملات الطلب الكلي والمتمثلة في الاستثمار الكلي والطلب الكلي، وعلى المستوى العام للأسعار والحساب الجاري لميزان المدفوعات، ولقد قامت الدراسة بتحليل اثر سياسة الإنفاق الحكمي على النمو الاقتصادي من خلال تقسيم التحليل إلى قسمين؛ التحليل في الأجل القصير والتحليل في الأجل الطويل، ففي القسم الأول تم استخدام نموذج مضاعف الإنفاق الحكومي لاحتساب قيمته في الاقتصاد الجزائري حيث بلغت 37،0 وهي قيمة متدنية بالمقارنة مع المفهوم النظري للمضاعف ولقد أدخلت الدراسة طريقة التمويل في تحليل أثر سياسة الإنفاق الحكومي على الناتج ووجدت أن الجزائر تستعمل الإيرادات النفطية لتمويل الإنفاق الحكومي وفي حالة انخفاض هذه الإيرادات تلجأ الدولة إلى الجهاز المصرفي لتغطية هذا الانخفاض، ووجدت الدراسة أن استخدام الإصدار النقدي الجديد لتمويل الإنفاق الحكومي سيرفع من قيمة المضاعف إلى 79،0 وهذا دليل على الأثر الايجابي للسياسة النقدية المصاحبة لسياسة الإنفاق الحكومي على النمو الاقتصادي، أما في القسم الثاني فقد طبقت الدراسة نموذج بارو لتحليل أثر سياسة الإنفاق الحكومي على النمو الاقتصادي في الأجل الطويل ومن خلال نتائج التحليل القياسي وجدت الدراسة بأن الإنفاق الحكومي بنوعيه الجاري والاستثماري يترك آثاراً ايجابية على النمو الاقتصادي في الأجل الطويل.

ولقد قامت الدراسة بتحليل أثر سياسة الإنفاق الحكومي على مستوى التشغيل من خلال التحليل المباشر والذي يعتمد على إبراز أهمية اليد العاملة التي توظفها الإدارة العامة والقطاع الصناعي الحكومي بالإضافة إلى كتلة الرواتب والأجور لكلا القطاعين، أما الأثر غير المباشر فقد تم تحليله من خلال استخدام الأسلوب الرياضي الذي مكننا من استخراج مضاعف العمالة المشتق من مضاعف الإنفاق الحكومي والذي كان بدوره ضعيفاً كنتيجة لضعف مضاعف الإنفاق الحكومي.

وحاولت الدراسة في المبحث الثاني تحليل أثر سياسة الإنفاق الحكومي على الاستهلاك والاستثمار الكليين المشكلين للطلب الكلي حيث استخدمت الدراسة لتحليل أثر سياسة الإنفاق الحكومي على الاستهلاك الخاص التحليل المباشر من خلال إبراز مساهمة الإنفاق الحكومي في زيادة الاستهلاك الخاص، وابرز الأهمية النسبية لمقدار ما يذهب من الرواتب والأجور إلى الاستهلاك الخاص، أما تحليل الأثر على الاستثمار الكلي فكان بدوره من خلال التحليل المباشر المبرز لأهمية الاستثمار الحكومي في الاستثمار الكلي، والتحليل غير المباشر باستخدام مضاعف الاستثمار المشتق من مضاعف الإنفاق الحكومي، بالإضافة إلى تحليل أثر سياسة الإنفاق الحكومي على الاستثمار الخاص، في إطار ما يسمى بأثر المزاحمة.

أما المبحث الثالث فقد تم تحليل أثر سياسة الإنفاق الحكومي على المستوى العام للأسعار من خلال تحليل الأثر على فجوة الطلب المحلي وإبراز مساهمة الإنفاق الحكومي بشقية في فائض الطلب المحلي، وعلى الفجوة النقدية من خلال تحليل أثر السياسة النقدية المصاحبة على الفجوة التضخمية النقدية، كما قامت الدراسة بتحليل أثر الإنفاق الحكومي على التوازن الخارجي ومحاولة تطبيق فرضية العجز التوأم على الاقتصاد الجزائري. وإبراز العلاقة الموجودة بين الإنفاق الحكومي والواردات في الاقتصاد الجزائري.

الخاتمة العامة

النتائج والتوصيات

General conclusion

Results and recommends

إن الدراسات التي تطرقت إلى قضايا التنمية الاقتصادية أكدت أهمية ودور السياسة المالية بصفة عامة وسياسة الإنفاق الحكومي بصفة خاصة في تحقيق الاستقرار الاقتصادي الكلي، لذلك فإن هذه الدراسة سعت قدر الإمكان أن تحيط بجميع جوانب الموضوع لتوضيح مدى مساهمة سياسة الإنفاق الحكومي في تحقيق الاستقرار الاقتصادي الكلي، ولقد شملت دراستنا المتواضعة أربعة فصول مرتبةً كما يلي:

الفصل الأول : الذي سمح لنا بالتطرق إلى مفهوم الاستقرار الاقتصادي الكلي وموقعه ضمن السياسة الاقتصادية التي تعد الدولة المسئول الأول والمباشر عنها لتحقيق الاستقرار الاقتصادي، حيث أن الدراسة في فصلها الأول خلُصت إلى أن تحقق أهداف السياسة الاقتصادية يقود حتماً إلى تحقيق الاستقرار الاقتصادي الكلي.

الفصل الثاني: الذي أوضح لنا آليات تأثير سياسة الإنفاق الحكومي على مختلف مؤشرات الاستقرار الاقتصادي الكلي، واعتمدنا في ذلك على تقسيم هذه المؤشرات إلى مؤشرات جانب العرض ومؤشرات جانب الطلب الكليين، بالإضافة إلى إدخال الجانب النقدي والبعد الخارجي في التحليل لإبراز أثر سياسة الإنفاق الحكومي على التضخم وعلى التوازن الخارجي.

الفصل الثالث: الذي حاولنا من خلاله تتبع مسار السياسة الاقتصادية في الاقتصاد الجزائري، ومدى انعكاسها على مؤشرات الاستقرار الاقتصادي الكلي، وركزنا في المبحث الثالث من هذا الفصل على الإنفاق الحكومي كجزء من السياسة الاقتصادية، وحاولنا تكييف

أهم النظريات المتعلقة بالإنفاق الحكومي بما يتناسب مع معطيات الاقتصاد الجزائري، وتوصل هذا الفصل إلى أن لا مرونة الجهاز الإنتاجي واعتماد الدولة على مورد واحد ساهم في عدم رسم سياسة اقتصادية واضحة المعالم تحقق استقراراً اقتصادياً يتسم بالاستمرارية.

الفصل الرابع: الذي أبرزت الدراسة من خلاله الأثر الذي تتركه سياسة الإنفاق الحكومي على مؤشرات الاستقرار الاقتصادي الكلي في الاقتصاد الجزائري، وانطلاقاً من التساؤلات المطروحة في المقدمة العامة لهذه الدراسة وبعد تحليلنا للموضوع ومناقشته في أربعة فصول تمكنا من الوصول إلى تسجيل جملة من النتائج والتوصيات نوردها في النقاط التالية.

أولا: النتائج

أ- على المستوى النظري

1- يختلف مفهوم الاستقرار الاقتصادي الكلي في الدول النامية عنه في الدول المتقدمة، فاختلال الاستقرار الاقتصادي في الدول النامية هو انعكاس لاختلال الهيكل الإنتاجي لهذه الدول وعدم مرونته وعدم تحكم هذه الدول في النشاط الاقتصادي على عكس اختلال الاستقرار الاقتصادي في الدول المتقدمة الذي ينتج عن الآثار التي تتركها الدورة الاقتصادية؛ كما توصلت الدراسة إلى أن اختلال الاستقرار الاقتصادي الخارجي لا يعدوا أن يكون إلا انعكاساً لفجوة الموارد المحلية الأمر الذي أدى إلى استفحال ظاهرة المديونية بسبب اللجوء إلى التمويل الخارجي عوض القيام بالتصحيح الاقتصادي؛

2- يرتبط الاستقرار الاقتصادي الكلي بوضعية مربع السياسة الاقتصادية التي تشكل زواياه الأربعة المؤشرات الأساسية للاستقرار الاقتصادي الكلي، وتكون الوضعية الاقتصادية لأي بلد مستقرة كلما كانت مساحة المربع أكبر، كما أن هناك ارتباطاً كبيراً بين مؤشرات الاستقرار الاقتصادي الكلي سواء كان هذا الارتباط طردياً أو عكسياً؛

3- تعد سياسة الإنفاق الحكومي أداة فعالة في تحقيق أهداف السياسة الاقتصادية ومعالجة الاختلالات الناتجة عن الدورة الاقتصادية والمساهمة في التأثير على الطلب الكلي والتي تساهم أيضا بالتأثير على حجم التشغيل وحجم الدخل، إلا أن هذه الفعالية مرتبطة بمجموعة من العوامل والمتمثلة في المقدرة المالية للدولة وطرق تمويل الإنفاق الحكومي، كما أن التعارض بين المؤشرات الحقيقية للاستقرار الاقتصادي الكلي - معدل النمو

ومعدل البطالة- والمؤشرات النقدية - معدل التضخم والتوازن الخارجي- يفرض على السلطات توخي الحذر عند تسطير سياسة الإنفاق الحكومي؛

4- يتطلب تحقيق مبدأ مضاعف الإنفاق الحكومي توفر جهاز إنتاجي مرن يتناسب مع الزيادة في الإنفاق الحكومي وهو ما لا تتوفر عليه الدول النامية مثلما أشارت الدراسة في الفصل الأول، وبالتالي فإن فرضية انطباق النظرية الكينزية في شقها المتعلق بالإنفاق الحكومي على الدول النامية أثبتت فشلها في الدول النامية؛

5- تسمح زيادة الإنفاق الحكومي في مجالات البنية التحتية للمستثمرين بزيادة مشاريعهم الإنتاجية كما يلعب الإنفاق الحكومي دوراً مهماً في الحفاظ على استمرارية النشاط الاقتصادي للمستثمرين في المدى الطويل، سواء كان ذلك الإنفاق متجهاً للأفراد في شكل إعانات اجتماعية تساهم في زيادة الطلب الكلي أو كان في شكل إعانات إنتاجية تسمح برفع مستوى التشغيل؛

6- توصلت الدراسة إلى أن سياسة الإنفاق الحكومي المموَلة عن طريق الزيادة في الإصدار النقدي هي سياسة فعالة من حيث قدرتها على إلغاء أثر المزاحمة وتحقيق زيادة فعلية في الناتج دون التأثير على استثمار القطاع الخاص، إلا أن هذه الطريقة يُنظر إليها بحذر بسبب الضغوط التضخمية المترتبة عنها؛ كما أثبتت الدراسة أنه في ظل اقتصاد مفتوح ونظام الصرف مرن فإن سياسة الإنفاق الحكومي تكون أكثر فعالية في حالة حركة رؤوس أموال ضعيفة نسبياً، أما في حالة نظام الصرف الثابت تكون سياسة الإنفاق الحكومي أكثر فعالية في حالة حركة رؤوس أموال دولية كبيرة نسبيا.

ب- على المستوى التطبيقي

7- لقد أدى حقن الريع البترولي في قطاعات غير إنتاجية كالبناء والخدمات على حساب القطاعات المنتجة كالصناعة - في إطار المرض الهولندي- إلى اختلالٍ في الهيكل الإنتاجي الذي انعكس على وضعية الاستقرار الاقتصادي الكلي خاصة في الجانب المالي حيث أن عجز الموازنة كان هيكلياً بسبب انخفاض الوعاء الضريبي الذي كان كنتيجة لتحفيز قطاعات غير إنتاجية، وكثيراً ما لجأت الحكومة للبنك المركزي للاقتراض مما أدى إلى تفاقم معدلات التضخم انطلاقاً من سنة 1990.

8- أبرمت الدولة ثلاثة اتفاقات للاستعداد الائتماني وبرنامج تمويل موسع مع صندوق

النقدي الدولي والبنك الدولي كنتيجة لارتفاع معدلات التضخم وتفاقم العجز في ميزان المدفوعات، حيث هدفت إلى إدارة الطلب الكلي لتخفيض معدلات التضخم وتوفير الشروط اللازمة لتحفيز العرض الكلي، وإذا كانت برامج الصندوق قد حققت هدفها الأول كما توصلت إليه الدراسة فإن الهدف الثاني لم يُحقق حيث ما زالت الدولة تعتمد بصفة كبيرة على الإيرادات النفطية، بالإضافة إلى الآثار الاجتماعية السلبية، كما أوضحت الدراسة أن الإصلاحات الاقتصادية إلى غاية 1995 قد أدت إلى ارتفاع معدلات التضخم بسبب سياسات جانب الطلب الكلي والتخفيض الكبير لقيمة العملة والتحرير المتدرج لأسعار السلع وأسعار الفائدة، كما أثبتت الدراسة أن برنامج الإصلاح الاقتصادي بدأ يعطي ثماره انطلاقاً من سنة 1995و هذا راجع إلى السياسة المتشددة في إدارة الطلب الكلي والسياسة المالية الصارمة.

9- لقد توصلت الدراسة إلى أن تسطير الدولة لبرنامج الإنعاش ودعم النمو الاقتصادي ساهم في رفع معدلات النمو وتخفيض معدلات البطالة مع ارتفاع في معدلات التضخم وجاء هذا البرنامج لتغطية النقص الذي عرفه برنامج التمويل الموسع، وهدفت هذه البرامج إلى تحقيق تنمية مستدامة تستفيد منها الأجيال المستقبلية.حيث اتجهت اتجاهاً كينزياً مبنياً على أساس سياسات إنعاش الطلب الكلي وتحسين العرض الكلي، وتخلت عن سياسات ضغط الطلب الإجمالي وفق المنظور الكلاسيكي.و من ثم إعطاء الأولوية لخفض معدلات البطالة مع القبول بمعدل نضخم مرتفع نسبياً وهذا ما بينته الدراسة، كما توصلت الدراسة إلى أن معدل النمو الذي يسمح بتقليص معدلات البطالة إلى أكثر من النصف يجب أن يكون فوق عتبة 5% بشكل مستمر، وهو ما كان محققاً في الجزائر خلال الفترة 2003-2007 حيث بلغ معدل النمو الوسطي 12،5% الأمر الذي سمح بتخفيض معدلات البطالة بنسبة 1،58%.

10- أبرزت الدراسة أن معدلات النمو هي نتاج تطور أسعار النفط وهو متغير غير تحكمي وهذا ما يخفي هشاشة الاقتصاد الجزائري المعتمد على النفط، وهو ما يجعله عرضة للهزات الاقتصادية، حيث أن تقلبات أسعار النفط لها تأثير مباشر على الموازنة العامة من خلال الجباية البترولية، وبالتالي فإن أزمة الاقتصاد الجزائري هي أزمة هيكلية، كما أثبتت الدراسة أن معدل التضخم في الجزائر مرتبط بثلاث مصادر رئيسية تتمثل في الإنفاق الكلي الخام،

كتلة الرواتب والأجور بالإضافة إلى الكتلة النقدية التي تعد النتيجة المنطقية للمصدرين السابقين، كما بينت الدراسة العلاقة العكسية الموجودة بين معدلات التضخم ومعدلات البطالة - انطباق فرضية منحنى فيليبس- حيث أن الدراسة أوضحت اتجاه السلطات الجزائرية للتخلي عن سياسات إدارة الطلب الكلي الهادفة إلى تخفيض معدلات التضخم خلال فترات انتعاش سوق النفط العالمي، ويتم الرجوع إلى سياسات إدارة الطلب الكلي خلال انخفاض أسعار النفط من أجل التحكم في معدلات التضخم. إلا أن مشكلة البطالة والتضخم راجعة إلى هيكل الجهاز الإنتاجي، فبناء جهاز إنتاجي مرن كفيل بالتقليل من مشكلتي البطالة والتضخم.

11- أبرزت الدراسة أن ظاهرة تزايد الإنفاق الحكومي موجودة بالاقتصاد الجزائري خلال الفترة 1990-2007 باستثناء فترة الإصلاحات الاقتصادية المدعومة من قبل صندوق النقد الدولي، كما أوضحت الدراسة باستخدام مؤشر المرونة الدخلية والميل الحدي للإنفاق الحكومي نسبةً إلى الناتج أن الإنفاق الحكومي عرف تزايداً ويتضح ذلك من خلال معامل المرونة الذي كان أكبر من الواحد ما عدا خلال الفترة 1995-1999. بالنسبة للإنفاق الحكومي الكلي أما الإنفاق الاستثماري فقد كان معامل مرونته سالباً خلال هذه الفترة، وهذا دليل على أن المشروطية ركزت على الإنفاق الحكومي الاستثماري لصعوبة تقليص الإنفاق الجاري،كما توصلت الدراسة إلى أن قانون فاجنر لا ينطبق على الاقتصاد الجزائري حيث أن زيادة نصيب الفرد من الناتج بواحد دينار أدت إلى زيادة في نصيب الفرد من الإنفاق ب 0،284 وهذا يتنافى مع فحوى قانون فاجنر ويمكن تفسير ذلك من خلال عنصرين:

- تفسير مرتبط بالدول النامية بصفة عامة ويقول بأن التطور الاقتصادي بشكل عام هو عملية مركبة لا يمكن حصرها في معدل نمو نصيب الفرد من الناتج حيث أنه ليس المقياس والمؤشر الأمثل للتطور الاقتصادي في الدول النامية.
- تفسير مرتبط بالاقتصاد الجزائري حيث أن الفترة 1995-1999 تميزت بسياسة مالية صارمة خفضت من الإنفاق الحكومي وبالتالي ساهمت في عدم انطباق قانون فاجنر على الاقتصاد الجزائري خلال الفترة 1990-2007.كما أثبتت الدراسة أن

نموذج روستو- مسجريف هو الأمثل والأشمل لتفسير أسباب تزايد الإنفاق الحكومي لأنه أخذ بعين الاعتبار مراحل نمو الاقتصاد

12- قامت الدراسة باحتساب مضاعف الإنفاق الحكومي ووجدت بأن قيمته متدنية فهي تبلغ 370،0 إذا ما قارنها مع المفهوم النظري للمضاعف، وبالتالي فإننا نستنتج أن السياسة المالية الكينزية لا تنطبق على واقع الاقتصاد الجزائري وذلك بسبب عدم توفره على آليات السوق، بالإضافة إلى ضعف مرونة الهيكل الإنتاجي وعدم هيكليته، ووجود تسربات كبيرة في الدخل.و يُفسَر ذلك أن استثمارات القطاع العام تتركز في مشاريع البنية التحتية التي يكون عائدها في الأجل الطويل، إضافة إلى ضعف كفاءة مؤسسات القطاع العام، ناهيك عن التسرب الكبير للإنفاق الحكومي.

13- يستخدم الاقتصاد الجزائري الإيرادات النفطية لتمويل الإنفاق الحكومي - حوالي 60%- إلا أن الدراسة أثبتت أن استخدام العرض النقدي لتمويل الإنفاق الحكومي له أثر سريع على الإنفاق الحكومي ومنه على الناتج بالمقارنة مع الإيرادات النفطية، وبالتالي فإن الأداة الأكثر فعالية هي الأداة التي يمكن التحكم فيها في إطار السياسة الاقتصادية على عكس الإيرادات النفطية التي تحكمها عوامل خارجية، كما تساهم السياسة النقدية المصاحبة لسياسة الإنفاق الحكومي في رفع قيمة مضاعف الإنفاق الحكومي بالمقارنة مع العمل المالي البحت إلا أن ما يُعاب عليه هو إمكانية إحداثه لضغوط تضخمية خاصة في ظل عدم مرونة الجهاز الإنتاجي والتي هي السمة المميزة لغالبية الدول النامية بصفه عامة والاقتصاد الجزائري بصفة خاصة، وهذا ما أثبتته الدراسة حيث أن الإنفاق الحكومي سواء كان جارياً أو استثمارياً يساهم في إحداث فائض الطلب المحلي الإجمالي بنسبة وسطية قدرها 35% ومن ثم فإنه يساهم في رفع معدلات التضخم في الجزائر، حيث أن زيادة الإنفاق الحكومي في ظل عدم مرونة الجهاز الإنتاجي تؤدي إلى رفع معدلات التضخم دون إحداث زيادة في الناتج.

14- لقد أثبتت الدراسة أن الناتج المحلي الإجمالي يتأثر بشكل كبير بسياسة الإنفاق الحكومي في الأجل الطويل حيث جاءت النتائج متقاربة بين الإنفاق الجاري والإنفاق الاستثماري، وهذا ما يؤكد الطرح النظري لهذه الرسالة فالإنفاق الجاري يؤثر على إنتاجية العامل في المدى الطويل من خلال تأثيره على التعليم والصحة، ويساهم في تطوير عائد عنصر

الإنتاج وهو ما ينعكس على زيادة الناتج أما الإنفاق الاستثماري فيؤثر إيجاباً على النمو في الأجل الطويل من خلال توفيره للبنية التحتية ورأس المال الثابت والفن الإنتاجي.

15- توصلت الدراسة إلى أن سياسة الإنفاق الحكومي تترك آثاراً ايجابية مباشرة على مستوى التشغيل في الأجل القصير حيث تعتبر الحكومة موظِفاً كبيراً لليد العاملة الجزائرية حيث أن أكثر من نصف اليد العاملة تتركز في قطاعات الإدارة العامة والبناء والأشغال العمومية. وعلى الرغم من الآثار الايجابية المباشرة التي تتركها سياسة الإنفاق الحكومي على مستوى التشغيل إلا أن الأثر غير المباشر يتسم بالانخفاض كنتيجة لانخفاض قيمة مضاعف الإنفاق الحكومي، وهذا ما أوضحته الدراسة من خلال نموذج بيكوك وشاو.

16- أوضحت الدراسة التأثير المباشر لسياسة الإنفاق الحكومي على الاستهلاك الخاص الذي يظهر من خلال ما تدفعه الحكومة من أجور ومرتبات لعمالها حيث يخصص هؤلاء الجزء الأكبر من هذه الدخول للاستهلاك وهذا ما يظهره الميل الحدي للاستهلاك الذي تم احتسابه في نموذج المضاعف، حيث أثبتت الدراسة أن الإنفاق الحكومي على الرواتب والأجور ينعكس مباشرة على زيادة الاستهلاك الخاص، وهذا ما أظهرته الدراسة من خلال تحليل الأهمية النسبية لمقدار ما يذهب من رواتب وأجور إلى الإنفاق الاستهلاكي، كما أثبتت الدراسة أن الأثر غير المباشر لسياسة الإنفاق الحكومي على الاستهلاك الخاص عبر نموذج لوفل المشتق من نموذج المضاعف يتسم بالضعف كنتيجة لانخفاض قيمة مضاعف الإنفاق الحكومي.

17- توصلت الدراسة إلى أن الدور المباشر للإنفاق الحكومي الاستثماري يظهر من خلال التعويض عن النقص الذي يحصل في استثمارات القطاع الخاص في إطار السياسة المالية التعويضية وهذا ما كان الأمر عليه خلال الفترة 1990-1995 ثم ما لبث أن انخفاض الإنفاق الاستثماري خلال الفترة 1995-1999 كنتيجة لبرامج التصحيح الهيكلي لصندوق النقد الدولي وبعد انتهاء هذه البرامج شهد الاستثمار الحكومي انتعاشاً انطلاقا من سنة 2001 كنتيجة لبرامج الإنعاش الاقتصادي، كما أثبتت الدراسة من خلال تحليل الأثر غير المباشر لسياسة الإنفاق الحكومي على الاستثمار الكلي إلى انخفاض قيمة مضاعف الاستثمار الناتج عن الإنفاق الحكومي حيث بلغ 47،0 ويعود السبب في هذا الانخفاض إلى :

- انخفاض معامل الانحدار ما بين الاستثمار والناتج؛
- انخفاض مضاعف الإنفاق الحكومي بسبب عدم مرونة الجهاز الإنتاجي.

18- توصلت الدراسة من خلال تحليلها لأثر سياسة الإنفاق الحكومي على الاستثمار الخاص إلى أن هذا الأثر مرتبط بعنصرين أساسيين:

- يتمثل الأول في تطورات الإيرادات النفطية والتي تعتمد عليها الدولة بشكل كبير في تمويل الإنفاق الحكومي حيث أنه في حالة تراجع هذه الإيرادات فإن مزاحمة الإنفاق الحكومي الاستثماري للقطاع الخاص تكون كبيرة.
- أما العنصر الثاني فيتمثل في برامج الاستثمارات الحكومية التي تتطلب موارد ضخمة وبالتالي فهي تزاحم الاستثمار الخاص على الموارد المالية.

19- توصلت الدراسة إلى أن الحكومة تعتمد في تمويل عجز الموازنة على مداخيل النفط التي تؤثر بشكل كبير على رصيد الموازنة حيث أنه في حالة انخفاض أسعار النفط تلجأ الدولة إلى الإصدار النقدي كبديل عن مداخيل النفط كما أن قروض الحكومة من الجهاز المصرفي لها أهمية كبيرة وهو ما يؤكد أن السياسة النقدية المصاحبة لسياسة الإنفاق الحكومي تؤدي إلى إحداث ضغوط تضخمية.

20- أثبتت الدراسة انطباق فرضية العجز التوأم على الاقتصاد الجزائري بمعنى أن رصيد الموازنة العامة يؤثر على الحساب الجاري بشكل طردي، كما توصلت الدراسة إلى العلاقة السلبية الموجودة بين سياسة الإنفاق الحكومي ورصيد الحساب الجاري، أما المؤثر الأساسي على كل هذه المتغيرات هو الإيرادات النفطية، حيث أثبتت الدراسة أن تطورات الجباية البترولية هي المتحكم الأساسي في رصيد الموازنة ورصيد الحساب الجاري، كما توصلت الدراسة إلى أن مقداراً كبيراً من الإنفاق الحكومي سواء كان جارياً أم استثمارياً يتسرب إلى الخارج على شكل واردات سواء كانت تلك الواردات على شكل مواد غذائية واستهلاكية أو على شكل تجهيزات صناعية وزراعية، وهذا ما أدى إلى انخفاض قيمة مضاعف الإنفاق الحكومي الذي بلغ 37،0 وهذا على الرغم من الآثار الايجابية التي يمكن للتجهيزات الصناعية والزراعية أن تتركها على الإنتاج الوطني في الأجل الطويل.

ثانيا: التوصيات

يقتضي علينا في نهاية هذه الرسالة وبناء على النتائج التي توصلنا إليها سابقا تقديم جملة من التوصيات نراها ضرورية وذات صلة وثيقة بالموضوع محل الدراسة والتي نوردها كما يلي:

أ- في مجال السياسة الاقتصادية والاستقرار الاقتصادي الكلي

1- يجب على الاقتصاد الجزائري الإدارة الجيدة للإيرادات النفطية على المدى الطويل، مما يسمح لها بتخفيض التعرض لتقلبات أسعار النفط، حيث أن الاقتصاد الجزائري مرتبط بدرجة كبيرة بتذبذبات أسعار النفط وسوف يستمر تشكيل معدلات النمو في المستقبل بناء على التطورات التي تحدث في قطاع المحروقات، لذلك يجب على الحكومة العمل على تنويع مصادر النمو الاقتصادي بتحفيز قطاعات إنتاجية كالزراعة والصناعة والصناعات الصغيرة والمتوسطة، من أجل تقليل تأثير العوامل الخارجية على التوازنات قي الاقتصاد الكلي.

2- الاستمرار في تسطير برامج التصحيح الاقتصادي الذي يتم التركيز فيها على زيادة الإنفاق الاستثماري الموجه نحو مشاريع البنية التحتية والتي تسمح بتطوير المناخ الاستثماري الملائم لنمو القطاع الخاص، ودعم المشاريع المتوسطة والصغيرة وتوجيه الاستثمار الخاص نحو المشاريع كثيفة الاستخدام لعنصر العمل.

3- العمل على زيادة مرونة الجهاز الإنتاجي في الاقتصاد الجزائري من خلال إستراتيجية تسمح بتحقيق تراكم رأسمالي متوازن عبر دعم الصناعة الوطنية التحويلية والتوزيع العادل لموارد الاقتصاد الوطني عبر كافة القطاعات الاقتصادية.

4- نظراً للتعارض الموجود بين مؤشرات الاستقرار الاقتصادي الكلي المشكلة لمربع السياسة الاقتصادية لا بد من تحقيق تنسيق وتفاعل بين مختلف أدوات السياسة الاقتصادية وذلك في إطار البرمجة المالية التي تسمح بتشكيل مزيج سياسات متفق عليها هدفها توسيع مربع السياسة الاقتصادية قدر الإمكان؛

ب- في مجال الإنفاق الحكومي

1- إعادة تخصيص الإنفاق الحكومي بما يشجع المشروعات الاستثمارية التي تدعم

القطاع الخاص والتي تسمح بتعزيز النمو الاقتصادي؛

2- تعميق التعاون بين القطاع الخاص والعام والتوسع في إقامة المشروعات المشتركة بينها وتشجيع القطاع الخاص في التوسع في استثماراته وتوجيهها بما يتفق مع أولويات التنمية الاقتصادية وخاصة في مجال الإنتاج السلعي؛

3- نظراً للارتباط القوي بين الإيرادات العامة والإنفاق الحكومي لا بد من مراجعة هيكل الإيرادات العامة في الجزائر وتقليص الاعتماد على الجباية البترولية والانتقال إلى الاعتماد على الجباية الضريبية؛

4- الحد من زيادة الإنفاق الحكومي على بند الرواتب والأجور للحد من الضغوط التضخمية وذلك بتخفيض عدد العاملين في الجهاز الإداري الحكومي وتحويل المؤسسات العامة غير المنتجة إلى القطاع الخاص؛

5- إن زيادة فعالية سياسة الإنفاق الحكومي في التأثير على الناتج المحلي في الجزائر يستدعي رفع قيمة مضاعف الإنفاق الحكومي ويمكن أن يتم ذلك من خلال قيام الحكومة بخفض الميل الحدي للاستيراد باستخدام السياسة المالية والتجارية، هذا من ناحية ومن ناحية أخرى إزالة العقبات التي تحول دون تمتع الجهاز الإنتاجي في الجزائر بالمرونة اللازمة وذلك من خلال تطوير الأسواق المالية والنقدية؛

6- يجب على الدولة زيادة فعالية سياسة الإنفاق الحكومي من خلال تحقيق المعادلة التالية: أكثر عائد = أقل إنفاق حكومي= ادخار ، ومن أجل تحقيق هذه المعادلة والزيادة من فعالية سياسة الإنفاق الحكومي يجب على السلطات اتخاذ التدابير التالية:

- وضع برنامج لتحديث وإصلاح الإدارة العامة من أجل زيادة فعالية الاستثمار العام حيث يسمح هذا الإجراء بزيادة درجة تنفيذ الإنفاق الحكومي الاستثماري؛
- مراقبة المسار المالي وكيفية تنفيذ الإنفاق الحكومي باتخاذ إجراءات المراقبة والمتابعة وهذا ما يسمح بزيادة الشفافية؛
- النقطة الثالثة التي يجب أخذها بعين الاعتبار هي التقلبات التي تشهدها الجباية البترولية حيث أنه مع إطلاق برامج استثمارية كبيرة، فإن أي تراجع في أسعار النفط

سيجعل الجزائر ورشة كبيرة من المشاريع غير المكتملة لذلك يجب العمل على زيادة الاعتماد على بقية مصادر تمويل الإنفاق الحكومي وفق سياسة اقتصادية محددة، كما يجب ترتيب الإنفاق الحكومي حسب الأولوية؛

- على الرغم من أهمية زيادة فعالية سياسة الإنفاق الحكومي فإن المحرك الأساسي للنمو الاقتصادي يبقى بلا شك القطاع الخاص لذلك يجب العمل على تهيئة مناخ استثماري ملائم للقطاع الخاص وعلى زيادة التنافسية بين مؤسساته، والتي تسمح بإعطاء دفعة قوية لهذا القطاع لزيادة النمو وامتصاص البطالة.

ثالثا: آفاق الدراسة

بعد هذه النتائج المتوصل إليها والتوصيات المقدمة بخصوص هذه الدراسة، تُثار أمامنا تساؤلات أخرى لها علاقة وثيقة بالموضوع غير أن إطار الدراسة لم يسمح بتناولها بإسهاب، والتي يمكن أن تكون مفاتيح لبحوث مستقبلية:

- لقد توصلت الدراسة إلى أن تحقيق تنسيق بين مختلف أدوات السياسة الاقتصادية كفيل بتوسيع المربع السحري للاقتصاد الجزائري في إطار ما يعرف بالبرمجة المالية، والتي تتطلب دراسة معمقة
- تتطلب أهداف السياسة الاقتصادية المشار إليها سابقا إفراد كل منها ببحث مستقل؛
- يظل قطاع المحروقات المحرك الأساسي للعجلة الاقتصادية منذ استقلال الجزائر، وما يزال الوضع على ما هو عليه وهو ما يتطلب تعميق البحث حول الأسباب الحقيقية التي تقف في وجه تطور بقية القطاعات.

أرجو من اللـه أن تكون هذه الدراسة المتواضعة قد ساهمت في إضافة لبنة جديدة في حقل المعرفة العلمية، راجياً من المولى عز وجل أن يكتبها في ميزان حسناتي، وما توفيقي إلا بالله عليه توكلت وإليه أنيب.

تمت الرسالة في:31 آذار 2009م الموافق لـ 5 ربيع الثاني 1430هـ

لِكُلِ شَيْءٍ إذا ما تَمَ نُقصَانُ

الملاحق العامة

الملحق رقم(1): علاقة التأثير المتبادلة بين السياستين المالية و النقدية

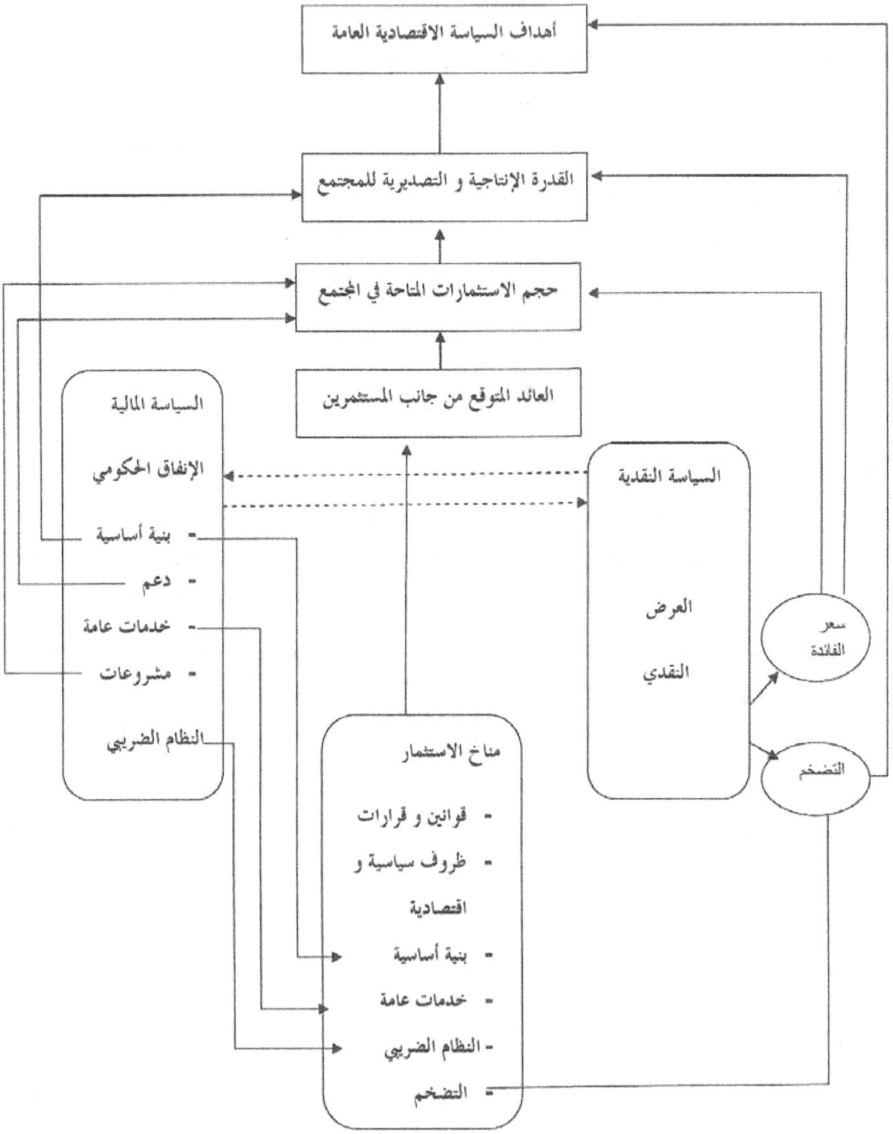

المصدر: أحمد شعبان، انعكاسات المتغيرات المعاصرة على القطاع المصرفي

و دور البنوك المركزية، الدار الجامعية، مصر، 2007،ص 508

الملحق رقم(2)الإيرادات النهائية المطبقة في ميزانية الدولة لسنة 2007

إيرادات الميزانية	المبالغ(بآلاف دج)
1- الموارد العادية	
1-1- الإيرادات الجبائية:	
001- 201- حاصل الضرائب المباشرة..................................	201.313.000
201-002- حاصل التسجيل والطابع..	21.477.000
201-003- حاصل الرسوم المختلفة على الأعمال........................	331.673.000
(منها الرسم على القيمة المضافة على المنتجات المستوردة................	135.142.000
201-004- حاصل الضرائب غير المباشرة..................................	900.000
005- 201- حاصل الجمارك..	120.753.000
المجموع الفرعي(1)	**676.116.000**
1-2- الإيرادات العادية:	
201-006- حاصل دخل الأملاك الوطنية....................................	13.000.000
201-007- الحواصل المختلفة للميزانية....................................	10.000.000
المجموع الفرعي(2)	**23.000.000**
1-3- الإيرادات الأخرى:	
الإيرادات الأخرى..	130.500.000
المجموع الفرعي(3)	**130.500.000**
مجموع الموارد العادية	**829.616.000**
2- الجباية البترولية:	
201-011- الجباية البترولية...	**973.000.000**
المجموع العام للإيرادات	**1.802.616.000**

المصدر: الجريدة الرسمية للجمهورية الجزائرية الديمقراطية الشعبية، عدد 85، ص 33

الملحق رقم: (3) التدابير المعتمدة ضمن برنامج تسهيل التمويل الموسع و آجال تنفيذها في الجزائر خلال الفترة 1995-1998

التدابير المعتمدة	تواريخ التنفيذ
أ- نظام الصرف	
1- إقامة سوق صرف ما بين البنوك	نهاية 1995
2- توسيع السوق ما بين البنوك إلى مساهمين آخرين من غير البنوك التجارية....................	1996
3- بالموازاة مع إقامة سوق صرف ما بين البنوك يتم منح الاعتماد لمكاتب الصرف بداية 1996..............	1996
4- إقرار نظام المادة الثامنة بمجرد تحقيق قابلية الدينار للتحويل للمعاملات الخارجية الجارية.................	1997
5- التحليل المعمق لتنافسية قطاعات السلع القابلة للتبادل في إطار الدراسة حول الحماية الفعلية المنجزة بالتعاون مع البنك الدولي....................	1995
6- متابعة سياسة الصرف المدعومة بسياسات مالية لضمان التنافسية الخارجية....................	98/95
ب- تحرير المبادلات و المدفوعات	
1- إلغاء إلزامية تحديد آجال دنيا للروض الخارجية المتعاقد عليها شراء سلع التجهيز....................	منتصف
2- بهدف ضمان تحويل الدينار للمعاملات الخارجية الجارية :	1995
a- يتم السماح بنفقات الصحة و لتعليم:	
• في المرحلة الأولى من قبل بنك الجزائر ضمن مبالغ محددة سنويا....................	منصف 1995
• في المرحلة الثانية من قبل البنوك التجارية ضمن حدود المبالغ المقررة من قبل بنك الجزائر.......	1996
b- الترخيص بنفقات السياحة في حدود مبالغ سنوية في المرحلة الأولى من قبل بنك الجزائر و بعد ستة أشهر من قبل البنوك ضمن البالغ المحددة من قبل بنك الجزائر....................	1997
c- النفقات الأخرى(مهمات الأعمال، نفقات الإشهار، تحويل الأجور، ...) يتم الترخيص بها من قبل البنوك التجارية ضمن المبالغ المحددة من قبل بنك الجزائر....................	1996
3- إلغاء شرط قيام المستوردين لسلع معينة بمراعاة المعايير المهنية و الفنية (الأدوية الحليب، السميد، الدقيق، القمح)....................	منتصف
4- إعادة هيكلة التعريفة الجمركية بتخفيض معدل التعريفة القصوى إلى 50% و يتم متابعة تخفيض هذا	1995
المعدل إلى غاية الوصول إلى المعدل في الدول المجاورة....................	يناير 1996
ت- تحرير الأسعار	
1- إقامة آلية تسمح بالمتابعة الثلاثية للتكاليف الاقتصادية للمنتجات ذات الأسعار الإدارية بهدف تصحيح أسعارها دوريا....................	1995
2- إلغاء الدعم للمنتجات الغذائية و الطاقوية....................	نهاية 1995
3- إلغاء المراقبة على الهوامش و تحول المنتجات التالية إلى الأسعار الحرة(السكر، الحبوب، زيت الطعام،	منصف
الأدوات المدرسية، الأدوية....................	1994
4- إصلاح أسعار الدعم للزراعة....................	نهاية 1994
ث- المالية العامة	
1- توسيع نطاق تطبيق الضريبة على القيمة المضافة بخفض الإعفاءات....................	يناير1995
2- إصلاح التعريفة الجمركية	يناير 1995
3- مراجعة و إصلاح الضريبة على القيمة المضافة	
• مراجعة المعدلات و الأوعية و دراسة إمكانية توسيع الوعاء إلى المنتجات البترولية و تقليص المعدلات من ثلاثة إلى اثنين....................	1997
• تحديد وسائل زيادة مردودية الحقوق على الاستهلاك....................	1997
4- وضع رقم ضريبي لكل ممول....................	نهاية 1996
5- العمل بالتعاون مع البنك الدولي على:	منتصف 196
• مراجعة سياسة الإنفاق الحكومي	
• وضع نظام لمتابعة الإيرادات و المحاسبة لدعم إدارة النفقات	
6- الشروع في إصلاح الوظيف العمومي بهدف تقليص العمالة الزائدة....................	1996
ج- السياسة النقدية و إصلاح النظام البنكي و المالي	
1- اعتماد معدلات فائدة دائنة حقيقية موجبة مقدرة على أساس اتجاهات التضخم لسنة 1995....................	نهاية 1995
2- اعتماد هيكلة المعدلات الموجهة خاصة معدل إعادة الخصم في إطار إدخال نظام المزايدة على القروض....	1995
3- إلغاء القيود على هوامش معدلات الفائدة....................	1995
4- تطوير السوق النقدية	

• ما بين البنوك (بتوسيع تشكيلة الأدوات و المتدخلين)	1995
• المزايدة على القروض	1995
• المزايدة على أذونات الخزينة	1995
• إدخال عمليات السوق المفتوحة	1996
5- إعادة رسملة البنوك باستخدام جزء من المبالغ الموجهة لتسديد الالتزامات و التي توقفت في منتصف 1996	1996
6- انجاز الأعمال التمهيدية لإقامة سوق رأس المال	1996
7- إعادة رسملة البنوك لتطبيق معدل كفاية رأس المال 4%	منتصف 1995
8- دعم إعادة هيكلة البنوك لطريقة تحفز القطاع الخاص على المشاركة في رأس مالها	98/96
9- دعم التدابير لاحترازية التي تحد من المخاطرة و تضع القواعد لتصنيف القروض	نهاية 1995
10- إعادة هيكلة صندوق الادخار و دمجه في النظام المصرفي	1996
11- وضع نظام لتامين الودائع	1996
د- الشبكة و القضايا الاجتماعية	
1- وضع حصيلة تنفيذ برنامج الإشغال للمنفعة العمومية	منتصف 95
2- إصلاح صندوق تشغيل الشباب بالتعاون مع مصالح صندوق النقد الدولي و البنك الدولي	نهاية 1995
3- فحص نظام التامين على البطالة بالتعاون مع مصالح البنك الدولي	1995
4- إجراء تحقيق على مستوى المعيشة الذي يسمح بقياس الفقر	1995
5- انجاز دراسة شاملة و فعلية عن الحماية الاجتماعية خاصة فيما يتعلق بضمان الدخل و التغطية الاجتماعية	1996
و- إصلاح المؤسسات العمومية و تنمية القطاع الخاص	
1- تصفية المؤسسات العمومية المحلة	1995
2- الانتهاء من التطهير المالي للمؤسسات العمومية المتبقية قصد مرورها إلى الاستقلالية أو فتح رأسمالها	نهاية 1995
3- إعداد الحكمة لمشروع قانون حول الخوصصة	منتصف 95
4- الانتهاء من برنامج التطهير المالي و إعادة تأهيل 23 مؤسسة عمومية	
• التطهير المالي و المرور إلى الاستقلالية للمجموعة الأولى من 15مؤسسة	منتصف 95
• التطهير المالي و الهيكلي و تحويل القانون الأساسي لثماني مؤسسات متبقية	نهاية 1995
• وضع برنامج تأهيل في إطار تطبيق عقود النجاعة المبرمة مع بين السلطات و المؤسسات	98/95
5- وضع قيد العمل هيئة لضمان قروض الصادرات	96/95

الملحق رقم(**4**) النتائج القياسية لانطباق قانون فاجنر على الاقتصاد الجزائري خلال الفترة **1990-2007**

الجدول-أ-

ملخص النموذج

R	R Square	Adjusted R Square	Std. Error of the Estimate	Change Statistics			Durbin-Watson
				R Square Change	F Change	**Sig. F Change**	
,978[a]	,956	,953	4829,90214	,956	344,894	**,000**	1,415

a. Predictors: (Constant), GDPI

b. Dependent Variable: PEI

الجدول-ب-

معلمات معادلة الانحدار للنموذج

Model		Unstandardized Coefficients		Standardized Coefficients	t	Sig.	95% Confidence Interval for B		Correlations
		B	Std. Error	Beta			Lower Bound	Upper Bound	Zero-order
1	(Constant)	**2940,338**	2175,559		1,352	,195	-1671,642	7552,317	
	GDPI	**,284**	,015	,978	18,571	**,000**	,252	,316	,978

a. Dependent Variable: PEI

المصدر: من إعداد الباحث بالاعتماد على برنامج **SPSS**

الملحق رقم:(5)–أ–قاعدة البيانات المستعمَلة في احتساب قيمة مضاعف الإنفاق الحكومي في الجزائر خلال الفترة 1990–2007(بالأسعار الجارية)

مليار دينار

iPC 100=1989	Md	Ms	Ex DZD/USD	Mr مليار دولار	X مليار دولار	Gc	T	OT	R %	I	Yd	C	Y	
120,2	348,5	348,5	8,958	11,48	13,40	88,8	71,7	76,2	10,5	160,2	482,7	313,6	554,4	**1990**
150,8	416,2	416,2	18,473	9,54	12,87	153,8	82,7	161,5	10,5	266,8	779,4	419	862,1	**1991**
197,5	515,9	515,9	21,836	8,30	11,50	276,1	108,8	193,8	11,5	319,8	965,9	548,3	1074,7	**1992**
240,2	625,2	625,2	23,345	7,99	10,41	291,4	121,4	185	11,5	339,2	1068,3	636,4	1189,7	**1993**
316,3	723,7	723,7	35,059	9,15	8,89	330,4	176,1	257,7	15	467,6	1311,3	825,6	1487,4	**1994**
406,2	799,6	799,6	47,741	10,10	10,26	473,7	241,9	358,8	14	632,3	1763,1	1097,4	2005,0	**1995**
488,8	915,0	915,0	54,753	9,09	13,22	550,6	290,6	519,7	13	661,1	2279,4	1316,8	2570,0	**1996**
518,4	1081,5	1081,5	57,711	8,13	13,82	643,5	314	592,5	11	699,0	2466,2	1386,7	2780,2	**1997**
550,7	1592,5	1592,5	58,748	8,63	10,14	663,8	329,8	425,9	9,5	770,0	2500,7	1525,0	2830,5	**1998**
562,2	1789,4	1789,4	66,641	8,96	12,32	774,7	314,7	588,2	8,5	866,0	2923,5	1635,0	3238,2	**1999**
558,7	2022,5	2022,5	75,316	9,35	21,65	856,2	349,5	1213,2	6	886,0	3749,3	1672,0	4098,8	**2000**
578,2	2473,5	2473,5	77,269	9,48	19,09	963,6	398,2	1001,4	6	1164,6	3837,4	1847,7	4235,6	**2001**
591,2	2901.5	2901.5	79,666	12,01	18,71	1097,7	482,8	1007,9	5,5	1417,6	3972,5	1988,3	4455,3	**2002**
661,8	3354,4	3354,4	77,376	13,32	24,47	1199,1	494,3	1350	4,5	1606,1	4769,5	2125,0	5263,8	**2003**
639,8	3738,0	3738,0	72,066	17,95	32,22	1324,4	532,2	1570,7	4	2038,4	5595,3	2358,0	6127,5	**2004**
652,1	4146,9	4146,9	73,363	19,57	46,38	1232,5	596,9	2352,7	4	2324,1	6901.5	2527,0	7498,6	**2005**
663,9	4857,8	4857,8	72,646	20,68	55,61	1174	646,5	2799	4	2501,3	7744,5	2688,9	8391,0	**2006**
689,8	5520,6	5520,6	69,365	33,28	63,48	1574,9	676,1	2835	4	3220,3	8837,6	2893.2	9513,7	2007

World

OURCE:Development Indicators , world bank , 2005

'ENDANCES MONÉTAIRES ET FINANCIÈRES AU PREMIER SEMESTRE DE 2008 banque d'Algérie

ıultin statistique de la banque d'Algérie; banque d'Algérie; juin 2006

ılgeria: Statistical Appendix IMF Country Report No. 08/102March 2008, No01/163 September 2001, No07/95 march 2007, No98/87 September 1998

قاعدة البيانات المستعمَلة في احتساب قيمة مضاعف الإنفاق الحكومي في الجزائر خلال الفترة 1990–2007(بالأسعار الثابتة) مليار دينار

iPC[1] 1989	Md	Ms	Ex	Mr مليار دولار	X مليار دولار	Gc	T	OT	R	I	Yd	C	Y	
120,2	289,9	289,9	8,958	9,55	11,14	73,8	59,65	63,3	7,3-	133,2	293,3	260,8	353,0	**1990**
150,8	275,9	275,9	18,473	6,32	8,53	101,9	54,8	107,0	15,4-	176,9	293,9	277,8	348,7	**1991**
197,5	261,2	261,2	21,836	4,20	5,82	139,7	55,08	98,1	20,2-	161,9	299,2	277,6	354,3	**1992**
240,2	260,2	260,2	23,345	3,32	4,33	121,3	50,54	74,6	9-	141,2	296,2	264,9	346,8	**1993**
316,3	228,8	228,8	35,059	2,89	2,82	104,4	55.67	70,21	14-	147,8	288,0	261,0	343,7	**1994**
406,2	196,8	196,8	47,741	2,48	2,52	116,6	59,55	82,74	15,8-	155,6	297,4	270,1	357	**1995**
488,8	187,1	187,1	54,753	1,85	2,70	112,6	59,45	101,2	5,7-	135,2	311,0	269,3	370,5	**1996**
518,4	208,6	208,6	57,711	1,56	2,66	124,1	60,57	108,9	5,3	134,8	314,0	267,4	374,6	**1997**
550,7	289,1	289,1	58,748	1,56	1,84	120,5	59,8	68,7	4,5	139,8	333,9	276,9	393,7	**1998**
562,2	318,2	318,2	66,641	1,59	2,19	137,7	55,97	99,6	8,2	154,0	350,3	290,8	406,3	**1999**
558,7	362,0	362,0	75,316	1,67	3,87	153,2	62,5	209,9	5,7	158,5	352,5	299,2	415,0	**2000**
578,2	427,7	427,7	77,269	1,63	3,30	166,6	68,8	165,3	1,8	201,4	357,2	319,5	426,0	**2001**
591,2	490,7	490,7	79,666	2,03	3,16	185,6	81,6	159,4	4,1	239,7	364,5	336,2	446,1	**2002**
661,8	506,8	506,8	77,376	2,01	3,69	181,1	74,6	126,3	1,9	242,6	401,5	321,0	476,1	**2003**
639,8	584,2	584,2	72,066	2,80	5,03	207,0	83,1	134,7	0,4	318,5	418,5	368,5	501,6	**2004**
652,1	635,9	635,9	73,363	3	7,11	189,0	91,5	137,8	2,4	356,4	527,2	387,5	527,2	**2005**
663,9	731,7	731,7	72,646	3,11	8,37	176,8	97,3	137,9	1,5	376,7	448,9	405,0	546,2	**2006**
689,81	800,3	800,3	69,365	4,82	9,20	228,3	98,01	141,05	0,5-	466,8	474,1	419,4	572,2	**2007**

المصدر من إعداد الباحث

([1])- تمثل الرقم القياسي لأسعار المستهلك سنة الأساس 1989

الملحق رقم:(6)

نتائج تقدير المعادلات السلوكية اللازمة لاحتساب قيمة مضاعف الإنفاق الحكومي في الجزائر خلال الفترة 1990-2007

1- معادلة الاستهلاك رقم(2): $C = C0 + c.yd$.

R	R Square	Adjusted R Square	Std. Error of the Estimate	Change Statistics			Durbin-Watson
				R Square Change	F Change	Sig. F Change	
,938[a]	,880	,873	18,73621	,880	117,598	,000	2,209

a. Predictors: (Constant), Yd

b. Dependent Variable: C

Model	Unstandardized Coefficients		Standardized Coefficients	T	Sig.	95% Confidence Interval for B		Correlations
	B	Std. Error	Beta			Lower Bound	Upper Bound	Zero-order
(Constant)	60,822	23,364		2,603	,019	11,293	110,351	
Yd	,697	,064	,938	10,844	,000	,561	,834	,938

a. Dependent Variable: C

2- معادلة الإيرادات الضريبية رقم(4): $T = T0 + t1Y + t2$

R	R Square	Adjusted R Square	Std. Error of the Estimate	Change Statistics			Durbin-Watson
				R Square Change	F Change	Sig. F Change	
,965[a]	,932	,923	4,31780	,932	102,307	,000	1,678

a. Predictors: (Constant), G, Y

b. Dependent Variable: T

Model	Unstandardized Coefficients		Standardized Coefficients			95% Confidence Interval for B		Correlations
	B	Std. Error	Beta	t	Sig.	Lower Bound	Upper Bound	Zero-order
(Constant)	-18,330	7,013		-2,614	**,020**	-33,278	-3,381	
Y	,221	,032	1,069	6,813	**,000**	,152	,291	,964
G	-,044	,059	-,116	-,742	,470	-,169	,082	,849

a. Dependent Variable: T

3- معادلة الاستثمار رقم(5): $I = I0 - i1R + i2Y - i3T$

Model Summary[b]

R	R Square	Adjusted R Square	Std. Error of the Estimate	Change Statistics			Durbin-Watson
				R Square Change	F Change	Sig. F Change	
,986[a]	,972	,967	18,37418	,972	164,747	**,000**	2,329

a. Predictors: (Constant), T, R, Y

Coefficients[a]

Model		Unstandardized Coefficients		Standardized Coefficients			95% Confidence Interval for B		Correlations
		B	Std. Error	Beta	t	Sig.	Lower Bound	Upper Bound	Zero-order
1	(Constant)	-407,044	40,192		-10,127	**,000**	-493,247	-320,841	
	R	-3,576	,660	-,310	-5,420	**,000**	-4,991	-2,161	,283
	Y	1,275	,258	,952	4,939	**,000**	,722	1,829	,946
	T	1,092	1,165	,169	,937	,365	-1,407	3,592	,950

a. Dependent Variable: I

4- معادلة الواردات رقم(6): $Mr = Mr0 + mr1Y + mr2Ex$

Model Summary[b]

R	R Square	Adjusted R Square	Std. Error of the Estimate	Change Statistics			Durbin-Watson
				R Square Change	F Change	Sig. F Change	
,873[a]	,761	,729	1,06908	,761	23,920	**,000**	,732

Coefficients[a]

Model		Unstandardized Coefficients		Standardized Coefficients	t	Sig.	95% Confidence Interval for B		Correlations
		B	Std. Error	Beta			Lower Bound	Upper Bound	Zero-order
1	(Constant)	,437	1,603		,272	,789	-2,980	3,853	
	Y	,021	,005	,755	4,151	**,001**	,010	,031	-,139
	Ex	-,109	,016	-1,241	-6,828	**,000**	-,143	-,075	-,698

5- معادلة الطلب على النقود رقم(7) $Md = Md0 + L1Y - L2R$

Model Summary[b]

R	R Square	Adjusted R Square	Std. Error of the Estimate	Change Statistics			Durbin-Watson
				R Square Change	F Change	Sig. F Change	
,979[a]	,959	,953	41,16177	,959	174,996	**,000**	,894

Coefficients[a]

Model		Unstandardized Coefficients		Standardized Coefficients	t	Sig.	95% Confidence Interval for B		Correlations
		B	Std. Error	Beta			Lower Bound	Upper Bound	Zero-order
1	(Constant)	-732,715	69,609		-10,526	**,000**	-881,084	-584,346	
	Y	2,658	,159	1,045	16,738	**,000**	2,320	2,997	,973
	R	-2,895	1,368	-,132	-2,115	**,052**	-5,812	,022	,437

الملحق رقم (7) نتائج تقدير نموذج سانت لويس المكيف على الاقتصاد الجزائري

خلال الفترة 1990- 2007

Model Summary[a]

Model	R	R Square	Adjusted R Square	Std. Error of the Estimate	Change Statistics					Durbin-Watson
					R Square Change	F Change	df1	df2	Sig. F Change	
1	,995[b]	,991	,989	276,10742	,011	18,117	1	15	,001	
2	,997[c]	,994	,993	222,66983	,004	9,063	1	14	,009	
3	,997[d]	,993	,993	231,33115	,000	2,190	1	14	,161	1,092

Coefficients[a]

Model		Unstandardized Coefficients		Standardized Coefficients	t	Sig.	95% Confidence Interval for B		Correlations		
		B	Std. Error	Beta			Lower Bound	Upper Bound	Zero-order	Partial	Part
1	(Constant)	574,459	116,168		4,945	,000	326,854	822,064			
	M	,935	,165	,572	5,657	,000	,583	1,287	,990	,825	,142
	OT	1,285	,302	,431	4,256	,001	,641	1,928	,985	,740	,107
2	(Constant)	381,226	113,563		3,357	,005	137,658	624,794			
	M	,349	,236	,214	1,480	,161	-,157	,855	,990	,368	,030
	OT	1,377	,245	,461	5,612	,000	,851	1,903	,985	,832	,113
	G	1,147	,381	,334	3,011	,009	,330	1,964	,981	,627	,061
3	(Constant)	345,428	115,272		2,997	**,009**	99,731	591,124			
	OT	1,611	,195	,540	8,281	**,000**	1,197	2,026	,985	,906	,174
	G	1,612	,224	,470	7,208	**,000**	1,135	2,089	,981	,881	,151

الملحق رقم:(**8**) نتائج اختبار فعالية سياسة الإنفاق الحكومي أخذاً بعين الاعتبار طريقة التمويل في الجزائر خلال الفترة **1990-2007**

1- الإيرادات النفطية كمصدر لتمويل الإنفاق الحكومي

Correlations

		G	OTc
Pearson Correlation	G	1,000	,947
	OTc	,947	1,000
Sig. (1-tailed)	G	.	,000
	OTc	,000	.
N	G	18	18
	OTc	18	18

Model Summary[b]

R	R Square	Adjusted R Square	Std. Error of the Estimate	Change Statistics: R Square Change	F Change	Sig. F Change	Durbin-Watson
,947[a]	,896	,890	258,57591	,896	138,452	**,000**	1,351

a. Predictors: (Constant), OTc

b. Dependent Variable: G

Coefficients[a]

Model		Unstandardized Coefficients: B	Std. Error	Standardized Coefficients: Beta	T	Sig.	95% Confidence Interval for B: Lower Bound	Upper Bound	Correlations: Zero-order
1	(Constant)	363,540	91,333		3,980	**,001**	169,924	557,157	
	OTc	,824	,070	,947	11,767	**,000**	,675	,972	,947

a. Dependent Variable: G

2- الإصدار النقدي كمصدر لتمويل الإنفاق الحكومي

Correlations

		G	M2
Pearson Correlation	G	1,000	,983
	M2	,983	1,000
Sig. (1-tailed)	G	.	,000
	M2	,000	.
N	G	18	18
	M2	18	18

Model Summary[b]

R	R Square	Adjusted R Square	Std. Error of the Estimate	Change Statistics			Durbin-Watson
				R Square Change	F Change	Sig. F Change	
,983[a]	,966	,964	147,25913	,966	460,218	**,000**	1,361

a. Predictors: (Constant), M2

b. Dependent Variable: G

Coefficients[a]

Model		Unstandardized Coefficients		Standardized Coefficients	t	Sig.	95% Confidence Interval for B		Correlations
		B	Std. Error	Beta			Lower Bound	Upper Bound	Zero-order
1	(Constant)	179,936	57,521		3,128	**,006**	57,997	301,875	
	M2	,468	,022	,983	21,453	**,000**	,422	,515	,983

الملحق (9) قاعدة البيانات المستعملة في تطبيق نموذج بارو على الاقتصاد الجزائري خلال الفترة 1990-2007

In Gi	In Gc	In G	InL	InK	InY	Gi	Gc	G	L ملوين نسمة	K	Y	
3,864931	4,486387	4,916325	1,497388	2,906901	6,317886	47,7	88,8	136,5	4,47	18,3	554,4	**1990**
4,065602	5,035653	5,357058	1,578979	3,931826	6,759371	58,3	153,8	212,1	4,85	51	862,1	**1991**
4,969813	5,620763	6,040493	1,601406	3,732896	6,979797	144,0	276,1	420,1	4,96	41,8	1074,7	**1992**
5,221436	5,674697	6,166678	1,451614	2,493205	7,081456	185,2	291,4	476,6	4,27	12,1	1189,7	**1993**
5,463408	5,800304	6,339124	1,463255	4,100989	7,304785	235,9	330,4	566,3	4,32	60,4	1487,4	**1994**
5,655642	6,160574	6,632792	1,504077	4,513055	7,603399	285,9	473,7	759,6	4,50	91,2	2005,0	**1995**
5,159055	6,311009	6,585620	1,726332	1,648659	7,851661	174,0	550,6	724,6	5,62	5,2	2570,0	**1996**
5,306286	6,466922	6,739455	1,549688	2,230014	7,930278	201,6	643,5	845,1	4,71	9,3	2780,2	**1997**
5,355642	6,497981	6,775024	1,578979	3,811097	7,948103	211,8	663,8	875,7	4,85	45,2	2830,2	**1998**
5,230574	6,652476	6,868703	1,587192	4,096010	8,082773	186,9	774,7	961,7	4,89	60,1	3238,2	**1999**
5,774241	6,752504	7,071658	1,743969	4,183576	8,318450	321,9	856,2	1178,1	5,72	65,6	4098,8	**2000**
5,878856	6,870676	7,186144	1,829376	5,333685	8,351280	357,4	963,6	1321,0	6,23	207,2	4235,6	**2001**
6,115671	7,000972	7,346397	1,697449	5,616771	8,401850	452,9	1097,7	1550,6	5,46	275,0	4455,3	**2002**
6,416732	7,089327	7,501690	1,925707	5,794232	8,563466	612,0	1199,1	1811,1	6,86	328,4	5236,8	**2003**
6,389569	7,188715	7,560080	2,054124	6,345285	8,720542	595,6	1324,4	1920,0	7,80	569,8	6127,5	**2004**
6,575773	7,116800	7,575585	2,084429	6,556494	8,922485	717,5	1232,5	1950,0	8,04	703,8	7498,7	**2005**
6,923235	7,068172	7,691474	2,182675	6,424221	9,034915	1015,6	1174,0	,2189,6	8,87	616,6	8391,0	**2006**
7,297971	7,361947	8,023618	2,150599	6,653379	9,160488	1477,3	1574,9	3052,2	8,59	775,4	9513,7	**2007**

المصدر:من إعداد الباحث بالاعتماد على معطيات الجداول السابقة،

مخزون رأس المال تم استخراجه من الديوان الوطني للإحصائيات،

تم احتساب اللوغاريتم النيبري للمتغيرات من طرف الباحث بالاعتماد على برنامج الإكسل

الملحق رقم(10)نتائج تطبيق نموذج بارو على الاقتصاد الجزائري خلال الفترة 1990–2007

1– نتائج نموذج بارو على الاقتصاد الجزائري أخذًا بعين الاعتبار الإنفاق الحكومي الكلي

Model Summary[c]

Model	R	R Square	Adjusted R Square	Std. Error of the Estimate	Change Statistics					Durbin-Watson
					R Square Change	F Change	df1	df2	Sig. F Change	
1	,982[a]	,964	,962	,1597280	,964	430,722	1	16	,000	
2	,989[b]	,979	,976	,1267366	,015	10,414	1	15	,006	1,038

Coefficients[a]

Model		Unstandardized Coefficients		Standardized Coefficients	t	Sig.	95% Confidence Interval for B		Correlations			Collinearity Statistics	
		B	Std. Error	Beta			Lower Bound	Upper Bound	Zero-order	Partial	Part	Tolerance	VIF
1	(Constant)	1,285	,324		3,965	,001	,598	1,971					
	LnG	,982	,047	,982	20,754	,000	,882	1,083	,982	,982	,982	1,000	1,000
2	(Constant)	1,204	,258		4,661	**,000**	,653	1,754					
	LnG	,827	,061	,827	13,581	**,000**	,698	,957	,982	,962	,510	,380	2,632
	LnL	,654	,203	,197	3,227	**,006**	,222	1,085	,848	,640	,121	,380	2,632

a. Dependent Variable: LnY

2– نتائج نموذج بارو على الاقتصاد الجزائري أخذًا بعين الاعتبار الإنفاق الحكومي الجاري

Model Summary[c]

Model	R	R Square	Adjusted R Square	Std. Error of the Estimate	Change Statistics					Durbin-Watson
					R Square Change	F Change	df1	df2	Sig. F Change	
1	,976[a]	,952	,949	,1840195	,952	320,567	1	16	,000	
2	,993[b]	,986	,984	,1047550	,033	34,374	1	15	,000	1,500

a. Predictors: (Constant), Gc

b. Predictors: (Constant), Gc, LnL

c. Dependent Variable: LnY

Coefficients[a]

Model		Unstandardized Coefficients		Standardized Coefficients	t	Sig.	95% Confidence Interval for B		Correlations		Collinearity Statistics
		B	Std. Error	Beta			Lower Bound	Upper Bound	Zero-order	Tolerance	VIF
1	(Constant)	1,564	,360		4,343	,001	,800	2,327			
	Gc	1,000	,056	,976	17,904	,000	,882	1,119	,976	1,000	1,000
2	(Constant)	1,322	,209		6,326	**,000**	,877	1,768			
	Gc	,792	,048	,773	16,641	**,000**	,691	,894	,976	,446	2,242
	LnL	,906	,155	,272	5,863	**,000**	,577	1,235	,848	,446	2,242

a. Dependent Variable: LnY

3- نتائج نموذج بارو على الاقتصاد الجزائري أخذا بعين الاعتبار الإنفاق الحكومي الاستثماري

Correlations

		lnY	lnK	lnL	lnGi
Pearson Correlation	lnY	1,000	,735	,848	,933
	lnL	,848	,798	1,000	,821
	lnGi	,933	,789	,821	1,000
Sig. (1-tailed)	lnY	.	,000	,000	,000
	lnK	,000	.	,000	,000
	lnL	,000	,000	.	,000
	lnGi	,000	,000	,000	.

Model Summary[b]

				Change Statistics			Durbin-Watson
R	R Square	Adjusted R Square	Std. Error of the Estimate	R Square Change	F Change	Sig. F Change	
,946[a]	,895	,873	,29207	,895	39,869	**,000**	,597

a. Predictors: (Constant), lnGi, lnK, lnL

b. Dependent Variable: lnY

Coefficients[a]

Model		Unstandardized Coefficients		Standardized Coefficients			95% Confidence Interval for B		Correlations
		B	Std. Error	Beta	T	Sig.	Lower Bound	Upper Bound	Zero-order
1	(Constant)	2,456	,633		3,878	**,002**	1,098	3,814	
	lnL	1,031	,558	,310	1,849	**,006**	-,165	2,227	,848
	lnGi	,710	,150	,776	4,722	**,000**	,388	1,033	,933

الملحق رقم 11)

نتائج اختبار أثر سياسة الإنفاق الحكومي على إحداث فجوة الطلب الكلي في الجزائر خلال الفترة 1990-2007

Correlations

		dx	Cg	Cp	Ig	Ip
Pearson Correlation	dx	1,000	,973	,939	,924	,884
	Cg	,973	1,000	,897	,846	,843
	Cp	,939	,897	1,000	,934	,978
	Ig	,924	,846	,934	1,000	,927
	Ip	,884	,843	,978	,927	1,000
Sig. (1-tailed)	dx	.	,000	,000	,000	,000
	Cg	,000	.	,000	,000	,000
	Cp	,000	,000	.	,000	,000
	Ig	,000	,000	,000	.	,000
	Ip	,000	,000	,000	,000	.

Model Summary[b]

				Change Statistics			Durbin-Watson
R	R Square	Adjusted R Square	Std. Error of the Estimate	R Square Change	F Change	Sig. F Change	
,995[a]	,990	,986	223,64102	,990	306,515	,000	1,443

a. Predictors: (Constant), Ip, Cg, Ig, Cp

b. Dependent Variable: dx

Coefficients[a]

Model		Unstandardized Coefficients		Standardized Coefficients	t	Sig.	95% Confidence Interval for B	
		B	Std. Error	Beta			Lower Bound	Upper Bound
1	(Constant)	-433,185	147,521		-2,936	,012	-751,885	-114,485
	Cg	2,495	,301	,579	8,299	,000	1,845	3,144
	Cp	1,016	,373	,494	2,725	,017	,211	1,822
	Ig	1,950	,424	,375	4,601	,000	1,034	2,866
	Ip	-1,130	,390	-,435	-2,894	,013	-1,974	-,287

a. Dependent Variable: dx

الملحق رقم (12): نتائج اختبار فرضيه العجز التوام على لاقتصاد الجزائري خلال الفترة 1990-2007

Correlations

		CA	BS
Pearson Correlation	CA	1,000	,858
	BS	,858	1,000
Sig. (1-tailed)	CA	.	,000
	BS	,000	.

Model Summary[b]

Model	R	R Square	Adjusted R Square	Std. Error of the Estimate	Change Statistics					Durbin-Watson
					R Square Change	F Change	df1	df2	Sig. F Change	
1	,858[a]	,736	,715	5,27431	,736	36,186	1	13	**,000**	,975

Coefficients[a]

Model		Unstandardized Coefficients		Standardized Coefficients	t	Sig.	95% Confidence Interval for B		Correlations
		B	Std. Error	Beta			Lower Bound	Upper Bound	Zero-order
1	(Constant)	3,129	1,650		1,896	**,080**	-,436	6,694	
	BS	1,489	,247	,858	6,015	**,000**	,954	2,023	,858

a. Dependent Variable: CA

الملحق رقم (13) نتائج اختبار أثر سياسة الإنفاق الحكومي على الواردات في الاقتصاد الجزائري خلال الفترة 1990-2007

أ- أثر الإنفاق الحكومي الكلي على الواردات

Model Summary[b]

R	R Square	Adjusted R Square	Std. Error of the Estimate	Change Statistics		Durbin-Watson
				R Square Change	F Change	
,984[a]	,968	,966	96,09704	,968	487,818	1,339

Coefficients[a]

Model	Unstandardized Coefficients		Standardized Coefficients	t	Sig.	Correlations
	B	Std. Error	Beta			Zero-order
1 (Constant)	-30,389	41,527		-,732	,475	
G	,660	,030	,984	22,087	,000	,984

ب- أثر الإنفاق الاستثماري على مجموع واردات تجهيزات الصناعة و الزراعة في الجزائر

Model Summary[b]

R	R Square	Adjusted R Square	Std. Error of the Estimate	Change Statistics			Durbin-Watson
				R Square Change	F Change	Sig. F Change	
,935[a]	,874	,864	70,73069	,874	89,964	,000	1,489

Coefficients[a]

Model	Unstandardized Coefficients		Standardized Coefficients	t	Sig.	Correlations
	B	Std. Error	Beta			Zero-order
1 (Constant)	6,304	33,827		,186	,855	
Gi	,711	,075	,935	9,485	,000	,935

قائمة المراجع

Bibliography

المراجع باللغة العربية

أ- الكتب

1- أحمد حسين الوادي. **مبادئ المالية العامة**. عمان: دار المسيرة، 2007

2- أحمد جامع. **التحليل الاقتصادي الكلي**. القاهرة: دار الثقافة الجامعية،1990

3- أحمد شعبان. **انعكاسات المتغيرات المعاصرة على القطاع المصرفي ودور البنوك المركزية**. مصر: الدار الجامعية، 2007

4- أحمد علي البشاري. **السياسة الاقتصادية اليمنية- سياسة الإنفاق العام**-. اليمن: دار الطرقجي، 1990

5- أحمد علي مجذوب. **السياسة المالية في الاقتصاد الإسلامي- مقارنة مع الاقتصاد الوضعي**.السودان.هيئة الأعمال الفكرية، 2000

6- أسامة عبد الرحمان. **المورد الواحد والتوجه الانفاقي السائد**. مصر: مركز دراسات الوحدة العربية، 2000

7- ب. برنييه. **أصول الاقتصاد الكلي**. ترجمة عبد الأمير شمس الدين. الإسكندرية: المؤسسة الجامعية للدراسات والنشر، 1999

8- باهر محمد عتلم. **المالية العامة- أدواتها الفنية وآثارها الاقتصادية**-. مصر: مكتبة الآداب، 1998

9- بول ساموبلسون.**علم الاقتصاد**. ترجمة هشام عبد اللـه. عمان: الدار الأهلية، 2006

10- تشارلز وولف. **الأسواق أم الحكومات الاختيار بين بدائل غير مثالية**. ترجمة علي حسين حجاج. عمان: دار البشير، 1996

11- جمال لعمارة. **منهجية الميزانية العامة للدولة في الجزائر**. الجزائر: دار الفجر للنشر والتوزيع، 2004

12- جيمس جوارتيني. **الاقتصاد الكلي. الاختيار العام والخاص**. ترجمة عبد الفتاح عبد الرحمان. السعودية: دار المريخ، 1999

13- حازم الببلاوي. **دور الدولة في الاقتصاد**. القاهرة: دار الشروق، 1998

14- حمدي الصباخي. **دراسات في الاقتصاد العام، نظرية المالية العامة والسياسات المالية**. المغرب: دار النشر المغربية، 1982

15- خصير عباس المهر. **التقلبات الاقتصادية بين السياستين المالية والنقدية_ دراسة تحليلية موجزة في إطار النظرية الكينزية**.السعودية:جامعة الرياض، 1982

16- حسين علي نجيب. **تحليل ونمذجة البيانات باستخدام الحاسوب - تطبيق شامل لحزمة SPSS**- عمان: الأهلية للنشر والتوزيع. الطبعة الأولى، 2006

17- رامي زيدان. **حساسية النظام الضريبي السوري**. سورية: المجتمع والاقتصاد، 2007

18- رفعت المحجوب. **المالية العامة**. مصر: مكتبة النهضة، 1992

19- رمزي زكي. **انفجار العجز**. دمشق: دار المدى للثقافة. الطبعة الأول، 2000

20- ريتشارد موسجريف. **المالية العامة في النظرية والتطبيق**. ترجمة حمدي الصباخي. السعودية: دار المريخ، 1992

21- رضا العدل. **التحليل الاقتصادي الكلي**. مصر: مكتبة عين شمس، 1996

22- سامي خليل. **النظريات والسياسات المالية والنقدية**. الكويت: كاظمة للنشر،1982

23- ------، **نظرية الاقتصاد الكلي**، الكتاب الأول، الكويت، 1994

24- سوزي عدلي ناشد. **المالية العامة، النفقات العامة. الإيرادات العامة. الموازنة العامة**. لبنان: منشورات الحلبي، 2006

25- -----------. **المالية العامة**. بيروت: منشورات الحلبي، 2003

26------------.**الوجيز في المالية العامة**. مصر: الدار الجامعة الجديدة، 2000
27-سي بول هالوود. رونالد ماكدونالد.**النقود والتمويل الدولي**. ترجمة محمود حسن عمر. السعودية: دار المريخ للنشر، 2007
28-ضياء مجيد. **النظرية الاقتصادية والتحليل الاقتصادي الكلي**. الإسكندرية: شباب الجامعة، 1999
29-طارق الحاج. **المالية العامة**. عمان: دار الصفاء، 1999
30-عبد الرحمان نوزاد .**المدخل الحديث في اقتصاديات المالية العامة**. عمان: دار المناهج، 2006
31-عبد الرحمان يسري. **النظرية الاقتصادية الكلية، مد خل حديث**. مصر: دار شباب الجامعة، 2001
32-عبد المجيد عبد المطلب. **اقتصاديات المالية العامة**. القاهرة: الدار الجامعية، 2005
33--------------. **السياسات الاقتصادية- تحليل جزئي وكلي-**. القاهرة: زهراء الشرق، 2007
34-عبد المجيد قدي، **المدخل إلى السياسات الاقتصادية الكلية- دراسة تحليلية وتقييمية-**، ديوان المطبوعات الجامعية، الجزائر، 2006
35-عبد اللـه الشيخ. **مقدمة في اقتصاديات المالية العامة**. الرياض: جامعة الملك سعود، 1992
36-عبد المنعم فوزي،**المالية العامة والسياسة المالية**، منشاة المعارف، الإسكندرية، 1992
37-علي أحمد خليل. سليمان أحمد اللوزي. **المالية العامة والإصلاح المالي**. عمان: دار زهران، 2002
38-علي كنعان. **اقتصاديات المال والسياستين المالية والنقدية**. سورية: منشورات الحسنين. الطبعة الأولى،1997
39-------. **المالية العامة والإصلاح المالي في سورية**. دمشق: دار الرضا. الطبعة الأولى، 2003
40-فوزت فرحات. **المالية والاقتصاد المالي**. بيروت: منشورات الحلبي، 2001
41-مجدي محمود شهاب. **الاقتصاد المالي نظرية مالية الدولة والسياسات المالية للنظام الرأسمال**. مصر: الدار الجامعية، 1988
42- محمد بلقاسم، **سياسة تمويل التنمية وتنظيمها في الجزائر**، ديوان المطبوعات الجامعية، الجزائر، 1991
43-محمد حسين الوادي. **المالية العامة**. عمان: دار الميسرة للنشر،2000
44-------------. **مبادئ المالية العامة**. عمان: دار المسيرة، 2007
45-محمد دويدار. **مبادئ الاقتصاد السياسي*ج4* الاقتصاد المالي**. لبنان: منشورات الحلبي، 2001
46-محمد عفر، أحمد فريد. **الاقتصاد المالي الوضعي والإسلامي بين النظرية والتطبيق**. مصر: مؤسسة شباب الجامعة ،1999
47-محمد سعيد فرهود. **مبادئ المالية العامة**. سورية: منشورات جامعة حلب.2004
48-محمود نيربي. **الاقتصاد المالي** .سورية:جامعة حلب. كلية الاقتصاد، 2004
49-مصطفى حسين المتوكل،**محددات الطاقة الضريبية في الدول النامية**، مركز الإمارات للدراسات والبحوث، الإمارات، 2000
50-ناصر العبادي . **مبادئ الاقتصاد الكلي**. الأردن: دار الصفاء، 2000
51-نعمت اللـه نجيب وآخرون. **مقدمة في الاقتصاد**. بيروت: الدار الجامعية، 1990
52-وليد السيفو. **الاقتصاد القياسي التحليلي بين النظرية والتطبيق**. الأردن: دار مجدلاوي، 2003
53-يونس أحمد البطريق. **اقتصاديات المالية العامة**. بيروت: الدار الجامعية، 1998

ب- الرسائل

1- أمين صيد، **سعر الصرف كأداة لتحقيق التوازن في ميزان المدفوعات- الاقتصاد الجزائري نموذجا-**، رسالة ماجستير في الاقتصاد من جامعة دمشق، 2006
2- تومي صالح. **النمذجة القياسية للتضخم في الجزائر** خلال الفترة 1988-2000. الجزائر: أطروحة دكتوراه.جامعة الجزائر، 2002
3- جلول بن عناية، **أثر النفقات العامة على النمو الاقتصادي- دراسة قياسية حالة الجزائر**- رسالة ماجستير المعهد الوطني للتخطيط والإحصاء، الجزائر، 2005

4- جمعة أحمد الزيادات، **الإنفاق الحكومي وأثره على الاستثمار الخاص في الأردن**، رسالة ماجستير، جامعة آل البيت ، الأردن، 2000

5- دراوسي مسعود. **السياسة المالية ودورها في تحقيق التوازن الاقتصادي- حالة الجزائر**-. الجزائر: أطروحة دكتوراه. جامعة الجزائر،2005

6- سامي عبد الرحيم الزيود، **الإنفاق العام وأثره على الاقتصاد الأردني**، رسالة مقدمة لنيل شهادة الماجستير، الجامعة الأردنية ، الأردن، 1989

7- شلالي فارس. **دور سياسة التشغيل في معالجة** مشكل البطالة في الجزائر – 2001-2004. الجزائر: أطروحة ماجستير جامعة الجزائر، 2005

8- عبد الـله بلوناس. **الاقتصاد الجزائري. الانتقال من الخطة إلى السوق ومدى تحقق أهداف السياسة الاقتصادية**،(جامعة الجزائر: أطروحة دكتوراه في العلوم الاقتصادية، 2004-2005)

9- عبد الـله منصوري، **السياسات النقدية والجبائية لمواجهة انخفاض كبير في الصادرات – حالة اقتصاد صغير مفتوح**- أطروحة دكتوراه في العلوم الاقتصادية ، جامعة الجزائر، 2006

10- عفيف صندوق، **دور السياسة المالية في تحقيق التوازن الاقتصادي في سورية**، أطروحة دكتوراه في الاقتصاد المالي، جامعة دمشق، 2005

11- لخميسي قايدي ، **دراسة قياسية للنفقات العمومية** في الجزائر- 1970-2006-، رسالة ماجستير في الاقتصاد والإحصاء التطبيقي، المعهد الوطني للتخطيط والإحصاء ، الجزائر، 2008

12- محمد يوسف العقيلي، **مزاحمة الإنفاق العام للإنفاق الخاص في الأردن**، دراسة قياسية للفترة 1976-2000، ماجستير ، جامعة اليرموك، الأردن

ت- الدراسات

1- جودي سكارلاتا وقيصر حسن، **من قضايا سياسة الإنفاق الحكومي**، معهد صندوق النقد الدولي، 1998

2- جوشوا غرين، **نظرة عامة عن تصحيح الاقتصاد الكلي**، دراسات صندوق النقد الدولي، 1998

3- خالد عبد القادر،**إدارة الموارد الطبيعية والسياسة المالية**، معهد السياسات الاقتصادية، صندوق النقد العربي، دورة إدارة الاقتصاد الكلي وقضايا مالية الحكومة، أبو ظبي 2006

4- خالد عبد القادر، **السياسة المالية كأداة للنمو والتثبيت الاقتصادي**، دورة إدارة الاقتصاد الكلي وقضايا مالية الحكومة، صندوق النقد العربي معهد السياسات الاقتصادية

5- سمير خوري، **سياسة المالية العامة وإدارة الاقتصاد الكلي**، معهد صندوق النقد الدولي، 1998

6- عبد الكريم البشير ، **الفعالية النسبية للسياستين المالية والنقدية في الجزائر**، الملتقى الدولي للسياسة الاقتصادية في الجزائر:الواقع والأفاق، جامعة بوبكر بلقايد تلمسان، 29-30 ديسمبر2004

7- عبد الهادي يوسف، **سياسات الإنفاق العام والإصلاح**، معهد صندوق النقد الدولي، 2006

8- علي توفيق الصادق، **أسس بناء نموذج قطري نمطي لتقويم السياسات الاقتصادية** ، بحوث ومناقشات، ندوة عقدت بالقاهرة ، المعهد العربي للتخطيط الكويت 1996

9- علي توفيق الصادق، سياسة **وإدارة الدين العام في البلدان العربية**، صندوق النقد العربي، معهد السياسات الاقتصادية، سلسلة بحوث ومناقشات، العدد الرابع، مارس 1998، أبو ظبي

10- علي كنعان، **آثار الإنفاق العام على بعض المتغيرات الاقتصادية في سورية**، أسبوع العلم السادس والثلاثين، جامعة حلب، 1996

11- ماجدة قنديل، **الآثار الناجمة عن صدمات الاتفاق الحكومي في الدول النامية**، دراسات أوكسفود للتنمية ، المجلد 33، رقم2، 2005

ث- **الدوريات**

1- أحمد حمد السمان، أبعاد مشكلة التضخم في ظل طفرة الفوائض النفطية 1975-1980، مجلة آفاق اقتصادية، العدد الرابع والثلاثون، السنة التاسعة، ابريل 1988

2- بيتر دوتي. **دور الحكومة في اقتصاد السوق**. دمشق: سلسة بحوث ومناقشات حول دور الحكومات الإنمائي في ظل الانفتاح الاقتصادي. معهد السياسات الاقتصادية، صندوق النقد العربي، 2000

3- جوشوا غرين، **محددات الاستثمار الخاص في اقل البلدان نموا**، مجلة التمويل والتنمية، المجلد 27، العدد 4، ديسمبر، 1990

4- حمد بن محمد آل الشيخ، **العلاقة بين الإنفاق الحكومي والنمو الاقتصادي في قانون فاجنر- شواهد دولية-** ، مجلة جامعة املك سعود، المجلد 14 ، السعودية، 2002

5- رياض المؤمن، **أثر النفقات العامة على الناتج القومي في الأردن**، مجلة البحوث الاقتصادية، المجلد الثالث، العدد الثاني، ليبيا، 1991

6- رياض المومني، محمد البيطار، **النفقات العامة في الأردن** وعلاقتها بالتطور الاقتصادي 1967-1987 ، مؤتة للبحوث والدراسات ، المجلد السابع، العدد الرابع،الأردن، 1992

7- عارف دليلة، عجز الموازنة وسبل معالجها،(جمعية العلوم الاقتصادية ، سورية،1998)

8- فادي خليل، عجز الموازنة في دول العالم الثالث وأساليب معالجته، حالة القطر العربي السوري، مجلة جامعة تشرين،سلسلة العلوم الاقتصادية المجلد 26، العدد 1، 2004

9- منهل مطر شوتر، عجز الحساب الجاري وعلاقته بعجز الموازنة، دراسة تطبيقية 1969-1995، مجلة آفاق اقتصادية، المجلد 21، العدد 82، الإمارات العربية المتحدة، 2000

ج- **التقارير**

1- التقرير الاقتصادي العري الموحد، صندوق النقد العربي،

2- التقرير السنوي للتطور الاقتصادي والنقدي في الجزائري، بنك الجزائر، 2007

3- تقرير آخر التطورات والأفاق الاقتصادية بمنطقة الشرق الأوسط وشمال إفريقيا، 2005

4- الديوان الوطني للإحصائيات، الحسابات الاقتصادية. 1990 -2007

5- لقانون 84-17 المؤرخ في 7-7-1984 المتعلق بقوانين المالية

6- المجلس الوطني الاقتصادي والاجتماعي، مشروع تقرير الظرف الاقتصادي والاجتماعي لسنة 2003- 2004

7- الجريدة الرسمية للجمهورية الجزائرية الديمقراطية الشعبية، عدد 85

المراجع باللغة الفرنسية:

a- Les ouvrages

1- A.Benachenhou, **l'expérience algérienne de planification et de développement** (1962-82), Algérie: opu, 1982
2- Abdelmadjid bouzidi, **les année 90 de l'économie algérienne-les limites des politiques conjoncturelle**, ENAG, Alger, 1999
3- Ahmad dahmani, l'Algérie a l'épreuve, **économie politique des reformes 1980-1997**, l'harmattan, paris, 1999
4- Ahmed ben bitour, **l' Algérie en troisième millénaire, défis de potentialités,** édition marinoor, Algérie, 1998
5- Ahmed Benbitour, **l'expérience algérienne du développement 1962 1991**, ISGP, Algérie, 1992
6- Amar belhimer, **la dette extérieur de l'Algérie, une analyse critique des politiques d'emprunts et d'ajustement,** casbah éditions, Alger, 1998
7- Ammar boudharssa**, la ruine de l'économie algérienne sous Chadli**, éditions rahma, Alger, 1993
8- Bernard guerrien, **dictionnaire d'analyse économique**, troisième édition, la découverte, paris, 2002
9- Bernard landais, **leçons de la politique budgétaire**, de Boeck, paris, 2004
10- Christian Jiménez, **économie générale**, NATHAN,paris,1993
11- Dominique redor, **économie du travail et de l'emploi**, Montchrestien, paris,1999
12- Fodil HASSAN, **chronique de l'économie algérienne - vingt ans de réformes libérales**- l'économiste d'Algérie, Algérie, 2005
13- François ADAM. **Finance publique**, deuxième édition, Dalloz, paris, 2000
14- Ghernaout M, **crises financières et faillites des banques algériennes**, du choc pétrolier de 1986 à la liquidation des banques ALKHALIFA . BCIA, GAL édition, Alger, 2004
15- Jacques fontanel, **analyse des politiques économique**, office des publications universitaires, paris,2005
16- Jaque Muller, **économie manuel d'application**, paris, DUOND, 2002
17- Jean arrous, **les théories de croissance**, éditions de seuil, paris, 1999
18- Jean Didier leccallion, **économie contemporaine, analyse et diagnostic**, deboeck, paris, 2004
19- Marc raffinot, **la nouvelle politique économique en Afrique**, université francophone, paris, 1993
20- Mourad benachnhou, **inflation, dévaluation, marginalisation**, dar ELCHARIFA, Alger, 1993,
21- Mustafa baba Ahmad, **l'Algérie entre splendeurs et pesanteurs**, éditions marinoor, Algérie, 1997
22- Mustafa mekideche, **l'Algérie entre économie de rente et économie émergente- essai sur la conduite des reformes économiques et perspectives,** (1986-1999), édition dahlab, 2001
23- Paul krugman, **economies international**, de boeck, Paris, 1995
24- xaffier greffe,**politique économiques**, economica, paris, 2000

b- **Les articles** :

1- A benbitour, **présentation de programme économique et financière soutenu avec par un accord de confirmation avec le FMI**, journée d'information sur l'accord stand by, avril 1994, p 97
2- Barrot robert, **la croissance économique**, édition science internationale, paris, 1996

3- ch biales, **les politiques de lutte contre le chômage**, publications de l'université de Lyon, paris, 2005
4- ch biales. **modélisation schématique des l'équilibre macroéconomiques**; publications de l'université de Lyon, paris, 2005
5- Daniel solano, **Algérie,construire l'avenir**, le MOCI, N 1706, 9-6-2005
6- Déclaration du directeur générale du FMI, journal El Watan, N° 1281, 05.01.95
7- Didier schlacther, **multiplicateur et éviction**, IEP, paris,2004
8- dos Santos, **la relation salaires-emplois sous l'éclairage de la concurrence imparfaite**, cahiers d'économie politique 234, 1999
9- Mohamed lamine ould-dheby, **articulation de déficit budgétaire-déficit extérieur et de la dette publique, cas de l'UMA**, centre d'études en macroéconomie et finance internationale, CEMAFI, université de Nice Sophia Antipolis, 2004
10- Philips Mills, **dépense publique et croissance**, revue française d'économie, 1994
11- René sandretto. **Finance internationale**, IEP. Lyon, quatrième année, section inter, 2005
12- Youcef benabdellah; **croissance économique et dutch disease en Algérie**, les cahiers du CREAD. N75. 2006, Algérie

c- Thèses

1- achène ammarouche, **libéralisation économique et problèmes de la transition en Algérie**, thèse de doctorat en science économique, université lumière lyon2, France, 2004
2- Yousef benabdelah, **économie rentière et surendettement**, thèse doctorat soutenue à l'université Lyons lumière,1999
3- Mup sum, **marché du travail et emploi au Cambodge**, thèse doctorat en science économique, université Lyons lumière, France, 2007

d- Rapport statistiques

1- bulletin statistique de la banque d'Algérie, statistique monétaire,juin 2006
2- Déclaration du directeur générale du FMI, journal El Watan, N° 1281, 05
3- journal officiel de la république algérienne, No 85, 2006
4- mémorandum de la banque mondiale
5- Rapport sur l'évolution économique et monétaire en Algérie, banque d'Algérie, juin 2007
6- rétrospective des compte économiques de 1963-2004, collections statistiques N°125

المراجع باللغة الانجليزية

a- **Works**

1- Edwin,Mansfield **economics principles problems, decisions,** ;mc grew hill, 2000
2- JULIE PALANT, **SPSS survival manual**, open university press, PHELADELPHIA, USA, 2001
3- Walchtd,paul,**macroeconomics from theory to practice,** McGraw HILL, USA,1989
4- peijie wang, **the economics of foreign exchange and global finance**, Springer, university of hull, united kingdom, 2005

b- **Articles**

1- Cananle rosaria rita, **positive effect of fiscal expansions on growth and debt**, munich personal, RePec archive(MPRA),2006
2- cordon, **booming sector and dutch disease economic**, - a survey- Australian national university, faculty of economic, w p 79, 1982
3- Neicheva, Maria, **Non-Keynesian effects of Government Spending: Some implications for the Stability and Growth Pact** Munich Personal RePEc Archive September 2007
4- Santiago herrera, **public expenditure and growth**,policy research working paper, N 4372, world bank, 2007

c- **Thesis**

1- Ali salman salah, **public sector deficits and macro economic performance in Lebanon**, thesis submitted to obtain doctors in philosophy, university of Wollongong, Australia, 2004
2- Arnold mathias kihaule, **fiscal adjustment policies and fiscal deficit case of Tanzania**, dissertation presented curtin university of technology, Australia, 2006

d- **Statistical report**

1- **Algeria: Statistical Appendix** IMF Country Report No. 08/102March 2008
2- **Algeria: Statistical Appendix** IMF Country Report No01/163 September 2001
3- **Algeria: Statistical Appendix** IMF Country Report No07/95 march 2007
4- **Algeria: Statistical Appendix** IMF Country Report No98/87 September 1998
5- World Development Indicators, world bank, 2005

Abstract

The Government expenditure policy as an instrument to realize the macro economic stabilization

-case study of Algerian economy-

Prepared by

WALID ABDELHAMID AYEB

Supervised by

Dr. ALI KANAAN

The aim of this thesis is to analyze the role of government expenditure policy to realize the macro economic stabilization in Algerian economy presented by economic growth rate, unemployment rate, inflation rate, external equilibrium, this thesis also analyze the process of the economic policy in Algeria and its impact on macro economic stabilization indicators during the period 1990-2007, this study for objective to ensure the extent of the application of the theories and hypothesis interpreting the government expenditure behavior in the Algerian economy, such as WAGNER'S law, and the development models presented by Musagrave - Rostow.

This thesis is presented in four chapters with an aim of carrying out its objectives, the first and the second chapters shows the theoretical part of this thesis, and seeks to analyze the two axes of this study: macro economic stabilization, and government expenditure, in this theoretical part the study seeks to analyze the concepts of macro economic stabilization, economic policy, government expenditure policy, this part also tries to define the impact of government policy on the indicators of the macro economic stabilization, the third and the fourth chapters shows the practical part of this study, and its tried to define and to analyze the structure and development of government expenditure and the indicators of macro economic stabilization, this part seeks to define the most important factors affecting the government expenditure, and analyzes its impact on magic square in Algeria.

This study is concluded by a number of results, most important of wich the government expenditure policy take part to realize the macro economic stabilization through in its impact on economic growth rate, and employment, but the government expenditure multiplier calculated in this thesis is very low if we compare with the theoretical concept of the multiplier, because the non elasticity of the productive structures, and the escape of the government expenditure in the form of importation.

The study has shown through the application of the BARRO model in Algerian economy that the government expenditure policy influence positively on the national product in the long term.

This study has shown that it is not possible to apply the WAGNER'S law in Algerian economy in the period of study because the impact of reform's period between 1995-1999. The results of the regressions analysis indicate that there are a negative relationship between government expenditure-inflation and government expenditure- external equilibrium, the study seeks that the government expenditure take part with 35% in the domestic exceed demand, so its take part in the inflation increasing in Algerian economy, and the study also define the negative relationship between government expenditure and current account sold in the twin deficit approach.

This study recommends that it is necessary to realize an integration between different tools of economic policy in the objective to maximize the magic square in Algerian economy, and to rationalize government expenditure particularly current expenditure to increase capital expenditure directed towards development purposes and to setup the economic structures and infrastructures that would provide the suitable climate for private investment..

Printed in the United States
By Bookmasters